國之荒原

WILDLAND

THE MAKING OF AMERICA'S FURY

金權政治、貧富差距、體制失能、族群對立，
理解美國人憤怒的根源

EVAN OSNOS
歐逸文——著　陳榮彬——譯

獻給奧立佛與蘿絲。

我們能看到的，只是這世界的不同部分，逐漸認識了太陽、月亮、動物與樹木。但這閃耀光芒的一切，卻是隸屬於一個我們看不到的整體，也就是靈魂。

——愛默生（Ralph Waldo Emerson），〈整全的靈魂〉（The Over-Soul），發表於一八四一年

任誰的意識歷經一番折騰後，無可避免地都會發生以下的情形。明明是你害怕或討厭的，你卻很清楚或至少感覺得到那一切都無可逃避，因此你就躲進自認為可能的希望裡——或至少是自己的幻想中。

——德萊塞（Theodore Dreiser），《美國悲劇》（*An American Tragedy*），一九二五年出版

目錄

【序曲】

地點：加州波特谷（Potter Valley）
時間：二〇一八年七月二十七日

位於舊金山北邊，相距三小時車程的山坡上，一位牛仔穿越草原的金黃色長草之間，發出沙沙聲響。他是葛倫．凱爾（Glenn Kile），住在美國西部的菁華地帶，當地自然資源如此豐饒，因此原住民曾經稱其為Ba-lo Kai（意為「青谷」）。不過，這天當地卻是天乾物燥，氣溫高達華氏一百零三度〔譯按：將近攝氏四十度〕，而且破百已有數日之久。加州歷史上氣溫最高的幾個夏天都出現在過去二十年之間，這青谷的原野瀰漫著一股極度乾燥的味道，麥稈脆到很容易斷掉。

葛倫在距離他家三十公尺外的地方停下，因為他看到腳邊的灰黑色地面上有個小洞。那是地底一個馬蜂蜂巢的開口。他用鐵鎚把一根生鏽的鐵樁鎚進地底，想要把開口封死。但鐵鎚與鐵樁撞擊後迸出火花，星星之火開始在原野上燒了起來。起初葛倫想要踢起土壤，把火焰弄熄，但這年夏天實在炙熱無比，導致土壤跟石頭一樣硬，根本踢不起來。他試著用一張老舊彈簧墊把火撲滅，但墊子的布很快就被火焰吞噬。他還想用塑膠水管把火澆熄，但水管卻熔化了。等到葛倫衝回家打電話給消防隊，他已經無法控制局勢，成為引發加州史上最大野火的歷史人物。半小時內，眼前一片八公頃原野已成火焰地獄，火勢迅速蔓延到遠處大片森林與散布各處的民宅。在消防術語中，這樣的環境叫做「野地」（wildland）：因為簡直就像是個超大型火種，根本無法控制。

牛仔葛倫無意間引發的星火造成加州史上最大的山林火災，但後來很快又有更大的山火出現，規模屢創紀錄。這一場火災被稱為門多西諾複合大火（Mendocino Complex Fire），燒了一個月之久。強風帶動火勢，把一個面積相當於紐約市兩倍大的地區都燒掉。這場大火堪稱全球暖化史冊中的里程碑，等到火災終於撲滅之後，加州政府認定牛仔葛倫並不需要為這場浩劫負責。星火的確是他點燃的，但火災實際上肇因於其他更深遠的理由。在這場火災背後推波助瀾的各種影響力，早已醞釀了數十年之久。

這個故事讓我想起中國革命家毛澤東一句關於政治局勢的名言：「星星之火，可以燎原。」*毛澤東對美國不太了解，但他卻深諳政治現實有多殘酷。我住在川普（Donald Trump）執政時代的華府，腦海常浮現一個原野隨時可能被大火吞噬的意象。有時候這感覺像是暗喻，但有時候感覺起來卻像是現實。不過，最後我終究領悟到那是一則關於美國某個時代的寓言。那段時間裡，美國的大地險象叢生，美國的大眾怒不可遏，而這兩者似乎又如同一體兩面。我很想要了解那一個時代的成因，還有那時代結束後會為美國留下些什麼。

❖

美國人大概是這世界上最不安於室的民族之一。一九五〇年代期間，每年都有五分之一美國人收拾行囊前往他方，理由不外乎是結婚、換工作，或是遷居到住家有後院的郊區。我們家也是這樣。我爸來自猶太家庭，他爸媽因為納粹入侵波蘭而浪跡天涯，途中我爸於印度出生，接著一家人在一九四四年以難民的身分來到美國。我的外祖父是來自芝加哥的外交官，奉派摩洛哥期間，外祖母生下我媽。越戰期間，我爸媽相識於西貢，當時我媽被某個非營利組織外派當地，我爸則是報社記者。他們回到美國結婚，這樁婚姻帶著濃厚的美式折衷主義味道：他是在印度出生的猶太人，帶有純正盎格魯—撒克遜血統的她則是生於摩洛哥，兩人在密西根的某個法院裡互訴誓約，結為連理。

二〇〇一年「九一一」恐攻發生後沒多久我就離開美國。當時美國正準備對伊拉克發動反恐戰爭，我奉派前往中東，在巴格達、開羅等地進行新聞報導。幾年後我定居北京，認識已經待在

---

* 譯注：出自毛澤東於一九三〇年一月回覆林彪的信件，一般名為〈時局估量和紅軍行動問題〉。

那裡一陣子的莎拉貝絲・伯曼（Sarabeth Berman）*，年輕的她是來自美國麻州的戲劇、舞蹈節目製作人。我們結婚，終究決定要返鄉定居。貝沙娜說，要是在國外待太久，我們最後會覺得根本無法回國定居了。

那是二〇一三年，我們計畫遷居華府。歐巴馬（Barack Obama）總統當選後，世界各國的反應是「幾家歡樂幾家愁」，僑居國外的我們將這一切都看在眼裡。但美國民眾對於他的當選有何看法，其實我們比較沒那麼了解。二〇〇八年，我在一場活動上看著總統大選開票，在我身邊旁觀的都是關心選舉的中國人。他們的祖先曾因《排華法案》（Chinese Exclusion Act）而被美國拒於門外，因此對於美國可能會選出第一個黑人總統而帶來改變的潛能，自然是感到非常興奮。歐巴馬確定當選，站在我身邊的中國某家報社記者王崇（Wang Chong，音譯）輕聲歡呼，他說：「種族歧視的思想已經在中國人心裡根深柢固了。」

返家之人總是可能會帶回新的觀點。一九四〇年代，美國記者約翰・岡特（John Gunther）於報導歐戰之後返國，他在一九四七年出版的《美國內幕》（*Inside U.S.A.*）裡面寫道：我覺得「自己就像火星人」。在岡特看來，美國的某些社會現象令他感到氣餒，例如南方的種族隔離制度。他寫道：「就連我在歐洲看到的那些猶太隔離區都沒那麼過分，即便在華沙也不會這樣。」但其他體驗則是令他振奮。走訪全國各地期間，他總是喜歡到處問人：「你信仰什麼？」他得到的答案包括，工作、孩子、湯瑪斯・傑佛遜（Thomas Jefferson）、上帝、黃金準則（golden rule）**、畢達哥拉斯定律、較高的關稅、較低的關稅、更高的農產品價格、幸福、完善的道路，還有聖誕老人。但據他所說，最常出現的答案莫過於：「我最相信人，但前提是要公平對待他們。」

二〇一三年七月七日，我和貝沙娜搭的班機在杜勒斯國際機場降落。我在查驗護照的櫃臺拿了一本名為《歡迎來到美國》的小手冊，是海關及邊境保護局（Bureau of Customs and Border Protection）出版的，封面上印著華盛頓紀念碑（Washington Monument）與盛開的櫻花。手冊開頭是這麼一句話：「歡迎來到美國觀光、讀書、工作或居留。」

剛開始那幾週，我們借住在我岳家的房子，位於華府郊區的靜謐街道上。這裡跟我們先前位於北京小巷裡的住家截然不同，北京隨時都有到處叫賣的小販拉開嗓門，說是要幫人磨菜刀、算命，或者是要買你的頭髮（再賣給工廠製作假髮）。

我們在分類廣告Craigslist上租到一間連棟的透天厝，好好享受過去在北京思念無比的小確幸，像是可以直接飲用的自來水、乾淨的空氣，還有洗碗機。新家位於城裡的菁華地段，感覺起來好像大家都有慢跑或快走的習慣。至於華盛頓最窮困、失業率最高的第七區、第八區（Wards

---

* 編按：她後來也取了個中文名「貝沙娜」，本書後續就用貝沙娜稱呼她。

** 譯注：即「推己及人」的道德觀。

7 and 8）則是在不遠處，與國會山莊（Capitol Hill）雖然只相隔一條阿納科斯蒂亞河（Anacostia River），但居民的境遇卻天差地遠。二〇一三年，華府白人家庭的平均收入是黑人家庭的八十一倍。而且，生活壓力對居民所帶來的極端影響也在惡化。到了二〇一六年，華府出生的居民之平均壽命比北京出生的居民少四歲，具體來說是七十八歲對上八十二歲。

❖

我不在國內的十來年之間，美國到底有了哪些改變？我開始進行調查。我走過西裝名店Brooks Brothers，注意到西裝外套出廠時就已經在領子上別了國旗造型的小徽章。某位大企業的發言人對我說，這是為了特別強調該品牌西裝是在美國本土製造。Brooks Brothers從二〇〇七年就開始這麼做了，當時共和黨政治人物一天到晚痛批歐巴馬沒有配戴國旗小徽章。*

其他改變則可稱之為巨變，令人難以掌握到改變的全貌。美國的移民史與多樣化特色歷經長久發展，到了二〇一三年，第一次非白人新生兒的人數超越了白人新生兒。剛開始，這是幾乎感覺不到的差距，因為當年度有超過三百八十名萬新生兒，非白人只多出不到一千個。但這差距逐漸擴大。身為難民之子，我卻覺得此一里程碑令人振奮，是新時代來臨的標記，但我可以看出其他許多美國民眾可不是這麼想的。

至於人們對其他某些改變的應變之道有多徹底，則是令我感到驚愕不已。某天早上我在等美國國鐵（Amtrak）的火車進站，看到月臺旁的螢幕上正在播放一則政府廣告影片。影片旁白說，如果有人持槍朝群眾掃射，大家都該「逃走」或「找掩護」。影片中一位身穿藍色外套的白髮演員正躲在柱子後面。旁白還說，如果實在是萬不得已，那就該跟槍手拚了：「大聲吼叫，如果手邊有任何東西，包括你的隨身物品，都可以朝槍手丟過去，或拿起來充當武器。」

平均來講，美國大概每九週就會發生一次大規模槍擊案，與十年前相較，頻率高了三倍。在當時，那最令人心痛的槍擊案才剛過半年：康乃狄克州小鎮牛頓（Newtown），某位二十一歲的青年闖入桑迪胡克小學（Sandy Hook）槍殺二十名學童與六名教職員。不過這起不幸事件對於美國政壇的影響已經消散。還是有政治人物要大家「痛定思痛，為死傷者禱告」，但原本應該要通過的槍枝管制法規卻在國會闖關失敗，鎩羽而歸。當我環顧四周，候車區沒有其他人關注那支宣導影片，大家都沉浸於手邊的事情。岡特說的沒錯，我覺得自己就像火星人。

二〇〇一年「九一一事件」重創美國，舉國回應這事件的方式與前述狀況截然不同。蓋達組織（Al Qaeda）摧毀紐約世貿大樓雙塔後，史家東尼．賈德（Tony Judt）在一篇文章中寫道：「我在曼哈頓下城（lower Manhattan），從窗戶往外看，見證了二十一世紀的開始。」時隔十二

---

* 譯注：當時歐巴馬是伊利諾州參議員。

年，這事件已經被賦予了強大的象徵意義。事實上，「九一一事件」以來，美國人遭受極右派恐怖分子攻擊的次數已經是伊斯蘭教恐怖主義行動的兩倍，但是根據二〇一六年的某份研究指出，美國人普遍認為，穆斯林占美國總人口大概六分之一。但實際數字呢？百分之一。

二〇〇一年以來，美國持續於阿富汗、伊拉克與其他地方發動戰爭，戰事延續的時間已是美國歷史之最。參戰人員在美國的總人口中只占不到百分之零點五。對於大多數美國人來講，戰事對他們的人生沒有太大衝擊。美國人與戰爭最接近的時刻，會出現在各地新聞節目結束前的某類影片裡：從軍的家長是這類「時事小品」的主角，他們從前線返鄉，偷偷走進教室裡，想要給自家孩子一個驚喜。這類影片已經太過浮濫，以至於在YouTube上已有一個專屬頻道，就叫做「返鄉影片」（Coming Home TV）。我上網搜尋，Google自動跳出幾個建議的搜尋選項：

軍人與家人團圓
軍人與妻子團圓
軍人與他們養的狗團圓
軍人返鄉時憋著不哭

我開始注意到恐懼已經深深滲透進入美國人的政治活動中。出國前我住在西維吉尼亞州一個叫做克拉克斯堡（Clarksburg），比鄰阿帕拉契山的小城，在當地的《典範電訊報》（*The Exponent Telegram*）工作。「九一一事件」隔天編輯們在報上刊登了一份用語謙遜的聲明，而這也是長久以來美國人覺得自己堅持的某個觀點：「我們這家小城報社絕不會建議政府應該做出什麼回應。」但是接著用明確無比的口吻表示：「美國是一個自由的社會，向來以自己的多元化、理念交流與願意容忍不同意見為榮。」因此歷經這次恐攻我們應該「強化而非拋棄既有的理念」。那年九月，西維吉尼亞州普林斯頓市（Princeton）某間清真寺遭人破壞，在牆上畫了一幅描繪私刑的圖畫，留下Jamaal（賈瑪）這個常見的穆斯林名字，事後附近居民為了捍衛清真寺而主動發起遊行，此回應也變成讓當地人引以為傲的一件事。

但是到了二〇〇八年，一次在西維吉尼亞州進行的民調顯示，竟然有五分一民眾認為歐巴馬是穆斯林，而根據聯邦調查局（FBI）的資料顯示，二〇〇一年後曾經消退的仇恨犯罪率又開始攀升。二〇一三年，該間清真寺再度遭到破壞，但這次當地人的反應卻沉寂許多。各個教會都對此發出譴責，但警長表示這起案件還沒有到達仇恨犯罪的標準。已經在西維吉尼亞州定居幾個世代的穆斯林表示，他們愈來愈感覺到自己在社會上被孤立。二〇一五年，穆斯林醫生哈贊·艾許拉夫（Hazem Ashraf）在受訪時表示：「我們沒有犯任何錯，但就是有人質疑我們的忠誠，質疑我們身為人類的價值與重要性，質疑我們不是真正的美國人，不配當美國公民。」他引述民謠歌手伍迪·葛斯黎（Woody Guthrie）的歌詞：「這片土地是我的，這片土地也是你的。」（四年後，在西維吉尼亞州議會大廈舉辦的一場共和黨活動上，有人高舉一張世貿中心陷入火海的海報，還有明尼蘇達州眾議員伊蘭・歐瑪（Ilhan Omar）的照片，上面寫著「你們健忘，所以我才當選」，只因她是第一位進入國會的穆斯林女性。）

這些出現在西維吉尼亞州的小小分歧其實反映出美國社會的更大裂痕。美國是全世界最大的經濟體，美國人收入的中位數更是來到歷史新高，但卻有數千萬人的生活水準停滯不前，甚或今非昔比。有二十七個州財政短絀，無法修補柏油路的坑洞，所以乾脆改用泥土來鋪路。另一方面，比爾・蓋茲、華倫・巴菲特、傑夫・貝佐斯三大巨子的財富加起來還多過後半段美國人所擁有的財產。貝佐斯每個小時都能賺進十四萬九千三百五十三美元，這數字比一般美國受薪階級的三年收入還要多。

科學家指出美國人平均壽命縮短的驚人事實，聽起來好像是全國皆然的普遍問題，但實際上並非如此。在西維吉尼亞州的麥道威爾郡（McDowell），男性的平均壽命已經縮減為六十四歲，與伊拉克男性相當。但是鄰州維吉尼亞費爾法克斯郡（Fairfax）的男性平均卻能多活十八年。美國人的生活差距愈拉愈大，以至於大家失去了共同的基礎，讓美國許多既有體制無以為繼，而這也是已故美國大法官路易斯・布蘭迪斯（Louis Brandeis）早在二十世紀上半葉就提出過的警告。他曾對友人表示：「在美國，民主是可能的，財富集中於少數人手裡也是可能的——但這兩種可能相互牴觸，無法並存。」

美國已經逐漸拋棄過去長久以來堅持的觀點；美國也失去了慣有的思考方式，無法透過願景創造共好的生活，也不再相信過去馬丁．路德．金恩牧師（Martin Luther King）所說的，「休戚與共的同一命運」。他曾寫道：「無論何事直接影響某人，必會間接影響其他所有人。」小羅斯福總統曾疾聲呼籲其同胞應該「無所畏懼」*，但八十年後美國人不再否認他們心懷恐懼。他們大聲說出自己的恐懼，甚至還對此採取行動。犯罪率來到歷史新低，但是申請獲得隱蔽持槍執照（CCW permit）的美國民眾人數卻在二十年間成長為幾乎三倍，已經達到一千三百萬人，是美國員警人數的十二倍以上。歐巴馬曾說，小鎮的選民「若非緊抓著槍枝，就是篤信宗教」，還為此道歉，但多年後已經沒有人把那句話當成汙辱之詞。武器展上甚至買得到印有「我持槍，我驕傲」（Proud Bitter Clinger）這種口號的T恤。

❖

我的辦公室在杜邦圓環（Dupont Circle）附近，可以看見聖馬太大教堂（St. Matthew's Cathedral，羅馬天主教在華府的主教座堂）的高聳穹頂。我對這教堂印象深刻，因為甘迺迪

* 譯注：出自他的就職演說內容，原話是the only thing we have to fear is...fear itself。

（John F. Kennedy）總統於一九六三年遇刺身亡後的葬禮有一張知名的照片，就是在這裡拍的。照片中甘迺迪的三歲幼子對著父親的靈柩敬禮，第一夫人賈桂琳（Jacqueline Kennedy）則是彎腰在兒子耳邊低聲呢喃。也不過才六年前，一位截然不同的政治人物也是在聖馬太大教堂走完人生最後路程，他就是以煽動恐共情緒聞名，曾把美國搞到人人自危的麥卡錫（Joseph McCarthy）參議員。我在窗邊欣賞那教堂歷經四季洗禮，任由陽光灑落、白雪覆蓋，心裡想著華府這個地方真是奇妙：既有能力鼓舞與團結全國民眾，也有辦法撕裂美國社會。

二〇〇三年在我獲派海外之際，有線新聞網（以下簡稱CNN）與福斯新聞網（Fox News）是實力相當的競爭者，在黃金時段的收視率不相上下。十一個年頭過去後，福斯在夜間時段的收視率已經成長為三倍，許多關於移民、國安、族群、聯邦政府角色的全新政治語彙都是在該頻道誕生的。二〇一三年十月一日是我回國後的第一個上班日，但聯邦政府卻被迫局部關門，是十七年來的第一次。嚴格來講，會出現這種窘境，是因為歐巴馬總統推出能夠照顧更多人、福利措施更多的健保方案，共和黨的國會議員想要全面杯葛，但真正的癥結點卻是想要讓民眾對「歐記健保」失去信心，把共和黨的支持者團結在一起，為即將到來的選舉募款。雖然一九六〇年代以降就曾有過許多公然的意識形態對抗（例如，當時支持種族隔離體制的民主黨人士就曾抗拒聯邦法院的裁定與國會的決議，不承認其合法性），但共和黨此番作為已經與過去的一切截然不同。

我打電話給白宮總機，只聽到電話另一頭傳來這段語音：「歡迎致電美國總統行政辦公室。

很抱歉，因為聯邦經費延遲撥款，目前我們無法接聽您的電話。」全國總計有八十萬名聯邦政府員工無法上班。四百間國家公園被迫關閉。為低收入戶開設的學前教育機構暫時沒有經費，美國人也無法申請新的聯邦醫療補助（Medicare）或社會安全（Social Security）補助，也不能申請小型企業貸款。無可奈何之下，我閒逛到國會山莊，國會大廈是關閉的。許多博物館也都呈現打烊的狀態，大批遊客只能在暖暖秋陽下到處打轉，連那些在草坪上拍影片，進行入鏡報導的記者也成為他們拍照的對象。我遇見一對來自芬蘭的退休觀光客提莫．英格布隆與妻子瑪麗塔（Timo and Marita Engblom），他們想要搞清楚美國人為什麼要用這種奇特的方式懲罰自己。瑪麗塔說：「回飯店房間後打開電視，只看到不斷有人出來講話，話還真多。」提莫則是表示這整件事令他們感到困惑，他問我：「什麼叫做『政府被迫關閉』？接下來會有選舉嗎？」

我說，我們的體系不是這樣運作的。只能等待，等問題自行解決。

十六天後，共和黨態度放軟，政府才重新開張。這次政府被迫關閉的事件讓美國納稅人損失慘重，在經濟活動方面損失了二百四十億美元，足夠讓太空總署的探測車往返火星八次。唯一明顯獲利的人，就只有這整件事的幕後推手：選區在德州的共和黨參議員泰德．克魯茲（Ted Cruz）。茶黨（Tea Party，共和黨內的保守政治勢力）對他的支持率從百分之四十七飆升為百分之七十四。他的崛起導致有人幫他出了一本給兒童看的著色本《克魯茲參議員帶我們走向未來》（*U.S. Senator Ted Cruz to the Future*），而且曾有五個月的時間都是亞馬遜網站上銷量最好的著色本。

國會雖然重啟運作，但卻幾乎仍是保持癱瘓的狀態，只因為許多華府的許多共和黨籍代議士認為他們最重要的職責並非維持政府運作，而是無限上綱地高舉自由的大纛。剛開始他們只是秉持著「低賦稅、小政府」的理念，但因為貪圖私利與政治投機而立場愈趨堅定，到最後對聯邦政府的權力根本已經不屑一顧。眾議院議長約翰．貝納（John Boehner）甚至表示，議員政績好壞的判斷標準不該是看他們「通過了多少新法案」，而是「擋下多少法案」。

在我看來，政府被迫關閉事件背後的成因更為深層，只是如今終於在美國政治圈浮上檯面。華府本應代表民意，但如今的走向卻日益與美國社會背道而馳。有百分之八十二的國會議員是男性、百分之八十三是白人、百分之五十至少是百萬富翁。但美國沒有那麼多男人與白人，民眾當然也沒如此富有。每當我離開華府，總是聽見大家一股腦否定政治人物所講的每句話，說他們若非為求自保就是貪腐枉法。一九六四年，還有百分之七十七的民眾表示他們大致上信任政府；但是到了二〇一四年，政府的信任度崩盤，數字只剩百分之十八。眼看美國政界就要燃起一片燎原野火。即將有人要引發星火。

從川普宣布參選總統的那一刻起，他不只讓許多美國人感到苦惱，他這位人物本身就反映出美國有許多令人苦惱之處。他會獲勝是因為採取一種大打族群牌的政治路線，把一些爆炸性議題塑造成足以影響美國存續的對決，藉此把各種不同階層的支持者團結起來。川普對美國政界的遊戲規則與文化嗤之以鼻，支持者對此莫不感到雀躍，但卻有更多美國人被他嚇壞了，同時也悲嘆這個國家怎會漸漸遠離原本信奉的那些價值，走上偏路，眼看就要接受歷史的審判。最後到了二〇二〇年，兩個事件導致美國社會內部的張力大暴發：新冠肺炎狂潮來襲，受影響者不分種族、階級與政治傾向；黑人教師喬治・佛洛伊德（George Floyd）被警察壓制後仍遭電擊槍攻擊致死，更是讓社會大眾受夠了，紛紛挺身而出，想要與濫權的美國政府對抗。該年年底到隔年年初，美國政界更是向群眾暴力投降*，對此許多美國人不禁自問：難道大家對民主機制的信心已經蕩然無存，美國的政治就此走上不歸路了嗎？

川普崛起的那幾年讓美國大眾不再沉默。美國人想要批判的不再只是華爾街、商業體制或菁英階層：他們攻訐的對象包含各種權力結構，想要藉此翻轉各種有關階級、種族、性別、教育的社會體制，並以此為出發點，開始用前幾年看似根本不可能的方式來重新塑造美國的社會契約。假設美國歷史始終擺盪於貪婪與慷慨、工業與自然、認同與同化之間**，不斷尋求均衡，那麼我們可以說這個國家目前已經失去平衡，沒有了重心，落入搖搖欲墜的狀態。

❖

* 譯注：指川普支持者闖入國會大廈的事件。

** 譯注：認同是強調各族群的自我認同，而同化（assimilation）則是被整合、融合進更大的社會之過程。

這本書所描述的美國社會無異於壓力鍋，而所有故事都發生在二〇〇一年九月十一日到二〇二一年一月六日之間：美國既有的價值在這兩天受到嚴酷考驗，而前者就是九一一恐攻，後者則是襲擊美國國會大廈的事件。在這段時間裡，美國人失去了共存共榮的願景，狹隘的目光讓大家看不出國家的整體遠比個體重要。南北戰爭已是一百五十年前的往事了，但美國再度成為分裂的國家。美國的根基變得鬆動不穩，因為在「個人自由」與「保護他人」之間，我們無法拿捏孰輕孰重，也因為大眾強烈意識到不公不義普遍存在，更因為我國跟其他任何政體一樣，正面臨一個重大考驗：到底誰的生命比較重要？

儘管上述那二十年看似忙亂而沒有方向，但在本書的敘事中，我嘗試把美國人的個別經驗連結起來，大多數被忽略的人生其實能找出不少交錯之處。最重要的是，我聚焦在那些往往位於最基層的連結，藉此讓我們能以更整全的方式來了解我們面臨的當下。我回歸到三個我最了解的地方：我曾居住過的三個地方，各自位於美國的不同地點。政治記者往往像空降部隊一樣前往某個不熟悉的地方，採訪幾十個不熟悉的人。我自己就有過許多這類經驗，而此刻我們所需要的是從更深入的角度來提問。我不會從事件的表面來尋求解釋，而是用更全面的方式入手。我會聚焦在不同地點與不同世代之間的連結，我看重的是人們潛藏於內心深處的態度，那些不會很快就向陌生人吐露的想法。

在這段時期，美國最有錢的族群積累巨富，而他們所憑藉的就是最窮苦家庭地底下的天然資源。為了解此一過程中美國人有何收穫與損失，我回到西維吉尼亞州的克拉克斯堡。芝加哥是當年我們家落地生根的地方，我也回到那裡去探索美國人在「健康」、「財富」、「是否有可能改善自身處境」方面有多大的差距，還有這差距造成了哪些錯綜複雜的影響。我還回到我成長並接受中小學教育的康乃狄克州小鎮格林威治（Greenwich），到那去了解「經濟自由至上」的福音，如何改變了美國資本主義領袖們的信念，讓他們深信：只要有適當的回報，沒什麼是不能做的。

為了寫這本書，我在二〇一四到二〇二一的七年之間，花了幾千個小時進行訪談。有些訪談對象是我為了幫《紐約客》（*The New Yorker*）寫稿而認識的，但其餘也不乏我從小的舊識。訪談內容大多是關於他們的人生、我們的城鎮、他們做的各種選擇，還有那些別人做出而他們無法控制的選擇。我們還是會討論報上的頭條政治新聞，但所花的時間遠遠少於個別不同人生之間的關聯性：他們如何解釋自己人生中的成就與失敗？誰該負責？為這責任付出多少代價？誰對他們說出真相？誰對他們說謊？他們對於政府有何期待？他們覺得政府該為他們自身、他們的家庭、他們的鄰里做些什麼？但實際上政府做了些什麼？他們覺得自己安全嗎？最後則是，同樣身為美國這個政治共同體的成員，我們彼此之間有何責任？該為彼此做些什麼？

每個國家都有一些代代相傳的觀點，這些觀點都是關乎意志與命運、自由與歸屬。但相比在其他國家，這個問題在美國更為沉重，因為我們有一個人稱「美國夢」的迷思：我們告訴自己，宿命是可以打敗的，因此必須時時懷抱理想，認為只要是美國之子，無論來自什麼背景，人人皆可憑藉苦幹與才能登峰造極。就像小說家費茲傑羅（F. Scott Fitzgerald）在一九二九年於某篇短篇小說裡面所說的：「法國是一片國土，英國是一個民族，但美國是……一種甘願的心態。」*

我把過去曾向中國提出的問題用來問自己的國家：**成功、自由、安全、機遇的意義為何？**我們又為何要在尊嚴與殘酷、容忍與恐懼之間游移不定？想了解如今日常的政治局勢為何會如此混濁紊亂，我認為應該先追究的是，為什麼我們會走到這一步？在論述阿帕拉契山區域史的作品《被掏空的山區》（*Ramp Hollow*）裡面，史蒂芬．史托爾（Steven Stoll）寫道：「想要了解世界卻不去回顧過往，就像在颶風肆虐後造訪某個城市，然後宣稱那裡的居民始終居住在一片廢墟裡。」當我開始為這本書展開研究時，我想最關鍵的故事應該是：導致美國人之間失去關聯的原因有哪些？到了研究尾聲，我開始相信更大的問題在於，美國人並未清楚意識到他們每天都會影響彼此——而且影響的方式眾多，有些是刻意的，有些則屬無心。

旅途上，我常帶著約翰．岡特的《美國內幕》。我總是提醒自己別忘記岡特在二戰結束後針對美國提出的那些觀察。在那本書的最後一頁，他寫出自己對美國始終保持信心，因為美國人善於「採行理性之道、講理，而且在公開爭論後還能透過可敬的約定來達成共識。」我這個寫作計畫的核心，是試圖理解為何我們失去了上述那種能力，還有我們是否能把那種能力找回來。

在我因為工作而前後待過十年的那些地方，人們總是對美國做出的承諾與美國價值存疑，我往往得要為美國據理力爭，力勸埃及、伊拉克或中國的公民相信美國，理由在於，儘管美國也犯過很多錯，但對於某些基本道德理念的堅持仍是矢志不渝，包括法治、真理的力量，還有人人皆有權利追求更好的人生。當我剛剛回到祖國之際，我開始懷疑自己：難道多年來我對世界各國人民所說的一切都是謊言？難道我是在自欺欺人？

上述堅持的確是個已經破滅的神話，只要待在華府就能非常清楚看出。不過，想要了解更深層的緣由，以及各種影響，我必須帶您遠離華府，進入許多人物如戲劇般微妙的真實人生：他們的生活只有久久一次才會被華府政治圈的事件影響，彷彿野火那樣從遠處往他們燒過去。

---

* 譯注：「甘願的心態」原文為 a willingness of the heart。這句話引自短篇小說〈泳客〉（The Swimmers）的最後一段，意思是美國人願意為了空洞的理想而犧牲奉獻。

【第一章】
金三角

約瑟夫・史柯隆三世（Joseph Skowron III）成長於空氣潮濕的佛羅里達州海岸地區，從小家人就給了他一個帶有富家子弟習氣的外號：奇普，因為爸媽總喜歡說他頗有乃父之風。* 但他們都知道沒那回事。奇普的父親是Long John Silver's速食店的加盟商，儘管奇普很愛他，但卻對他的事業沒興趣。

奇普的祖父母是在二十世紀初才從波蘭來到美國，定居於麻州瀑河市（Fall River）幾家棉紡廠附近，那裡是該州濱臨大西洋的地區。奇普的父親喬伊・史柯隆（Joe Skowron）小時候，家裡的氣氛不太好，因為奇普的祖父母不但酗酒，脾氣也陰晴不定。這導致喬伊即使已經有了不只一個小孩，他仍慣於壓抑自己的情緒。每次奇普追問家族故事，喬伊總是說：「等我死了你再問吧。」

* 譯注：「奇普」這個外號來自於片語a chip off the old block，意思就是頗得父母的真傳。

喬伊在一九五〇年代高中畢業，時間點非常幸運：當時麻州州政府開始擴充州立大學體系，而且適逢家鄉的工業沒落，他便趁機擺脫爸媽，前往麻州東南技術學院（Southeastern Massachusetts Technical Institute）就讀。後來，波音公司（Boeing）給他工作，派他前往佛州一片濱臨大西洋的沼地，也就是後來被太空總署（ＮＡＳＡ）開發成卡納維爾角（Cape Canaveral）的地方。與他邂逅的是同樣初來乍到的珍奈特·納德（Janet Nutter），帶有蘇格蘭－愛爾蘭血統的她來自西維吉尼亞州小城史旺戴爾（Swandale），那裡的居民大多是馬鹿河煤炭與木材公司（Elk River Coal and Lumber Co.）的員工。珍奈特很年輕就結婚又離婚，打算去佛州開啟人生新頁。她擔任老師的地方是那片海岸上發展興旺的區域，當地人都把那裡稱為「太空市鎮」。她與喬伊於一九六六年結婚，定居在一個孩子們等公車上課時可以看見火箭衝上湛藍天際的城區。

製造火箭的計畫曾在冷戰時代非常興盛，喬伊還當上了主管，但是到了一九七〇年代中期，他的升遷速度慢了下來，還跟上級屢有齟齬。於是他離開太空計畫，成為餐廳老闆。此外，他們夫妻倆也愈來愈清楚彼此的差異有如天南地北：喬伊的話很少，也不太理人；珍奈特則是為人溫暖熱切。她會去旅行，閱讀哲學書籍，到了快五十歲竟然開始攻讀心理學博士學位。他們有時會在孩子們面前激烈爭執，但在外人面前，他們卻善於掩飾任何婚姻失和的徵兆。如果門鈴在奇普爸媽吵架時響起，他們甚至會馬上掛起笑臉迎客。奇普把這當成人生教誨：「我們就是這樣生活的。我們讓外界看見一個圓滿的家庭，但這並非全部的真相。」

珍奈特溺愛奇普。她跟兒子說：你聰明透頂，還對他說甘迺迪總統也曾引用過，出自《聖經·路加福音》第十二章第四十八節的雋語：「多給誰，就向誰多取。」*學校課業對他來講太簡單，所以他把注意力轉往「課外活動」。他十二歲開始抽大麻，十五歲吸古柯鹼，到了十六歲，每次練網球前都會吸快克古柯鹼（crack）。不過他的成績從來沒下滑，所以爸媽就任由他隨興度日。爸爸說：「只要你每一科都拿A，我們不會管你要幹麼。」結果奇普以全年級第二的成績畢業。

他立定了未來的志向，想當醫生。在一九八〇年代佛州郊區的社會階層中，醫生是當地的頂級菁英，他們是高學歷、高收入、高名望的三高族群。他說：「我就是想幹那一行。我想當重要人士。我想成為有用的人。」他到納許維爾（Nashville）去讀范德比爾特大學（Vanderbilt University），加入某個兄弟會，主修數學、化學。他打算結合內科醫生與科學家的工作，他申請進入耶魯大學一個醫學士與博士的雙學位學程。該學程每年只收六個學生，提供全額獎學金。

那是一九九〇年代末期。他知道自己被錄取後打電話回佛州家裡，在答錄機上留言。父親回電，但聲音聽起來在顫抖。他說：「你媽出車禍去世了。」那天晚上她外出吃晚餐，結果被輛皮卡車攔腰撞上，送醫後不治。娘家有人來把她的遺體接回西維吉尼亞州，安葬在家族農場上。

---

* 譯注：意思是能者多勞。

❖

葬禮過後奇普回大學上課，但仍精神恍惚。接下來的一個學期他都在為進入醫學院做準備，並且刻意避免沉湎於哀傷中。

耶魯醫學院的生活需要他全神投入，幾年後的某晚，他在康乃狄克州的某間酒吧邂逅一位叫做雪柔．博索（Cheryl Birdsall）的年輕作家。她曾是南加大的頂尖體操選手，畢業後來到東岸的廣告業工作。他們在一九九六年結婚，兩年後，他完成了醫學與細胞生物學的雙修學位，緊接著就去哈佛大學附設醫院當骨科的外科住院醫師。工作之餘，他還幫救災團體AmeriCares當志工，參與國際醫療團隊。他曾遠赴科索沃（Kosovo）幫某個六歲男孩移除腫瘤，讓他得以免於腿部截肢手術。這些救死扶傷的經歷正是他一直以來的願景：透過服務來提升自己的道德高度。奇普在行李箱裡擺著一張那位科索沃男孩的相片。

但是到了二〇〇一年，還有兩年就能完成住院醫師訓練時，奇普突然發現自己對行醫失去了興趣。醫生的工時太長，必須填寫一堆文件，執業保險的花費又太高，讓他很感冒。此外，當時他跟雪柔常吵架。他們的女兒還小，但工作讓奇普沒有多少時間陪她。奇普胸懷大志，但醫生這一行開始讓他覺得太死板，有志難伸。他曾經夢想著未來自己終究會成為某間醫院的外科主任，甚至能在一般外科這個領域有所作為，但這一切再也無法燃起他內心的火花。

他跟哈佛的同事們提起自己在考慮辭職，他們都覺得不可思議。這樣一來，那些訓練不都白費了？也毀了自己的未來。但他還是開始尋找顧問公司與醫療器材廠的工作，接著有某個金融業的朋友建議他去華爾街發展。二十一世紀初，醫療照護產業大行其道，因此許多投資公司開始招聘更多醫生，想藉他們的醫療專業來判斷該進行哪些投資。當時，大多數美國人都還搞不清楚避險基金的業務內容，但這個行業卻正在改變美國金融業的企業文化，而奇普這種人才對於避險基金來講或許特別有用。

一九四〇年代起，儘管為數不多，但已經有一些避險基金開始在運作，投資專家A・W・瓊斯（A. W. Jones）是這一行的始祖。是他最先想到該怎樣藉由「避險」來將基金收益最大化，關鍵在於設法避開市場的震盪，所以不該只賭哪些標的會上漲，也該賭哪些價格會下跌。共同基金依法只能小規模地進行股票與債券的交易，以避免龐大損失的風險，但避險基金卻能豪賭。美國證券交易委員會對避險基金的態度就像政府對於猛藥的管理：允許大家使用，但不准濫用。避險基金的交易標的幾乎無所不包，例如衍生性金融商品、貨幣，甚至能交易「空權」*，但前提是投資資金必須來自於官方認可的「合格投資方」（accredited investors）——換言之，就是那些坐擁

* 譯注：根據《藝術與建築索引典》，所謂空權（air rights）是指「開發某一不動產上方空間的權利；土地所有人能將空中權出售或租賃給另一方。」

巨富，因此能夠承擔損失的投資人或法人。因此，社會大眾幾乎都不了解什麼是避險基金，直到千禧年前後大家才逐漸明白，美國最賺錢的行業就是避險基金的經理人。二〇〇四年，根據某期《機構投資人》（*Institutional Investor*）月刊報導，收入排行前二十五名的避險基金經理人在前一年的平均年收，竟然高達二億零七百萬美元。月刊編輯表示：「美國史上從來沒有這樣一小群人能夠賺這麼多錢，而且速度這麼快。」

奇普對華爾街完全不了解。他從沒看過資產負債表或損益表。但他對這個建議有興趣，所以去書店找書來了解。他買了《避險基金入門》（*Getting Started in Hedge Funds*），作者丹尼爾・史特拉赫曼（Daniel A. Strachman）是某家投資公司的副總裁，在書中如此鼓勵讀者：「要進入這行，最重要的人格特質不外乎好勝心強，而且要有企業家精神與膽量。若有相關的工作經驗也能加分，但某些公司反而不喜歡這種有經驗的人。」

奇普透過這本書學到了一些基本的金融術語，像是牛市、衍生性金融商品、標準差（standard deviations）等等，他也知道了避險基金有多好賺：避險基金可以向投資者收取投資金額百分之二的錢來當管理費，還可以抽投資收益的百分之二十作為佣金。（有些避險基金收費更高。）史特拉赫曼寫道：「如果經理人有去辦公室上班並履行職務，能從基金獲得的收入幾乎可說是無窮無盡。」這本書以充滿自由放任精神的華麗詞藻收尾，用詞頗能反映這世界進入避險基金時代後的時代精神。史特拉赫曼表示，政治人物與金管官員「對於金錢與市場都沒什麼概念」，他直接對上述兩類人物喊話：「別多管閒事，就讓市場順其自然吧。」

奇普即將加入新世代金融從業人員的行列，而他們再也不用真正待在華爾街，因為拜網際網路的便利之賜，交易員得以在任何地方工作，所以許多人離開曼哈頓下城，一來藉此避免被紐約市徵收高額所得稅，二來則是可以選擇其他工作地點，就近照顧他們位於紐澤西州、漢普頓地區（Hamptons）或者新英德蘭地區南部的家人。過沒多久，收入最多的前二十五個避險基金經理人就有十個在康乃狄克州的小鎮格林威治工作，甚至在那裡定居。

億萬富豪史蒂夫・科恩（Steven A. Cohen）也是其中一人，他用自己的姓名縮寫開了一家公司，就叫做SAC資本顧問公司（SAC Capital Advisors）。透過朋友介紹，奇普取得面試機會，等他到了SAC公司之後才發現，另一個本來在當腦神經外科醫生的朋友已經先行在那裡就職，應該能幫他講上兩句好話。在討論薪水時，SAC公司的高層們問道：「你在哈佛醫學院附設醫院當外科住院醫師的薪水有多高？」他說，五萬美元年薪。結果他們開出二百萬的高薪，而且如果他表現優異，還另有大額獎金。

當時他老婆懷有七個月身孕，在麻州小鎮西牛頓（West Newton）照顧他們的兩歲女兒。奇普打電話跟她說：「他們想要網羅我，條件好到不可思議。我們得要搬家了。」他們考慮搬去曼哈頓的上東城，但最後選擇格林威治，那裡早已被多家報社封為「避險基金的世界之都」。

❖

格林威治鎮屢屢在經濟上飛黃騰達，最早的發達史甚至可以追溯到美利堅合眾國建國以前。康乃狄克州狀似一個大煎鍋，格林威治就位在西南方的那個鍋把地帶，介於長島灣的灰藍海域跟鬱鬱蒼蒼的紐約州州界之間。一六四〇年夏天，麻薩諸塞灣殖民地（Massachusetts Bay Colony）的英格蘭殖民者們往南航行，在一片當地原住民稱之為Monakewaygo（意為「閃亮沙岸」）的海岸登陸。那裡有廣闊的草場、長滿蔓越莓樹的大草原，一片片多岩的森林則是熊、野狼與河狸的棲地。

無論是在政治或者文化上，格林威治都是新英格蘭與紐約的綜合體，在那裡定居的清教徒總是在心裡陷入天人交戰。套用史家蜜西．沃爾夫（Missy Wolfe）的話，就是「心理盼著牲畜能長得肥美滋潤，但又怕賺太多錢會惹惱上帝。」如同大詩人愛默生後來所描述的，清教徒的信仰無非是「最在意對與錯」，而且堅信道德是政治的最高指導原則。當年的清教徒早已走入歷史，但為善與作惡、服務與營利、克制與貪婪之間的拉扯迄今仍是深植人心。

有一段時間，「為善」的風氣仍占上風。格林威治最早能發家致富都是靠土地與海洋的自然資源，當地農場把農產品運往紐約市銷售，漁夫以採集牡蠣謀生，甚至用來裝飾布魯克林大橋橋墩的花崗石都是來自當地採石場。不過，火車路線從一八四八年開始經過格林威治，小鎮的命運自此改變：人們不再需要耗費一天的馬車車程才能前往紐約，火車只要一小時就能到。某家建商在推銷手冊裡把格林威治描繪成「讓忙碌都市人得以除卻疲乏的避風港」，「一個能追尋健康、幸福、舒適的地方，財富更是不在話下。」建商在當地蓋起了十九世紀「鍍金年代」風格的豪宅，足以與法式城堡和義式宮殿匹敵，其中不乏凡爾賽宮旁小特里亞農宮（Petit Trianon）與英格蘭華威古堡（Warwick Castle）的仿製品。

到了十九世紀初，剛起步的美國金融業聚集在華爾街發展，靠著集資投入企業與其他投資計畫而大發利市，藉此站穩腳跟，且許多金融從業人員都是格林威治的新住民。科學家發現飲水機的共用錫杯是造成疾病傳染的原因之一，於是住在格林威治的投資人威廉．葛拉罕（William T. Graham）便於一九〇八年出資製造出名為「狄西杯」（Dixie Cup）的可拋式紙杯，不但為他賺進巨富，也拯救眾生。另一位新住民薩爾蒙．席夢思（Zalmon G. Simmons）則堪稱是寢具界的亨利．福特（Henry Ford），因為他一手創造出大量生產床墊的寢具王國。

其他鎮民則是因為一些比較進步的經商之道而被世人知曉。歐文．楊恩（Owen D. Young）是奇異公司（General Electric）早期的一位董事長，他在一九二七年受邀前往哈佛大學商學院演講時，痛批許多奸商為了「讓勞工使盡吃奶的力氣、幫他們賺進最多的鈔票而想方設法。」他鼓勵商學院的學子們反而應該「把資方跟勞方都當成平等的人類，一方出錢，另一方出力並拚命工作，而雙方都把互利共生當成自己的共同志業。」長期擔任杜拉克管理學院（Drucker Institute）

院長的瑞克・瓦茲曼（Rick Wartzman）是研究企業行為的史家，他向我表示：「這真的並非嘴巴上講講而已。當年美國的企業文化比較講求『我們』，而不是『我』。」在楊恩任內，奇異公司成為首先讓員工能夠拿退休金、分紅的美國公司之一，還享有壽險、貸款與房屋補助的福利。一九三九年，六十五歲的楊恩屆齡退休，返回位於紐約州的老家定居，那是一個叫做范洪斯維爾（Van Hornesville）的農村，居民只有一百二十五人。原本擔任紐約州州長，這時已當上美國總統的小羅斯福是與楊恩志同道合的朋友，盛讚他是「促成美國持續進步的不可或缺要素」。

有不少抱持進步理念的記者與小說家也都住在格林威治，包括林肯・史蒂芬斯（Lincoln Steffens）、安雅・賽頓（Anya Seton）與曼羅・里夫（Munro Leaf）；因為這裡能夠躲掉紐約的高額所得稅，所以最受各大企業的高層歡迎，諸如奇異公司、德州石油（Texaco）與美國菸草（U.S. Tobacco），其他居民也不乏是為他們服務的投資銀行家。從今天的標準看來，這兩類格林威治人都算是低調行事的保守分子。總體而言，當地的共和黨人已經接受小羅斯福政府大刀闊斧的擴張之舉，但他們所擔心的主要是怕國家會過度支出而導致破產。

鍍金時代結束後，炫富已成為俗氣的不入流之舉。摩根・史坦利公司（Morgan Stanley）的高層唯恐自己戴的手錶不夠便宜。我有個朋友成長於格林威治附近十幾公里一處叫戴連（Darien）的小鎮，他回憶起當年的氛圍時表示：「某些最有錢的鎮民無論去哪裡都穿得像是園丁。」格林威治的紋章上面寫著充分展現正統美國北方精神的拉丁文：fortitudine et frugalitate——「堅毅與簡樸」。

❖

我的外曾祖父艾伯特．薛若（Albert Sherer）與外曾祖母琳達（Linda）是在一九三七年從芝加哥遷居格林威治。艾伯特是個共和黨員，他在全國餅乾公司（National Biscuit Company）當廣告人員，琳達則是養育兩個小孩的全職主婦。他們住的地方一直是租來的，直到一九六八年才買了一間帶有寬闊草坪的殖民地時代白色老屋，位於圓丘路（Round Hill Road），而這路名則是源自於格林威治西北的那一片高地。美國獨立戰爭期間，隸屬於殖民地的大陸軍（Continental Army）曾把圓丘當成瞭望據點，因為從那裡可以將周遭的果園與草原一覽無遺，甚至能看見遠處長島灣的海域。那白色老屋代代相傳，到了我九歲時，爸媽帶著我跟我姐從布魯克林遷居格林威治，我們也迎來數不盡的優勢。那裡的居住環境安全又充滿發展機會。當地有多處公共海灘，公園都維護得宜，圖書館則是藏書甚豐。我在一九九四年從格林威治高中畢業，那是一所培養出冠軍水球隊並且有錢添購一座電子顯微鏡的罕見公立學校。（那座顯微鏡是某位理科老師得獎的獎品，捐出來給大家使用。）

格林威治不乏許多可以嘲諷的人事物，像那些古板的上層階級、上流社會的年輕蠢蛋，還有多年來始終排斥少數族裔的風氣，但鎮民不太需要擔心這種確實存在的現象。幾十年來，凡是非裔或猶太裔美國人想去那裡購置房產，最後都是鎩羽而歸。在格林威治長大的作家與記者提摩西・仲馬（Timothy Dumas）表示：當地人就是那麼難搞又固執，這毛病像他們「靈魂深處的潰瘍，時不時就會發作起來。」美國職棒首位非裔球員傑基・羅賓森（Jackie Robinson）當時是布魯克林道奇隊的看板球星，一九五三年就曾想跟老婆瑞秋來格林威治購屋，但屋主拒絕讓他們看房子。一九六一年，格林威治某位房仲寫了份備忘錄給同事，最後因為一樁官司而曝光。她寫道，如果顧客的姓名「看起來像猶太裔，千萬別跟他們見面！」一九七五年，一群示威人士到鎮上舉牌抗議，上面寫著「低級的老頑固！」與「我們要共享夏天！」等口號，因為格林威治鎮禁止鎮民以外的人待在當地海灘，而這禁令竟然一直要等到二〇〇一年才遭康州最高法院廢止。

當地居民的特權之一，就是可以盡情嘲笑格林威治。一九八六年，出身麻州窮鄉小城布羅克頓（Brockton）的作家兼喜劇演員珍・康登（Jane Condon），與她那在銀行業工作的丈夫一起遷居格林威治。基督教堂（Christ Church）是當地純種白人文化的大本營，珍受邀前往教堂，在一場募款活動上做脫口秀表演。珍對我說：「表演後，有位德高望重的當地男士走過來跟我說：『妳真會講笑話啊，我差點大聲笑出來。』但格林威治人比較習慣微笑而不是捧腹大笑。」她也寫了一些關於當地政治風氣的笑話，例如：「我在保險桿上貼了一張支持柯林頓（Bill Clinton）的貼紙，結果一堆人拿馬丁尼砸我的車。」*（珍說：「這個哏在格林威治以外的地方比較能引起共鳴。」）

年復一年，這些藩籬並未消失，大家也都心知肚明，不過格林威治的確也變得比較多樣化了。到了一九九〇年代，當地亞裔、拉美裔與非裔人口已經達到將近百分之二十。除了原本的舊世家以外，鎮上的確出現了一群由店主、商人與教育人員構成的中產階級。一九七六年搬過來的鮑勃・李胥坦菲爾德（Bob Lichtenfeld）與妻子卡蘿（Carol）都是教師，先前他們住在紐約州揚克斯市（Yonkers）的一房公寓裡。他們在格林威治租了間透天厝，月租二百五十美元，最後自己蓋了間四房的屋子。鮑勃回憶道：「這讓我們有點捉襟見肘，但還在能力範圍內。有什麼比我們這種夫妻都是老師的家庭，更符合中產階級的條件？」

許多鄰人乍看像老師，但其實是企業高層。在一九七二年成為奇異公司董事長兼執行長的雷吉諾・瓊斯（Reginald Jones）也是格林威治居民，住在一間殖民地時期的磚造房舍裡。他女兒葛芮絲・溫雅（Grace Vineyard）表示：「他問我媽：『妳還有什麼想要的嗎？』她說：『我們擁有的難道還不夠多嗎？』」瓊斯看不起那些因為搞金融而致富的鄰居，比較敬重實際擁有雇員的製造商。「他會問：『他們真的有創造出什麼東西嗎？』」葛芮絲回憶道。「他就是不喜歡某些人賺了大錢，但卻沒有促進國家經濟的創新。」

---

* 譯注：表示正港的格林威治人都是共和黨支持者，當然不喜歡柯林頓。

李奧・辛德瑞（Leo Hindery）曾是瓊斯麾下的菜鳥主管。「從史丹佛大學畢業後，我的年薪是一萬五千六百美元，而雷吉諾則是二十萬。」辛德瑞說：「奇異是美國的一流企業，他身為執行長，薪水是我的十二、三倍。」根據經濟政策研究院（Economic Policy Institute）的統計，這個比例並不算是特別的。在一九六五年，大型上市公司執行長的平均薪水，大約是普通第一線勞工的二十倍。到了二〇一九年，已經暴漲為二百七十八倍。

❖

二〇〇一年，奇普從波士頓開車南下——用他半開玩笑的話說來，是要「去開疆闢土」。他老婆雪柔跟兩個小孩慢走一步，因為還要賣房子、打包跟搬家。

上班第一天，奇普對工作內容的了解主要還是來自於《避險基金入門》一書。他意識到，最好少開口。他也很快就發現，儘管領有高薪，但他的工作很快就會面臨困境。「如果沒有表現，那就只能走人。」他說：「就是完蛋了，沒有人會對我說：『你很拚啊！下次再努力一點。』是生是死都取決於表現，公司只會看數字。」

他們夫妻倆第一次買房子：那是一間牧場風格的一九五〇年代房舍，亟需修繕翻新，坐落於森林裡的蜿蜒林道上。當時的格林威治正歷經劇烈變遷。過去牆壁的高度只及一般人的腰部，一眼望去便可將新英格蘭的景致收入眼底，然而許多新的住宅已經不是包圍在簡樸的石牆裡。建商強化了住宅與外界的藩籬，外牆一樣是石造的，但用灰漿砌得扎扎實實，上有雕紋的牆壁高聳且華麗。

這種華麗高牆的建築風格可不是為了安全考量，因為格林威治的犯罪率在美國可說是倒數幾名。法蘭克．法利克（Frank Farricker）當時在鎮上都市計畫局工作，他認為高牆象徵著權勢與隱蔽。「大家蓋的牆壁不再只是兩三英尺高，而是高達六英尺，意思是：『要你滾遠一點』。」石匠甚至把那種高牆稱為「格林威治牆」，而鄰近的市鎮則是認為此風不可長，於是修改建築法規，避免步上後塵。

當時格林威治上演著美國史上最了不起的財富積累奇蹟，高牆正是此一現象的象徵。一九七〇年代的美國，因為能源危機的影響所及，許多大企業都在裁員，前往海外成立製造與經營據點，工會的影響力也大不如前，但這卻反而激勵了華爾街人士應變創新。一九八〇與九〇年代，金融家與經濟學家開創了許多進行投機與金融遊戲的新領域，讓許多人得以用鋌而走險的方法，利用破產法規的法律漏洞，以及其他門道來進行證券投機、併購企業與削減支出。美國股市的市值成長為十二倍，大多數利潤全都被最有錢的美國人收入口袋。到了二〇一七年，全國的企業利潤有高達百分之二十三都落入華爾街人士手裡，而他們有不少人都是住在康乃狄克州。

這些投機客的收入早已遠遠勝過早年那些製造業的高層。在格林威治，收入最高的避險基金經理人是愛德華・蘭伯特（Edward Lampert），他在二〇〇四年因為主導了凱馬特（Kmart）與西爾斯百貨（Sears）的併購案而獲利十億二千萬美元。蘭伯特可不是那種穿著看似園丁的格林威治有錢人。他那艘船身幾乎長達八十八公尺的遊艇就停在不遠處的岸邊，遊艇名為「泉源號」（Fountainhead），典故來自於艾茵・蘭德（Ayn Rand）那一部歌頌個人主義的同名小說。（小說主角霍華・羅克〔Howard Roark〕是個設計摩天大樓的建築師，他宣稱：「我不想為任何人浪費我的生命，就算一分鐘也不行……不管對方是誰、有多少人，就算他們再怎樣急切，我也辦不到。」）

蘭伯特之後，最厲害的是曾當過棉花期貨交易商的保羅・瓊斯二世（Paul Tudor Jones II），他精確預測股市會在一九八七年崩盤，因而成為收入最高的華爾街人士。瓊斯在格林威治購入的豪宅，原來的起造人就是因為投資「狄西杯」而致富的威廉・葛拉罕。他把豪宅打掉，重新蓋出一間外型仿造蒙蒂塞洛*的莊園式宅邸，車庫裡能停二十五輛車。這些南康乃狄克州的居民累積了如此龐大的個人收入，導致稅務官員開始仔細盯著其中六、七個繳最多稅的人每季的稅額，因為他們的收入攸關州政府能有多少錢挹注在整個州的公共服務支出上。

住在格林威治的摩根・史坦利高層們再也不用擔心自己戴的錶是否不夠便宜了。（該公司現任董事長兼執行長詹姆士・高曼〔James Gorman〕在許多名錶部落格上面，都成為人們欣羨的對象，因為他戴著一款要價一萬七千美元**的珍稀勞力士。）雷吉諾・瓊斯退休後，傑克・威爾許

（Jack Welch）接手他在奇異公司的職務，等到威爾許退休時，領到總額超過四億美元的退職金，創下歷史紀錄。瓊斯的朋友文森．梅（Vincent Mai）是投資家，他曾抱怨許多商界領袖只顧短期利益，欠缺長遠願景。「現在的文化已經變成能撈就撈，而且愈快愈好。」創辦並擔任克蘭米爾集團（Cranemere Group）董事長的梅對我表示：「再也沒有人知道節制為何物。」華爾街某家銀行的副董事長對格林威治的某個顧問說：「你知道我上個月都在幹麼嗎？我發了相當於八十億美元的紅利出去，但公司裡沒半個人感到歡天喜地。」

金錢改變了部分景物。格林威治大道是鎮上的商店街，開在那裡的伍爾沃斯百貨公司（F. W. Woolworth）已經被精品百貨薩克斯第五大道（Saks Fifth Avenue）取代。「您的最愛鞋店」（The Favorite Shoe Store）也不見了，改開精品時裝店莉莉普立茲（Lilly Pulitzer）。其他商店也紛紛被羅夫羅蘭（Ralph Lauren）、愛馬仕（Hermès）給取代。這些金融巨子興建莊園時，風格完全承襲自「鍍金時代」的那些鐵路大亨。奇普的老闆史蒂夫．科恩用一千四百八十萬現金買下一間宅邸，接著加蓋了一座冰球場、一座室內籃球場、幾個用來練習推桿的高爾夫球道、一間按摩室，最終把他家的面積擴充為一千坪，比泰姬瑪哈陵還大。最後，錦上添花的是，科恩竟然還拿到一紙特

* 譯注：蒙蒂塞洛（Monticello）是美國第三任總統傑佛遜的宅邸，位於維吉尼亞州。

** 譯注：差不多等於新臺幣五十四萬元。

別許可，讓他在豪宅周圍興建高於鎮上建築法規所規定的圍牆，牆高九英尺。

❖

奇普幫科恩工作後，才不到一年就被以色列・英格蘭德（Izzy Englander）經營的知名避險基金「千禧管理」（Millennium Management）挖走，但過沒多久他就開始籌備自創基金了。

他真是在避險基金最為輝煌的時代加入這一行。在他入行不久前，華爾街主要是靠最早的網路公司，還有投資銀行來大撈特撈，弄錢的方式莫過於幫助這些公司上市。一九九五到二〇〇〇年之間，專做科技類股的那斯達克綜合指數（Nasdaq Composite index）市值成長為五倍。但是網路泡沫化的夢魘於二〇〇〇年春天降臨，二〇〇一年九一一事件後美國聯準會（Federal Reserve）又大砍利率，大幅降低投資人的債券投資預期收益。包括各種退休基金、基金會與主權財富基金（sovereign-wealth funds）等大型投資法人，若想持續獲得高額投資報酬，就需要另尋出路，因為傳統股票與債券交易的收益銳減。許多法人開始關注一些所謂的「另類投資方式」，像是私募股權基金與避險基金。

二〇〇三年，至少有七百二十億美元流入避險基金，是前一年金額的四倍有餘。膽子夠大的金融家若想自行創立基金，根本不需要投資銀行的那種龐大資源。只要有一張桌子跟一臺電腦，自然會有資金流入，這就是格林威治某位投資人菲利浦・達夫（Philip Duff）所描述的那種經營模式：「在車庫裡，只要有三個人加上彭博終端軟體（Bloomberg）就能搞定。」

達夫想到如何靠這波避險基金榮景來大撈一筆，奇普加入了他的計畫。達夫在格林威治鎮鬧區一座造型時髦的黑色玻璃帷幕大樓裡，開了名為FrontPoint Partners的公司，其業務是代為操作一些比較不怕風險的小型避險基金。這時候，奇普的構想幾乎真是名副其實的「一間車庫加三個人」。他跟兩位以前的同事合創了一個醫療照護基金，到了二〇〇三年三月，他們加入了飛快成長的**FrontPoint**陣營。此時這家公司的創辦人已經手握二十九億美元的管理權，並且可望在二〇〇七年將規模擴充為二百五十億。

全世界的避險基金掌控了一兆二千億美元的資金，其中有十分之一都在格林威治。該城鎮的日報《格林威治時報》（*Greenwich Time*）的專欄作家大衛・拉佛蒂（David Rafferty）回憶道：「那就像你眨個眼又打開，突然間，**等等，怎麼大家都在搞避險基金？**」五年內，有三分之二的商用房產都是避險基金的從業人士在使用。辦公樓房在鎮上變得奇貨可居，每坪租金漲為二十四美元，價格是曼哈頓鬧區的兩倍。避險基金的操盤公司找不到辦公空間，那乾脆就把「格林威治」這四個字加在公司名稱上，不用真的位於那裡。例如，「舊格林威治資本投資公司」（Old Greenwich Capital Partners）事實上位於曼哈頓的公園大道上。

威廉・艾維茲伯牧師（William Evertsberg）一九九七年從密西根大急流市（Grand Rapids）搬

來，成為格林威治第一長老教會的牧師。「最大的差異是當地文化的單一化，但我不是指種族方面。我是指專業經驗。」他對我說：「在我擔任牧師的經驗裡，從來沒有地方像格林威治這樣，地方文化完全取決於某個單一產業。我的每一個會眾都是在華爾街工作，這一點也不誇張，錢都已經要淹到他們的腳目了。」

因為財金法規的重大變革，他們手裡掌握的錢變得愈來愈多。一九七〇年代以降，華爾街不斷遊說政客鬆綁法規，讓他們能夠進行風險更高的財務操作。一九九九年，柯林頓總統廢除《格拉斯－斯蒂格爾法》（Glass-Steagall Act）的規定，讓商業銀行與投資銀行不再分流。二〇〇〇年，他同意解放禁令，讓公司可以進行店頭衍生性金融商品（over-the-counter derivatives）的交易。這政策的推手是德州的共和黨參議員菲爾·葛蘭姆（Phil Gramm），而他的最大金主裡就有一些住在格林威治的銀行業者。例如花旗銀行總裁約翰·里德（John Reed）、摩根大通集團的執行長威廉·哈里遜二世（William B. Harrison Jr.）。

但政府放寬了對於華爾街的禁令，終究引來毀滅性的災難。九一一事件後，聯準會調降利率，導致房價飆升，各家銀行覺得應該把更多資金投入房貸、債券與衍生性金融商品的市場。房價在二〇〇七年年末漲到最高點，但全世界卻都被捲入一場金融危機。接下來的三年內，這場經濟大衰退讓所有美國人的財富損失了至少十九兆美元，因為他們的退休儲蓄、房產與其他資產的價值都縮水了。到了這波大衰退於二〇一〇年結束時，至少已有四千六百萬美國人墜入貧窮線以下，而這也是美國普查局（Census Bureau）從一九五九年開始進行統計以來的最高數字。政府官員深入剖析這場災難後，得出的結論是：放寬衍生金融商品的禁令堪稱「邁向金融危機的關鍵轉捩點」，因為「衍生性金融商品很快就完全失控，而且政府也無法監督」。

金融危機讓許多格林威治的交易商與金融高層丟了飯碗。多年來活躍於格林威治政壇的電訊大亨奈德・拉蒙（Ned Lamont）表示：「我們就像是被金融版的卡崔娜颶風肆虐過。」（後來他在二〇一九年當上康州州長。）但事實證明金融圈只是短暫受挫，而且我們可以看出有些人甚至站在有利的位置上，把這危機化為轉機。史蒂夫・艾斯曼（Steve Eisman）是跟奇普一樣在FrontPoint工作的同事，他就賭對了，正確預測房市會崩盤，其獲利數以百萬美元計。暢銷作家麥可・路易士（Michael Lewis）的《大賣空》（*The Big Short*）一書，就是以艾斯曼的成功事蹟當作故事主軸之一，但賭對的人可不只他一個。奇普回憶道：「我們公司有好幾檔其他基金都趁機海撈一筆，大家的竅門各自不同。」

格林威治很快又找回蓬勃榮景，鎮上的某些地方成為全國巨富聚集的新同溫層。二〇一四年，阿拉巴馬州蒙特瓦洛大學（University of Montevallo）的都市地理學教授史蒂芬・希格利（Stephen Higley）做了一份全國性的普查，發現格林威治鎮上一小塊區域只住了大約四千六百位居民，卻是全美國財富最集中的「金三角地區」：東邊以北街（North Street）為界，最北邊則是梅里特公園大道（Merritt Parkway），最西邊就是圓丘路。

❖

過了一段時間，有些格林威治人開始提出一個令人不安的問題：如果金錢對鎮上許多可見的部分造成那麼多影響，那麼其他不可見的部分，諸如文化、價值與道德水準呢？珍・康登在當地週報《格林威治郵報》（*The Greenwich Post*）上有個漫畫專欄叫做「浮生」（Our Life），她就在上面巧妙地拋出這問題。負責畫漫畫的是她的朋友芭比・艾格斯（Bobbie Eggers），住在離格林威治不遠處。在她們的一幅作品裡，有個女人問她的朋友：「你有注意過嗎？房子愈大，老婆的體重愈輕。」另一幅作品的背景是醫院走廊，母親用嚴肅口吻對兒子交代：「乖兒子，爺爺現在病情嚴重，我要你到病房裡去問他的密碼是什麼。」

隨著某些格林威治居民的財富飆升，美國的貧富不均現象也來到危如累卵的新高點。冰凍三尺非一日之寒，這問題已經積累數十年了。一九四七到一九七九年之間，美國勞工的平均薪水成長了百分之百；不過，因為這國家特有的歧視現象作祟，能拿到好處的大多為白人。（一九五九年，蘇聯領導人赫魯雪夫〔Nikita Khrushchev〕造訪美國，他很不情願地承認：「資本主義的奴隸還過得真不錯。」）但是，詹森（Lyndon B. Johnson）總統任內最倚重的經濟智囊亞瑟・奧肯（Arthur M. Okun）後來在一九七五年卻提出警訊：薪資成長的升降梯已經戛然而止。他提出「令人憂心忡忡」的數據，指出財富聚集於收入前五分之一的美國家庭，他們的收入總額竟然相當於後五分之三的家庭之總收入。他表示，如果這種趨勢持續下去，「那人生勝利組家裡的寵物伙食，將會比輸家孩子的食物還好。」接下來的三十年內（一九七九年到二〇〇九年），勞工的平均薪水只成長了百分之八。

現在回顧起來，令奧肯感到不安的貧富差距真是一種奇特現象。到了二〇一〇年代，收入排名前百分之一的人坐擁著自一九二八年以降的最高總收入。根據中情局（CIA）針對收入不平等狀況所做的調查，美國的貧富差距之懸殊程度與肯亞和伊朗相仿。這種巨大不平等所產生的效應，在許多基本的健康指標上是明顯可見的：不只是美國富人的平均壽命大幅增加，他們變得更瘦、眼睛牙齒都更健康，唾液裡的皮質醇含量也下降，這顯示身體意識到他們並未受到威脅。某些學者把這段時期稱為「大分岔」（Great Divergence）——美國富人與窮人走上很不一樣的路徑。

川普當選後，記者與學者紛紛把目光聚焦在那些所謂「被拋在後面的」美國人身上。但若要解釋不平等現象的成因，我們應該注意的是：為什麼那些巨富可以衝到讓人看不見車尾燈？就在我們爸媽的那一代，大多數美國的有錢人都是高薪階級，像是律師、會計師，還有奇普從小在佛羅里達就很崇拜的那些醫師。但到了這個世紀，因為投資力與稅務優勢的加乘效果，只有那些本來就很有錢的人才能積累出巨富。美國前財長桑默斯（Lawrence Summers）總結道：如果美國的收入分配能夠回復到跟一九七九年差不多，那麼收入排行後百分之八十的家戶就能增加一兆美元的總收入，這足以讓他們的收入增加百分之二十五。

因為財富積累的速度實在太快，就連華倫・巴菲特也擋不住：雖然他在二〇〇六年承諾要捐出部分財產做公益，但他捐款的腳步還是跟不上他財富增加的速度。據估計，到了二〇〇七年金融危機發生前夕，全球大約有五兆到七兆美元被藏在各個避稅天堂，而這些錢政府完全拿不到，否則只要拿出其中一小部分就能讓美國政府拿來修繕各地老舊不堪的道路、橋梁與港口。美國人常把「前百分之一」掛在嘴邊，但如果我們把比例縮減為前百分之零點零一，就可以看出那些天之驕子（大約一萬六千家戶）有多會賺錢。在一九七四年，他們的平均年收入是四百萬美元；到了二〇〇七年，他們每年的淨收入已經暴漲為三千五百萬元以上。美國人每掙到十七美元，其中就有一元會落入這一萬六千個家戶的荷包裡（他們總計大約四萬人），從一九一三年美國開始進行這類統計以來，這是數字最高的一年。

許多美國有錢人振振有詞，把美國社會傳統以來所謂「力爭上游」的信仰拿來當擋箭牌，而這貧富差距只是證明了一件事：只要努力，人人皆可成功。但這只是迷思，與我們看到的社會現實再也不相吻合。一般而言，出生在一九四〇年的美國兒童有百分之九十都能賺到比爸媽更高的收入，但是到了二十一世紀初，這比例卻大幅下降為百分之五十。不平等現象阻礙了社會階級的向上流動，因為有錢人就是可以付錢讓自己跑在更前面，諸如找家教來幫小孩補大學入學測驗（SAT）、將手伸進政治圈、進行高階人士限定的投資，還有尋求稅務建議。他們跑得愈前面，他們的小孩就有更高的可能進入一流學府、與地位相當的配偶結縭，並且進入那些可以讓他們取得更多機會的人際網絡。儘管「美國夢」之類的概念讓我們倍感自豪，衝勁滿滿，但也掩蓋不了一個事實：根據世界銀行（World Bank）的估計，美國社會代間流動的程度在二〇一八年竟然比中國還低。

二〇一三年，當時還在史丹佛大學經濟系任教的拉傑．柴蒂（Raj Chetty）發表一項研究，利用非常仔細的「機會地圖」（Opportunity Atlas）來回答一個問題：決定我們的人生走向的關鍵要素為何？答案是，我們童年居住地的郵遞區號。例如在鹽湖城，如果你出生在收入排名後五分之一的家庭裡，那麼你最後能躋身收入前五分之一行列的機會，只有百分之十點八。如果你出生在密爾瓦基，機率更是只有百分之四點五。

長遠來講，這種一面倒的財富分配情況其實會傷害經濟成長。國際貨幣基金組織（IMF）於二〇一一年提出一份關鍵報告，據其估算，只要把財富分配不均的程度減低百分之十，經濟成長的時間就能延長百分之五十。貧富不均的問題浮上檯面後，「美國社會不平等的起源」成為新興的研究主題，指出這現象的種種成因，包括盤根錯節的種族歧視問題、稅務政策、企業肥貓問題，甚至環境汙染。不過，當各種成因愈辯愈明之際，不平等導致的效應也開始逐一顯現。要等到幾年後，美國的社會大眾才開始面對這問題，釐清這一切意味著什麼。

在問題釐清前，富者愈富且收入飆升，這只會讓奇普這類好勝心旺盛的人更想鋌而走險。奇普只會用單一的價值來衡量自己，如他所說：「我的工作就是避險與賺錢，這一點我絕對不會搞錯。我想要盡可能賭大一點，看自己能發達到什麼境界。只要不出事，我會盡可能幫客戶賺更多的錢。」

就連美國某些最有警覺、最能幹的政治人物都還沒反應過來，無論在思想或行動上都尚未針對這新的社會現實做出應變。二〇一二年夏天，時任總統的歐巴馬在某次廣播演講中對聽眾表示：「在我們這個國家，無論你屬於哪個族群或來自哪裡，只要你願意好好讀書、努力工作，你有多少才華，終究就能獲得多少成就。如果你願意嘗試，就能辦到。」

【第二章】

「我會好好思考，為此禱告」

當時我在晨間走路上班，穿越華府西北區的時候，我總會刻意經過一座建物，它坐落於一整排乏味的辦公大樓之間，看起來彷彿是整棟從巴黎空運來的。那是一棟五層樓的雄偉建物，風格屬於法國美術學院派（Beaux-Arts），因為歷史悠久，紅銅裝飾都已變成綠色，而且最為人熟知之處莫過於安德魯・梅隆（Andrew Mellon）曾住在那裡。安德魯出身金融世家，他不但繼承巨富，還在一九二〇年代當過財政部長。

我在二〇一三年注意到那棟建物正在翻修。美國企業研究院（American Enterprise Institute）把它買下來當新的總部，該院在美國是歷史最悠久的保守派智庫之一，但從來沒有過常設院址。搬到這棟優美的新家，可說是非常醒目的改變：即便民主黨人還在慶祝歐巴馬連任成功，他的保守派對手們仍持續壯大中——最大的金主都在格林威治從事金融業，而且顯然都混得很好。美國企業研究院新總部的捐贈者是億萬富翁丹尼爾・達尼耶洛（Daniel A. D'Aniello），他是凱雷集團（Carlyle Group）的創辦人之一，而該集團則是美國最大且政商關係最好的私募股權公司之一。

私募股權產業得以創造龐大利潤的主要手段，就是四處籌款來購買公司，將其予以改組，而這樣的伎倆在經濟大衰退於二〇一〇年結束後，獲得了前所未見的豐厚利潤。二〇一三年，這個產業的業界人士發給自己與投資人的紅利為六百六十二億美元，創下史上新紀錄，而這數字還不包括各種補助費與其餘支付款項。儘管各家私募基金都宣稱其做法能夠提升公司效能，而且也為投資基金的各個退休基金帶來可觀收入，但卻有愈來愈多人大聲批判：私募基金的利潤其實來自民脂民膏。批判聲浪愈大，各家基金就花更多錢來收買說客，並捐款給候選人。這一行真可說是日進斗金。二〇一二年，達尼耶洛有一億四千萬美元入袋，大多數公司總裁的收入與其相較只能說小巫見大巫。（舉例說來，摩根大通總裁執行長傑米·戴蒙〔Jamie Dimon〕只拿了二千三百萬。）在把那棟翻修後的建物捐給美國企業研究院時，達尼耶洛聲稱那是為了「保護企業自由，讓人人有機會」而給的獻禮。他說：「我要所有人都有實現美國夢的均等機會。」

跟紐約與洛杉磯一樣，華府總是自詡為充滿公共精神的城市，而且一切講求合理明智，因此國會大廈在興建時，工匠們獲得的指令是：只要有「整齊簡單」的傢俱即可，無需「花稍裝飾」。早期國會議員的住處都是兩人一間，睡在吊床上，空間小到他們只能輪流更衣，實際上華府老早就已成為美國最繁榮的地方之一。但是到了二十一世紀，華府更是以前所未見的速度「向錢看」，此時政治人物變成只有豐厚的捐款才叫得動他們，許多政壇潛規則變成不折不扣的「錢規則」。

二〇〇〇到二〇一〇年之間，美國各家公司用於華府遊說與公關工作的經費成長為三倍，這龐大的金流主要有三個來源：像凱雷集團這種進行財務操作的公司，它們密集分布的地區最北端在康州費爾菲德郡（Fairfield），最南端就是華府旁的維州費爾法克斯郡，因為美國有一大部分資本都掌握其手中，所以蓬勃發展；其次則是仰賴政府合約營運的國防工業，自九一一事件後廠商如雨後春筍出現，隨後於伊拉克與阿富汗進行的反恐戰爭更推動其進一步興盛；最後則是在矽谷與其他高科技聚落興起的各大網路公司。金融危機過後，儘管整個國家才剛重新起步，華府卻在二〇一一年超越矽谷，成為全國最富有的都會地區。

我跟老婆在這城市最豪奢的時刻抵達。過沒多久，華府開始出現不少米其林的星級餐廳，餐飲業調查公司 Zagat 甚至宣稱華府是全國最「時尚」的美食之都。在華府與周遭地區，有二千多人是所謂的「超高淨值人士」（ultra-high-net-worth individuals），總資產在三千萬美元以上。專門報導財富文化的記者勞勃．法蘭克（Robert Frank）研究了相關的調查結果，包括豪車奧斯頓．馬丁（Aston Martin）與賓利（Bentley）的銷售數字，結果宣稱華府已經從「豐富邁向巨富」。

政界到底多有錢？有錢到連從業人士都開始覺得厭煩。伊森．洛德（Ethan Roeder）隸屬於民主黨陣營，曾幫歐巴馬的競選活動擔任數據資料主管，後來他提出這樣的觀察：「我們這一行有個見不得人的祕辛：競選活動期間收到的現金實在太多，多到根本花不完啊！」捐給候選人的錢愈多，就會讓某些人變得愈焦慮：這些金主捐給政界的金額創歷史新高，理由之一是害怕落於人後。如果大家都捐，我怎能不捐？搞不好跟我競爭的大企業，或是跟我理念不合的死對頭都捐了，那豈不是要任由他們占上風了？洛德回憶道：「我工作的某個競選總部真是錢多到淹腳目，當時有同事笑說，乾脆花錢把我們的競選標誌投影到月球上。」

❖

即便候選人的錢已經夠多了，金主還是不斷給，理由只有一個：無論從哪一種合理的定義看來，這都是送黑錢的合法管道。我國開國先賢詹姆斯．麥迪遜（James Madison）曾憧憬過國會能夠「仰賴國民運作足矣」，但到了二十一世紀，據許多學者精確地觀察指出，能夠更容易接觸到國會議員的，往往是金主與捐款的公司，只因他們花了錢。政治學者約書亞．卡拉（Joshua Kalla）與大衛．布魯克曼（David Broockman）曾於二〇一五年幫加州柏克萊大學做過一項研究，結果顯示，只要遇到金主請求見面，國會辦公室資深員工答應接見的比例是接受一般民眾請求的三到四倍。

有人為這種體制辯護，表示這可以讓各種理念進行公開的競爭：如果公民對於某個政策非常關心，那麼大可以募資進行遊說。這根本就是癡心幻想，金主可不是具有代表性的一般公民。兩黨的金主其實都是年紀較大、白人居多、男性占多數，而且比較保守。換言之，他們就是看起來比較像國會議員的那一類人。

這世界上高度民主化的國家不在少數，但華府這種「影響力產業」幾乎可謂獨一無二。我遷居華府前的幾個月，《赫芬頓郵報》（*Huffington Post*）接獲一份外洩檔案：那是眾議院民主黨團為了讓即將報到的菜鳥議員融入國會，而製作的內部用簡報檔。在給菜鳥議員的建議中，黨團鼓勵他們每天應該留下三、四小時用於參加聽證會、投票，還有接見選區選民。不過，黨團還建議他們，每天最少要花五個小時的時間在華府「找錢」，比較委婉地說，就是「拜訪時間」或者「策略性擴大服務範圍」。花錢才能獲得接見已經變成家常便飯，導致某些熟諳此道的議員有時候甚至忘記遮掩一下，直接承認捐款與否的確會影響他們的決定。不知道是直言不諱或者半開玩笑，來自南卡羅來納州的前眾議員米克．穆瓦尼（Mick Mulvaney）某次對著一群銀行業高層表示，「我的辦公室是有大小眼的」，他說：「如果你是從來沒有捐錢給我們的說客，我才不會接見你。如果你給過我們錢，那我也許會接見你。」

二〇一〇年，聯邦最高法院針對「聯合公民訴聯邦選舉委員會案」（Citizens United v. Federal Election Commission）做出裁決，表示法律不得限制大企業、工會與富人在選舉期間砸錢的金額，自此金流湧入華府的速度加快。這項裁決所帶來的金流之龐大，遠遠超乎任何人的預料。二〇〇八到二〇一二年之間，競選活動經費的總額增加了幾乎二十億美元。暴增的主因是各類影響力龐大且口袋又深的政治行動委員會（PAC）掏出更多錢，因為他們只要不直接捐錢給候選人，支出可以沒有上限。二〇一二年，這些團體花了十億美元，而且居然有高達七億三千萬供給特定的一百人。

多年來，金錢如洪流般在政壇恣意流動，這早已改寫了貪腐的定義。《華盛頓郵報》的資深政論家丹·巴爾茲（Dan Balz）曾回憶起一九七二年的往事：保險巨子兼慈善家威廉·克萊門特·史東（W. Clement Stone）早先捐了二百萬美元給尼克森（Richard Nixon）用於競選總統，消息曝光後引發公憤，接著才促成一連串的競選募款法規改革。用現在的幣值來計算，史東的捐款相當於一千一百萬美元，但是用當今的眼光看來，卻只是勉強算得上捐款大戶而已。二〇一二年，政治立場保守的賭場大亨薛爾登·艾德森（Sheldon Adelson）捐了九千三百萬給競選活動。為了二〇一六年的大選預做準備，石油業巨子寇氏兄弟（Charles and David Koch）召集少數幾位友人，募集了八億八千九百萬美元，希望選舉結果能夠如他們所願。憑藉財力，他們挑選、培養出新一代的政界領袖，藉此確保政府不會增稅，並能減少商業行為的規範。

這股金流決定了哪些政治人物在華府能呼風喚雨，也決定了他們要為哪些理念背書。兩大黨的凝聚力盡失，因為黨內的議員們都各懷鬼胎，只會為了追逐名利而大吵大鬧。隸屬於共和黨的自由黨團（Freedom Caucus）是一個由該黨眾議員組成的超保守次級團體，成員在投票時都很有共識，但這卻很快地讓眾議院議長約翰·貝納在內的諸多政黨領袖失去威信。（貝納曾痛批自由黨團裡領頭的吉姆・喬登〔Jim Jordan〕是「國會恐怖分子」。）因為自由黨團有自己的資金來源，能自聘職員，所以貝納無法以斷絕金援來威脅他們就範。他也沒辦法向歐巴馬總統或向當時的眾議院少數黨領袖南西・裴洛西（Nancy Pelosi）保證票絕對開得出來。貝納曾對政治記者提姆・阿爾貝塔（Tim Alberta）抱怨：「我兩手空空，哪有辦法跟他們談條件？」

隨著選舉捐助款的數額升高，當被問及金錢已經扭曲政界的問題，大多數華府民代都以「我會好好思考，為此禱告」*之類的言論回應，用制式的方式表達關切之意，但幾乎沒有具體行動。二〇一四年，《華盛頓郵報》表示，「甚至沒有任何政治人物討論這問題」，可見對此有多擔憂。這是理所當然，因為政壇大老的權力基礎都建立在這套金權體系之上，又有誰會拆自己的臺呢？哈佛大學法學教授勞倫斯・雷席格（Lawrence Lessig）早已是抨擊這問題的頭號砲手，他把這種普遍保持緘默的情況稱為「屈服的政治現象」（politics of resignation）。他對我表示，他深信選舉經費制度必須「砍掉重練」。他說，「除非我們現在就打破整個體制，確保新制度不會再陷入同樣的窠臼」，否則根本不可能有所改變。

二〇一四年期中選舉前的幾個月內，雷席格展開了一場唐吉軻德式的實驗。他發起一個需要募資數百萬的政治行動委員會，目標是把那些承諾進行選舉經費制度改革的候選人推上大位。換

* 譯注：即 thoughts and prayers，用來泛指政客對於具體問題的空泛回應。

言之，非常諷刺的是，這個政治行動委員會的遠大目標，就是想要終結所有政治行動委員會。（他把「擁抱反諷」當成該委員會的座右銘。）與雷席格一起擔任推手的，是共和黨策士馬克·麥金農（Mark McKinnon），他們把這委員會命名為遇難時的求救信號：Mayday。政界專業人士對此的反應普遍都是嗤之以鼻，專營政治新聞的網媒Politico甚至稱之為「鬧劇」與「作秀」。雷席格雖是法學界的明星，在華府卻是沒沒無聞，就連他自己也承認：「在我做過的所有事情裡面，這件事的失敗機率最高。」

我也知道他不太可能成功，但對於他的非政壇觀點感到有興趣。我剛認識他時，他正在全國各城市之間奔波，想讓社會大眾知道政界的金權問題有多緊迫，讓我聯想到前副總統高爾（Al Gore）對抗氣候變遷問題的那股幹勁。八月某個平日早上，雷席格前往路易斯安那州拉法葉郡的凱俊巨蛋會議中心（Cajundome Convention Center）。五十三歲的他戴著鏡框小小圓圓的眼鏡，表情看來沉靜但警戒，散發強烈的先知氣質。美劇《白宮風雲》（*The West Wing*）曾把雷席格寫進劇本裡，為某個外國政府提供憲法問題的諮詢，而飾演他的人則是曾在電影《回到未來》（*Back to the Future*）裡演出怪博士的克里斯多夫·洛伊（Christopher Lloyd）。

拉法葉郡當地的商界聚會「午餐有約：五十位頂尖商業人士」（ABiz Top 50 Luncheon）邀請他與會，他在會上表示，希望路易斯安那州的選民能接受他的理念。為何特別在意這個州？他對我表示，若把人口數納入考慮，這可是過去十年內全美國貪汙案發生率最高的地方。曾四度選上該州州長的艾德溫・愛德華茲（Edwin Edwards）用來自誇的那句話後來變成一句名言：除非他「捲入少女命案或者被發現有戀童癖」，而且是現行犯，否則他的仕途沒有任何阻礙。（後來他向申辦執照的賭場業者強行索賄，因為多項貪汙罪名而入獄服刑八年多，但出獄後還是出馬競選眾議員。）

凱俊巨蛋會議中心的午餐餐會吸引了七百人參加，與會者都是拉法葉郡的菁英。這些人的背景並沒有像雷席格原先料想的那樣多樣化，他們大多是一看就知道很有錢的白人男性，座位前圓桌上的名牌寫著各自所屬的當地企業名字。我跟路易斯安那大學拉法葉校區的政治學教授皮爾森・克羅斯（Pearson Cross）聊了一下，他說：「這些人都是有錢的大爺。」輪到雷席格發言時，一開場他就明確指出族群正義和民主體制之間的關係。「儘管美國憲法賦予非裔美國人投票權，但直到幾乎一百年後他們實際上還是沒有權利投票。這件事真是令人震驚，甚至可以說讓我們感到丟臉、尷尬。」透過兩個掛在高處的大螢幕，他給大家看了幾張投影片，上面有林肯總統與馬丁・路德・金恩博士的肖像，還有警犬往示威群眾衝過去的照片。「當我們回顧這一段黑歷史之際，難道不會感到納悶：當年那些人怎會覺得可以這樣對待非裔美國同胞？」他向大家提問：「有朝一日我們的後代子孫回顧那些事情，難道不會對我們說：『你們也太扯了吧？我們這一代怎麼會把有鈔票才有選票當成真理？』」

他為美國民主體制所勾勒的景象，看來實在令人擔憂。據其引述的民調數字顯示，百分之九十六的美國人認為，應該設法抑制金權政治對於政壇的影響力，但認為能夠達成此一目標的人，卻只有百分之九。他說：「我們能夠重新取得民主體制的掌控權嗎？這個問題值得好好深思，而且我們這個世代責無旁貸。」

等到發言結束，現場響起不失禮數的掌聲，但他並未像往常那樣受到聽眾起身喝采。他的著作《失去的共和政體：國會已遭金權侵蝕，我們需要挽救之道》（*Republic, Lost: How Money Corrupts Congress—and a Plan to Stop It*）在現場賣出幾本，他還幫大家簽名，但桌上還有幾十本乏人問津。

二〇〇五到二〇一三年之間我定居北京，不少中國人常抱怨他們的政府貪腐問題嚴重，還問我美國是否有類似問題。我的答覆往往是這樣的：政府內部當然還是有人貪贓枉法，但因為我們重視法治精神，媒體又享有新聞自由，金權對於政治的影響應該可以被減緩到最低程度，至少沒有人敢明目張膽進行交易。但在華府住了一年後，對這番說法我已經沒那麼確定了。

與一九八六年相較，候選人在二〇一四年平均來講必須花兩倍的經費才有辦法當選眾議員，因此他們對於金錢的渴求程度更高，吃相也更難看。威斯康辛州州長史考特．沃克（Scott Walker）的某位顧問曾建議他去拜訪賭場大亨薛爾登．艾德森：「去跟他要一百萬吧。」

「聯合公民訴聯邦選舉委員會案」結束後，龐大金流湧入各競選陣營，但也激起過去幾十年來最為高漲的改革聲浪。倡議團體「競選公開化」（Public Campaign）的帶頭者尼克．奈哈特（Nick Nyhart）對我表示：「誰都知道金權政治從未斷絕過，但一群常常登上報紙頭版的八十幾歲億萬富翁像這樣操弄候選人，卻是前所未見的。」這些政治行動委員會跟所謂的社福團體到底有多荒謬？電視主持人史蒂芬．柯柏特（Stephen Colbert）曾做出完美示範：他去登記了一個「社會福利組織」，結果居然能以「匿名空殼公司」的名義捐款。

不過，因為透過捐錢來取得影響力的情況實在已經太普遍，有時候讓人很難斷定到底哪些行為已經觸法，哪些則是司空見慣。雷席格演講完沒多久，已經卸任維州州長職務的勞勃．麥克唐納（Robert McDonnell）遭傳喚，以證人身分前往里奇蒙市的法庭解釋他與強尼．威廉斯（Jonnie R. Williams Sr.）的關係，因為威廉斯曾捐助競選經費給麥克唐納，藉此換取他支持某種含有菸草成分的營養補充品。威廉斯與其公司曾捐贈大概八萬元的航空旅費給麥克唐納陣營，這表面上看來是合法的。此外，還有已經進入灰色地帶的種種慷慨行徑：威廉斯借錢給麥克唐納，屢屢出錢給他血拚、打高爾夫球，送他一只勞力士名錶，幫他交鄉村俱樂部會費，並提供一輛法拉利，這一切總計花了十七萬七千元。

麥克唐納利用州長職權來回報威廉斯的餽贈，因此他與妻子莫琳各自遭檢方以十三項貪汙罪名起訴。麥克唐納曾寫電子郵件向威廉斯借款五萬元，六分鐘後隨即以電子郵件吩咐手下，要各家州立大學著手研議威廉斯希望進行的一些科學研究。法庭上的麥克唐納看來自信滿滿，他對陪審團表示自己的做法在政界可說是習以為常，「一般人不都是用這種方式來疏通政府單位嗎？說穿了就是如此，再簡單不過了。」

至於雷席格，則是在非常特殊的情況下開始意識到這個問題的嚴重性。他不是天生就熱中於政治，甚至還討厭閒聊，也不喜歡講電話跟收發電子郵件。他的妻子貝緹娜・紐芬（Bettina Neuefeind）卻是個關心公眾事務的律師，曾經參與調查科索沃戰爭期間發生的戰爭罪行。據貝緹娜推斷，她丈夫向來是理論取向，剛好透過發起這個運動來平衡一下，變得比較入世。她對我說：「我是那種喜歡吃麥片，相信順勢療法，喜歡大自然的人。」不過，其實他會發起徹底改變政壇的運動，從他的其他生活領域看來，也不算太讓人感到錯愕。因為去德國研究休假而變胖後，他在二〇〇七年開始吃素，甩掉了差不多三十公斤。我們相識那段時間，他每天都吃一樣的「超級食物」：藍莓、一顆水煮蛋、半顆酪梨。貝緹娜表示她丈夫因為「生活變得簡單優雅而有辦法那樣全力以赴發起運動。」

雷席格童年住在賓州威廉波特，父親在當地開了一家小金屬製造公司，是個死忠共和黨支持者，因此他也成為全美共和黨少年團（National Teen Age Republicans）的忠實團員。一九八〇年，他年僅十九歲，是該年共和黨全國代表大會上最年輕的代表。後來他加入某位黨內同志陣營，參與州參議員黨內初選，卻因競選失利而導致他已嶄露頭角的政治生涯告終。賓州大學的教育讓他愈來愈景仰法律，因為「在法律的領域裡，掌權的應該是理性」。後來他分別在劍橋大學拿到碩士，到耶魯大學獲得法學學位，最後陸續於芝加哥大學與史丹佛大學任教。

到了一九九〇年代晚期，在橫跨法學、文化與網路的學術領域裡，他已是最具影響力的理論家之一。至於他會起心動念，以一人之力對金權政治發起聖戰，則是因為國會在一九九八年發起了《桑尼．波諾著作權期間延長法案》（Sonny Bono Copyright Term Extension Act），以溯及既往的方式讓電影、歌曲與其他作品的版權都得以延長二十年。雷席格造訪國會山莊，他強烈主張這法案的立法意旨只有一個：保障版權持有人的收益，但卻沒辦法鼓勵福克納（Faulkner）或蓋希文（Gershwin）創作更多作品，因為他們都已經上天堂啦！他特別指出，最初連署這法案的二十五個眾議員裡面，有十八個都獲得了迪士尼公司的捐款。他得出的結論是，「只要法律允許任何人收買國會」，那麼版權永遠不會有到期的一天。

雷席格認為問題的根源在於政壇的一個趨勢：手握大權的美國政客每天都悄悄地遭收買妥協，不把那些毀滅國家的行徑當成一回事，而國家在政治、經濟、社會等方面的核心體制因而逐漸崩壞。他把此類政客稱為「那些鄉愿的德國佬」。* 他說：「貪汙的顯著案例包括收賄而在二〇〇五年遭定罪的加州眾議員藍迪．康寧漢（Randy Cunningham，綽號「杜克」），或是正在受審的維州前州長麥克唐納。但這些都不是讓我在意的貪腐。真正讓我在意的那些貪腐政客利用政治體系的漏洞，公然把自己的影響力拿出來標價兜售，而且還誇誇其談地表示這只不過是某種文化規範經過演變以後的正常發揮罷了。這些就是所謂的鄉愿的德國佬。」

* 譯注：指一九三〇年代期間坐視納粹壯大而不願起身反抗他們的德國人。

❖

二〇一五年秋天，根據里奇蒙市聯邦法庭陪審團的判決，麥克唐納的十一項貪汙罪名成立。不以自己接任開國先賢傑佛遜曾擔任的職務為榮，他竟然用自己的權力換來打免費的高爾夫，幫老婆治裝，用跑車代步。判決出爐後，我打電話給民主黨的吉姆·庫柏（Jim Cooper）眾議員，他自從一九八三年以來曾數度擔任該職務。我問，其他眾議員對於法院的裁決有何想法？他說：「我想他們會嚇壞了。在國會山莊這裡，麥克唐納拿到的那些好處可說是再普遍不過了。」

不過，透過麥克唐納的例子，我們也可以看出有些事情會讓人坐牢，但類似的事情卻能助人連任，兩者之間的界線可說脆弱不堪。他會入獄是因為幫某種營養補充品打通關，藉此換取一些大禮，但國會議員們卻可以收取營養與保健食品業的數以萬計捐款，完全合法。先前，愛荷華州的民主黨參議員湯姆·哈金（Tom Harkin）與猶他州的共和黨參議員奧林·海契（Orrin Hatch），都曾是這個產業的最大捐款對象，他們也總是以代言人自居，幫忙出了很多力，各種用來保護消費者的法規都會遭他們反對。

等到法院要宣判刑期了，麥克唐納自然請求院方高抬貴手。根據聯邦法院的一般刑度，他的刑期最少十年，最多十二年。歐巴馬總統就職後，他留下的參議員席次被伊利諾州州長布拉哥耶維奇（Rod Blagojevich）拿來兜售未果，結果這位州長遭判刑十四年。聯邦檢察官麥可·德萊

（Michael Dry）表示麥克唐納的罪行在「維吉尼亞州的二百二十六年歷史中前所未見」。但辯方律師卻認為他根本不該坐牢，只需要進行六萬小時的社區服務，並找來十一個人到法庭上作證（其中包括另一位前州長和某個職業美式足球球星），希望院方能從寬量刑。證人眾口同聲，表示麥克唐納是個不太重視身外之物的人，而維州眾議院議長則是表示，光是他遭到定罪這件事本身就足以嚇阻其他人重蹈覆轍了。麥克唐納的妹妹說，哥哥在遭判有罪後難過不已，因為全無食欲而體重大減。在請求法官應該寬大為懷時，麥克唐納的辯護律師甚至還語帶哽咽。

地方法院法官詹姆斯・斯賓塞（James Spencer）在判刑時語氣聽來十分痛苦：「我很難過，但因為職責所在，不得不做出決定。」麥克唐納被判入監兩年，結果他走出里奇蒙市的聯邦法院時還特別感謝院方，可見這刑期對他來講實在太過寬容。

從麥克唐納遭到輕判看來，他實在深諳權術，而且能影響很多有頭有臉的朋友們。法院宣布刑期後，我打電話給非營利組織「平等司法倡議小組」（Equal Justice Initiative，該組織成立的目的是推動以其他懲罰方式替代監獄刑期）的執行董事布萊恩・史蒂文森（Bryan Stevenson），問他有何看法。他要我看看維吉尼亞州另一個被定罪的案例，藉此比較一下。

被告是該州諾福克郡的居民崔維恩・布蘭特（Travion Blount），他沒有前任州長、現任議長或美式足球明星出庭為其品格擔保。他在十一歲就加入當地的痞子幫（Crips）；到了十五歲，他已經重讀第四次六年級。為了幫他脫離幫派，母親請求處理逃學問題的少年法庭與其他單位安排他加入某種計畫。不久後，布蘭特與另兩個年紀比他大的青少年在某次舞會上搶了一個藥頭。他們是持械搶劫，儘管布蘭特曾把手槍塞還給另外兩個搶匪，但他們又把槍塞回他手裡。他們偷了錢、大麻跟手機。布蘭特在屋內另一個地方，他的其中一位同伴開槍擊中某位被害人的頭部，頭皮有一部分掀開。

警方在一週內就逮捕他們到案。《維吉尼亞領航報》（*Virginian-Pilot*）在二〇一三年是這樣報導布蘭特於這樁刑案中扮演的角色：「他沒開槍，也沒打傷任何人。他做的事在晨報中甚至不值一提。」布蘭特拒絕認罪協商，結果被以五十一項重罪起訴，其中包括非法使用槍械、搶劫與擄人，結果陪審團斷定其中四十九項罪名成立。二〇〇八年三月判刑時，法官表示，在維吉尼亞州如果持槍犯罪，刑期都是固定的，所以他因為持槍而被判了一百一十八年徒刑。此外，因為他們還用槍搶劫三位青少年，法官又加上了六個終身監禁。除非情勢有所改變，否則布蘭特會到二〇五一年，也就是他六十歲生日那天才有資格「因為年紀老邁而獲釋」。

❖

到了期中選舉倒數計時之際，明眼人都能看出，想要阻擋雷席格的人逐漸使出全力了。多年來，共和黨高層始終拒絕競選經費改革，他們的藉口有兩個：一是此舉扼殺言論自由；二是有人想要打壓共和黨傳統以來就具有的募款優勢。最想要拚命維持現狀的，莫過於參議院的少數黨領袖米契・麥康奈（Mitch McConnell）——他的下巴又圓又短，帶著圓框眼鏡的模樣活像個維多利亞時代的辦事員。他曾經打趣說：「如果真要針對美國人關切的問題排名，競選經費的名次應該會跟靜電吸附現象一樣吧。」*

麥康奈於半世紀前初入政壇，當時他是個支持婦女有權選擇墮胎的溫和派共和黨人，他老闆肯塔基州參議員馬洛・庫克（Marlow Cook）支持制定空氣清淨標準，並對露天採礦設限。不過他的政治立場總是有轉圜餘地。他從不諱言自己就是喜歡追逐權力，就像格林威治的那些金融大亨從不避談自己就愛追逐財富。他在政壇回憶錄《漫長的遊戲》（*The Long Game*）中寫道：「深深影響著我們的，是追逐權力的企圖心，只是大多數人都不願承認罷了。我就是這樣，而且也不覺得有必要裝作自己不是。」

他在共和黨政府的法務部門服務多年，一九七七年參選傑佛遜郡郡長職務，募到龐大款項，競選期間的花費三萬三千五百美元是該郡選舉史上之最。他聘請高薪的民調專家兼選戰高手塔利・普萊瑟（Tully Plesser）當顧問，普萊瑟直言麥康奈「實在是貌不驚人」。但這卻反而被麥康奈的選舉陣營當成優勢，把他塑造成一個溫和的中間派，支持政府雇員應該享有集體協商的權

---

* 譯注：言下之意是「一樣低」，大家都不在意。

利，這讓他獲得當地勞聯－產聯*分會的支持，而且該郡路易斯維爾市的自由派報社《信使報》（*Courier-Journal*）也為他背書。（報社發行人後來表示：「這是本報史上最離譜的錯誤。」）有錢能使鬼推磨，於是麥康奈成為拜金教的忠實信徒。他在選後的一次專訪中坦言：「其他一切考量都是次要的。未來我總是會準備好銀彈，而且是早早就準備好。」後來他說，因為有錢，他才有辦法直接接觸到選民。如他所說，「對我這樣的傢伙而言，這是唯一的勝選之道。」

從此他把這道理當金科玉律。一九八四年，為了挑戰三連霸的民主黨參議員瓦特．哈德斯頓（Walter (Dee) Huddleston），他募到了將近一百八十萬，這讓他有錢聘請另一位民調專家，也就是後來創辦了福斯新聞網的羅傑．艾爾斯（Roger Ailes）。麥康奈以五千一百票之差險勝，而對此他說：「小贏也是贏。」一九九三年，他娶了航運大亨之女趙小蘭為妻，當時她是共和黨政壇的明日之星。岳母去世後，夫妻倆繼承了二千五百萬美元遺產，躋身華府的富豪俱樂部。

麥康奈最專注的國會工作就是募款。一九九七年，他接任黨內同志都討厭的職務：共和黨參院全國委員會（National Republican Senatorial Committee）主席，相當於參院黨團的募款工作負責人，接著他又連任。懷俄明州參議員艾倫．辛普森（Alan Simpson）向某位記者表示：「（麥康奈）就是愛募款。看到錢他眼睛就會發亮，腳步也輕快起來。我的意思是，他愛死這件事了。」二〇〇二年，國會進行改革來減低金錢對於政治的影響，儘管這是兩黨共識，他卻提出「麥康奈訴聯邦選舉委員會案」一案，表示此舉違反了憲法所規定的言論自由，後來他還以原告身分提告，最後才有聯邦法院針對「聯合公民訴聯邦選舉委員會案」一案做出裁決。《美國新聞與世界報導》（*U.S. News*）戲稱麥康奈為「選舉經費的黑武士」（Darth Vader），還被他把報導掛在辦公室牆上。

後來，麥康奈又發現另一種像金錢那樣的政治工具，足以讓一小群政客手握大權。參議院向來有「冗長辯論」（filibuster）的傳統，那是為了阻礙法案審查進展而使出的手段，最後迫使參院規定，只要能集結六十票的絕對多數票就能暫停辯論，讓議事進行。** 一九四一到一九七〇年之間，參議院只要能集結三十六票就可以結束冗長辯論；到了二〇〇九到二〇一〇年期間，因為麥康奈當上了參院少數黨領袖，票數被拉高到九十一，可見他簡直是「冗長辯論之王」。

代議民主制的本質因為這手段而遭破壞殆盡：這些參議員只代表了十分之一的美國人口（因為他們來自人口稀少的農業州），但卻有權力阻礙立法程序進行，幾乎所有法案都是。歐巴馬執政期間，麥康奈確信，只要把華府搞得徹底失序，他就能促使美國人把矛頭指向在白宮裡當家的民主黨。而要做到這點，他就必須讓國會山莊自廢武功。結果，從二〇一〇到二〇一二年，美國國會的確辦到了：法案通過數量是有紀錄以來最低的。

---

* 譯注：AFL-CIO，全稱為American Federation of Labor and Congress of Industrial Organizations。

** 譯注：六十票相當於參議院的五分之三席次。

麥康奈的確大幅度改變了美國的現代政治，只是那時候沒有人意識到這改變有多厲害：儘管他對民主黨人仍然保持表面上的紳士風度，稱他們為「議場內走道另一頭的好朋友們」，但實際上卻是視其有如仇寇，為了將民主黨消滅，就算把國家搞得天下大亂、民不聊生，也在所不惜。二〇一一年，麥康奈曾對民主黨政府進行勒索，如果政府不低頭就要任由美債違約，那時他甚至把美國國債稱為「待價而沽的人質」。

這種黨同伐異的氛圍主宰著國會，幾乎所有案子都無法倖免，即使那些能讓國家運作得更順暢的案子也是如此。「護理人員到府輔助計畫」（Nurse-Family Partnership National Service）讓許多低收入母親能夠獲得適當照護，更早之前曾有二十九個州的一萬八千個家庭受惠，而且成效都被翔實記錄下來：患病、濫用藥物與依賴社福的比例都降低了。等到這計畫照顧的孩子們滿十五歲之際，與其他同齡青少年相較，被逮捕率只有不到一半。這計畫的年度預算只要八千萬，只是聯邦政府支出的九牛一毛。不過，等到政府將這計畫擴大並納為所謂「歐記健保」*的一部分，卻遭共和黨眾議員拿來大做文章，在一份聲明中謔稱其為「保母國家的無聊計畫」。保守派智庫「傳統基金會」的某位學者還提出警告，說這是政府的「陰謀」，「聯邦政府想要用高壓的方式來撫養小孩」。保守派名嘴葛倫．貝克（Glenn Beck）說，這是國家要派護士到那些有肥胖小孩的家裡。目標要擴張該計畫的提案也就胎死腹中。

隨著麥康奈的權勢愈大，他也愈來愈不在乎自己是否維持民主的姿態。他很少跟那些會批評他的媒體對話。他在書中寫道：「只有對我有利時，我才會對媒體發言。」到了歐巴馬任期的最後一年，麥康奈不再偽裝，對於體制連最起碼的尊重也沒了。民主黨提名賈蘭德（Merrick Garland）為大法官候選人，卻遭共和黨杯葛，讓他連被票選的機會也沒有，而麥康奈甚至表示不該由一個「即將離開的跛鴨總統」來任命大法官。

為了掌控共和黨，麥康奈已經習慣像隻學舌鸚鵡，那些追隨他的黨內同志說什麼，他也跟進，儘管他們對政府運作的方式有許多誤解，又堅持己見。有時候他會忘記自己應該根據哪一種虛假不實的言論來發言。二〇一四年期中選舉日不久前，在接受福斯新聞網訪問時，麥康奈說了實話：想要廢除歐記健保，除了需要在參議院拿到六十票，還得獲得歐巴馬的同意。**某些共和黨人覺得他不該這樣長他人志氣，滅自己威風，例如支持茶黨候選人的「參議院保守派基金」（Senate Conservatives Fund）就宣稱「麥康奈已經放棄，不想廢除歐記健保了。」他的競選團隊趕緊出面滅火，嚴正表示，儘管不會有實際成效，只具有象徵性意義，但他還是很想好好抗議一番。他的發言人對記者們表示：「他知道這不容易，但他也深信，如果共和黨能贏回多數黨優勢，為了報效美國民眾的支持，還是該努力嘗試。」

---

* 譯注：「歐記健保」（Obamacare），正式名稱為《平價醫療法》（Affordable Care Act）。

** 譯注：當時歐巴馬還剩下兩年任期。

在麥康奈的數十年政治生涯中，許多傑出的政論家都曾試圖探索他真正的信仰到底是什麼，但全都徒勞無功。記者艾立克．麥吉里斯（Alec MacGillis）曾寫過一本對他多所批評的傳記，是在二〇一四年期中選舉日不久前出版的《憤世者》（*The Cynic*），在書中他表示：「麥康奈的從政動機並不是他對政府或國家抱持特定願景，而是只想玩弄權術，讓仕途扶搖直上。」曾與麥康奈共事達二十五年之久，而且雙方交好的前參議員陶德（Chris Dodd）也曾被問過麥康奈的從政動機，答案是：「我連一點概念也沒有。」

二〇一四年期中選舉來到尾聲的最後幾天，麥康奈在肯塔基州各地拜票，身穿印有「米契隊」的衣服，用喇叭大聲放出熱血名曲〈虎之眼〉。* 麥康奈的政見明確無比，用一張風格優雅簡潔的汽車保險桿表露無遺：「煤炭，槍枝，自由。」

期中選舉變成史上最昂貴且不透明的比賽。那些所謂的「黑錢團體」，也就是根據法律不必揭露捐款者姓名的政治與慈善團體，花在選舉經費上的金額來到史上最高點。在麥康奈的故鄉，有個名為「肯塔基機會聯盟」（Kentucky Opportunity Coalition）的團體不斷撻伐他的對手艾莉森．葛萊姆斯（Alison Lundergan Grimes），說她是「反煤炭勢力」的馬前卒。（後來，透過合法的資訊揭露，我們才得知有三大經費來源，其中一個是美國最大的煤炭生產商阿爾發自然資源〔Alpha Natural Resources〕。）

到了選舉日，共和黨重新奪回參院掌控權，不少地方的獲勝者是比該選區原有共和黨前輩更為極端的右派。（例如愛荷華州的新科參議員喬妮・恩斯特〔Joni Ernst〕的政見是禁止墮胎與同婚，並揚言要罷免歐巴馬。）更重要的是，共和黨勝選讓麥康奈得以穩穩坐上他垂涎已久的參議院多數黨領袖大位。回國前，我以為歐巴馬是他那個年代的政治偶像。但不幸的是，回國後我發現他被困在麥康奈所掌握的華府。在同一代的國會議員裡面，麥康奈可說是最具代表性的。用比較委婉的政治語彙說來，他是個「建制派」（institutionalist），是個堅守理念的人物，不過這是一種誤解。他就是個純粹的政客，為了獲勝而機關算盡，完全無視於事實，也不在乎黎民苦難，而他所有政治行動背後的信念很簡單：比起政策或原則，權力更為重要。

在一個民主黨占優勢的州裡面，麥康奈以擁抱環保、支持墮胎權之姿初入政壇，但經年累月後，他在共和黨內的政治光譜上漸漸移動，愈來愈往極右走。難道麥康奈內心深處真的沒有想要豁出去，為求政績與歷史定位而賭一把？就算有，也已被他好好隱藏起來。他是那種只在乎得分數的球員。有人問起他的思想如何演進，他只是聳肩說：「我只想贏。」

❖

* 譯注：〈虎之眼〉（Eye of the Tiger）是好萊塢電影《洛基》（*Rocky*）第三集的主題曲。

二十一世紀初的美國看來發展穩健，幾乎已是史上經濟擴張最久的年代。自從冷戰結束以來，國內生產毛額成長到快要兩倍，而且在矽谷（Silicon Valley）高科技創新的驅動之下，美國股市的表現也屢創新高。在華府，尤其是在成員大多為白人男性百萬富翁的國會，當然是洋溢著自信自滿的氛圍。

國會議員與其他華府人物幾乎可說是不知民間疾苦，他們無法想像有一天災難降臨到自己身上的情景。紐約州參議員陸天娜（Kirsten Gillibrand）想要喚醒大家關切美軍部隊的性侵問題，結果大多數參議員的回應又是「我會好好思考，為此禱告」。「某些男性參議員就是沒辦法想像，自己有一天會成為受害者或是遭人施暴。」她對我表示：「但我可以想像自己有可能遇到這種事。我可以想像我的兩個兒子可能會遇到這種事。這讓我很崩潰。」

因為華府沉浸於鍍金年代的氛圍中，我們的目光受此蒙蔽，看不到一個根深柢固的弊病。因為金權政治與許多人聯手阻礙，政治演化的原有路徑已逐漸毀壞。這很容易被忽略，因為問題不是出現在「發生了什麼事」，而是「有些事沒發生」。根據傳統上，美國人總是透過修正憲法來確保民主體制的妥適性，而且平均來講至少十年一次。但自從半個世紀前最後一次通過憲法修正案之後，我們的腳步就停滯了。一九九二年，為了幫議員們加薪，國會通過一則小幅修正案，而上一次大幅修正憲法條文，已經是一九七一年，把選民年紀下修為十八歲。儘管各界仍為避免性別歧視而針對「平等權利修正案」進行遊說，也有改革選舉人團的呼聲，但美國憲法沒有進行實質修正的時間已經是史上最長，上一次發生這種情況是在南北戰爭前。不只憲法陷入僵化，國會成員也是。參議員的年紀也是史上最老，其中有八位是八旬老人，這數字幾乎是過去任何一段時期的兩倍。

麥康奈年代那種一切只看「權與錢」的氛圍，漸漸蔓延到整個美國的政治體制，我們已經開始可以看見端倪。過去二、三十年來，美國的政黨領袖持續灌輸給民眾的觀念是，要相信科技、全球化，還有市場自由化，但卻無視於不平等問題惡化、薪資凍漲、平均餘命下降。不過，現在愈來愈多人摒棄民主與共和兩黨，兩黨以外獨立參選者的支持率逐漸升高。從二〇一四年期中選舉的投票率看來，是自從一九四二年以來美國選民參與度最低的一次。

曾於一九一二年榮獲諾貝爾和平獎的魯特*曾對一群美國聽眾表示：「不是治理別人，就是被人治理。」百年後，士氣低落的美國人等於是放棄自己的治理權，等著被人治理。而在這治理權的空窗期，政界與商界的黑手趁隙而入，調整政經體制，藉此確保他們能手握錢與權，並且免於遭到外界問責。他們在華府盡情享受權力，任意募款，對選區進行不公正的重劃，把自己的影響力拿出來待價而沽；在格林威治，他們因為要繳納的稅金持續下降而歡欣鼓舞，管制措施鬆綁更讓他們立於不敗之地，可以盡情進行遊說，讓財富倍增。根據二〇一四年某次蓋洛普民調結果

---

* 譯注：魯特（Elihu Root）得獎前曾任美國國務卿，得獎時是紐約州參議員。

顯示，只有百分之七的美國人對國會有足夠的信任度，而在該民調歷來對於所有機構所做的信任度調查中，這數字是最低的。為了仿效類似「讓奧斯汀保持特立獨行！」（Keep Austin Weird!）*這類能朗朗上口的口號，華府曾做過一次調查，結果發現多數美國人提到華府時往往是聯想到「腐敗」、「受過高等教育」與「傲慢」等辭彙。

先早已經有些華府人士開始提出警告，對生活不滿的選民大有人在。崔佛．波特（Trevor Potter）是馬侃參議員（John McCain）二〇〇〇與二〇〇八年競選總統時的總顧問，他在二〇一四年向我表示：「很多人被華爾街相關人士、被大富豪、被整個體制害慘了，誰會喜歡這樣？」這年春天，維吉尼亞州共和黨眾議員初選大爆冷門，多數黨領袖艾瑞克．康特（Eric Cantor）遭挑戰他的候選人戴夫．布瑞特（Dave Brat）指控有不恰當的政商關係，康特應聲落馬。康特說：「黨內權貴大多有這方面的問題。」（後來康特等於是坐實了此一指控，隔年年底開始受雇於某家投資銀行，薪酬高達三百四十萬。）

在歐巴馬任期的最後兩年期間，我走遍全美國，常常聽到民眾表示他們對於美國的政商菁英有多不屑。這不是那種對於「大政府」或「官僚多管閒事」感到不滿的空洞抱怨。大家對財閥治國與自肥自利的問題都瞭若指掌，且倍感心痛，而這印象正在改變美國的政治文化，甚至弱化了人民之間的日常連結。社會科學界的研究也清楚指出此一效應。耶魯大學的社會學教授古樂朋（Nicholas Christakis）針對不平等問題的衝擊進行研究，當人們常看到社會上充滿各種不平等的炫富現象，大家想要互助合作的意願會比一般情況降低大約百分之五十。他在書中寫道：「（不平等現象）有損於群體的凝聚力，讓大家比較不想合作，對待彼此也比較不友善，最後導致一起致力於某件事的能力也降低了。」體制不平等表現在各種現象上，而政界以外的一般民眾對此都看在眼裡，深感不屑。二〇一六年，《美國國家科學院院刊》（*Proceedings of the National Academy of Sciences*）刊登一篇研究報告指出，艙等有高低之分的飛機上，「乘客鬧事」（air rage）的比率變高了。經濟艙乘客登機時如果不是從機體中段上去，而是先經過頭等艙，「乘客鬧事」的比率甚至更高。對於許多美國人來講，他們好比一長列經濟艙乘客，而政經、法律構成的權力結構看起來則是愈來愈像他們必須經過的頭等艙。

麥康奈贏了，那就表示雷席格一敗塗地。這沒什麼令人感到震驚的，但雷席格也難掩失望情緒。更早之前，另一位哈佛大學教授懷汀（Alex Whiting）曾對我說，每次只要有計畫失敗，雷席格總是震驚不已。懷汀表示：「他非常相信人類有能力發現自己的想法有問題，但也許他沒有考慮到人的非理性成分，也忽略了赤裸裸的權力有多大影響力。」

不過，在短短幾週內，雷席格就一掃陰霾。他繼續上路，到處去宣傳理念。他已經開始認為自己的計畫比較像是美國歷史上那些更早期的政治運動，都是在懷疑主義氛圍瀰漫於整個社會的

---

* 譯注：意思是德州奧斯汀市的民眾以特立獨行自豪。

情況下開始的。即便婦女普選權運動已經開始大約四十年了，當年那些社會人士的呼聲還是曾在一八八〇年代被《紐約時報》貶斥為「要求普選的噪音」，「受到許多人的不屑訕笑」。這篇報導認為，提倡婦女應獲普選權的，都是一些「半瘋的狂熱分子，或者低能的雙性老女人」。從這運動開始，總計花了七十年時間，他們才讓美國憲法第十九條修正案順利通過。

有一件事是雷席格非常清楚的：美國人可不會等到七十年後才起身反制政壇貪腐叢生的現象。特別是，年輕人深信政治已經淪為少數人的禁臠。就像他說的：「非砍掉重練不行啊！」

【第三章】山間珠玉

一九九八年，我的大學生涯來到尾聲，想要找個報社攝影記者的工作。我寫信給十幾間小報社求職，比較近的在阿拉巴馬州伯明罕市，最遠的位於阿拉斯加州荷馬市，其中一家在西維吉尼亞州小城克拉克斯堡的《典範電訊報》錄用了我，主編聘我當攝影部門的實習生，週薪二百三十美元。我把行李塞上車，驅車往南。

克拉克斯堡的人口才一萬六千四百人，位於西維吉尼亞州北部的高地上，在俄亥俄河與亞利加尼山之間。這座城市於一七八五年創立，充滿企圖心的北美先民想把這裡打造成該區域的文化與政治首都，就像史家史蒂芬．布朗（Stephen W. Brown）所說的：「（這裡是）維吉尼亞州亞利加尼郡的雅典市。」到了十九世紀中葉，當地最賺錢的行業就是用西叉河（West Fork River）把煤炭運往匹茲堡的鋼鐵廠。法國旅人約瑟夫．德巴赫（J. H. Diss Debar）於一八四六年造訪克拉克斯堡，發現市民頗以「優雅的文化與禮儀」為傲，儘管當地的現代化建物「最多只有十幾棟」。

就政治與文化而言，這城市橫跨在北方與南方的界線上。南北戰爭期間，不少市民建立了顯赫軍功，且在北軍與南軍陣營都有。南軍總司令勞勃·李（Robert E. Lee）曾說綽號「石牆」（Stonewall）的湯瑪斯·傑克森（Thomas Jackson）將軍是他的「左右手」。納森·戈夫二世（Nathan Goff Jr.）是北軍少校，因為具有不可或缺的地位，在他被俘後林肯甚至親自安排，確保他得以獲釋。（後來戈夫陸續成為聯邦法官、參議員與海軍部部長。）

到了二十世紀，充滿企圖心的顯貴打算把克拉克斯堡打造成一個大都會。西維吉尼亞州的第一批電話裡面，有幾具就是裝設於此，且當地開了八間銀行、三家醫院，興建出一條有軌電車路線。內戰老兵戈夫蓋了一家豪華飯店，以他父親的名字「華爾道」（Waldo）命名，而且西維吉尼亞州最早的「摩天大樓」（一座九層樓高的雙塔）之一也是他的手筆。此外，儘管市中心不大，但那裡的羅賓森劇院（Robinson Grand）將成為最初播放有聲電影的美國劇院之一。到了一九二○年，該市的人口已經成長為二萬八千人，闊綽的家族紛紛蓋起優雅的維多利亞時代風格宅院，形成一個名為「高級山丘」（Quality Hill）的社區。

在過去二百多年的歷史中，居民腳下的大地屢屢為他們提供許多機會。因為蘊藏豐富的天然氣和砂土，玻璃產業蓬勃發展後吸引了大量歐洲匠人來此，讓這小城沾染濃厚的國際化氣息。在街頭我們可以聽見來自比利時的工匠說著法語。美國最大的玻璃公司荷佐－艾特拉斯（Hazel-Atlas）在當地開了間工廠，同樣在那裡設廠的還包括匹茲堡平板玻璃（Pittsburgh Plate）、安克霍金（Anchor Hocking）、羅蘭（Rolland）與哈維玻璃公司（Harvey Glass）。自此，克拉克斯堡也獲得了「山間珠玉」的美名。

二戰結束後的三十年間，跟美國很多地方一樣，當地的生活水準持續上升，在此同時美國的經濟規模與一般工人的收入也都翻倍，連玻璃廠的工人都買得起一房一車，並能養家活口。在大街（Main Street）上，那棟富麗堂皇的裝飾藝術風格法院大樓前面，市政府掛了一個招牌寫道：「我們有資格感到自豪！」市政府興建許多公園、下水道、道路，因此全國市政聯盟（National Municipal League）把克拉克斯堡稱為「全美城市典範」，因為市政府「戮力服務人民」，「充滿包容力」。（等到四十多年後我遷居當地，各處路燈上仍掛著「全美城市典範」的標語。）

我初次開車到克拉克斯堡時，感覺就像有人把一小部分的城市裝置在山裡，城裡有網格狀的街道、一幢幢頂著飛簷的辦公大樓，還有一條條高架道路。我入住前不久，聯邦調查局設於當地的行政園區剛開張（位於往日的煤礦礦場場址），帶來二千七百個工作機會，這些人員負責查驗指紋與數位紀錄的工作，當地人莫不感到得意洋洋。

我在市中心租了一間公寓，月租二百五十美元。在家裡，往一邊看出去我可以看見一間洗車場和一家溫蒂漢堡，另一邊則是能夠俯瞰整片寂靜的住宅區，那些街道都以當地的各種樹木來命名：懸鈴木（Sycamore）、山毛櫸、白樺，還有刺槐。住宅都是用木材與磚頭搭建的平房，草坪修剪得宜，看得出很多住戶都是訂閱《典範電訊報》的退休夫妻，會去街角的聯合衛理公會教堂

（United Methodist Temple）做禮拜。

最靠近的那間房子停了輛車，完美展現所謂「愛車」的定義：一輛帶著白色敞篷的六〇年代轎車，車身的烤漆是明亮的藍綠色。主人總是把車擦得亮晶晶，因此我在離家上工的路上有時候會停下來幫那輛車拍幾張照片。這輛車讓我聯想到市政府的那句標語：「我們有資格感到自豪！」《典範電訊報》的報社位在一間矮小結實的石造建物裡，前門兩側有一根根石柱。克拉克斯堡這座山間小城充滿活力與企圖心，而我們報社也不遑多讓。報社一天發行兩種日報，《克拉克斯堡典範報》是晨報，《克拉克斯堡電訊報》是晚報。嚴格來講，這兩份報紙的創立時間都可以追溯到一八六一年，而且早年都是立場激烈，為當地不同的政治黨派發聲：《典範報》的立場左傾，《電訊報》走的路線則是比較偏向右翼。

幾位主編必須忍受當地讀者的過度激情。「在這裡，記者可不是安全的職業。」克拉克斯堡的檔案管理員大衛・侯欽（David Houchin）在不久前對我說：「如果刊登的報導讓人不滿意，我們的主編有時候會被刀刺或槍擊。」侯欽表示，威爾伯・理查茲（Wilbur Richards）是早年《電訊報》的主編，他遭人槍擊「不只一次，而且他還會開槍還擊。」但是，「到了二十世紀，再也沒有報社編輯遭人槍擊，但是遭到棍棒毆打或鞭打的情況還是時有所聞。」一九〇三年，當地一位剛開始展露頭角的律師約翰・戴維斯（John W. Davis）用馬鞭抽打《電訊報》的一位主編，因為報紙對他父親的評論讓他感到不悅，但他犯下這樁案件後旋即向警方自首。這案件並未毀掉戴維斯的律師生涯，他不但在八年後獲選為眾議員，到了一九二四年還成為民主黨提名的總統候選人，獲提名前甚至在克拉克斯堡舉行了碎紙花大遊行。戴維斯在總統大選中輸給了柯立芝（Calvin Coolidge），但仍然手握大權，有時候他會為了權力而犧牲族群平等：一九五四年，他幫南卡羅來納州上最高法院打官司，主張該州政府針對學校「進行種族隔離但保持平等」（separate but equal）的政策並不違憲，但敗下陣來。戴維斯促成創立了菁英組織「外交關係委員會」，而且他所創立的律師事務所「戴維斯．波克」*迄今仍然赫赫有名。

到了二十世紀中葉，克拉克斯堡新聞業的亂象已經消退，因為當地各家報社都希望能夠賺錢，所以紛紛擺脫了原有的政治色彩：這樣的好處是可以吸引較多訂閱者，而訂閱者愈多，就能拉到愈多廣告。因此，各家報社都刻意收斂鋒芒，不再攻擊任何人。等到我前往任職時，《典範報》與《電訊報》的政論版面已經侷限於社論版，因此負責填滿其他新聞版面的記者（包括我）幾乎不用管政治。兩報的座右銘「當地人，當地事，當地報紙」是一致的，而且總編輯也是同一人。他名叫比爾．塞德維（Bill Sedivy），當時四十二歲，身高超過一百八十二公分，胸膛寬闊，留著銀色山羊鬍。週末時他的工作是急流導遊，這讓他的為人感覺起來有點隨興，掩飾了原有的激烈本色。

---

* 譯注：現已改名為Davis Polk & Wardwell。

塞德維來自克里夫蘭市的郊區，曾經分別在印第安納與俄亥俄兩州經營小報，後來帶著雄心壯志來到克拉克斯堡，希望能把《典範電訊報》變成西維吉尼亞最好的報紙。報社老闆們希望能衝高利潤，而塞德維勸他們不要藉由砍員工來賺錢，應該先提高報紙的水準。老闆們被說服了，放手讓他把文字、攝影記者，還有各版主編擴充為二十人。他稱我們為「新聞部隊」，而且每逢報社有好表現，他就會高舉報紙的頭版，宣稱「昨天我們大獲全勝」。

我熱愛這份工作。只要是另外兩位更有經驗的攝影記者沒時間或者沒興趣拍的新聞題材，都可以由我來處理。每個禮拜我大多開車在西維吉尼亞州四處尋覓題材，以學校、農場、廢棄物堆積場、工廠和煤礦礦場為拍攝對象，一星期就能累積高達數百公里的里程。我也報導各地的拳擊比賽、酒吧的樂隊表演、民宅火災，還有政府會議。《典範電訊報》的新聞題材跟任何地方報紙一樣，例如養老院的活動或是用來祝人生日快樂的小廣告，但我們也會主動出擊，展現企圖心，報導礦工罷工、環保人士抗議，或者擴增監獄計畫等新聞事件。

偶爾我們也會關注與當地距離較遠的新聞，讓當地人覺得與自己有關。我到職幾個月後，也就是一九九九年的春天，科羅拉多州小城里德頓（Littleton）發生科倫拜高中（Columbine High School）槍擊案，因為這類大屠殺事件在當年仍屬罕見，所以接連好幾天相關新聞填滿了報紙版面。我們刊登了四則報導，包括克拉克斯堡家長們對這起事件的看法。有一位母親要女兒放寬心，表示科倫拜高中槍擊案只是「脫軌的特例」。她對女兒說：「妳很安全。妳的學校，還有我們的家鄉都很安全。」

❖

阿帕拉契山區的小報總是多到超乎一般人的想像，但這現象背後的理由很實際：因為山路難行，報社沒辦法把報紙送往很遠的地方。所以，在這地區幾乎每隔三十幾公里的路程就會有一間小報社，因此有時某個小鎮可能只有一個交通號誌，卻有兩家互相競爭的報社。可供油田員工選擇的報紙包括《油井報》（*The Derrick*）、《火山加油工報》（*The Volcano Lubricator*）與《西維吉尼亞游梁報》（*West Virginia Walking Beam*）。南北戰爭期間，南北兩軍分別徵收了當地的印刷廠，北軍用來發行《軍用背包報》（*The Knapsack*），南軍則為《游擊報》（*The Guerrilla*）。

劇作家亞瑟·米勒（Arthur Miller）有句名言：「把自己想像成一個國族，與自己的人民對話，才是第一流的報紙。」美國開國迄今，如果沒有各地小報仔細審視社會動態，並提供精神食糧，那麼民主早就無以為繼。我們的開國元勳亞歷山大·漢彌爾頓（Alexander Hamilton）曾於一七八八年問道：如果沒有那些地方小報，美國人難道還有其他方法「可以拿來判斷自己對代議士們的評價到底對不對？」地方小報對於促進社會凝聚力也有很大功效。不只一項研究顯示，地方小報讀者的投票與參選比率都比較高。透過閱讀報紙對於時事的針砭，對各種成就的讚揚，並得知種種感覺與情緒，報紙讀者比較能夠與鄰里同胞形成學者所謂的「想像的共同體」。如果把美國人的感知比喻成一個食物鏈，那麼地方報紙就好像浮游生物：沒有了它們，美國人就沒辦法從地區性、全國性甚或國際性的角度來了解自己的國家。

不過，幾乎是從誕生開始，地方報紙的存續就開始飽受威脅迄今。電報技術的發明人薩謬爾．摩斯（Samuel F. B. Morse）於一八四四年首次公開演示自己的發明，送出的第一道訊息是：「上帝造就了什麼？」摩斯預言，他的發明能夠促成美國人同心協力，「把整個國家變成跟鄰里一樣團結」。電報所帶來的龐大效益的確難以估計，但也開始改變新聞界與政壇，讓兩者都想把娛樂和恐懼帶給大眾，而這負面影響也持續迄今。

摩斯公開電報技術的隔天，有家報社就首次利用這項技術，把新聞從華府傳往巴爾的摩。到了十九世紀末，報紙讀者已經被淹沒在許多篇幅短小的報導裡，都是一些發生在遠方的戰爭、刑案、火災與水災。二十世紀最重要的傳播學者尼爾．波茲曼（Neil Postman）曾寫道：「也許電報的確把美國變成『一個鄰里』，但這鄰里卻很奇特，大家形同陌路，只知道關於彼此的一些膚淺事實。」

在一九八五年出版的《娛樂至死》（*Amusing Ourselves to Death*）中，波茲曼指出美國大眾傳播界出現了一個非常重要的改變。而且在這本書出版後的幾十年間，此一改變甚至變得更為顯而易見。媒體界漸漸變成波茲曼所謂的「躲貓貓世界」（peek-a-boo world），「瞬息萬變，不斷有事件在我們眼前出現，但卻又很快就消失。」在美國人開始用社群媒體的短文來傳播訊息的幾十年前，他就警告我們，世界會變得沒時間讓我們充分了解事件脈絡，與彼此交流：「這世界會變成像躲貓貓般的兒戲，只要有這遊戲本身足矣，不需其他任何東西，但娛樂性卻可以不斷持續下去。」那時，電視新聞宰制我們的認知，從新聞主播慣用的優雅措辭「現在……這個」，波茲曼認為我們可以意識到強烈的不連續感（sense of discontinuity），也就是說「我們剛剛聽見或看見的，與接下來會聽見或看見的，沒有任何關聯性……新聞主播認為我們對於前面那件事已經思考得夠久了（大概四十五秒）」，「接下來我們必須專注於另一則簡短的新聞，或者是廣告」。

一九六八年，每一則電視或廣播新聞的平均長度至少都有六十秒，但是到了二〇〇四年，長度卻縮水成不到八秒。到最後，因為我們的專注力在這個時代已經大大縮減，所謂「現在……這個」的概念甚至變成某種時代精神，有家公司甚至以此為公司名稱，而且不帶任何反諷的意味。這個叫做NowThis的新聞影片媒體於二〇一二年問世，在網站上提供的都是可以讓閱聽大眾用手機觀看的短片或點閱的文章。如今，NowThis已是最受美國人歡迎的手機新聞網站之一。

西維吉尼亞是個小州，記者們對於各地社群的緊密性都感到極度自豪。薇琪・史密斯（Vicki Smith）曾在美聯社設於該州的某個地方分局工作將近二十年，她對我說：「我必須謹慎對待他人，因為他們可能就是我媽認識的人。」西維吉尼亞自古以來就很窮，充滿各種犧牲奉獻的事蹟，但這段具有複雜成因的歷史卻常遭外地來的記者嘲諷，薇琪對此深感義憤填膺。某次薇琪去採訪一樁有十二人罹難的礦場爆炸案，結果在街角處差點撞上播報風格以灑狗血聞名的有線電視主持人南西．葛雷斯（Nancy Grace）。薇琪說：「當下我就覺得有點不爽，心裡想著：妳來幹麼？妳根本就不了解我們，妳也不會關心這種事啊！」

❖

我就職時，報社還保持著喜歡抨擊當地顯貴的傳統，而且有時候還為此感到欣喜自豪。市政版主編茱莉．克萊瑟（Julie Cryser）寫了一篇報導，表示大家對於當了很久的克拉克斯堡市長頗有微詞，沒想到市長居然從市政廳走了四個街區，衝進總編輯塞德維的辦公室。茱莉回憶道：「他用手杖猛力敲打地板。接著他用手杖往外指著人在新聞編輯部的我，然後又用手杖用力敲打地板。」

經濟大蕭條時代後，克拉克斯堡跟西維吉尼亞其他地方沒兩樣，曾有一段時間是民主黨的鐵票區。美國經濟垮了，再加上西維吉尼亞州的煤炭產量減少了百分之四十，小羅斯福總統把濟貧計畫往山區推廣。一九六〇年，該州在民主黨總統初選期間扮演關鍵角色。當時，時任參議員的約翰．甘迺迪因為是天主教徒，很多黨內人士懷疑他能獲得選民普遍支持。為了反駁這種看法，他特意前往西維吉尼亞州巡迴拜票，因為那裡的選民大多信奉基督教。陪同甘迺迪拜票的是已故總統之子小羅斯福二世（Franklin Roosevelt Jr.），他受到當地民眾熱烈歡迎。有個煤礦工人跟小羅斯福二世說：我家牆上還掛著「你爸的照片」。

這一年，克拉克斯堡吸引一連串民主黨政要到訪：詹森、韓福瑞（Hubert Humphrey），幾位甘迺迪家的成員（哥哥勞勃去了兩次，弟弟泰德一次，而泰德甚至表示他哥哥的「政治前途將會由克拉克斯堡這類城鎮的人民決定」）。甘迺迪自己也去了，他去參觀一家玻璃工廠，到當地電視臺去上直播節目，接受人們call-in提問。他的競選團隊在「石牆」傑克森飯店（Stonewall Jackson Hotel）設了一間辦公室，該飯店是當地最高建物，在那有免費的明信片可拿，上面寫著很特別的一句話：「有二百個房間的飯店，在世界各地的城市都有，但我們克拉克斯堡是其中最小的城市。」甘迺迪在飯店宴會廳發表演說，呼籲提高最低工資並為長者提供聯邦健康保險計畫。他說：「美國的社會安全福利制度是本黨創立的，也該由我們將其完善。」根據《典範報》的報導，在場群眾「變得安安靜靜，彷彿能聽見一根針掉在地上的聲音。」初選結果於三星期後出爐，甘迺迪獲勝，化解了各界疑慮，身為天主教徒不會是他選舉時的劣勢。當上總統後，他曾表示：「要不是西維吉尼亞讓我贏了，也不會有今天的我。」

當地極右派偶爾會鬧出一點新聞。一九九六年，聯邦調查局幹員破獲一樁預計炸毀該局設於克拉克斯堡總部的陰謀，導致這座小城引起全國關注。七名嫌犯都是男的，其中包括消防隊的某名小隊長，他們自稱為「山地民兵」（Mountaineer Militia），囤積槍械並研究總部的藍圖。把西維吉尼亞州定位為充滿種族歧視的落後地區，其實是種刻板印象，完全抹煞了當地非裔社運人士多年來的努力。吉姆．葛里芬（Jim Griffin）在克拉克斯堡長大，曾因種族隔離而不得進入當地某些餐廳。青少年時期的葛里芬在A&P超市裡只能幫顧客打包雜貨，對於他因為是黑人而不能站收銀檯而深感挫折。某天，有個認同其理念的白人女性收銀員臨時起意，請他幫忙代班。一位顧客說：「我不想讓他結帳。」但那位女收銀員對顧客堅稱：「如果不想讓他為您結帳，那就把東西放回架子上。」

一九六五年，二十五歲的約翰．路易斯（John Lewis）為了爭取投票權而帶領群眾遊行，在阿拉巴馬州塞爾瑪市（Selma）的艾德蒙．佩特斯橋（Edmund Petus Bridge）遭警方武力鎮壓。幾週後，葛里芬自高中畢業，他深受民權運動感召。當時，美國有色人種促進會（NAACP）為了對抗種族隔離體制而在各地法院大打法律戰，但設於克拉克斯堡的分會搖搖欲墜，結果是年僅十八歲的葛里芬讓該分會重振雄風。南北戰爭時代西維吉尼亞州是支持北方的，不少黑人也從美國南方逃往該州，但其實當地還是有些人比較認同南方的邦聯政府（Confederacy）。時移世易，許多黑人往更北方的地區遷移，西維吉尼亞州也成為美國白人人口比例最高的州之一。

身為西維吉尼亞子弟，葛里芬試圖從內部改變該州。他在化工大廠聯合碳化（Union Carbide）工作，同時就讀社區大學。六年後，他晉升為該公司第一位黑人主管。為了調查克拉克斯堡的種族歧視案件，他參與創建人權委員會（Human Rights Commission），並推動成立西維吉尼亞州黑人文化節（Black Heritage Festival）。他鼓勵黑人牧師朋友大衛・凱茨（David Kates）參與地方政治，等到後來市議會開缺，就由凱茨補上。一九九九年，在市議會的推舉下，凱茨成為該市歷史上第一位黑人市長。葛里芬常說：「這都是因為水到渠成啊。」

凱茨當上市長後，附近某個三K黨（Ku Klux Klan）分會宣布要集會，表示要藉此「團結那些仍然認為自己在美國有發言權的白人」。大衛呼籲舉辦一場集會來反制，證明在克拉克斯堡「渴望多樣性的人占多數，而不是心懷仇恨的人」。這次集會名為「團結計畫」（The Unity Project），《典範電訊報》為其宣傳數星期，呼籲市民別聽那些「身披白色床單的瘋子說蠢話」。一篇社論宣稱：「相信多樣性的人將會不畏寒風，站出來捍衛他們的自由。」

三K黨的集會變成一場笑話。十一月六日中午，約有十五人身穿白袍到場，另外大約五十名支持者為他們加油打氣。該黨的高層領袖（grand dragon）抱怨連連，表示克拉克斯堡有禁止頭戴兜帽和面具的法規，這讓想要隱匿身分的人卻步。小城的另一頭，辦來反制三K黨的集會則是吸引了千百人到場，上場致辭的包括當地政治人物、神職人員以及義大利裔、猶太裔和波蘭裔族群的領袖。葛里芬告訴我：「三K黨的集會大概只撐了半小時，然後就做鳥獸散。我可以很自豪地大聲說出，我是克拉克斯堡市民！」

《典範電訊報》的編委會成員哈利・福克斯（Harry Fox）宣稱：「像這樣遭遇挑戰，逼我們自問：『我們真正的信仰到底為何？』其實是好事。無論我們是成年人或年輕人，是黑人或白人，是有錢人、中產階級或窮人，是丈夫、妻子，是單身人士或已經組織了家庭。」那一天，他寫道：「在讓社會邁向真正自由的路上，我們又前進了一小步。」幾週後，市政府在通往市區的路上安裝了一道標語：「歡迎來到克拉克斯堡。我們熱烈支持多樣性。」

❖

每逢休假日，我喜歡開車到山區，然後下車散步。山區遍布松樹和雪松，有不少林間小徑可以走，而到了每個山脊的山頂後，也能循著山谷往下走進茂林中。礦工女兒茱蒂・邦茲（Judy Bonds）是位環境保育人士，在山裡與她相遇時，她常對我說：「山脈存在於我們的靈魂中。」乍聽之下像是藍草音樂（bluegrass）常用的歌詞，幾乎是陳腔濫調，多年後我才對她的話有所領悟。與後來定居的城市相較，人們往往對自己成長時代居住的山谷有更深的依戀。他們把故鄉的好山好水當成「家園」，難分難捨，但依戀故鄉山水的人不見得就是環境保護人士。從西維吉尼亞州州旗上的煤礦工人看來，就能窺見州民如何看待自己，因為對他們來講，透過土地獲利也一樣重要。北卡州立阿帕拉契大學（Appalachian State University）的歷史教授約翰・威廉斯（John Alexander Williams）對我說：「要說西維吉尼亞有什麼恆久不變的主題，就是第一批探險家到那裡後對它的描述：令人又愛又怕的一片大地。」

十九世紀以降，州民鮮少受惠於土地資源所衍生的利潤。一八七〇年代，西維吉尼亞州政府透過立法的方式，脫鉤了土地所有權與地表下方那足以創造天價暴利的礦產權。影響所及，採礦的暴利落入他人口袋，對環境造成的危害卻要由農人承擔，而這種制度導致世世代代的州民都深受其苦。在紐約，一本招攬投資的小冊子讚譽西維吉尼亞州為「黑金國度」（Oil-Dorado），蘊藏石油、煤炭和礦石，彷彿尚未探勘的寶庫，「一經開發就能像磁鐵般吸引資本家」，作者寫道，西維吉尼亞州「注定成為這偉大國家最富有的地區之一」。

但所謂的「注定」卻淪為空話。來自其他州的公司和投資者獲得暴利後，出錢買通西維吉尼亞州的政治人物，導致該州無法像阿拉斯加那樣利用石油收入來建立一個永續的稅收基金，州民無法雨露均霑。到了一八九〇年代工人發動罷工之際，當地政治人物甚至幫助各種開發天然資源的公司平息罷工風潮。一位來自北方的木材開採商表示：「我們來這裡無非就是要求取財富，只想盡快從這一大片鄉野間獲得最大的利益，然後離開。」到了一九二〇年，木材公司已經掏空了曾經覆蓋該州三分之二土地的古老森林。西維吉尼亞州第一任森林警隊隊長布魯克斯（A. B. Brooks）曾如此喟嘆道：「幾乎所有原本靠土地謀生的人都被迫離開原本與世隔絕的環境，被席捲到現代工業的漩渦中。」

土地對於西維吉尼亞人來講是何其珍貴的資產，但他們卻失去了掌控權。礦工遷居採礦營地，他們被迫向雇主支付一切費用，就連喝水也要給錢。克拉克斯堡市民克莉絲塔．威默

（Crystal Wimer）長期鑽研哈里遜郡（Harrison County）的歷史，她對我說：「在沒有龐大外力協助之下，我們這州的州民很難改善他們所面臨的困境。」她說：「很多人根本不識字，他們所聽到的一面之詞是：『如果有鐵路經過你的房子，即使火車的火花燒毀了你的穀倉，你還是不能告鐵路公司。』法律總是偏頗的，這讓一般民眾只有吃虧的分。」記者約翰・岡特在一九四五年造訪西維吉尼亞州，他覺得眼前是個截然不同的世界。他在書中寫道：「有一位當地居民在我面前直言不諱，說他們那裡簡直是『美國的阿富汗』。」

一九六〇年，甘迺迪造訪西維吉尼亞州，並寫下歷史之際，阿帕拉契山脈的中部地區雖然幫許多人發了財，但卻有超過一半的住家仍然沒有自宅的供水排水系統。當然有人會抱怨，但得到的回應通常是一樣的：要是你覺得現在很糟，那就想像一下，如果沒有煤炭公司的話你會有多窮困。一九六三年，肯塔基州的律師和作家哈利・考迪爾（Harry Caudill）呼籲美國人關注該地區居民的生活有多困苦。他說：「廣大的工業人口被遺棄時，就是會這樣——丟給他們足夠的食物，讓他們死不了，卻活得沒尊嚴。」

❖

我到克拉克斯堡去當記者時，該州正為其環境史寫下新的一頁，也就是所謂「山頂採礦」

（mountaintop removal）的煤礦業革命。在一九九〇年代，業界發現能以某種更便宜的方式來開採阿帕拉契山區令人垂涎的低硫煤（low-sulfur coal）。不用再派礦工進入地下，而是炸毀山頂採礦，直接帶走財富。這種方法主要用於西維吉尼亞州南部，跟深入地底採礦相較，這種挖掘方式每小時的煤炭開採量高達二點五倍。各公司開始花錢購買採礦權，炸掉一處處山頭來取礦，而最大的礦區距離我們報社只有幾小時遠的路程，面積比曼哈頓島還要大。

我們的總編輯塞德維認為，山頂採礦將會帶來各種災難。他寫了一系列專欄和社論，提出質疑。他擔心西維吉尼亞州的山河地景會大受破壞，就像他跟我說的：「拜託，我是個河川生態導遊欸！」此外他也質疑，採礦真的是通往進步之路，抑或是某種經濟迷思？他說：「我會這麼做，是因為我不想再聽到有人說什麼：煤炭是我們的救世主。」

礦業對他的專欄展開了報復。遊說團體在《典範電訊報》上購買了大篇幅的廣告，宣稱西維吉尼亞州該對山頂採礦引以為傲。廣告寫道：「煤炭是生活必需品。因為煤炭促進我們的經濟發展，西維吉尼亞各地州民才能享有乾淨的用水、更好的下水道設施，以及救護和消防服務，甚至低於其他許多州的電價。」廣告文案的結論以安撫人心的語氣寫成：「任何建造過房屋的人都知道，有哪一間房子在施工期間是很漂亮的？」廣告還如此承諾：任誰只要離開幾年後再回來，「絕對不會看出我們這裡曾經採過礦」。

塞德維的行動在克拉克斯堡引發各界爭議。他告訴我：「有一部分市民說：『哇，這種類型的監督報導可說是半個世紀以來首見。』但另外一部分市民的反應卻非常激烈。他們想看的報導是，某某人在做完禮拜後到某某人家裡吃早午餐。」塞德維懷疑自己是否太過激進，腳步太快。他告訴我：「我曾經宣揚過這樣的辦報哲學：任誰只要能辦出一份出色的地方報紙，在當地揭露各種社會弊端，報紙都能大賣賺錢。」但廣大讀者群開始感到不耐，城裡愈來愈多人抵制報社。我到職幾個月後，塞德維宣布他要離開了。他接受了來自愛達荷州的工作邀約，新職務是某個自然保護組織的主管。

當時城裡瀰漫的氛圍是，因為克拉克斯堡的其他經濟支柱漸漸崩塌了，人們似乎愈來愈將希望寄託於煤炭開採業。自一九七〇年代以降，因為墨西哥和日本的玻璃工廠規模更大、技術更先進，當地工廠因為無法與其競爭而紛紛關門大吉。許多年輕人為了找工作而離開，人數多到西維吉尼亞出現了這樣的玩笑話：當地的孩子們學到了三個R：閱讀（reading）、寫作（riting）和七十七號公路（Route 77），也就是他們前往外地的必經之路。到了二〇〇〇年，克拉克斯堡的人口只有一九四〇年的一半。

眾所皆知的惡性循環就此展開：人口下降導致稅基縮水，迫使西維吉尼亞州各個地方政府削減警消、公園和收垃圾的開支，而這又導致人口外流的機率變得更高。各個社區游泳池因為資金用罄而關閉。克拉克斯堡的市中心本來就不大，許多商家結束營業，建物開始凋敝。華爾道飯店變成了一副巨大殘骸，最上層的窗戶長出雜草，往高空蔓生。

當時我們還沒有察覺到，但是在二十世紀末之際，包括《典範電訊報》在內，各家報社的經濟基礎已經開始出現微小的裂縫。網路正開始進入西維吉尼亞州各地的家戶，這種科技隨即會對人們獲得新聞和娛樂（以及假消息）的方式帶來革命性的改變。一九九九年，我們的主編鮑伯・史蒂利（Bob Stealey）在專欄文章中講述一件他生活中微不足道的小事：用「美國線上」（AOL）的網路上網後寄出第一封電子郵件，寄件對象是他所謂「網路虛擬空間裡某個完全不認識的陌生人」。結果他就此上癮。如他所言：「我正在開創自己的榮耀之路。」幾年後，我偶然再次讀到那篇文章，讓我聯想到摩斯發送第一則電報的內容：「上帝造就了什麼？」

❖

幾年後我都待在國外，偶爾會登入《典範電訊報》的網站，看看克拉克斯堡的時事。總是有些好消息：當地的中學生連年取得西維吉尼亞州最頂尖的數學成績。聯邦調查局總部吸引了一些小型科技公司進駐，這有助於克拉克斯堡的經濟成長，速度超過同區域的其他地方。因為某個開發計畫，克拉克斯堡甚至在某種程度上有名了起來：西維吉尼亞州最大的連棟式集合商場就設在該市。

但顯然能看出一些問題的跡象，種種極端不平等的現象在西維吉尼亞州叢生。南部煤礦區失去就業機會後人口外流，而狀似煎鍋鍋把的東部狹長地帶則因為資金從華府流入而蓬勃發展。自一九九〇年以來，州民的收入雖然有成長，但超過一半都進了該州前百分之一有錢人的荷包裡。二〇〇七至二〇一七年之間，西維吉尼亞州的外流人口為一萬八千人，流失速度更勝於其他州。全國五十州裡面，西維吉尼亞的吸菸率、肥胖率、糖尿病率和處方藥濫用率都高居前幾名。在州民的大學畢業率方面，該州卻在全國倒數幾名內。五分之四的勞工並非四年制大學畢業生。隨著人口下降，其政治影響力也隨之下降。如果這些趨勢持續下去，該州的眾議員席次將會在二〇二二年由三個減為兩個。*

這些趨勢都可以從紙本的《典範電訊報》看見端倪。在報上刊登廣告的當地商家愈來愈少，而分類廣告正逐步轉移到網路上。二〇〇〇至二〇一七年之間，刊登於美國各家報紙上的廣告量大減百分之七十一，造成災難性的影響，雖然網路版報紙有數位廣告可以刊登，但收入根本無法彌補上述的巨量損失。從一九九〇到二〇一七的二十七年間，即便美國的人口增加了百分之三十，但報紙的發行量卻下降為原有的百分之五十。

二〇〇二年，報社宣布再也無法負擔每天出版兩份報紙，於是兩報合併為《典範電訊報》。數十年來報社經營權始終由海蘭家族（Highland）持有，他們也開始求售。家族成員早已都不住在克拉克斯堡，到最後只有一位成員參與報社營運，但卻住在六百多公里外的紐約州綺色佳市（Ithaca）。

隨著新聞重鎮轉向電視和網路，其影響也顯現在政壇的改變上，而且這與波茲曼提出的警告十分吻合。波茲曼曾寫道：一個「大家形同陌路」的世界已經誕生，我們「只知道關於彼此的一些膚淺事實」。無論是地方小報時代或數位化時代，新聞當然都需要為閱聽大眾提供某些刺激與亮點，但兩者所提供的東西可說是截然不同。報紙頌揚的是無黨無派的精神，但網路新聞媒體所鼓勵的卻恰恰相反：為了讓新聞吸引人，各家媒體紛紛以露骨、煽動的方式來宣揚自家的政治立場。傑佛瑞・貝瑞（Jeffrey Berry）與莎拉・索別拉耶（Sarah Sobieraj）兩位學者合著的《讓人義憤填膺是一門好生意》（*The Outrage Industry*）於二〇一四年出版，書中訴說脫口秀主持人和網路評論員以全新的模式向群眾傳達訊息，他們的話術包括「以偏概全、聳動誇大、足以誤導大眾或顯然不精確的資訊、人身攻擊，還有輕蔑與取笑對手」，因為這一切都有用。只要「能引發情緒反應，無論是憤怒、恐懼、義憤填膺」，都更可能讓觀眾買單。

記者薇琪・史密斯曾長期在西維吉尼亞州駐點，她對我表示，社群媒體對新聞的影響令人不安。她的美聯社主編們愈來愈常鼓勵她上推特或臉書挖掘大家關心的話題。她告訴我：「我不得不去批評那些流言蜚語或純粹虛構的言論，要不然就是得浪費時間闢謠。」她說：「但這不是

* 譯注：目前（二〇二四年）西維吉尼亞州的確只有兩席眾議員。美國各州眾議員的席次取決於人口，但參議員卻是固定的，每州兩位。

新聞。我們為什麼要回應這一切？我們有更大、更重要、更有意義的故事要講。」而觀眾也在改變。她說：「令人痛苦的是，新聞的讀者不再需要那麼多實事求是的客觀報導。他們只想看符合自身世界觀的新聞。」

這股歪風改變了美國人的心靈世界。大家愈來愈不了解自己所身處的社群，反而卻愈來愈熟知那些遙不可及的人物、抽象的爭論，以及關於全國性政論話題的有趣迷因影片和哏圖。賓州大學政治學教授丹尼爾．霍普金斯（Daniel J. Hopkins）發現，從一九四九到二〇〇〇年之間，能夠記得自己州長名字的美國人比例急劇下降，而能夠記得副總統名字的比例保持不變。到了二〇一二年，與前一代的情況相較，美國人捐給自己那一州政治人物的政治獻金變少了，而當有人問他們最討厭的政治人物是誰，只有百分之十五的受訪者提到了自己州的某人。他們所關注的政壇事件大部分發生在遙不可及的遠處。

大家所關切的政治話題與公共議題像這樣趨向「全國化」之後，甚至改變了美國公民描述自己的方式。霍普金斯教授先是數位化大量書籍，在《愈來愈美國》（*The Increasingly United States*）一書中分析了他用這種方式取得的語料，藉此統計「我是美國人」這類等話語出現的頻率，拿來跟「我是加州人」之類話語比較。早期的美國人關注自己的州民身分，但到了一九六八年左右，開始有更多民眾強調自己的國民身分，而且這趨勢一直持續迄今。一開始是電視讓人們與自己實際身處的社群脫節，最後則是社群媒體。兩者都讓人們自絕於當地社群之外，影響深遠。

根據北卡羅來納大學教授潘妮・艾伯納席（Penny Muse Abernathy）的統計，二〇〇五至二〇二〇年之間，有超過二千一百家美國報社熄燈關門。報界裁減了超過百分之四十五的新聞部門人員。長年擔任記者，後來參與福特基金會（Ford Foundation）新聞寫作計畫的芙芮・奇戴亞（Farai Chideya）用生態學的語彙來描繪這種衰弱的趨勢，說這簡直是「大滅絕事件」。《華盛頓郵報》的專欄作家瑪格麗特・蘇利文（Margaret Sullivan）在二〇二〇出版專書《消失的新聞》（*Ghosting the News*）裡面用這個隱喻提出進一步的論述：「就像全球暖化一樣，我們很難讓大部分民眾相信這問題有多急迫，他們自然不會想深入關注，或採取任何行動。」事實上，大多數美國人對此不太了解。根據皮尤研究中心（Pew Research Center）於二〇一九年做的調查，有將近三分之二的受訪者表示，當地新聞機構的財務狀況良好。

儘管一般民眾不太擔心地方新聞報導的消逝，但這件事對於投票行為和政府工作的負面影響卻是千真萬確。根據美國筆會（PEN America）的研究，隨著地方新聞報導的式微，「政府官員的行為開始比較容易出現歪風，效率（efficiency）和效能（effectiveness）都降低了，而且也沒有人出面監督企業的不端行為。隨著地方新聞報導的流失，公民的投票率下滑，對政治的了解減少，也降低了他們出馬競選公職的可能性。」發表在《金融經濟學期刊》（*Journal of Financial Economics*）上的一項研究發現，在一份報紙關閉後的三年內，當地每位公民必須付出的稅金平均增加了八十五美元，政府員工薪資比一般水準高出百分之一點三。換言之，地方報社關門後，政府變得效率不太高且對自己更加慷慨。

報社陷入困境時，能做的選擇都不太理想。有些報社為了避免關門而把自己賣給大企業，但大企業卻會透過減少記者人力和出售未使用的空間來節省支出——蘇利文把這手法稱為「露天採礦」。實際上，這些報紙最後往往淪為比較體面的廣告傳單，報上的新聞來源主要都是全國性的新聞通訊社，就如同沒有連貫主題的畫廊，若用波茲曼的話來說，內容只剩「躲貓貓式的新聞」。*

本來我以為克拉克斯堡的《典範電訊報》也會走到這步。但是在報社開始辦報的一個半世紀之後，其命運於二〇一二年出現令人驚訝的轉折。兼營石油和天然氣事業的當地稅務律師布萊恩・賈維斯（Brian Jarvis）買下報社。他只有三十歲，但他的律師父親塞西爾（Cecil）曾當過該報社的總裁，而布萊恩後來即便去田納西州讀大學，暑假也會返鄉在新聞部實習，而他父親則在樓上工作。塞西爾・賈維斯是當地的社會棟梁，他呼籲大眾關心公民議題，在當地的鐵人三項比賽中也表現優異，可惜在二〇〇七年因為自行車事故而去世。我去克拉克斯堡前曾於中途拜訪過布萊恩，他說：「原本我計畫回去跟爸爸一起開律師事務所，但我還在讀法學院時他就去世了。」購買報社是他對父親的致敬之舉。他說：「他絕對熱愛這家報社。」

我們坐在一張長桌旁，上面堆滿了外面用皮革裝訂起來的古老報紙，其歷史可以追溯到南北戰爭時期。如果這報社也撐不下去了，布萊恩擔心支撐城市的支柱又會少了一根。他說：「我正在看一八六三年的報紙，那時候西維吉尼亞甚至還沒成為美國的一個州。」**但他不喜歡說些充滿雄心壯志的大話。他用平平淡淡的語氣說：「我必須有所作為，不能只是坐在辦公室裡寫遺囑和信託。」從商業角度看來，他很務實。他說，印刷是一個「逐漸衰退的事業」。為了阻止地方新聞報導的式微，他的策略是吸引線上的年輕讀者，並訴諸於以家鄉為傲的地方感。他為《典範電訊報》設計的廣告詞，簡直就像是在介紹當地美食：「每晚由西維吉尼亞人親手印刷，直接送達西維吉尼亞人的家門口。」

❖

我去新聞部找我已經認識二十年的總編輯約翰・米勒（John Miller）。當年我還是個實習生，他是體育版主編兼助理總編輯。我跟他開玩笑，說他這一行幹了那麼久，墨水肯定已經滲透進骨子裡了吧。他微笑地更正我的話：「是倦怠又疲憊的老骨頭啊。」

身材高大的約翰年近六十，一對深黑色的雙眼炯炯有神，留著濃密的棕色山羊鬍。幾乎所有報導都會讓他先看過，而城裡的事他也大多了然於心。他像是一個把很多事情擺在心裡的人，走

＊ 譯注：新聞通訊社是指路透社、美聯社之類的新聞提供者。「躲貓貓」是指稍縱即逝、沒有深度的新聞。

＊＊ 譯注：西維吉尼亞於一八六三年六月，南北戰爭期間成為美國的第三十五州。

起路來步伐沉重。約翰一直在克拉克斯堡生活，也在報社工作了將近一輩子。九歲時，他加入家裡三位手足的行列，跟他們一起去送報。隨著送報區域的擴大，到了他十幾歲的時候，米勒家的孩子們負責全市的送報業務。約翰原本想當老師，但父親在他大一時心臟病發，逼他不得不找工作餬口，那年是一九八一年。就這樣，他開始為報紙寫體育新聞，最終獲聘為夜班人員，讓他可以在白天完成大學課業。

每當他談到克拉克斯堡或西維吉尼亞州的時事，信手拈來總是各種數字。這是因為他骨子裡還有體育記者魂，隨時都能舉出他周遭世界的各種各樣數據。他可以跟我說出當地某家醫院一錠阿斯匹靈的價格，還有城裡有幾棟排定好要拆毀的危老建物。最重要的是，他總能指出當地出現多少新的工作機會，還有多少工作消失了。某天他說：「摩根敦市（Morgantown）有一千五百個工作不見了。」另一次他宣稱：「三菱公司將會帶來二百五十個工作機會。」當泰爾瑪熱狗店（Thelma's Hot Dogs）結束營業時，他說：「那家店由兩個人經營，是我的愛店之一。」

在同一家報社工作了三十年之後，約翰透過他寫的報導來表達自己對於生活的看法，無論是好是壞。例如，因為聯邦調查局分部大樓成立而帶來的經濟復甦、黑人市長大衛．凱茨的競選過程，還有對於三K黨進行反制的那次集會。他仍然堅持樂觀的想法。他說：「我有點老派。只有壞消息可以報導，是值得吹噓的事嗎？我可不這麼認為。」

近年來，克拉克斯堡的壞消息比往常還多。類鴉片止痛藥物濫用危機與西維吉尼亞州的經濟史密不可分。這個州有大量的煤礦開採工作，因此意味著許多人都疼痛纏身，而止痛藥一開始是以合法藥劑的形式出現，然後在經濟學家安・凱思（Anne Case）與安格斯・迪頓（Angus Deaton）所謂的「絕望之海」中氾濫開來。這個普遍的藥癮問題因為貧困、壓力和失業而始終存在。根據《查爾斯頓郵報》（*Charleston Gazette-Mail*）記者的艾瑞克・艾爾（Eric Eyre）調查，二〇〇七至二〇一七年之間，批發商賣給西維吉尼亞州數量龐大的止痛藥（包括氫可酮〔hydrocodone〕與疼始康定〔oxycodone〕），多到足以讓州裡的男女老幼每人分配到四百三十三顆。隨後，取代藥丸是海洛因和吩坦尼（fentanyl），西維吉尼亞成為全美吸毒致死率最高的州。到了二〇一二年，該州的貧困喪葬基金已經破產，因為有太多家庭窮到付不出喪葬費用。

問題在克拉克斯堡特別嚴重。該市位於七十九號州際公路旁，這條公路是穿越山區的主要動脈，位於該州兩個最大聚落之間——東北方的摩根敦市和西南方的查爾斯頓。這個地理位置曾促使城市的經濟蓬勃發展，但後來隨著藥物濫用問題升溫，克拉克斯堡也成為毒品的主要轉運站。與當年我還待在那裡時相較，當地每年各類逮捕案件發生率成長了十多倍。

三十年來，米勒見證了其他各種毒品來來去去，包括更早之前的古柯鹼和快克*，但類鴉片藥物時代帶給他一種不同的感覺。他對我說：「那些我們以為不太可能會濫用藥物的人也上了

* 譯注：快克（Crack）也是一種古柯鹼製品。

癮，處方藥用罄後被迫上街買藥。」直到有愈來愈多所謂「背包客」出現，社會大眾才意識到藥物濫用的問題有多嚴重。他們有男有女，用背包裝著自己僅存的財物，或推著裝有衣物和食物的手推車，流落街頭。

我把車開到從前住過的公寓。一樓有扇窗戶用三夾板封了起來。我抬頭往三樓望，只見當年的住處有扇窗戶沒玻璃，床單就掛在窗框上，被風吹得劈啪作響。初次來訪的人可能會誤以為克拉克斯堡從古至今就是個落後的地方，但殊不知，在美國各地普遍繁榮發展時，它也曾有一段輝煌的過往。那一輛總是被主人擦得亮晶晶的藍綠色敞篷車，早已不見蹤影。

【第四章】
泥城

地點：芝加哥
時間：一九〇五年四月二十三日

午夜過後，我的外曾祖父艾伯特．薛若在芝加哥南區（South Side）的月光下步行回家。當時他是二十一歲的芝加哥大學大四生，個子不高、體態纖瘦，戴著一副圓形的金屬框眼鏡。那天晚上在芝加哥體育館（Chicago Coliseum）有「玲玲馬戲團」（Ringling Brothers circus）的表演，他和朋友們看完後各自搭火車返家。艾伯特和爸媽的住處距離密西根湖只有幾條街，幫雜貨店製作櫥櫃是他們家維持生計的方式。

芝加哥的街景為感官帶來了各種衝擊，諸如嘈雜的有軌電車聲、火車發出吱嘎鳴響，以及屠宰場難聞的腥臭味。但城市在午夜過後安靜下來，陷入呆滯狀態，艾伯特在德瑞瑟大道（Drexel

Boulevard）上獨行。他經過一排新建的豪宅，一群持槍歹徒從灌木叢中走出來，擋住他的去路。

這些劫匪都很年輕，因此艾伯特以為他們在玩笑，他說：「別傻了，屁孩們。走開。」其中一人朝他胸口開了一槍。子彈射入他的左肺，離心臟很近，他往後倒下。他看見有個目擊者走進附近的一棟房子，大聲呼救，但第二槍打中他背部靠近右肩的地方。他倒在路燈照射的人行道上。劫匪翻遍艾伯特的口袋，搶走他身上僅有的八十美分。

這件事發生在一九〇五年，當時芝加哥的謀殺案數量高居美國各大城市之最。在以揭弊聞名的記者林肯·史蒂芬斯（Lincoln Steffens）筆下，這座城市是「暴力第一，汙穢之最。聲音嘈雜，無法無天，面目可憎。」但是艾伯特遭遇的槍擊事件引發軒然大波，因為當時芝加哥大學才草創十五年，讓所有市民都引以為傲。《芝加哥論壇報》（*Chicago Tribune*）將這起槍擊案刊登在頭版，下的標題是「一名學生遭幾位劫匪槍擊」，還附上受害者的照片，預測他「傷勢嚴重，凶多吉少」。

所幸艾伯特大難不死，在他住院期間還收到校長威廉·哈潑（William R. Harper）寄來的慰問信，表示艾伯特「前途必定大有可為」。他寫道：「我們為您幸免於難而感到欣慰。」醫生從他胸腔取出兩顆子彈，交給艾伯特當紀念品，一直到去世前他始終保留著。他在一九七三年去世，我的外祖父（他兒子）猶豫著該怎麼處理那兩顆子彈，所以用小信封寄給了芝加哥大學，校方將子彈歸檔，與案件的剪報和紀錄放在一起。

小時候我曾聽外祖父提過這起槍擊案一兩次，但直到從中國回到芝加哥後，我才預約去看看芝大還保留了哪些相關檔案。在我去看那些檔案前，美國人已經開始省思我國有關犯罪和監禁的複雜歷史，國人對於懲罰和寬恕的觀念也有所演變，我經常思索著這起槍擊案背後的故事。在檔案館，圖書管理員拿出一只牛皮紙資料夾，我把裡面的東西倒在桌子上。在一堆文件之間，我發現那兩顆凹陷的鉛彈，彷彿河石般靜置在我的掌心。

資料夾裡面還有一疊泛黃的剪報，是關於那些因為這起搶案而鋃鐺入獄的少年們。其中一位是十六歲少年威廉·沃伊考斯基（William Wojtkowski），他是個在南區廉價公寓長大的印刷廠工人，父母是波蘭移民。父親在他十二歲時離世，留下他母親和四個孩子。威廉在槍擊案發生兩年前輟學，因為案子變成頭版新聞而逃離芝加哥，加入海軍。芝加哥的警探追到羅德島的海軍基地，他才坦承不諱。

一九〇五年十二月，他在法庭上認了搶劫和傷害兩項罪名。他是第一次被捕，但直到幾年後我動手寫這本書，才發現此事對他的人生有多大的影響。威廉對法官說，犯案後他是為了「遠離豬朋狗友才逃走」，因為他知道只要還待在芝加哥，他就擺脫不了他們。根據法官的判決，他得先去伊利諾州中部小鎮龐蒂亞克（Pontiac）的感化院待段時間，接著還要坐牢。威廉入獄時，獄警與他之間的問答也被記錄下來，頗能讓我們一窺美國城市邊緣底層人生的大概。

學歷？

「能讀書寫字。」

有靠政府接濟或有前科嗎？

「沒有。」

經濟狀況呢？

「貧窮。」

❖

我的先人們來到芝加哥之際，適逢這城市的崛起，它可說是象徵美國興盛的典範。艾伯特・薛若的祖父威廉是個馬鞍工匠，才十來歲就從賓州北部來到芝加哥，於一八五〇年代成為雜貨商。他和妻子莉薇娜養育了八個新市民，他們居住的城市展現出「一種令人陶醉的原始粗糙感，一種想要闖出偉大事業的感受。」這句話源自建築師路易斯・蘇利文（Louis Sullivan），他自己也才剛遷居芝加哥。

案發那一年，西南方市郊密西根湖的土地往往都是一片泥濘，非常符合芝加哥早期的一個外號：「泥城」（Mud City）。不過，在建城以前的千百年歲月裡，各個北美原住民族始終珍視這片泥地，因其土壤肥沃，並且位於河口，是可供船隻躲避湖上風暴的天然河港。他們將其命名為

Chigagou，意思是「野蒜之地」，因為生長在低窪草原上的植物繁盛茁壯。隨後，芝加哥發展成一個命運交會的場所，有人因為胸懷大志而來，想追求財富者也不在少數。到了一八三〇年代，芝加哥已經成為通往西部的門戶，是全國房地產最搶手的地方之一。芝加哥後發先至，成長速度超越了許多更早建城的美國城市。一九〇一年，鑽研西部邊境史的學者透納（Frederick Jackson Turner）宣稱芝加哥是「我國各種力量的交匯之地」。

美國人向來對發明和重塑有所憧憬，而芝加哥的神話與這種信念可說緊密相連，用開國元勳湯瑪斯・潘恩（Thomas Paine）的話說來就是：「我們有能力讓這世界從頭來過。」先民憑藉意志力在沼地上創造出芝加哥，而為了擺脫泥淖，市議會花了二十年的時間將街道和建物抬高了多達四公尺多。早期的豪宅和石造建築被遷移到城市的其他地方，搬運過程像沙漠裡的巨大推車一樣在車陣中穿越城裡。勞勃・赫里克（Robert Herrick）的小說《自由的福音》（*The Gospel of Freedom*）於一八九八年問世，書中他如此描繪芝加哥：「彷彿人定勝天的作品，令人驚嘆」，人們在那裡「形塑自己的環境，像在平底鍋中揉麵包」。一九〇九年，建築師丹尼爾・伯南（Daniel Burnham）和愛德華・班奈特（Edward H. Bennett）在書中公布他們大膽的都市計畫願景，重繪芝加哥，讓市民與密西根湖有更多連結。伯南寫道：「湖濱是屬於市民的。」他宣稱，公共空間是民主體制中不可或缺的領域，是各種背景和經驗的人們可以聚集的地方。現代學者威廉・克羅農（William Cronon）在《自然的大都市》（*Nature's Metropolis*）一書中描繪該地區的歷史，他表示早期的城市簡直就是變革的代名詞。改變的過程包括：從田園的簡樸到大都市的複雜，從農村的束縛到城市的自由，從純淨到腐敗，從童年到成年，從過去到未來。

二十世紀初，美國展開了大遷徙（Great Migration），至少有七百萬黑人為了追求自由與安身立命的機會而離開南方。第一次世界大戰於一九一四年暴發，北方各大城工廠對於新的勞動力需求孔急，引發美國史上規模最大的人口流動浪潮。芝加哥最重要的黑人報紙《芝加哥保衛者》（*Chicago Defender*）發起了一波鼓勵遷徙的運動，幫助黑人安排交通、食宿的各個組織被列於報上，芝加哥因此獲得「應許之地」美名，但這樣的論調顯然太過樂觀。在大遷徙之前，非裔美國人占芝加哥人口的百分之二；到一九七〇年，占比達到百分之三十三。

但是大遷徙引發強烈反彈。白人市民集體形成所謂「限制性公約」，禁止屋主出租或出售房屋給黑人居民。因此，移民主要被限制居住在南區一段所謂「黑人地帶」（Black Belt）的區域，而市政府對於學校學生過多和廉價公寓人口暴滿的問題視若無睹。艾伯特在搶案發生前曾經過的德瑞瑟大道上，原本的豪宅被改建成寄宿房屋和安養院。瑞士建築師柯比意（Le Corbusier）在造訪芝加哥期間寫道：「一棟別墅變成一個村莊。」他說：「生鏽的鐵柵欄裡面是荒蕪的花園，野草叢生。他們的生活好苦。」種族隔離變成鐵律。在一九二一年的小說《女孩們》（*The Girls*）中，三年後將榮獲普立茲小說獎的愛德娜・費伯（Edna Ferber）描述一個決心要遷居北區的家庭，她寫道：「只要住過芝加哥，任誰都知道沒人想要住在南區。」

在一九三〇年代，屋主貸款公司（Home Owners Loan Corporation）之類的聯邦機構不會核貸房屋抵押貸款給黑人，這就是所謂的「紅線政策」（redlining），其名源自於地圖上被標注出來的紅色區域，也就是貸款和保險的高風險區。到了一九四〇年，芝加哥的種族隔離程度很高，更甚於南北戰爭期間南方邦聯政府的首都里奇蒙，接著民政官員與政治人物甚至將其法制化。他們建構出一個充滿排除性的種族隔離體制，各種壓制黑人族群的政策在全國各地擴展開來。

一九五〇、六〇年代蓋好的州際公路畫出種族之間的界線，從水牛城開始經過亞特蘭大，延伸到堪薩斯城。在芝加哥，房地產投機客向來被視為擅長「打恐慌牌」，他們慫恿白人以低價出售房屋，以免「為時已晚」，然後將房產轉手賣給因為市場充滿歧視而選擇有限的黑人買家。結果加速了白人的外逃，形成了許多只有黑人居民的社區。

理查．戴利（Richard J. Daley）於一九五五年就任芝加哥市長，同一年發生的大事是黑人女性羅莎．帕克斯（Rosa Parks）拒絕讓座給白人，改坐到公車後半部黑人專區的事件。* 但戴利未曾支持過民權運動。正如他的傳記作者亞當．科恩（Adam Cohen）與伊莉莎白．泰勒（Elizabeth Taylor）所說的，他是個「死硬派保守主義者」，而芝加哥的白人勞工就是吃這套：「戴利認為

---

* 譯注：這件事發生在美國南方阿拉巴馬州的首府蒙哥馬利市，後來她遭警察逮捕，繼而引發群眾抵制市公車的黑人民權運動。

窮人就該自己發憤圖強，他那些住在布里吉波（Bridgeport）的鄰居不都是這樣？」終其一生，戴利都住在芝加哥南區的布里吉波，遷居的範圍從未超過幾個街區，而正如他的顧問愛德華．馬奇尼亞克（Edward Marciniak）後來所言，他的立場是：「如果你在另一個地方長大，為什麼要來到我的地方？」他拒絕解除學校的種族隔離政策，也不支持警政部門的平權行動（affirmative action），並利用都市更新基金蓋出一片片規模龐大的公共住宅。對於市政府出資興建那些高大的公共住宅，他擔憂會成為芝加哥種族隔離政策的象徵，但他還是予以批准。正如某個聯邦委員會所言，這些高樓最終彷彿「擠滿窮人的檔案櫃」。

一九六六年，黑人民權領袖金恩牧師來到芝加哥抗議住房歧視問題。他聲稱自己旨在「消滅某種惡劣的體制，阻止千千萬萬黑人在貧民窟的環境中遭受進一步殖民。」他和大批支持者在南區馬奎特公園（Marquette Park）遊行，那裡是波蘭裔、立陶宛裔白人勞工階級的家園，他們將畢生積蓄用來購買自宅。那些人擔心房價下降影響自己的投資，也不想看到自己的鄉里變成種族融合的社區。金恩與遊行群眾經過那裡時，遭居民投擲的石塊和瓶罐攻擊。一塊石頭打中金恩頭部，事後他說：「類似場面我在南方見多了，但我第一次體驗到那麼深的敵意與恨意。」

到了八月底，金恩牧師和戴利市長達成了一項「峰會協議」，市府承諾終結住房歧視的現象，但這協議不具強制力，後來戴利更是雙手一攤，表示那只是「非正式協議」。儘管如此，在一九六〇年代告終以前，金恩那一代民權運動人士在道德和法律層面的成就屢有突破：包括一九六三年的華府大遊行（March on Washington）、一九六四年的《民權法案》（Civil Rights Act）、一九六五年的《選舉權法案》（Voting Rights Act），都讓自由派人士深信，平等的重重阻礙終將消失。一九七三年，詹森總統的顧問班．瓦騰伯格（Ben J. Wattenberg）和理查．史坎蒙（Richard M. Scammon）宣稱：「確實有大規模且人數不斷成長的黑人躋身中產階級，這是美國歷史上首見。」他們寫道，這是一項「巨大的成就」，而且「從各方面看來，這現象將會持續下去。」

❖

一九九九年夏天，我收拾了在克拉克斯堡的公寓，為了一份感覺很體面的工作前往芝加哥：《芝加哥論壇報》市政版的實習記者。這是新聞部層級最低的工作，但薪資足夠支付巴克敦（Bucktown）單房公寓的房租。那裡位於芝加哥市西北區，名字源自於早期波蘭墾拓者曾在那裡放牧的buck，也就是山羊。到我遷居那裡時，幾乎已經沒有波蘭居民在當地，他們隨著高速公路的興建而搬往郊區。幾十年來，「紅線政策」讓黑人沒有辦法搬進這個地區，導致房屋因為空置而破敗不堪。最終，一整個世代的墨西哥和中美洲移民來到這裡，他們沿著黑人無法企及的階梯往上攀爬，成為歷史長河中另一批奮鬥不懈但屢遭挫折的芝加哥人。

幾公里外，芝加哥市中心俯拾可見當地金融業財富流動的跡象。儘管芝加哥以其簡樸為傲，但在湖濱區豪華的連棟透天厝和公寓如雨後春筍般蔓生，以至於《芝加哥論壇報》開設了一個名為「高檔社區」（Upper Bracket）的專欄，專門介紹富豪與名人的房地產。那是報業尚未被網路扼殺的最後幾年輝煌歲月，我有幸成為《芝加哥論壇報》的一員。這家報社牢牢控制著身為美國第三大城的芝加哥（儘管這種情況不無爭議性）。一九四四年，記者約翰・岡特在從歐洲返國的路途上寫道：「要書寫關於中西部的事情，卻不提《論壇報》，就像要演《哈姆雷特》卻刪掉哈姆雷特和波洛涅斯這兩個要角。」想當年，《芝加哥論壇報》是美國所有大報中發行量最高的。岡特寫道：「很多芝加哥人鄙視《論壇報》，但還不是天天買來看？」

報社會遭受鄙視，主因在於報社老闆兼總編輯是個激烈的保守派。勞勃・麥柯米克（Robert "Colonel" McCormick）被尊稱為「上校」*，對手則揶揄他是「十四世紀最偉大的頭腦」。性格冷峻的麥柯米克身高超過一百九十公分，留著發白的八字鬍，性喜擺譜。某次他在莊園舉辦野餐餐會時，他從馬匹拉的篷車裡面走出來迎賓。麥柯米克的報紙抨擊自由主義、新政（New Deal）、羅斯福總統和工會，直到他在一九五五年去世。隨後的幾十年裡，《芝加哥論壇報》逐漸擺脫了他的保守主義，以激進的角度報導芝加哥與郊區的新聞，也論及其他地方。

我適應了大城市報社的節奏。早上，我會確認各項任務該執行的時程，每個任務都用一個單詞來表示，這就是報業稱之為「短標題」（slug）的簡稱，例如：「市長」、「抗議」或者「下雪」。毫無例外，總是會有「騷亂」（MAYHEM）這個短標題，都是前一天夜間槍擊案和其他暴力事件的報導。「騷亂」每天早上必定出現，彷彿節拍器一樣可靠，而這件事背後所反映的事實是：無論是要對哪個地方進行忠實報導，往往會涉及權力，會寫下誰有或沒有權力，還有某些人會為了奪權或剝奪他人權力而不擇手段。落實到市政新聞上，則是種族、金錢、暴力的爭鬥層出不窮。後來我把這三種要素，視為芝加哥的非官方主題。

有時候，如果「騷亂」裡面包括一樁重大謀殺案，主編們會指派一位新手記者去追查足夠的細節，使其成為一篇獨立報導。由於類似悲劇不斷上演，這一則新報導的短標題往往是「槍殺男孩」。短短四個字卻蘊含著無盡的痛苦，往往令我感到震撼。這世上有太多「令耶穌痛哭」的事，新聞部裡也不例外。我常需要爬樓梯到高高的公共住宅裡採訪，這些住宅的名字已經成為市政崩潰的象徵，像是卡布里尼—格林（Cabrini-Green）、史特威花園（Stateway Gardens）、勞勃．泰勒家園（Robert Taylor Homes）。美國十五個最貧困的人口普查區域中，有十個就在其中，有百分之九十二的人口是黑人。

一九九九年秋季，市府宣布拆除所有五十一座只剩斷垣殘壁的高大公共住宅，並計畫興建數千戶新房。工人用起重機摧毀只剩殘骸的高樓，而根據市府的計畫，是為了「促進公共住宅居民的自給自足」。這是一項將五萬人遷走的大工程：想像一下，這就像是把紐約市格林威治村幾

---

* 譯注：他曾經在一次大戰期間入伍，到大戰快結束之際升任為野戰砲部隊的上校。

乎每一棟房屋都拆除，並在其他地方重建。美國住宅與城市發展部（Department of Housing and Urban Development）部長安德魯・古莫（Andrew Cuomo）也飛往芝加哥去湊熱鬧。他宣布，「別再用OK繃去貼槍傷傷口」，該是大破大立的時候了。

❖

這一年冬天，在報社指派下我生平第一次報導競選活動。編輯們覺得那次競爭的勝負已定，其中一方會獲得壓倒性勝利，根本不需要派資深政治記者去報導。接受挑戰的是長期擔任眾議員的巴比・拉許（Bobby Rush），挑戰者是沒沒無名且不到四十歲的芝大法學院講師巴拉克・歐巴馬。*（五年後，歐巴馬會在民主黨全國代表大會上發表演說，成為全國性的知名政治人物。）

拉許是當地偶像級的政治人物。他在公共住宅長大，後來成為中輟生，並加入黑豹黨（Black Panthers），與首領佛雷德・漢普頓（Fred Hampton）成為好友。一九六九年，芝加哥警方突襲漢普頓家，過程中他死於槍傷。拉許指責這是警方的「暗殺行動」，此後各界都視他為抵抗芝加哥市民主黨「政治機器」的中流砥柱，敢於對抗白人主宰的當地政權網絡。他因多項與武器有關的罪名而入獄，但在一九九二年當選為芝加哥第一選區的眾議員。該選區在當地的政治版圖中向來具有獨特的象徵性。一九二九年，第一選區也曾選出黑奴後裔奧斯卡・德普里斯（Oscar Stanton

De Priest）為眾議員，後來他成為唯一連任三屆的非裔聯邦眾議員。此後，這選區的眾議員始終都是黑人政治人物，美國其他任何選區都沒有過這樣的現象。

哈佛法學院畢業的歐巴馬當時三十八歲，他是個曾待過夏威夷、印尼的外地人，後來選上了伊利諾州參議員，但只有不到三年的政治經驗。他討厭伊利諾州首府春田市（Springfield）僵固的政治層級體制和彷彿一攤死水的政壇，而就在拉許競選市長失敗後，歐巴馬決定發起挑戰。先前那幾年，歐巴馬在政壇邊緣引起些許關注，因為他向選民呼籲：只要理念正確，就能讓更多人團結在那些理念之下。一九九五年，歐巴馬首次出馬參選，當時他對記者表示：「現在的政治論辯充滿偏差、侷限，過於扭曲。人們渴望一個休戚與共的社群，懷念那種感覺，渴望改變。」保守派基督徒正在崛起，但歐巴馬另闢蹊徑，試圖以道德論述與群眾對話。他說：「如今，美國社會只會把青少年懷孕當成不負責任的行為。但我們沒有把他們教育成胸懷大志的人，難道不須負責嗎？」許多深具影響力的人物，例如政論作家和所謂的「湖濱自由派」（Lakefront liberals）都對他讚譽有加，但在需要贏得選票的地方他仍是局外人。拉許的知名度高達百分之九十，而歐巴馬僅有百分之九。

我致電歐巴馬，說要訪問他，他邀請我去芝大附近只收現金的瓦勒瓦（Valois）自助餐廳。

---

* 譯注：歐巴馬的職級是高級講師（senior lecturer）。

他隻身前來，為了點一杯茶而跟幾個老年人一起排隊。然後，我們坐在前門附近一張小小的鍍鉻金屬腳餐桌，他擠進來，兩條長腿從側邊伸出。他把領帶放鬆，我把卡式錄音機推過去，希望能降低廚房裡餐盤碰撞的聲響。

在訪談的一小時裡，歐巴馬大加撻伐了該選區的種種問題和應該負起責任的民代，但為了不顯得傲慢而用語謹慎。他說：「我覺得第一選區蘊含很大的潛力。我可以自己規劃出一個方案，而不只是資助別人的方案。」這種語氣聽起來充滿技術官僚的習氣，他的副手們很不喜歡。他的選戰操盤手朗恩．戴維斯（Ron Davis）是甘迺迪－金恩市立學院（Kennedy-King College）的數學教師，而朗恩的策略是深入理髮店和教堂拜票。他常用這樣的語氣刺激歐巴馬：「媽的！你不能講人話嗎？你必須用人民熟悉的語言啊！」

《讀者》（*The Reader*）週報的記者泰德．克萊恩（Ted Kleine）詳盡報導這次競選活動，他清楚掌握了對手眼中的歐巴馬：就是個蛋頭教授、自由派白人的傀儡、想要從黑人前輩領袖的手中奪權。州參議員唐恩．卓特（Donne Trotter）也想爭奪拉許的席位，他對克萊恩表示：「在我們的黑人社群裡，某種程度上歐巴馬被當成白人，只不過他長著一張黑臉。」他們一起去WVON電臺*參加某個call-in節目，拉許正在描述他怎樣帶領遊行群眾抗議警察濫用槍枝，歐巴馬打斷他說：「我們不能只是抗議警察的不當行為，而不去思考如何改變整個體制。」拉許被激怒了，後來他對克萊恩表示：「歐巴馬去讀哈佛，結果變成受過教育的笨蛋。」他還說：「歐巴馬只讀過一點關於民權抗議行動的東西，就以為自己無所不知。」

訪談過程中，我以為歐巴馬會幫自己辯護，以帶有怒氣的口吻侃侃而談，但他避開了有關階級、教育的爭論，也不去談各族群之間的互信問題。他深信自己必須促使選民和政治人物對身分認同問題放開心胸，而不是在態度上更加狹隘，他在政壇才有前途可言。後來他在參議員任期內寫的自傳《歐巴馬勇往直前》（*The Audacity of Hope*）中表示：「競選還不到一半，內心深處就知道我輸定了。之後，每天早上醒來時我都隱約感到惴惴不安。」

我寫了一篇有關那場競選的報導，表示歐巴馬是「一位崛起的民主黨政治明星」，但因為了解不夠深入，也寫不出值得一看的東西。當時我沒料到他會當上總統，因此報導裡沒有引述他的任何說法。幾天後，我用同捲錄音帶進行訪談，把他的錄音覆蓋掉了。

在接下來的幾週內，我跟著他去社區中心、咖啡廳和養老院。他喜歡在外面迎接人們，不戴帽子或手套。副手們戲稱他是「肯亞裔甘迺迪」。**他仍在摸索自己的敘述和修辭技巧。他還沒想到要怎樣把自己的雙重血統故事講得更好，以自己為比喻來論述一個無所不包的美國願景。但他對政策問題提供的解答卻已是經過深思熟慮，包括提供全民健康保險、減少少年犯罪和警政革

* 編按：芝加哥地區專門針對非裔美國人聽眾的電臺。

** 譯注：歐巴馬的父親是肯亞人。

新。有時他的回答太過深入，以至於某次演講中，坐在我旁邊的男人竟然沉沉睡去甚至開始低聲打鼾。

但即使是我也能感覺到，歐巴馬這位挑戰者並不簡單。他對懷疑主義抱持堅定的反對立場，主張革新政治風氣，要把市政廳中那些下顎寬厚的聰明老傢伙，和他們那臺嘎吱嘈雜、充滿種族歧視的政治機器都拉下來。即使他一點贏面也沒有，但總能振奮人心。三月二十一日晚間，初選結果出爐，歐巴馬以三十一個百分點落敗，敗得比他預期的還慘。（後來他跟幫他做傳的大衛·雷姆尼克〔David Remnick〕說：「我輸到無地自容。」）我寫了幾段關於他敗選的報導。與歐巴馬的相遇讓我深受啟發，如此收尾實在有點草率。

在市政版工作兩年後，我在二〇〇一年獲派前往《芝加哥論壇報》的紐約分社。那一年八月我開始到曼哈頓工作。回想起來，那年夏末紐約的最後幾週感覺起來處於無重力狀態中，就像一顆球已經到達頂點，但還沒有開始下墜。

在兩架飛機陸續撞擊紐約世貿中心（World Trade Center）的那天早上，我碰巧正要去西維吉尼亞克拉克斯堡一趟，重回舊地並寫篇有關煤炭工業的報導。隔天，我設法買到回紐約的火車票。接下來的三個月裡我都沒有離開過紐約市。我報導了該次恐攻的前因後果，而這終將促成我前往中東和中國當特派記者，且一待就是十年。等到我終於在二〇一三年返國時，我發現自己很想了解那些因為歷史而被打斷的故事，於是我回到芝加哥。

❖

二十一世紀的第一個十年結束之際，芝加哥的政壇領袖仍是那樣跋扈而自傲。理查・麥可・戴利（Richard M. Daley）最終超越了他父親老戴利的紀錄，成為該市任期最長的市長，並打算讓芝加哥與「紐約、洛杉磯那一等級的城市」比肩。

一九九〇年代出現的那些奢華地區已經發展成一個「城中之城」。戴利在市中心種植了許多新的樹叢和花圃，並改造了占地十公頃的舊鐵路線荒地，取而代之的是壯觀的大片草地和樹海，那是一處具有藝術與音樂展演和休閒等功能的場所。這個計畫的預算嚴重超支，以至於《芝加哥論壇報》質疑芝加哥是否正式成為「美國最腐敗的城市」，但白領階級的芝加哥正在蓬勃發展。自一九七〇年以來，人口普查中的富裕地區在數量上已增為四倍。許多國際企業進駐，包括摩托羅拉系統公司（Motorola Solutions）、賓三得利（Beam Suntory）、奇異醫療（GE Healthcare），因此整個大芝加哥地區的失業率很快降至百分之四點一，這是自一九七六年政府開始著手統計以來的最低數字。和全國大部分地區一樣，芝加哥的謀殺案數量大幅下降，這是一九六〇年代以來僅見的狀況。大多數社區變得更加安全，包括非裔和拉丁裔人口居多處也不例外，但某些地方的情況卻變得更糟。

輿論很容易被蒙蔽。二〇〇六年，英國《經濟學人》（*The Economist*）雜誌將芝加哥譽為「處處充滿繁榮生機，新的建築閃閃動人，包括新的雕塑和公園，到處都生氣勃發。」二〇一〇年，我曾從中國回美國一趟，為《紐約客》寫了一篇關於戴利市長的文章，但我在他的豪華轎車上待太久，沒有太多時間與批評他的人接觸。我的文章遭到《讀者》週報以〈帶著《紐約客》兜風〉（Taking *The New Yorker* for a Ride）一文批判，實在是活該。我太關心戴利如何迷戀著倫敦和北京，卻沒有意識到他把養分都給了市中心，而周邊的地區卻快餓死了。

二〇一一年戴利退休後，他的政治盟友拉姆．伊曼紐爾（Rahm Emanuel）接任。先前伊曼紐爾曾當過歐巴馬的白宮幕僚長，他從戴利手中接下的芝加哥市有著嚴重貧富懸殊的問題，飽受各界批評，是反映出美國不平等現象的典型案例。該市的不平等規模反映了兩個基本事實。首先，產業崩潰導致工作機會消失，這在美國的整體經濟體系中是大家熟知的問題。儘管美國人普遍認為只有白人勞工階級受此影響，但在黑人居多的各個芝加哥地區中，問題一樣嚴重。在南區和西區，危機的證據無處不在，書寫芝加哥城市史的安德魯．戴蒙德（Andrew Diamond）在他二〇一七年的《變遷中的芝加哥》（*Chicago on the Make*）一書中稱之為「芝加哥有曼哈頓，也有底特律。」*

半個世紀前，西部電器（Western Electric）的巨大工廠雇用了超過四萬三千名工人；國際收割機公司（International Harvester）有一萬四千名員工；西爾斯百貨讓一萬人有工作。愛克米（Acme）生產鋼鐵；通用磨坊（General Mills）製造早餐穀物。自一九六〇年代以來，工廠開始遷移到國外或郊區，失業的規模之大令人震驚。到了一九六〇年代結束之際，西部電器關閉了，西爾斯總部遷走了，接著是國際收割機公司、愛克米和通用磨坊。這些改變不僅讓數萬名教育程度有限的勞工失業，也切斷了流向當地銀行、雜貨店和加油站的收入。哈佛大學社會學家威廉·威爾遜（William Julius Wilson）在他一九九六年的著作《當工作消失時》（*When Work Disappears*）中研究了芝加哥的一個地區，估計它在一九六〇至一九七〇年之間失去了百分之七十五的公司行號。工作機會的消亡更誇張：一九七〇年，位於南部近郊的後院地區（Back of the Yards）還有一萬一千六百四十六個零售工作；到了二〇一五年，只剩下一千八百四十九個。該地區受影響最大的居民主要都是非裔和拉丁裔。

❖

芝加哥的不平等問題之所以如此巨大，另一個原因是種族隔離。有時我會把車停那些建物已經拆掉的公共住宅舊址旁邊，拆除完成後就這樣過了十年。有些地點現在佇立著一間間紅磚搭建的連棟透天厝，但其他地方卻仍然是塵土飛揚的空地，大片雜草叢上方一個個塑膠袋飄揚著。

* 譯注：意思是市中心繁榮彷彿曼哈頓，其他地方卻彷彿曾經的汽車城底特律那樣蕭條。

當時宣布搬遷計畫洋溢的樂觀氣氛已經消逝。沒有人為卡布里尼—格林或勞勃・泰勒家園的消失而哀悼，但對許多人而言，重新安置只是讓種族隔閡加深，收入差距變大。市府曾承諾要輔導居民，確保他們能搬進更安全、更有前途的地區，也會給他們少量現金，用以支付租屋押金。但這兩項承諾都沒有完全實現。多年來，一些公共住宅的老住戶每年夏天都會聚集在空曠的草地上團聚。儘管住宅舊址的空地只有痛苦迴響著，但他們仍然想念著舊家所提供的社交關係和鄰里情誼。

那些高大的公共住宅拆除十年後，各界仍認為芝加哥是種族隔離問題最嚴重的美國大城市。雷克・佛瑞斯特學院（Lake Forest College）的政治學教授保羅・費雪（Paul Fischer）追蹤了一九九五至二〇〇二年間從公共住宅遷出的三千多個家庭，發現幾乎所有人最終都住在黑人人口普查區。根據芝加哥民權律師委員會（Lawyers' Committee for Civil Rights Under Law）於二〇一四年進行的研究顯示，人們只要在租屋時使用芝加哥住房管理局（Chicago Housing Authority）提供的補貼券，往往會受到歧視。在城市的西北區，房東拒絕租給他們的比例高達百分之五十八。

芝加哥的種族隔離導致黑人居民聚集在城市的某些特定區域，使他們無法受益於市中心的經濟繁榮。但其實芝加哥並不缺乏就業機會，根據大城市研究院（Great Cities Institute）的研究指出，有多達七十萬個工作機會位於市中心環線區（the Loop）和北區的繁榮區域內，距離不超過三十分鐘的通勤路程。但在南區，這個距離內卻只有五萬個工作機會。與市中心那些工作的距離太遠，也阻礙了其他形式就業機會的產生。經濟學家認為，理論上每一個新的白領工作都應該為其他五個人創造就業機會，像是城市中的服務生、建築工人和遛狗人。但在芝加哥，種族隔離阻礙了這種「工作衍生更多工作」的串聯。

總的來說，芝加哥的白人和黑人家庭在經濟上走向了完全相反的方向。民權運動之後成年的第一代非裔美國人逐漸在社會上趨於劣勢。根據二〇〇七年的一項研究，中產階級白人的平均收入比他們的父母高出近二萬美元，而黑人的收入比他們的父母少了九千美元。普林斯頓大學的社會學教授派崔克．夏奇（Patrick Sharkey）發現，二〇一〇年生活在最貧困、種族隔離最嚴重的地區的非裔美國人中，有超過百分之七十來自四十年前就住在那裡的同一類家庭。他將這一模式追溯到政治決策所造成的不良影響，而這些決策讓種族隔離得以持續下去，削減了經濟投資，並使黑人更不可自拔地深陷於刑事司法體系中。正如夏奇所說，他們已經「被困在原地」。

❖

泰奈莎．巴納（Tenesha Barner）把上述種種隔離稱為「泡泡」。她說：「除非走出去，否則你什麼都不知道。」泰奈莎是個單親媽媽，有兩個孩子。對於孩子們可以在哪裡安全行走，她心裡自有一張地圖，那地圖也不斷調整。東邊幾個街區以外的公共圖書館？絕不可能。她所在那個地區的孩子不會走超過四個街區的距離，因為那裡的幫派之間爭鬥不斷。她說：「這很愚蠢、很瘋狂，但孩子們能離開社區的唯一方式就是坐車。」

泰奈莎對愚蠢的容忍度很低。她年近四十歲，在母校杜勒斯小學（Dulles Elementary School）擔任助理，負責監督走廊、鼓勵孩子上課，幫助他們度過家庭作業、青春期和外面世界帶來的種種煎熬。她在當地信譽卓著，因此極受尊重。她說：「我下班不會開很炫的轎車回漂亮的房子。不，寶貝，我們要走這些相同的人行道，穿越冰雪。我們要一起滑倒。」

泰奈莎生於一九七八年，她一直住在帕克威花園（Parkway Garden Homes）。這個公寓大樓是在一九五〇年代的計畫產物，具有反制住房歧視的寓意：它是芝加哥第一個由黑人家庭共同擁有的合作社式（co-op）住宅。帕克威花園位於伍德勞恩地區（Woodlawn）和一個巨大的鐵路機場（rail yard）之間，問世後就深具吸引力。那裡是很多法官、記者和工廠工人的家，連第一夫人蜜雪兒·歐巴馬（Michelle Obama）在一九六〇年代童年期間也曾住過。泰奈莎的祖父艾迪在密西西比州小鎮楚拉（Tchula）只讀到小學五年級，但在芝加哥南區製作Solo牌塑膠杯的工廠找到可靠的飯碗。她的祖母蘇茜是成衣大廠「歐風西服」（Hart, Schaffner & Marx）的裁縫。

泰奈莎回憶道，她小時候「大樓前不需要保全人員，就連大門也不需要。」每年春天，住戶都會舉行「清潔週」活動。「社區裡有許多大花圃，我們會到戶外去種植花草。我們會幫長凳補漆，社區的每棟大樓都會舉辦烘焙銷售活動。」帕克威花園公寓大樓有自己的啦啦隊，與其他住宅社區的啦啦隊比賽。但到了一九九〇年代末期，工廠消失了，治安不佳讓買家卻步。合作社轉型為低收入租賃公寓。泰奈莎的父母擺脫不了吸毒問題。她的父親感染了愛滋病，並在她十八歲時去世。多年來，帕克威花園旁邊的道路因暴力事件而聲名狼藉。在二〇一一至二〇一四年之間，該地區的槍擊案數量之多居芝加哥所有地區之冠。

在那個世界裡，泰奈莎找到自己的幾個榜樣。十五歲時她懷了兒子，考慮要輟學，那段時間她與珍妮佛．湯瑪斯（Jennifer Thomas）建立起密切的關係。珍妮佛是一名年輕黑人女警，負責巡邏恩格伍中學（Englewood High School），只比泰奈莎年長十九歲，但她習慣暱稱泰奈莎為女兒。「我知道，每天上學我都會遇到那個愛我的人，會給我所需的關注。所以我想，**我必須繼續讀書**，不僅因為她在那裡，也因為那時我開始要照顧肚子裡的小生命。」

兒子安特萬（Antwan）出世後，泰奈莎不得不在晚上和夏天補課。安特萬的父親很少在他們身邊。「他會試圖資助我們的生活費，但在實際生活中他不知道如何當父親，因為他自己的父親就不在身邊。但我心想：不管孩子的爸在不在，我都必須好好養育他。有句俗話說：媽媽把孩子當寶，爸爸把孩子當草。所以這是我自己的事。」即便安特萬的父親很少出現，他的家人也變得不可或缺。他們和她的姐姐會幫忙照顧安特萬，這樣泰奈莎就可以去上學。「我放學回家後，兒子就在身邊，我在家寫作業，陪他一起吃晚飯。但我下定決心，**非畢業不可**。我在一九九六年六月按時從高中畢業。」

在過去的幾十年內，泰奈莎更加堅信：自己一定要好好掌握生活中能控制的事物。她的公寓簡單而整潔，這是極簡主義者的夢想。她說：「我不喜歡雜物。」她是一位慷慨但要求嚴格的鄰居。「我自己買了一些小小的空氣清新劑，每次清潔工打掃完並拖好地，我就在每層樓的地板上放一個。」她說。無論那裡是好是壞，泰奈莎深深地扎根在帕克威花園，很少考慮「泡泡」之外的生活。在客廳的牆上，她掛了一張芝加哥市的大型全景照片。她自豪地說：「除了芝加哥之外，沒有其他地方。就是沒有。」領有執照的治療師荻爾卓・科爾戴克（Deirdre Koldyke）為社區的媽媽們協辦活動，那張全景照片是她送給泰奈莎的禮物。她說：「泰奈莎有點像地下市長。在南區，不管在哪裡都會遇到她認識的人。」

泰奈莎熱愛這城市，但她為心裡那張地圖設定了嚴格的界線。密西根大道（Michigan Avenue）上有許多奢華名店，不過這芝加哥最著名的購物區對她來說是陌生的領域。「任何黑人去那裡都會飽受側目。走進入尼曼百貨公司（Neiman Marcus）裡，每個人都會問：**我能為你效勞嗎？**但這句話可以翻譯成：**你在這裡幹麼？**」

沒有人會天真地以為，只要美國人選出第一位黑人總統，幾個世紀以來的種族偏見就會終結。當歐巴馬上任後日子一天天過去，人們對於歐巴馬時代的希望逐漸落空，種族歧視的社會現實持久不變，那種心痛的感覺更勝於他上任前。喬治・齊默曼（George Zimmerman）以自衛為名槍殺了無辜的黑人少年崔溫・馬丁（Trayvon Martin）。到了二〇一三年七月，佛州法院的陪審團將他無罪開釋。在法院外，年輕的社運人士舉行大規模的靜坐抗議，並首次大聲疾呼「黑人的命也是命」（Black Lives Matter）。以這幾個字為名的社會運動問世，反映出進步主義政治的轉變。歐巴馬上任已五年，社運界更加直言不諱地宣稱他們幻滅了，不再對他長期改革的願景有所期待。他們希望美國人必須「保持警惕」才能對抗不公不義，這是一種可以追溯到金恩牧師的覺醒精神，就像他在一九六五年所說的：「革命過程中最可悲的，莫過於始終沉睡不醒。」

種族隔離的社會現實遲遲無法打破，人們愈來愈清楚意識到社會階級無法流動，這一切都與所謂「美國夢」的論述相抵觸，促使美國人慢慢了解了全部的真相。證據是無可否認的：美國人不僅在收入方面減少了向上流動的機會，而且地理流動也停滯不前。自一九四〇年以來，年度的搬遷人數比例已經減少了一半，降至百分之九點八，這是人口普查開始記錄以來的最低數字。受過教育且較為富裕的美國人仍然為了工作、配偶和更大的住房而搬家，而其他人則保持不動，即使他們找不到工作也是如此。許多人受困於金融危機的惡果*，因為房屋價值下降，若要賣屋搬家就得要多拿錢出來償還抵押貸款。正如某份報告所描述的，這個國家「一部分人有流動的餘裕，另一部分卻被困住不能動，兩者天差地遠。」

芝加哥的白人社群富裕繁榮，黑人社群收入微薄，兩者之間的鴻溝也是天差地遠，以至於

* 譯注：這裡應該是指引發二〇〇八年金融海嘯的次級房貸危機。

研究人員很難在兩者間建立有意義的關聯。二十多年來，哈佛大學社會學教授勞勃．桑普森（Robert Sampson）致力於研究芝加哥各地區的人類發展。他的研究結果顯示，在低出生體重、嬰兒死亡率、青少年懷孕、身體虐待和謀殺等各種人類一生可能經歷的痛苦指標中，用他的話來說：「差距不僅僅是程度上的差異，而是本質上的不同。」

對比最強烈的莫過於「暴力行為盛行率」這項指標。自一九九〇年以來，紐約、洛杉磯、達拉斯和華府的謀殺率至少下降了百分之七十。即使各界在討論暴力時往往會提及芝加哥，這城市的謀殺率自一九九〇年以來也下降了三分之一。要做到這一步需要很多努力，但很多美國人不知道美國與其他先進國家的差距有多大。桑普森在二〇一一年出版的《偉大的美國城市》（*Great American City*）一書提出他的觀察：「芝加哥一年內被謀殺的人數比斯德哥爾摩過去五十年的人數還要多。」此外，他告訴我，對於城裡某些特定地區的居民來說，生活變得更加危險。桑普森詳細闡述了一個事實：儘管只是相差幾個街區，兩個地方居民在生活中能獲得的種種可能性，就會有巨大差別，例如獲得職缺訊息的機會、獲得核發首次貸款的機會，抑或是被流彈所傷的機會。跟比較富裕的白人地區相比，在以黑人為主的地區裡，謀殺率平均高達十三倍。

投資不振、暴力橫行、慘遭忽視，經年累月下來這一切所造成的惡果變得如此顯明，以至於一整個世代的芝加哥黑人居民感到自己與政府和政治之間幾乎沒有聯繫，而相反的市中心居民則是高度關注。一九三〇年代經濟大蕭條期間因為失業率高達百分之二十五，我國曾經全員動起來解決這問題；但在芝加哥一些以黑人為主的社區中，年輕人的失業率是這個數字的兩倍，政治人物對此卻毫無作為。對許多黑人青年來說，他們只有在誤觸法網、被捲入刑事司法系統時，才會與政府接觸。桑普森告訴我：「在芝加哥，與最好的白人社區相較，最好的黑人社區中居民的入獄率是四十倍。這樣是要怎樣做比較？」

儘管這座城市自稱相信改變和革新，政治和經濟方面卻都已陷入停滯，使人們被困在原地。在我家族先人抵達的一個半世紀之後，芝加哥再次成為透納所描述的地方：「我國各種力量的交匯之地。」但這種交匯的方式卻是任何人都不樂見的。

【第五章】

所有人都這麼做（之一）

從二〇〇七到二〇一〇年，奇普（本名約瑟夫・史柯隆）所屬的避險基金支付給他三千一百零六萬七千三百五十六美元。他和妻子雪柔・博索在格林威治某處山頂的一點二公頃土地上蓋了一間新英格蘭風格的木瓦房，布局寬敞，內有七間臥室、十一間浴室、一處酒窖、一間撞球室、一座水療設施、一個池畔有小屋的泳池、一間能停八輛車的車庫，還有一堵漂亮的石牆。他收藏許多稀有的跑車，包括一輛法拉利458、一輛奧斯頓・馬丁Vanquish、一輛愛快・羅密歐8C Spider，和一輛Ariel Atom II。他成為附近一座私人賽車場Monticello Motor Club的會員，其餘俱樂部成員包括喜劇演員傑瑞・史菲德（Jerry Seinfeld）和職業車手傑夫・高登（Jeff Gordon）。

有時他會對這浮誇的一切感到好笑，但像這樣的房子在城裡隨處可見。一年內，格林威治發放了一百七十六間房屋的拆除許可證，是五年前的三倍。許多小路旁是一個個月球坑洞般的工地，黃色的推土機正挖著洞，準備用來興建地下電影院、壁球場和酒窖。其中許多新屋的風格都被戲稱「證券交易員的喬治式風格」（Stockbroker Georgian）。* 當地的建商馬克・馬里亞尼（Mark Mariani）承造其中許多房屋，為此大發利市，買了兩架私人飛機，在海上小島安圭拉（Anguilla）和科羅拉多的特柳賴德（Telluride）購置房產，在當地圓丘路也有一座豪宅，裡面的一些天使雕像都是描摹他老婆和小孩的臉。對於那些拆掉的舊屋，他完全不感情用事。他對記者說：「我甚至不進去看看，因為我根本不在乎。」

二〇〇八年，俄國商人瓦勒里・科根（Valery Kogan）宣布：他要拆除他那座價值一千九百萬美元的豪宅（床墊大王薩爾蒙・席夢思曾是這間豪宅的主人），將其改建成一座占地一千五百坪的城堡，內有二十六間浴室，一個形狀像 Les Paul 吉他的露臺，以及一個體育場規格的圓頂，天氣惡劣時可以闔起來。就算這裡是格林威治，他的計畫也太浮誇了，因此在鄰居的反對之下，科根將興建規模縮小為一個內有十五間浴室的住宅。但還是有人心存疑慮，最終他放棄了，遷居其他地方。

隨著格林威治的財富不斷成長，當地出現某種新趨勢。豪宅、能用來炫富的學校、舒適的私人飛機都到手後，居民將注意力轉向這富裕小鎮中真正的遊戲：把優勢提升到另一層次，讓自己

---

* 譯注：意指十七至十八世紀中英語系國家常見的建築風格，由於此時有四位喬治國王在位（喬治一世到喬治四世），所以又稱為「喬治式風格」建築。

在各方面都有充分餘裕，並且規避各種風險，無論那是真實或想像的風險。他們都知道從哪些方面下手，把人生中可以掌握的各種優勢都好好磨練一番：從延壽到避稅，甚至是孩子們的大學入學測驗成績。換句話說，他們可以確保自己持續當贏家。

就奇普而言，他則是因為發財而突然涉足政治圈，成為共和黨馬侃參議員二〇〇八年競選總統的政治獻金大戶。此外，因為當醫生時曾是救災團體AmeriCares的一員（獲派前往科索沃義診），他還成為該組織的理事。他和雪柔共同主持了AmeriCares的年度慈善活動，光是一個晚上就募得一百萬美元，創下紀錄。這些新一代金融家深諳如何讓慈善和政治相輔相成。他們可以利用財富來實現自己的願景，落實各種教育理念或濟貧的政策，而無須到政壇去蹚渾水，讓那些進行公共政策辯論的人用放大鏡檢視他們。富有的慈善家飽受批評，不少人認為他們顛覆了民主程序。他們深信政府無能或效率低下，因此繞過公部門，而此舉不但讓人們對政府的信任度加速下降，也讓他們比較不願意投注心力在政府的活動上，更讓大眾無法集體討論如何治理自己的社會。

有時，奇普積累財富的速度連自己都感到驚訝。在一次他和幾位基金經理人一起去日內瓦找歐洲的有錢人募資，他去洗手間時遇到了兩位先前的雇主，右邊是史蒂夫·科恩，左邊是以色列·英格蘭德。奇普耗費多年時間才拿到醫學院學位，但他初次拜讀《避險基金入門》後才不久的光景，就發現自己已經有資格站在兩位億萬富翁之間解放自己。他回憶道：「我就站在那裡，心想：這實在有夠扯。」

財富集中的程度在格林威治是如此之高（在某些方面很明顯，其他方面則沒那麼露骨），導致人們的感知在一定程度遭到扭曲。不管你再怎樣讀萬卷書或行萬里路，總是無法理解這世界上某些特定人士的影響力與權力有多大，口袋有多深。格林威治的避險基金經理人克里夫・艾斯尼斯（Cliff Asness）曾在一次訪談中表示：「在世界的某些地方，如果你的孩子說：『我爸爸的職業是經營避險基金』，其他孩子會問：『什麼是避險基金？』但在康乃狄克州的格林威治，孩子們會問：『你爸爸經營哪一類避險基金？是套利？還是順勢操作？』」

❖

不光是格林威治，整個美國的經濟與金融業已經變得如此密不可分，而這讓人感覺起來就好像某種巨變，變動劇烈到已經無法釐清成因為何。此一巨變其實取決於某些可以觀察得到的改變，只是當時大多數美國人幾乎都沒有注意到。會有這種發展，是因為某些決策不僅改變了財富的文化（包括累積財富、徵稅和花錢的方式），還改變了美國所重視與忽略的一切。

華爾街問世後的兩個世紀裡，大部分時間美國金融產業在整體經濟中的占比可說微不足道，而且業界人士所做的，不過是把美國人的儲蓄用來投資於新事業、房貸、股票與債券。過去，根據紐約證券交易所的規範，高盛（Goldman Sachs）之類的證券公司都必須是私人合夥持有的。

曾在顧問公司「格林威治聯營」（Greenwich Associates）擔任總經理的威廉．威克斯勒（William Wechsler）在訪談時對我說：「等到你該退休了，你就把股份賣給下一代接班人。當時，金融業的文化就是讓大家都能賺到一點錢，然後心滿意足地退休。」這樣的規則讓業界人士不會想要鋌而走險：「公司的經營者總是會思考一個問題：我該怎麼做才不會把整間公司搞垮？」但是在一九六九年，因為許多公司想要擴張與現代化，因此逼迫證交所把私人合夥持有的規定拿掉，各家投資銀行開始走上轉型之路。隨後的三十年內，美國所有大銀行全都變成公開上市，等於讓過去的風險管控禁令解套，銀行開始可以拿其他人的龐大資金來進行投資。這促使銀行業聘雇千千萬萬個交易員來進行買賣，並且實驗各種新奇的證券。因為就算賠錢也不是陪公司合夥人的錢，所以交易員變得遠比以前敢做投機買賣，如果賭對了，就能幫自己賺到一筆意外之財。

另一個影響深遠的決策改變過程也在同時間開展。二戰後的二、三十年之間，美國的大企業很會塑造形象，把自己包裝成很在意顧客、股東、勞工與社會大眾。但事實上弊病叢生：許多公司不願聘用女性與有色人種員工，工廠造成環境汙染，菸業也是財大勢大，幾十年來都在鼓吹抽菸對健康無害。但企業高層普遍來講都深信自己應該幫助美國維護一些基本的資產，像是健全的法律與政治體系、現代化的基礎建設、充滿進取精神的研發活動、身體健康的勞動力，長遠來講終究能讓自己獲利。就像通用汽車公司（GM）總裁查爾斯．威爾遜（Charles Wilson）在一九五三年對參議院所說的：「對我國有利的，就對通用汽車有利。反之亦然。」

但是到了一九六〇年代末期，日本、德國經濟復甦後，美國公司因為面對競爭壓力而必須成長擴張。屬於自由意志主義（Libertarianism）陣營的芝加哥大學經濟學大師密爾頓．傅利曼（Milton Friedman）呼籲經濟路線要改弦更張，他在一九七〇年九月十三日出版的《紐約時報雜誌》上發表了〈企業的社會責任是創造利潤〉（The Social Responsibility of Business Is to Increase Its Profits）一文。他認為，美國的競爭力已經因為某些「有害的」概念而衰敗，往後社會大眾不該期待企業能幫助達成「抑制通膨、改善環境與助人脫貧等目標」。相反地，「企業的社會責任只有一個，就是以擴大利潤為目標，利用既有的資源來進行各種活動，只要能夠遵守遊戲規則就好。也就是說，必須進行自由開放的競爭，誠實無欺。」

傅利曼在一九七六年獲得諾貝爾經濟學獎，他大概作夢也想不到自己的主張會大獲全勝。他的著作衍生出幾個關於公司治理的新理論。麥可．顏森（Michael Jensen）曾當過傅利曼的學生，他在一九七六年與人共同發表了一篇史上最具影響力，但標題看來平淡無奇的學術論文：〈企業的理論〉（Theory of the Firm）。他認為，如果總裁不用討好那麼多「休戚與共的人士」（包括員工、顧客與社會大眾），企業就能以最快速度成長。他主張，企業應該以股東的利益為優先考量，其他都是其次。為了鼓勵企業高層養成股東優先的觀念，顏森主張應該把他們的角色轉為股東，因此公司的經營團隊不該領薪水，而是改用股票當酬勞。杜拉克管理學院的瑞克．沃茲曼（Rick Wartzman）院長對我表示：「在過去，企業總裁的薪酬裡面只有百分之幾的比例是以股票來支付；如今，比例已經高漲到百分之五十至八十。突然間，將股東利益最大化也就是促進他們自身的利益。那麼，要在短期內讓股價高漲的最簡單方式是什麼？減薪，刪減訓練費等開支。企業內的不平等問題也隨之極度惡化。」

這就是所謂「股東資本主義」的願景，而一整個世代的企業領導人都奉此為圭臬。在歐文・楊恩退休後，雷吉諾・瓊斯接手奇異公司的經營權，隨後又交棒給傑克・威爾許，結果威爾許大砍了十萬個員工，為此華爾街把他吹捧為「中子傑克」（Neutron Jack）。隨後，威爾許和他的副手們都在企業界混得風生水起。奇異公司某位高層主管對我說：「九〇年代末期股市整個飆漲起來，我賺的錢多到過分。股價有高有低，但因為配股我們拿到的酬勞最多是原來薪水的五倍。真是太驚人，而且也太荒謬，總之很神奇就是了。我完全贊成用業績來決定分紅高低，但公司股價會漲那麼高，跟我的表現可是完全沒有關係。」

奇異公司的董事會都是由其他公司的總裁組成，上述那位主管眼看著他們在幾個所謂「薪酬顧問」的建議之下，為高層主管們提供史上最優渥的薪酬方案。「那些董事與薪酬顧問根本都是私相授受，給彼此好處。利益衝突的問題非常嚴重，情況已經失控了。」

但是要等到一九八二年的另一個決策出現，才是真正讓股東利益最大化的關鍵。約翰・沙德（John Shad）是個把芝加哥學派經濟理論奉為圭臬的銀行家，他在當上證券交易委員會主委不久後，就解除了美國自一九三〇年代以來始終堅守住的規範：他允許公司可以在股市回購自家股票，藉此抬升股價。沙德自創了一條看起來深奧難懂的「10b-18號規則」（Rule 10b-18），為這種回購股票的操作方式開了綠燈。隨後的四十年內，美國各家公司為了抬升自家股價而花愈來愈多錢。根據經濟學家威廉・拉佐尼克（William Lazonick）的估計，二〇〇八到二〇一七年之間，標準普爾五百指數（S&P 500）的公司把營利的百分之五十三都用於購買自家的股票，而另外有百分之三十五的營利則是當成股息發給股東。換言之，公司創造出的每一元利潤中，就有八毛八是分給了股東與高層主管，而不是用於研發、再訓練、添購設備、員工薪水與福利等各項支出。

這些改變造成的影響在五十多年來持續累積，讓金融業變得遠比以往更會賺錢，但對於真正的經濟體系卻遠比過往沒有幫助。在一九八二年，華爾街只拿走了美國大企業營利的百分之六；到了二〇一七年，比例已飆升為百分之二十三。銀行花太多錢投入股市交易與分紅，用來創造新工作機會與開新公司的借款金額卻遠比以前低。根據一份普查資料顯示，一九七八到二〇一二年之間，美國的新創公司比例大跌了百分之四十四。整體而言，這種股票選擇權（stock-option）革命讓企業行為大幅改變，結果就連當初發起這項革命的顏森教授到頭來居然悲嘆道，此一制度根本就是「管理階層專用的海洛因」。

❖

二〇〇七年秋冬交替之際，奇普．史柯隆正準備要賭一把大的。他已經連續幾個月慢慢買入生技公司「人類基因組科學」（Human Genome Sciences, Inc.）的股票，因為該公司正在研發一種行為Albuferon的C型肝炎新藥。這種藥有可能解救千百萬條人命，帶來的利潤上看幾十甚至上百億美元，前提是臨床實驗必須證明這種藥是有效且安全的。

跟其他鎖定醫藥產業的投資人一樣，奇普花了很多時間預測哪種產品會是下一種靈丹妙藥。他參加各種醫藥研討會，參訪歐亞兩洲的許多實驗室，為了進入所謂「專家網絡」也花了好幾百萬：跟他對談的業界研究人員每小時的諮詢費最高要價一千美元。奇普說：「有一群特定的醫生總是喜歡談論他們掌握的那些實驗，還有業界動向。他們想要、也需要知道哪些藥的研發狀況很好，哪些則是不太順利。他們希望自己有辦法跟別人分享己見，並且靠這來賺錢。」

避險基金經理人總是希望能掌握那種被交易員稱為「資訊優勢」的意見，哪怕是關於某件事的一點點訊息也好，都有可能成為某支股票飆漲或暴跌的關鍵。如果付錢給公司高層員工來換取一般人無法獲得的資訊，是違法的。但就像競選財務在被認定為舞弊之前總是會有個灰色地帶，厲害的律師遇到這種案子，總是可以對「付錢」（pay）與「換取」（trade）的定義進行爭辯。奇普才不會覺得這種咬文嚼字的事是他的工作，他說：「什麼叫做具體的非公開訊息？受委託人的職責又是什麼？在我看來，就是我根本不在乎。」

二〇〇七年年初以降，自從Albuferon的數次臨床實驗結果看來充滿希望，奇普就開始慢慢購入大量股票。到了那一年十二月，股票總值已達六千五百萬美元。如果藥真的有效，他預估股票總值還會另外飆升百分之七十。事實上這不只是猜測而已：他步步為營，讓自己有理由感到自信滿滿。前一年去維也納參加研討會時，他找人幫他引介名聲顯赫的肝病權威伊夫・班哈穆醫師（Yves M. Benhamou）。班哈穆年近五十，住在巴黎郊區的菁華地帶塞納河畔納伊（Neuilly-sur-Seine），各家醫學期刊都曾刊登過他的論文。當時Albuferon在世界各地找來病患實驗，而班哈穆正是主導實驗的五人小組之成員。

奇普開始花更多時間去找班哈穆醫師。二〇〇七年春天他搭機前往巴塞隆納，因為班哈穆去那裡開研討會。他們待在奇普的飯店套房裡，班哈穆受邀成為FrontPoint公司的顧問。奇普帶著公司給的「禮物」過去給班哈穆，是個裡面裝著五千歐元的信封。很有「誠意」，藉此認可他的專業能力。那年秋天，班哈穆打算跟妻子同遊紐約，要奇普推薦飯店。奇普並未提供建議，而是直接請助理幫忙預定文華東方酒店（Mandarin Oriental）的房間，費用由他買單。他們在十一月再度見面，這次地點在波士頓。這回奇普帶著班哈穆醫生到城裡四處看看，也去參訪哈佛醫學院，接著請他吃晚餐。班哈穆在電子郵件中用感激的語氣寫道：「希望某天我有機會回報你、你老婆和家人。」奇普的回覆是：「我還沒真正開始對你好呢。」

但是Albuferon的藥物實驗在幾週後遭逢頓挫：有一位病人不幸去世，另一位則是必須住院治療。接下來幾天，班哈穆與公司人員緊急會商，討論未來要怎樣研發這種藥物。他與奇普講了好幾通電話，接著奇普便開始出售股票。在世人對於實驗失敗幾乎毫不知悉的情況下，奇普的公司於十二月的十一天之內，倒賣了手上所有「人類基因組科學」公司股票的百分之四十六（市場上皆以其股票代號HGSI稱呼這公司）。二〇〇八年一月十八日，研究人員決定中止這款藥物的部分實驗，而班哈穆也將這消息告知奇普，而奇普甚至還沒掛斷電話就發訊息給同事們：「把HGSI賣掉，全部賣掉。」幾天後，Albuferon出事的消息公開，公司股價跌了百分之四十四。奇普因為內線消息而避免了三千萬美元的損失。

奇普大量出脫股票的時機啟人疑竇，證交會展開調查。奇普所屬的FrontPoin想跟班哈穆談談，但奇普搶先一步打電話到巴黎給他，要他含糊帶過兩人交談的內容，聲稱他們討論過「各種藥物」。班哈穆照做了，與FrontPoint的會談也很順利。幾天後班哈穆又去波士頓開研討會，奇普搭機去找他一起吃午餐。餐後奇普載他回飯店，路上他拿出裝了兩疊鈔票的袋子。班哈穆拒收，但幾週後他們又在米蘭的一家酒吧見面，班哈穆收下一萬美元現款。奇普不擔心證交會找他麻煩，只要他跟班哈穆不把兩人接觸的細節講清楚就好。奇普跟他說：「放輕鬆就好。」調查人員問他們是否曾討論過哪一些藥物實驗，他們只要推說「不記得」就能過關。

❖

奇普的人生本來井然有序，但Albuferon事件發生前，許多方面已經開始亂掉了。每逢外出他常買春或在酒吧約砲。他皮夾裡總是帶著二千美元現金，有時他一晚的花費甚至高達四千或六千元。因為經手的錢實在太多，他甚至沒有注意到自己什麼時候開始賄賂班哈穆。他跟我說：「給他五千美元，就好像隨手從我皮夾裡拿出來就有，可能稍微多一點吧。」偶爾他會反思自己的作為，內心一方面感到羞恥，但另一方面則是冷然以對，覺得這沒什麼大不了。買春或花錢買內幕消息，是否就是一般人所認定的骯髒事呢？他說：「那是我們這一行固定的生活模式，只是我們會用不同方式來掩飾罷了。用Tinder約砲難道比較好嗎？」

他想讓FrontPoint改頭換面，為此與同事發生爭執。前一刻他展現出威風凜凜的模樣，但下一刻內心卻有覺得空洞而漫無目的。在家中夜深人靜時，他躺在床上心想：「我到哪裡都是滿口謊言。根本沒有人認識我。」

證交會的調查剛開始引發騷動，但隨後卻不了了之。調查員找相關人士來問話，但奇普還是能繼續回去工作，收入持續飆升。到了二〇一〇年十一月，儘管當時金融海嘯退散未久，美國人大多仍處於復原期，奇普卻又多賺了一千一百萬美元。他正考慮要買一條遊艇，跟同事提起自己有那個念頭，對方要他想想看這得花多少錢。他說：「我想大概八、九十萬吧。」

同事笑道：「那你幹麼想這麼多？就買啊。」

這段對話結束後才幾小時，奇普注意到不少同事聚在一具電話機旁。特別值得注意的是，公司的法務長也在那裡。原來是有新聞報導傳出班哈穆醫生在波士頓機場遭聯邦調查局逮捕，罪名是涉嫌證券詐欺，因為他提供內線消息給「某位避險基金經理」。那篇報導並未指名道姓，但明眼人立刻就能看出奇普涉有重嫌。

他走出辦公室，就像他被前一家避險基金（SAC公司）錄取，正式進入業界時那樣，他也是打電話給老婆，只不過這次是告訴她，自己要去找律師了：「這次會很慘。」到了二〇一一年春天，班哈穆已經認罪，承認自己犯了內線交易罪，並對調查員做偽證。他同意提供相關訊息給聯邦政府，因此獲准回法國與妻女團聚。

每當紐約地區的聯邦調查局探員逮捕白領被告，他們通常會在週二至週四間動手，以免因為被告前往國外度週末假期而撲空。他們在日出時出動，趁上班時間開始前就逮捕被告。奇普覺得自己大概躲不掉時，就先跟老婆雪柔一起把孩子送到岳父、岳母家，以免他們看到爸爸遭人上銬帶走的模樣。

奇普並未坐以待斃，而是主動提出自首的要求。二〇一一四月十三日，他遭聯邦政府以證券詐欺、共謀犯罪、共謀妨礙司法公正的罪名起訴。他即將面臨二十年的刑期以及上千萬罰款。紐約南區聯邦檢察官普里特．巴拉拉（Preet Bharara）在公布起訴內容的記者會上大罵奇普．史柯隆：「目無法紀，竟敢玩弄金融市場與投資大眾。」奇普的律師當然是矢口否認，對媒體表示：「史柯隆醫生對於自己身為內科醫生、避險基金經理人與慈善家的工作都感到自豪。他否認自己曾接獲內線消息。」

但奇普嘴硬不了多久。同年八月十五日他就認罪了，並且同意繳交一千三百多萬的罰金與賠償金。在量刑時，檢察官們聲稱他「滿嘴謊話，行騙天下」。（後來在民事訴訟結束時，法院判定奇普必須支付三千一百萬美元的賠償金給摩根．史坦利公司。）

等到法官要針對刑期進行判決時，他的親友寫信幫忙陳情，希望奇普能獲得寬貸。雪柔在信中表示：「他說他不知道自己的所作所為可能會帶來牢獄之災，否則絕對不敢。我相信他。」最後奇普也為自己辯白：「法官大人，我不知道自己變了，結果失去了對錯的判斷能力。這一切都是在幾年內慢慢改變的。我沒有把持住，因此被捲入一個是非不分的相對主義世界而無法自拔，以為自己能夠為求目的而不擇手段。」最終，法官判他五年刑期。

❖

白領罪犯向來不是我的家鄉格林威治的特產，近年來情況才有所改變。在過去，唯一威名顯赫的格林威治白領罪犯，想必大家都不陌生。在我中學時代，一位來自俄亥俄州托雷多（Toledo），名叫麥克．金恩（Mike King）的股票經紀人在某條街上的兩側各買了一間房子，甚至跟鄰居吹牛自誇：如果他想喝薑汁汽水，他可以找一個僕人幫忙拿杯子、另一個把椅子拿來，第三個替他倒汽水。結果金恩卻是個道行高深的騙子，真名為馬丁．法蘭柯（Martin Frankel）。他在一九九九年放火燒掉自己其中一間房子，帶著九本護照和價值一千萬的鑽石潛逃出國。最後他在德國遭逮捕，罪名是涉嫌用保險詐欺騙了二億美元。監禁於德國監獄的他曾試著鋸斷鐵窗逃獄，但最後還是認了詐欺罪，在美國被判入獄十七年。

從人類歷史看來，有錢人總是能夠獲得司法體系的寬貸。如同英國文學家蕭伯納（George Bernard Shaw）在一九二二年所言，如果有人「到烘焙坊去偷麵包，肯定會坐牢；但如果偷的麵包是來自千千萬萬孤兒寡婦與其他可憐人的餐桌上……那這個人就會當選國會議員。」很長的一段時間裡，二十世紀的美國學者與政治人物都認為人是因為貧窮才會犯罪。對於商人，各州則是用強制力相對較弱的各種「藍天法規」（“blue sky” laws）來規範。會這樣命名，是因為這種法律的立法目的是怕貪贓枉法的投機者把藍天給賣了！

美國人原來比較了解用槍桿子犯罪的人，但後來對於用筆桿子犯罪者也愈來愈了解。一九二九年美國股市崩盤後，國會面對龐大的社會壓力，因此必須出手預防往後再有人操弄股市，毀掉千千萬萬美國人的人生。當時的紐約證交所主席理查．惠特尼（Richard Whitney）來自富貴世家，畢業於貴族學校格羅頓中學（Groton School）與哈佛大學。面對這種情況，惠特尼想要藉由高層人士之間的相互理解來幫證券界減壓，他對來自華府的政要說：「各位先生，你們真是大錯特錯了。證交所的制度完美無缺。」結果惠特尼本人就是個禁不起仔細檢驗的傢伙：原來他長期從紐約遊艇俱樂部（New York Yacht Club）、哈佛大學詐取公款，也跟他岳父騙錢，終究在一九三八年東窗事發。後來他去星星監獄（Sing Sing）報到時，身上還穿著雙排扣西裝。惠特尼之流的罪犯讓社會學家艾德溫・蘇德蘭（Edwin Sutherland）放棄原有的想法，開始不再認為只有底層社會才是非法活動的溫床，他也因此在一九三九年發明「白領犯罪」一詞。

隨後的幾十年之間，每逢景氣循環來到經濟蓬勃發展之際，就會有吹哨者與心懷不滿的投資人挺身向社會大眾報告：又有新的詐騙招數出現了。二〇〇一年，安隆（Enron）等公司相繼暴發做假帳醜聞後，《財務長雜誌》（*CFO Magazine*）悄悄地取消了那一年的「傑出表現獎」，因為獎項的最後三位得主都鋃鐺入獄：包括世界通訊（WorldCom）的史考特・蘇利文（Scott Sullivan）、安隆的安德魯・法斯陶（Andrew Fastow）以及泰科國際（Tyco International）的馬克・史瓦茲（Mark Swartz），這三位大企業財務長因為詐欺、洗錢與其他罪名而遭判刑，刑期加起來有十八年。

等到奇普入獄時，格林威治已經因為居民屢屢涉入弊案而變得聲名狼藉。那段時間，華爾街在美國社會可說是人人喊打的過街老鼠，從我家前門就可以走到那些涉案人士的住家。整條圓丘路的鄰居有不少人都涉入各種糾紛。在我家門口往右轉，可以經過一間殖民時代的石造建物，屋主瓦特・諾爾（Walter Noel）是個講話帶著優雅納許維爾（Nashville）南方口音的基金經理人，他把客戶的幾十億美元交給大騙子伯尼・馬多夫（Bernie Madoff）。諾爾與合夥人在法院上坦承他們向客戶收取了十幾億服務費，但仍辯稱自己也是受害者。打了幾場官司後，他們同意賠償受騙投資人八千萬，但不用坐牢。

在我家門口往左轉，會走到避險基金經理人拉傑·拉賈拉特南（Raj Rajaratnam）的豪宅。他在一九八〇年代到華爾街任職，心想只要存到一百萬美元就要退休，最後目標膨脹為一千萬，甚至十億。後來他每逢生日就會派飛機接鄉村歌手肯尼·羅傑斯（Kenny Rogers）去幫他獻唱〈賭徒〉（The Gambler），直到羅傑斯終於拒絕再去。二〇〇九年，聯邦調查局立案調查拉賈拉特南的避險基金（行動代號「完美避險」），竊聽他的公司，隨即逮捕他。陪審團判他十四項證券詐欺與共謀犯罪成立，理查·荷威爾（Richard J. Holwell）法官的量刑創下內線交易犯罪史上最高刑期——但也只有十一年，並且表示他犯的罪「反映出我國商業文化中毒已深，必須徹底排毒。」其他犯罪的圓丘路鄰居們包括：手提包製造商佛德列克·柏克（Frederic A. Bourke Jr，Dooney & Bourke的老闆），他跟綽號「布拉格海盜」（Pirate of Prague）的捷克騙子企圖以不法手段吃下亞塞拜然的國營石油公司，結果違反了《海外反貪腐法》（Foreign Corrupt Practices Act）；高舉「我們幫您築夢」口號的地產開發商多明尼克·狄維托（Dominick DeVito）因為詐欺與妨礙司法公正而入獄。這條路上的金融犯罪活動多到罄竹難書，當地某位部落客甚至說，圓丘路乾脆改名為「惡棍丘路」好了。

不過，各界最為關注的案子莫過於奇普的前老闆史蒂夫·科恩，他住在圍牆高達九英尺的格林威治豪宅裡。科恩的避險基金打破先前安達信會計師事務所（Arthur Andersen）創下的紀錄，讓檢察官祭出更嚴厲的重刑，還直指他的基金「確實已成為市場上所有騙子的淵藪」。科恩的基金認了內線交易罪，於二〇一三年被迫結束營業，必須支付十八億罰金與賠償金，他本人被罰在兩年內不能經營避險基金。（解禁後他又成立另一家避險基金，還花了史上最高天價二十四億買下職棒紐約大都會隊。）

科恩的公司遭起訴的消息曝光後，《格林威治時報》專欄作家大衛．拉佛蒂發表〈格林威治已成白領犯罪天堂〉（Greenwich, Gateway to White-Collar Crime）一文，表示「幾年前我們可以大聲對朋友說出自己住在避險基金的世界之都。現在呢？沒那麼自豪了吧。」他還說：「避險基金接連出包，鎮上許多人感到愈來愈不安。」他寫道，大家內心深處都感到憂心忡忡：「他們騙錢，一個個東窗事發，也許格林威治鎮該思考的問題是：避險基金紛紛關閉後，我們的未來該何去何從？」

「惡棍丘路」上的犯罪活動與大多數鎮民無關，只是讓他們同感羞愧。但就算他們再怎樣痛心疾首，也抹除不了一個尷尬的事實：他們的鄰居以騙錢、賄賂、偷雞摸狗的手段攫取許多美國人的畢生積蓄，而這讓資本主義在美國信譽掃地。美國不再是愛默生口中「最在意對與錯」的清教徒國度，格林威治的座右銘「堅毅與簡樸」變成笑話，而奇異公司前總裁歐文．楊恩所歌頌的「把互利共生當成自己的共同志業」，聽來更是充滿諷刺意味。這讓我不禁感到納悶：是我的故鄉對這些惡棍特別有吸引力？還是他們就是來這裡把自己洗白，才好出去到處騙人？

❖

投資大師約翰・柏格（John C. Bogle）是先鋒集團（Vanguard Group）創辦人，曾在金融業打滾了六十幾載。他於二〇一二年寫道：「當年我入行時，似乎有很明確的行規叫做：**有些事就是不能做**。如今行規卻演變成：**如果別人在做的，我也可以**。」隔年，Labaton Sucharow律師事務所針對金融業的專業人士進行一項調查，結果顯示，如果不會東窗事發，其中四分之一的人願意為了一千萬美元而進行內線交易。同樣有四分之一的人表示，他們的公司「鼓勵員工罔顧商業倫理或違犯法律」。其中有百分之十七的人表示：「公司領導人就算懷疑某位明星級交易員涉嫌內線交易，很可能只會睜一隻眼閉一隻眼。」

格林威治鎮民傑夫・格蘭特（Jeff Grant）發想出一個他稱之為「道德療癒」（ethics rehab）的支持團體，號召即將入獄或剛出獄的白領罪犯來參加。格蘭特銀髮如雪，一雙藍眼深邃不已，一開口就停不下來。他曾在紐約州萊伊市（Rye）當過律師，遷居格林威治後當上某間學校的校董，跟人在當地合開Good Life餐廳。他曾因為膝傷而對鴉片類止痛藥成癮，甚至為了支付個人開銷而盜用客戶的銀行存款。最後他因為詐貸被捕而認罪，因為電匯詐欺與洗錢兩項罪名入獄，在位於賓州艾倫伍德（Allenwood）的聯邦矯正機構待了一年半，出獄後去就讀神學院。他的構想在格林威治廣為流傳，各界都知道他願意為需要的人提供建議。

格蘭特對我說：「那時常有人半夜打電話給我。」某次，有個華爾街的金融業人士因為幹壞事而上新聞，他害怕到躲在桌底下打電話給格蘭特，因為他根本不敢離開辦公室。格蘭特回憶道：「他說：『我怕走在路上會被人認出來。』」

接下來的幾年內，格蘭特曾對全美國千百位白領罪犯進行諮詢，為他們提供實用的建議，還開了一張書單給他們：德國神學家潘霍華（Dietrich Bonhoeffer）的《獄中書簡》（*Letters and Papers from Prison*），還有俄國作家索忍尼辛（Aleksandr Solzhenitsyn）的小說《古拉格群島》（*The Gulag Archipelago*）。他建議，如果他們有親友能去探監，就該在報到前寫下親友的電話號碼，寄到監獄給他們自己，理由是：「一旦入獄後會因為思緒過於混亂而想不起他們的電話號碼。」他還建議他們，最重要的是提醒妻子在探監的那個早上千萬別碰紙鈔，因為幾乎所有紙鈔都有殘留的毒品粉末，會觸發監獄警報。

格蘭特深信，在格林威治的支持團體對談的人裡面，有許多都是因為追求成就而喪失了道德感。十誡的第十誡就是貪婪，但是到了二十一世紀的美國，大家不但變得貪上加貪，而且允許自己犯誡。「義大利文裡面有個形容詞叫做 maleducato，就是在描繪那些欠缺教養的人，而且他們在美國遍地都是。」他還說：「美國社會變得品格淪喪，大家都不會珍惜生命中的正確事物。只不過在一百二十年前，倫理學仍是學校的必修核心課程。但博雅課程在學校中失去影響力，各種專業課程取而代之。商學院創造出『商業倫理』一詞，替代了博雅課程裡的倫理學。」

芝加哥大學商學教授路易吉．津加萊斯（Luigi Zingales）也同意這種看法，他對我表示：在他的專業領域裡，「大家都盡可能躲避道德問題」。他說，儘管商學院承認企業該負擔社會責任，但往往都是心不甘情不願地承認。津加萊斯說，傅利曼聲稱「企業的社會責任是創造利潤」，但半個世紀後商學領域已經忘記也該強調傅利曼那另一半比較沒那麼知名的主張，也就是業界應該「進行自由開放的競爭，誠實無欺」。津加萊斯認為，因為商學院從學術界的觀點為大幅提高股票選擇權背書，結果將這種獨厚肥貓的做法予以「正當化」，各家大企業高層人員的薪酬屢創新高。「他們像球員兼裁判，批准自己享有高額股票選擇權。既然如此，其他自肥措施有何不可？公司內部的各種關係都已經變成用錢來衡量，大家也愈來愈能接受這情況。我還沒聽過有哪位校友因為做了什麼不道德的事而遭校友會除名。如今，有人就算曾因為行賄與內線交易而被定罪，還是能當上商學院的董事，而且我覺得也不會有人注意或在意。」他還說：「機會無所不在，大家愈來愈能夠安心待在灰色地帶，而且那些發大財的人很少被究責。」

❖

「惡棍丘路」的怪象令人尷尬，但怪象背後有個令人不願面對的問題：格林威治位於美國最繁榮的地區，而這裡是不是早就失去了方向？抑或是這裡本來如此，只是經過仔細檢視後才現出原形？哈佛大學商學院教授尤金．索提斯（Eugene Soltes）認為白領犯罪已經變得更常見。他對我說：「嚴格來講，答案是肯定的。如今白領犯罪的案例的確更多了，因為與五十年前相較，刑法規定也變得更嚴了。」例如，賄賂外國官員是到一九七七年《海外反貪腐法》問世才變成違法；還有，一九八〇年代以前進行內線交易的人也很少被起訴。如今，這兩種犯罪型態卻已經是屢見不鮮。但索提斯接著表示：「我想你也許會問一個更為直覺的問題：在同樣的法律規範下，還有人口等其他條件也一樣，現在的美國人是否比五十年前的美國人有更強烈的白領犯罪傾向？這問題就更難回答了。」

整體而言，沒有證據顯示這種白領犯罪的「傾向」加強了。索提斯認為，早已改變的是，罪犯與受害者之間的「心理距離」。索提斯表示：「如今商業在更大程度上只要靠個人就能完成，而這讓那些商業活動的經營者比較感覺不到自己正在傷害他人。」在實驗室的情境中，人們能夠更加毫不猶豫地犧牲掉其他人的性命，只要他們在遠處而不是處於眼前可見的地方。索提斯曾訪談過幾十位白領罪犯，發現這些操縱價格或詐欺的罪犯幾乎沒有必要與蒙受金錢損失的受害者見面。

其他接觸金融犯罪案例的人也推導出類似的模式：因為金融業的某種特性才會對這社會造成我們所看到的種種影響。史丹利．特瓦第（Stanley A. Twardy Jr.）原本擔任康乃狄克地區的聯邦檢察官，卸任後轉職成為Day Pitney律師事務所的合夥律師，專門為格林威治與其他地方的白領罪犯辯護。特瓦第表示，早年美國大亨的致富之道是「設計與建造鐵路」，或者因為成功推廣先進的床墊與紙杯。「但白領罪犯是靠交易別人的錢來賺錢，或者是因為掌握產業的消息而大發利市，這種賺錢模式很容易讓界線變得模糊。到底什麼是合法的？什麼是非法的？」他還表示：「其實這個產業裡面還是有很多人誠實不欺，但只有天知道啊！說到底，任誰只要遇上麻煩，通常都是因為貪婪。他們能夠賺幾百萬，但卻還是忌妒那些能賺幾十億的人。我想，道德與倫理的觀念已經因為這種產業特性而逐漸改變了。難道那些為了發大財而不擇手段的人，是在東窗事發、難逃法網那一刻才忘記了他們所觸犯的規則嗎？」

住在格林威治的奇異公司總裁歐文．楊恩曾在一九二七年受邀前往哈佛大學演講，在那裡發表以下這段警語：「把身體有隱藏殘缺的馬賣給鄰居，也許是椿不道德的行徑。但若是有本事把故障的車賣給不認識的人，可能會在鄰里之間被譽為銷售高手。」

過去幾十年間，不是只有那些批判華爾街的人才會哀嘆社會上道德感普遍低落的問題，其實華爾街不是沒有從業人士會討論這現象。二〇一二年，高盛集團的中階主管葛瑞格．史密斯（Greg Smith）表示「有感於公司內部的道德淪喪」而宣布辭職。他投書《紐約時報》，大聲疾呼：「過去十二個月以來我已經聽到五位總經理把自己的客戶稱為笨蛋……那些靜悄悄坐在角落的低薪菜鳥分析師聽到這種言論肯定都是瞠目結舌，而且我們也不用期待那些菜鳥將來會變成循規蹈矩的好國民了。這個道理，我想任誰只要用膝蓋去想就能了解。」果然，二〇一六年高盛就出事了：各家大型投資銀行必須為金融海嘯的損害負責，總計該繳納二千多億美元罰款，其中也包括高盛史無前例的五十六億罰款。各界都認為金融業為美國帶來無比可怕的傷害，但卻沒有任何一位高層經理人入獄。

近年來，許多研究人員都更清楚地意識到不道德的行徑會像傳染病一樣到處蔓延。二〇〇〇年代中期，有些美國公司人士利用「回溯日期」（backdating）的手段來增加選擇權的價值，而其實就是偷偷竄改公司紀錄，讓公司高層能夠利用股票選擇權制度的特點詐取更高薪酬。後來這些人都遭聯邦政府以刑事罪名起訴，並要求他們進行民事賠償。部分關於「回溯日期」的研究發現，這種手法始於矽谷，後來其他領域的業界也染上這種惡習。那麼帶原者是誰？無非就是那些同時在許多家公司擔任董事的特定人士，就是他們把這種惡習帶往各家公司的。

違反商業倫理的習慣像病毒般，透過鄰居與同事之間的交流來傳染，傳染的方式是心理學家稱之為「情感評價」（affective evaluations）的微妙暗示。如果某人在某個指標（利潤）表現增強，但在另一個指標（商業倫理）卻變差，那麼對其表現是好是壞的判斷，將會在更大程度上取決於這位被評估者周遭的文化環境，而用索提斯的話來說，「在與外界隔絕的商業環境中」，就是取決於「那些比較被業界人士看重的價值」。他對我表示：「如果你整天跟會撬鎖的人混在一起，你很可能也會變成撬鎖的人。」

【第六章】所有人都這麼做（之二）

想要了解芝加哥的權力運作機制，不妨從城裡的最大黑社會組織「黑幫門徒」（Gangster Disciples）入手。

「黑幫門徒」創立於一九六〇年代的芝加哥南區，剛開始只是幾個街角毒犯聚集起來的鬆散組織。到了一九九〇年代中期，也就是快克古柯鹼的全盛時代，「黑幫門徒」已經發展成有三萬人的超大幫派，甚至在其他七個州設有堂口。他們的老大賴瑞·胡佛（Larry Hoover）雖然老早在一九七三年就因謀殺罪而鋃鐺入獄，卻還是能從牢裡指揮組織的運作，下指導棋。他在牢中讀了麥克·羅伊科（Mike Royko）為市長理查·戴利寫的經典傳記《老大》（*Boss*）。戴利本身就是愛爾蘭裔美國人幫派漢堡幫*的混混出身，這幫派曾於一九一九年引發芝加哥史上死傷最慘重的種族暴動。戴利轉戰政壇，成為該市民主黨霸主，啟發胡佛著手讓自己的幫派跨足政壇。

「黑幫門徒」創辦了一個名為「成長與發展」（Growth and Development，縮寫與「黑幫門徒」

相同）的政治行動委員會。委員會某位幹部曾長期擔任該幫派打手，後來宣稱自己已經金盆洗手，在一九九四年競選市議員，甚至前往白宮參與一次有關犯罪問題的團體討論活動，獲柯林頓總統接見。為了洗白自己，「黑幫門徒」與其外圍組織在城裡各社區發起大掃除、以「防制暴力」（Stop the Violence）為訴求的遊行，甚至為無家者供餐。他們經營全美國規模最大的販毒事業，同時還涉足音樂、餐飲與時尚等產業。根據鑽研「黑幫門徒」的西北大學社會學教授安德魯・帕帕克里斯托斯（Andrew Papachristos）指出，這幫派的成員總計遭指控涉及八百二十七樁謀殺案，比禁酒令時代黑幫老大艾爾・卡彭（Al Capone）活躍期間所有黑幫組織涉及的命案還要多三百樁。

到了二十世紀末，「黑幫門徒」面臨瓦解，一來是因為高層幹部大多遭聯邦政府逮捕，二來則是由於許多社會住宅拆除後，幫派成員被迫各奔東西。芝加哥既有的六十個大幫派分散為數百個「小幫派」（cliques），人數少到通常只剩十幾人，掌控著只有幾個街區的小小地盤。「黑幫門徒」分散成至少七十五個各自獨立的小幫派，因為彼此競爭而不時引發暴力火併。例如，地盤位於芝加哥南區奧本葛瑞山（Auburn Gresham）地區的兩個小幫派G-ville與Killa Ward，就因為勢力範圍的問題談不攏而開戰。據警方表示，在十二個月期間雙方因為火併而導致二十七人喪生。

* 譯注：此名稱源自於漢堡運動俱樂部（Hamburg Athletic Club）。

二〇一六年冬天，我參加了其中一位受害者菲利浦．杜普雷（Phillip Dupree）的葬禮。他才二十六歲，身後留下四名孤兒。某天他祖母開車載他去餐廳吃晚餐，沒想到還沒下車就遇襲。在槍火下祖母還是開車逃走，開了三個街區才因為撞上路邊護欄停下。那槍手緊追不捨，持續對他們開槍。菲利浦於車內喪生，他祖母只是頭頂遭流彈擦過，後來還發現外套的帽子上被射穿了五個洞。救護人員把她從變成蜂窩的車裡拖出來，她傳了兩則訊息給女兒艾佛芮妲．柯布（Alfreida Cobb），一則是「菲利浦」，另一則是「死了」。

菲利浦生前原本想要功成名就，在ＩＧ帳號上他聲稱自己是個「演員兼歌手」。他上傳許多自己持槍的照片，身邊擺著一堆現金跟大麻。但那些錢只是擺擺樣子，他的家境並不寬裕。我訪問他母親艾佛芮妲，她說：「如果有記者訪問我，我不會說：『他是個完美的兒子』」，但她說她想要讓大家知道「有很多人深愛著他」。她還說：「我不希望有人說，他會走那條路是因為沒有人可以幫助他。」他的葬禮來了數百人。菲利浦的銀色靈柩擺在最前面，他躺在白色綢緞襯裡上面。他身上有多處傷口，但經過葬儀社的處理已經看不出來。他頭上戴著一頂全新的職棒球隊芝加哥白襪隊灰色球帽。

參加完菲利浦的葬禮後，我開車前往他遇害的地點。當時是一月，他的友人掃掉人行道上的積雪，為他布置了簡陋的靈堂，擺了一隻泰迪熊，還有八個干邑白蘭地與龍舌蘭酒的空瓶。他們在後面牆上貼了張海報板，上面有一些字條，其中有人寫道：「這事真他媽的太不真實了。」我用筆記本做筆記，有個年齡與我相仿的男人經過，停下來問我在幹麼。我說，為菲利浦・杜普雷的命案寫報導。

他知道我是《紐約客》的記者後，頓了一下問我說：「會刊登漫畫的那份雜誌？」我點點頭。他露出微笑，接著對我說：「我以前會在小酒館裡讀《紐約客》。」他自我介紹，名叫莫里斯・克拉克（Maurice Clark）。他說：「但是大家都叫我里斯（Reese）。在這一帶，我的綽號就叫做『惡棍里斯』。」他從外套裡面掏出一張葬禮的流程表，原來他也去參加了菲利浦的葬禮，剛剛才離開教堂。菲利浦生前與他當過很多年的鄰居。他說：「塵歸塵，土歸土。」

莫里斯當時四十四歲。他的顴骨很高，一撮山羊鬍修得漂漂亮亮。他頭戴灰色針織帽、身穿帽T，為了抵禦冬天的寒風，外面還套著兩件黑色風衣。跟我聊天時，他講的話夾雜著俚語和老氣橫秋的成語。（他曾說：「塞翁失馬，焉知非福啊。」）我問他為什麼入獄，他毫不避諱地回答我：「殺人未遂。」十幾歲時他曾是「黑幫門徒」的成員，開槍打過敵對幫派的某個成員。他說：「出獄時我已經三十歲，二十幾歲的黃金歲月都浪費啦。」出獄後他不用擔心自己是否踩到其他幫派的地盤，去哪裡都沒問題。十幾歲的小流氓都不會去招惹他，就像他說的：「我是他們所謂的『非常OG』」，意思是非常非常非常資深的元老級幫派成員（original gangster）。

菲利浦遇害當天，莫里斯在附近的一家店裡。他聽見槍響與汽車疾馳離開的聲音，衝出店門口後只見菲利浦的祖母倒臥在汽車座椅上。因為外套被打穿了，車裡到處都是外套內裡的白色棉絮。我問莫里斯：G-ville與Killa Ward是怎樣結下梁子的？他說：「我帶你四處繞繞，親眼看看。」我開車載著他往西走了幾個街區，經過一家髮廊和一家可以兌現支票的店，然後來到愛許蘭大道（Ashland Avenue）的熱鬧地帶。他說：「一切都是從這裡開始，都要怪這該死的加油站。還不是因為那一件外套？」

Killa Ward的地盤在西邊，G-ville在東邊，而兩者之間的FalconFuel加油站算是交界處，也是大家喜歡去閒晃的地方。加油站本來應該是中立地帶，但發生了一件事：其中一幫的幾個傢伙想要搶走另一幫某個傢伙身上的昂貴新外套。莫里斯說：「他們突襲得逞，結果那人超級不爽。為了討回面子，他去加油站擊斃某個搶他外套的傢伙。兩派人馬就這樣沒完沒了，真他媽的糟糕。」

接下來兩個小時我開車載他四處繞來繞去，有時候開進一些路旁的狹小街道，下車後由莫里斯向我解說在街上暴發的歷次小小衝突。有間商店的店頭用木板擋起來，板子上布滿彈孔，而某家酒館的玻璃則是因為中彈而滿是裂痕，他撫摸著彈孔，對我細數著衝突怎樣發生，還有槍戰結果。如果把我們的路線畫在地圖上，形狀看起來會像一團義大利麵，在十個街區的範圍內相互交錯。一九八〇、九〇年代期間，幫派就像是大企業，控制的地盤有幾平方公里，因此如果有某個街角遭人入侵，也沒什麼大不了。但因為後來小幫派林立，就算只是某街角大小的地盤，他們也會拚命護住。芝加哥政府將市區分為七十七個行政區，但是從市府的統計資料看來，一般而言只有其中十幾個會發生槍戰。莫里斯說：「幫派被困在小小的地盤上。」

他還說，這時的問題在於槍枝氾濫的問題比以前嚴重許多。他說：「想當年，每個混混身上可能就只有一把槍，而且還要透過各種程序與正當管道取得。」現在的幫派跟他還在道上時一樣暴力，至於誰會成為槍靶，還有理由何在，都是取決於某些不成文規矩。「例如有人說：『媽的我想要幹掉我繼父，因為我妹被他強姦了。』其他人會說：『兄弟，沒問題，這把槍給你。多給你幾顆子彈，幫我們打爆他的屁股。』」莫里斯又說：「印第安納州的槍枝管制法令鬆散得要命，從我們這裡過去只要十五分鐘就到了。」有心弄到槍的人總是願意跑這趟路程。「也許只要多給店家一百五十塊，媽的，一把全新的槍就弄到手啦！」

❖

我開車來到莫里斯他家，那是一棟他與母親共有的兩層樓磚造建物。他女友露荻在客廳，他們一歲的兒子傑洛麥亞站在客廳的嬰兒床裡，眼睛盯著電視播放的卡通。家裡很冷，莫里斯向我致歉。他說：「抱歉欸，我不知道家裡會來客人。」語氣聽起來有點文謅謅的。為了省錢，他們關掉暖氣，打開爐灶上的爐火。藍色的火焰往上衝，看來實在不太安全。但在家裡都快凍僵了，他們還管得了那麼多嗎？

莫里斯從口袋拿出葬禮的流程表，整整齊齊地放進一本老式的相簿裡。裡面裝滿了許多葬禮流程表與訃聞，死者都是當地的年輕人。每個年輕人的流程表與訃聞都用一層透明的塑膠薄膜保護著，彷彿博物館裡的展示品。因為過去幾個月我屢屢造訪這個地區，裡面甚至有些年輕人的名字是我認得的。尚德·哈里斯（Shawndell Harris）比他的朋友菲利浦早逝，二〇一二年死於一場便利商店附近的槍戰中，他的葬禮流程表裡面有母親留下的一句話：「尚德是我失去的第三個孩子。」那本相簿像是某種形式的畢業紀念冊，只不過名列其中的人並非從學校，而是從人生畢業了。這些槍下亡魂已經沒有未來可言，所以不會有人對他們說「前途必定大有可為」，類似我曾祖父在槍擊案倖存後獲得的安慰話語。在先前的十二個月期間，芝加哥有四百六十八人遭殺害，這數字不僅比前一年增加百分之十三，而且是美國所有城市之最。

莫里斯帶著我回顧那本相簿，每翻到一頁他都能說出一個與前面幾頁相關的故事，並且稍微介紹接下來要敘述的故事。對他來說，那些故事是讓他心有所感的一樁樁悲劇，而且彼此相關。隨著時間過去，每樁命案都會造成一定程度的複雜影響，不是只有某個年輕人喪命而已。因為，倖存者遷居他方，留下來的許多人則是拚命攢錢，只為搬往更安全的地區。二〇〇〇到二〇一〇年之間，芝加哥有十八萬一千個黑人市民外流，其中許多人都來自中產階級。而這只會讓那些留下來的人陷入更孤立無援的不正常情境。莫里斯說：「模範居民都跑了，那我們要以誰為模範？住在同一條街上的賊嗎？還是失去家人的流浪漢，可以在街頭對我們述說人生的道理嗎？」

年輕居民開始在社群媒體上尋求慰藉。他們覺得自己受到某個社群擁抱，但實際上卻是畫地自限，所接觸的只是小小的同溫層。莫里斯認為，這一切都始於當年政府毀了那些高大的社會住宅。居民緬懷著當年大家培養出來的社群感，如果用政治學家的術語說來，他們所喪失的是某種「社會資本」（social capital）。莫里斯說：「犯罪率就是從那時候開始飆高的，你懂嗎？那些混混不會搶自己從小就真正認識的人！**但如果是那些人呢？**他們只不過是陌生人，所以搶他們也沒關係。」

我看著站在嬰兒床裡的傑洛麥亞。我老婆貝沙娜這時正在我們位於華府的家裡，肚中懷著我們的第一個小孩，是個男孩。與我未出生的兒子相比，傑洛麥亞出生的環境截然不同，就連某些最基本的健康條件也遭剝奪。舉例來說，這處名為奧本葛瑞山的地區有著芝加哥西南區最高的氣喘比率。先前已有學者找出原因，像奧本葛瑞山這類孤立無援的低收入地區，居民有百分之九十六都是黑人，他們的住處都比較接近高速公路或交通流量大的道路，他們也沒有多餘的錢可以用於除黴、除塵與除蟲，而且小孩比較可能生活在家長有抽菸的環境。就連槍枝暴力事件也會提高孩子們的氣喘風險，因為家長不准他們在不安全的地區亂跑，而整天關在家裡卻必須面對其他會導致氣喘的風險因子。換言之，奧本葛瑞山讓當地孩童先天不足，外加後天失調。

暴力也會以其他方式影響孩童的健康。研究結果顯示，與其他地區同樣年齡的孩子相比，最早在學前階段，這些孩子會因為暴露在充滿危險的環境中而感受到壓力，讓他們的語言發展遲緩，落後整整一年。傑洛麥亞的學區也不太容易招募到好老師，而長久看來，這已經造成非常顯著而嚴重的影響：二〇一四年，已經從史丹佛轉往哈佛執教的拉傑．柴蒂發表一項研究結果，表示如果學生受教於最好的老師，接下來的幾十年內將會讓他們的收入多五萬美元。這也會對他們所居住的地區造成影響。如果把整間教室裡所有學生損失的收入加起來，等於他們用來投資自己住家與居住地區的錢少了一百四十萬。（柴蒂認為，如果學區能夠用更高的薪水與獎金來獎勵表現較好的老師，才有辦法留住最優秀的師資。）

莫里斯還有個四歲兒子名叫凱勒伯，他很擔心自己在芝加哥無法好好扶養兩個兒子長大。「想當年，每年暑假政府都會規劃一些活動給孩子們參加，讓他們不用待在自己住的地方，有事情可以做。後來那種活動都取消了。」莫里斯不可能詳細了解州政府的財務狀況，但光是從報上屢見不鮮的新聞，他就能猜出這跟官員的貪瀆問題有關。「誰叫我們的州長是布拉哥耶維奇呢！他連歐巴馬留下來的參議員席次都可以拿出來賣啊！」

❖

莫里斯的生父名為普瑞斯頓．莫里斯．克拉克，先祖是黑奴，是阿拉巴馬州伯明罕市郊區某位奴隸主的財產。他的外婆莉莉安在二十幾歲時遷居北方的芝加哥，嫁給老家在田納西州的技工佛洛伊德．桑德斯。桑德斯在州街（State Street）上開了一家叫做「佛洛伊德輪胎行」的修車廠。他們生了兩個女兒，叫做麗茲與安妮塔，最後桑德斯家買了一間磚造平房，位於密西根湖畔令人夢寐以求的南岸地區，當地居民大多是黑人，也因為住在那裡感到自豪。

莫里斯生於一九七一年，是四位手足裡面的老么。他的繼父勞勃・豪爾捧著市政府的鐵飯碗，是街道與清潔局（Department of Streets and Sanitation）的垃圾車司機。他跟莫里斯情同真正的父子，兩個人親到莫里斯以為他就是生父。後來母親才跟他說，他的生父是個家暴犯，而且早已不在人世。過一段時間，母親才對他坦承其實他的生父仍在人世，而且就住在幾個街區外。莫里斯十幾歲時曾去找他的生父。來應門的是個女人，莫里斯對她自我介紹。她用警惕的眼神盯著莫里斯，說他的生父不在家。此後，莫里斯再也沒有勇氣回去找他。

莫里斯在南區比較偏南邊的地方長大，那個地區叫做西普爾曼（West Pullman），在歷史上是圍繞著幾個火車車廂工廠而發展起來的黑人社群，但已經不復往日榮景。一九七〇年代期間，與附近的社會住宅相較，當地算是個發展穩定且鄰里關係比較密切的住宅區。居民組織了幾個街區俱樂部，當地的男女老少常常聚在一起打壘球或開趴。「爸媽住在樓上，讓孩子們在家待到十一點半，然後就把他們都趕出地下室，出去活動。那是個平靜的年代。」他繼父的兩個兒子達倫、達若比他大五歲，他們每天早上去參加為期一天的營隊，到郊區的森林保育區參加各種活動。到了晚上，他們會帶著從樹林裡採集到的羽毛回家，述說著當天做了哪些探險活動。

莫里斯就讀小學期間就展現出優異的數字能力。他跟著母親一起上雜貨店，因為無聊就算起了購物車裡面所有東西的價格，在母子倆到櫃檯結帳前就自己算出了總數。他說：「我甚至還算出了含稅的價格。」媽媽發現附近學校的教科書都已經破破爛爛，她跟莫里斯說：「門都沒有，我才不會讓你去讀那間爛學校。」

莫里斯在一九八一年升上五年級，母親幫他轉學，新學校位於格林伍德山（Mount Greenwood），那是芝加哥西南角一個愛爾蘭裔天主教徒居多的地方。過去幾十年來，芝加哥的政治人物與家長始終抗拒聯邦政府的種族融合學校政策。但是到了一九八〇年，某些黑人地區的學校實在人滿為患，學生甚至必須輪班上課，但相較之下白人地區的學校卻門可羅雀，因為許多白人家庭都已紛紛遷往居住條件較好的郊區。那一年，美國司法部把芝加哥的各級學校告上法院，最後以雙方和解收場，市政府同意努力促進各級學校的種族融合程度。

格林伍德山距離莫里斯家只有六公里之遙，是許多芝加哥警消人員和市府員工選擇的居住地，因為他們必須住在市區。那個地區的生活型態跟芝加哥郊外的各個住宅區一樣封閉，除了許多愛爾蘭酒館林立，還有那種家庭式的商店，各家天主教學校的校服就擺在櫥窗裡販售。想當然耳，這也是個居民多為白人的地區，與各種族居民混雜而居的幾個鄰近地區隔著一座墓園。

種族歧視是格林伍德山的黑歷史。一九六八年，第一批為數八人的黑人學生打算前往當地學校就讀，卻遭當地人以彈弓伺候，許多居民舉牌抗議，而《芝加哥守衛者報》（*The Chicago Defender*）甚至因為這種用石塊傷人的敵意而將格林伍德山諷稱為「芝加哥的小岩城」。即便已經過了幾十年，當地居民的恐懼與敵意仍未退散。佩姬．歐康納（Peggy O'Connor）是住在當地的警察妻子，職業是餐廳服務生，她曾於一九九二年對某位針對種族隔離問題進行專題報導的記者表示：「我不討厭他們，只是不希望他們住在附近。我不想跟他們靠太近。我覺得他們已經抱怨了太久一段時間，久到讓我厭煩。」她還說：「黑人居然能夠拿著食物補助券來買丁骨牛排，而我們就只能吃漢堡。」不過她也坦承自己實際上沒有遇過有人拿食物券來買牛排。

市府與聯邦政府簽訂種族融合協定後，莫里斯是最早轉學的黑人學生之一，結果他們的校車還是遇上了噓聲不斷的抗議群眾。「他們對著校車丟石頭跟蘋果。下車後我們必須步行一小段路進學校，由警方護送。突然間我們看到一堆家長舉牌擋在學校前，上面的標語寫著：**黑〇們，滾回家！**還有：**這裡不是你們該來的地方！**」

面對抗議人群，莫里斯還是待了下去，也喜歡這學校。課本很新而且沒有汙損。他的朋友來自各種族群背景，除了黑人還有拉美裔、希臘裔與愛爾蘭裔，但是到了他升上九年級，許多同學都轉校去摩根公園中學（Morgan Park High School），因為該校學生的考試成績比較好。他去了一趟摩根公園中學，想像著自己去那裡就讀。「那間學校又新又棒，白人黑人都能去就讀。感覺滿高檔的。」後來校方通知他爸媽，表示校車服務只提供到八年級。爸媽沒錢讓他搭乘一般公車，所以莫里斯只能選擇當地的芬格中學（Fenger High）就讀，雖說是足球名校，但卻也是暴力事件頻傳。回想起那一段歲月，莫里斯笑了一下，笑聲中不無悔恨之意。「我的犯罪人生就是在那裡開始的」。

❖

莫里斯在一九八七年滿十六歲，這一年美國教育部長威廉·班奈特（William Bennett）表示芝加哥公立學校的表現在全國殿後。中輟率高達百分之四十，而在大學入學考試中，該市有一半中學的表現都落在最後的百分之一。身為芬格中學的學生，莫里斯沒有理由反對部長的看法。入學時，首先讓莫里斯注意到的幾件事之一，是他發現某些年紀較大的幫派成員雖非學生，但卻常在學校混，把那裡當成幫派據點。莫里斯說：「有個傢伙已經離開學校兩三年了，但還是常在校園鬼混，去那裡吃午餐。」食堂會變得如此缺乏紀律，是因為市政府決定砍掉監督食堂秩序的人力費用，而這跟芝加哥的許多教育決策一樣，市府都是因為缺錢而不得不讓步。學校預算縮水，導致芬格中學的表現在某些方面大幅衰退。一九九一年，憂心忡忡的芬格中學家長與教師寫信向市府教育委員會陳情，列出前幾年遭砍的各種學校措施：「為學生的各種費用募集捐款、免費或費用減免的午餐、置物櫃上鎖、安全問題的緊急演練，甚至連畢業典禮也沒了。」這所學校因為整個根基動搖，到了幾乎無法運作的地步。陳情信函寫道：「儘管我們深知政府花錢必須花在刀口上，但也感到納悶：決定刪減這些預算的人，真的了解維持中學運作的基本開銷有哪些嗎？」

到了一九九一年，連芬格中學最引以為傲的足球隊也遭殃了。足球隊教練能夠說出過去十二年內遇害的六位前任或現任球隊隊員的名字。體育預算被砍到幾乎所剩無幾，而根據上述那封陳情信，學校的體育預算將會刪減至剩下百分之十二，只有七百五十美元。那一年實在有太多老師因為預算不足而遭解雇，以至於某個學生對於來訪的《芝加哥太陽時報》（*Chicago Sun-Times*）記者表示：「指導我們編輯畢冊的老師走了，我們校刊的指導老師也走了，進階電腦課程的老師也離開了，我們的法文老師還得要負責教西班牙文。」

莫里斯試著忽視學校的種種亂象與失能問題。他最期待的莫過於數學課。但因為他們班上課時總是亂糟糟，數學老師忙著維持班上秩序，能夠用在教學上的精力似乎所剩無幾。「老師說：『孩子，只要乖乖地待在座位上，我就會讓你及格。』」莫里斯回憶道，「我想他應該是已經氣力放盡了。」

中學如果失去了為學生開發潛能的能力，影響所及將會遍及整個社會。哈佛大學經濟學教授柴蒂針對發明專利進行的研究發現，若是與家境貧寒的聰明學生相較，課業表現排在前百分之一的學生可能成為發明家的機率是十倍。柴蒂的研究團隊把這些來自低收入弱勢家庭的孩子們稱為「被學校耽誤的愛因斯坦」，而他們如果能夠跟那些有錢的白人學生一樣接受充分的發明訓練，那麼美國的創造力將會成長為四倍。

莫里斯再也不需要為了上學而離開他的鄰里，對於數學課也不再充滿期待，他的世界因此大大限縮，而且為了不想招惹警察更是讓他不敢隨意離開黑人住宅區。到了晚上他會看到警車就停在九十五街與西區大道（Western Avenue）的交叉口待命，因為那裡是黑人與白人住宅區的交界處。警察總是揮手驅離騎腳踏車的黑人孩童，要他們別闖入白人住宅區。莫里斯說：「我們常被警方攔下來騷擾。」

莫里斯在自家鄰里待的時間愈多，就愈常看著那些歲數比他大的年輕黑人在自家門廊前整理車子，像是他們那條街的最大藥頭「大D」，他開的雪佛蘭Corvette跑車總是擦得亮晶晶，另一輛林肯牌的Mark VII也改得很炫。莫里斯說：「我們只能待在街上，但無聊死了。然後我們看到那些傢伙靠著賣毒品發財，買得起酷炫轎車，條子也不會去招惹他們。條子只是冷眼旁觀，臉上那表情好像是在對他們說：『沒關係啦，反正你們賣毒到頭來也只是害死自己人而已。』」

莫里斯雖然才是個中學生，卻已經看得出撐起黑人社群的支柱崩塌了。「我還記得那天我兩個哥哥說，再也沒有夏令營可以參加了。爸媽只能說：『那該怎麼辦呢？』」在莫里斯看來，夏令營停辦感覺起來是情勢變糟的轉捩點。「參加夏令營是要讓我們成為更好的人。學會怎樣閱讀，學會不同的語言。西班牙語之類的。那是市府用預算支持的活動，目的是要讓孩子們不要在街頭鬼混。一旦活動終止了，你覺得大家會何去何從？」

❖

眼見著這些儀式性活動與連結消逝，隨著年紀漸長，莫里斯注意到不只是青少年迷失方向。有個父親住在莫里斯那條街上，每天經過時都身穿市府公車司機制服，夏天是短袖襯衫，還打著領帶，冬天一樣有打領帶，還穿著一件外套。後來那位父親丟了工作，淪為小咖毒販，就像莫里斯說的「賣的毒品只有幾盎司」。莫里斯注意到他還是穿襯衫打領帶。看來那傢伙就是想要穿得體面一點。

莫里斯的兩個哥哥加入「黑幫門徒」，接著他也步入後塵。剛開始他只是幫忙跑腿，例如母親節時，他得要跑幾個地方，幫忙獻花給老大們的老婆。但這些事情大多對人有害，而且往往挺殘忍的。某次幫裡一位大哥從監獄裡打電話吩咐他去某個地方，要他「直接往那個賤女人的臉好好招呼下去」。莫里斯走到那間房子去敲門，有個女人來應門。「我說蕾吉娜在嗎？她說她就是。」莫里斯頓了一會兒，接著對她說：「有人命令我好好修理妳，要打傷妳的臉。」不過莫里斯表示他不打女人，所以沒有出手。他想，光是去那一趟就讓她夠嗆了。莫里斯說：「這讓那個女人知道我隨時可以好好修理她。別以為電視上的事情不會發生在她身上。」

一九八七年二月，莫里斯十六歲生日前夕初次體驗了遭警方逮捕的滋味，罪名是「持有管制品」。那時他已經在販賣古柯鹼了。遭警方逮捕並未讓他醒悟。等到他十七歲時，賣毒的收入已足以讓他購入一輛敞篷福特野馬跑車。他還把音響功率改強，車子的內裝也換成白色皮革。

過沒多久，他就開始直接向某個夏威夷的供應商買貨，毒品是裝在圓形的餅乾鐵罐裡運到美國本土。他說：「那種毒品的別名是珍珠之母。白花花的雪片*，原產地是秘魯。」在鄰里間，莫里斯闖出名號，大家都知道他是以二千五百公克為單位出貨，每一批二萬四千美元。「他們幫我取了一個外號叫做大盜二千五，」莫里斯說，「媽的，出貨的速度超快，害我要四處跟人調貨，問他們說：『嘿，你手上有七公斤的貨可以先給我嗎？』」他喜歡賺大錢開好車的感覺，也喜歡進行幫派活動還有那種歸屬感。他在自家把古柯鹼小心翼翼分成一袋袋，然後仔細裝進鞋盒裡，方便拿到街上去賣。他希望自己能給外界某種有紀律與慷慨的形象。他說：「我給手下的薪水高於一般行情。」

有段時間，莫里斯似乎瞥見了自己可能走上的另一條道路。他的姐姐荻娜已經從高中畢業，在芝加哥商品交易所（Chicago Mercantile Exchange）的衣帽間工作，負責幫人保管外套與行李。過沒多久她成為交易所周邊的電話工作人員，甚至說服主管讓她弟弟莫里斯能夠在衣帽間工作。他曾經去那邊打工，但兩個哥哥對他的影響太大了，況且衣帽間的工作也沒有賣毒那麼好賺，更別說兩者的地位實在是天差地遠。

就在快要滿十九歲時，一九九〇年七月某晚，莫里斯和幾個他稱之為保鑣的「黑幫門徒」成員一起護送他女友回家。他女友家位於敵對幫派「四角騙徒」（Four Corner Hustlers）的地盤上，結果雙方人馬在小巷裡狹路相逢。回首前塵，莫里斯試著讓我了解他們雙方是怎樣在幾分鐘內進行一番唇槍舌戰，用各種話語羞辱對方，接著才用假正經的口吻對我說：「我的保鑣挺身而出，開槍打傷那些王八蛋。」兩天後，警方以謀殺未遂罪名逮捕莫里斯，被害人是叫做納吉·麥格拉斯頓的另一位青少年。

莫里斯因為賣毒致富，居然能幫自己出保釋金。接下來一整年，他的案子就在司法體系的各個層級進行審理，但他一點也沒想到要保持低調。他很喜歡饒舌歌手兼演員Ice-T在電影《萬惡城市》（*New Jack City*）裡開的那一款BMW，只不過他的更炫，是金色的。他就這樣開著金色BMW在城裡招搖過市。

但這次即將來臨的審判漸漸讓他有種不妙的感覺，所以某天下午他一時興起，決定再去找生父。莫里斯知道生父大多待在哪個公園，於是就去那裡，發現他父親坐在長凳上。莫里斯裝成自己是陌生人，對生父說：「抱歉，你知道現在是幾點嗎？」生父把時間告訴他，莫里斯說：「我對他說謝謝，然後不再假裝是陌生人，對著父親說：『天啊，你連我是誰都不知道，對吧？』」生父好好端詳他，臉上露出認出他的表情，接著對他說：「喔，天啊！我的天啊！」生父用莫里斯小時候的綽號「老二」稱呼他。（莫里斯解釋道：「他是老大，我是老二。」）「我抱了他一下，跟他握手，兩個人聊了一會兒，度過開心的午後。」他們約定好要再見面。

莫里斯說：「但我卻搞砸了。」他跟一些朋友養了幾隻比特犬來當鬥狗賺錢，那年夏天某

＊ 譯注：雪片（flake）是古柯鹼的別稱。

個晚上他們一夥人跟敵對幫派展開對決。「所有賭金加起來總共是十八萬美元，外加六公斤毒品」，所以光是那些毒品就價值將近五十萬。結果莫里斯跟朋友贏了。他說：「我跳進鬥狗的圈圈裡」，讓大家有機會羨慕他身上穿的迪奧（Dior）連身褲，還有一雙全新的耐吉（Nike）Air Max運動鞋。但他實在不該在輸家面前那樣得意洋洋，這他也心知肚明。幾天後，輸家組成了一個莫里斯所謂的「復仇小組」。他們在某個朋友家堵他，接下來就是一陣混戰，就連莫里斯也搞不清楚到底是誰開槍打誰。幾天後，他在一九九二年七月三十日又遭逮捕，隨即重新入獄。

因為罪名愈來愈多，這次就算他再有錢也沒辦法把自己保出去了。一九九三年五月十九日，他因為謀殺未遂而出庭受審，被判有罪後必須入獄服刑十五年。如果是別人，可能會有種人生崩塌的感覺，但莫里斯卻不這麼看。他心想，蹲苦牢是絕對無可避免的，就像他兩個哥哥早就已經入獄了，更何況他知道在美國，黑人的入獄比例遠高於白人——但他並不知道確切的數字是六倍。更重要的是，若與完成大學學業的黑人相較，沒有讀完高中的黑人在三十出頭以前就入獄的機率是十倍。此外，他似乎也鬆了一口氣。照他這種喜歡招搖的個性，就連他也不知道，如果繼續混黑幫的話自己能夠再活多久。

他說：「我必須低調度日一段時間。」但他沒機會跟父親重逢。普瑞斯頓・莫里斯・克拉克在四十六歲就去世了，當時莫里斯還在坐牢。

【第七章】

你們這些人

接下來十年內，莫里斯．克拉克陸續由州政府移監至史泰特維爾（Stateville）、森特勒利亞（Centralia）、史特靈山（Mount Sterling）等各家監獄，就連威廉．沃伊考斯基（開槍打我曾祖父的十六歲少年）待過的龐蒂亞克監獄也去了。莫里斯加入美國史上另一次劃時代的「大遷徙」，不過比較慘的是，他成為美國刑事司法體系所收納的將近三分之一黑人男性之一。一九七三至二〇二〇年之間，美國受刑人的人數成長超過六倍，從二十萬暴增為一百四十萬以上。美國邁入二十一世紀之際，他還在監獄，而這時受刑人數量已經比務農的人口還要多。

莫里斯入獄時雖然感受到一絲寬慰，但那感覺沒持續太久。監獄是個弱肉強食的殘酷世界，他被嚇得半死。即使他在外面打打殺殺慣了，但卻沒體驗過監獄中幫派鬥爭有多可怕。他看見身邊的人因為毆傷、刀傷而不成人形，用監獄的黑話說來，那些傢伙變成了「南瓜頭」，因為他們一個個看來就像萬聖夜裡的南瓜燈。入獄兩年後他陷入精神崩潰，恐慌症突然發作，這是他人生前所未有的經歷，也掉了許多頭髮。「我曾看到獄友因為太軟弱而上吊自殺。」他甚至覺得自己是不是快瘋了。「我大多待在牢房裡。只能對上帝禱告：救救我吧。」

時間一久，莫里斯也得以盡可能適應監獄生活，總之就是不要去那些會惹麻煩的公共空間，多與監獄牧師在一起，也做起了監獄的各種勞務，讓自己別想太多。有個年紀比他大的理髮匠每天早上從外面入獄為獄友服務，莫里斯跟他學會了理髮手藝。「他說做這行很賺錢。」這輩子莫里斯第一次學會正常的謀生之道。「我每天都期待著去理髮廳幫人剪頭髮，藉此遠離那些瘋狂的王八蛋。」他在二〇〇一年五月一日出獄。「那天是我的新生之日，也是我長大成人的日子。」

但實際上，重返社會的莫里斯壓根就不知道要怎樣用合法的方式謀生。他本以為假釋官也許可以幫他介紹工作或職訓機會，但他的假釋官手頭有太多案件，幾乎無法回應他的問題與需求。他說：「保釋官只會看著我們發呆。」全美國有五百萬受刑人獲得假釋或者在出獄後仍必須受到其他形式的監督，他只是其中之一。透過臨時工介紹所，他在芝加哥西南方郊區的農村波林布魯克（Bolingbrook）找到穀倉管理員的工作。他挺喜歡的，因為記錄倉儲的工作剛好符合他精通數字的天性。莫里斯說：「工作三個月後，我們有機會轉為正職，成為正式員工。」試用期快結束前，穀倉管理員把所有臨時工召集起來。「管理員說，隔天七點所有人都可以轉為正式員工。但他們把我拉到一旁對我說：『我們不能讓你轉正，因為公司說我們不能雇用重刑犯。』」這是他常常必須面對的現實生活。根據美國司法部資助的一項研究顯示，如果公司要求所有應徵者揭露前科，那麼他們獲得面試的機率將會減半。

莫里斯內心充滿無力感，也覺得這世界實在太欺負人。「等等，那為什麼要讓我在穀倉裡做這種記錄庫存的好工作，三個月內都沒犯錯，卻不能轉正？有沒有搞錯？」他接著說：「管理人員都為我難過，他們看得出我很崩潰。所以他們說：『沒關係，你只要換換頭銜跟工作內容就能繼續待在這裡。』」接下來他就輪流在各個部門擔任臨時工。有一段時間這種安排還算能接受，但他常常想起自己在那裡毫無前途可言。「大家的時薪都提高到十八或十九美元，只有我的薪水還是慘兮兮。」最後他放棄了。「我在心裡對自己說，媽的，算了吧。」

離職後他歸返故里，有時幫當地的商店打掃，賺點小錢。如果沒有零工可打，他就回收鐵罐，賣掉換點零錢。他說這是他的「例行工作」。但是誘惑無所不在。他說：「我就是找不到工作啊！所以又回去跟那些壞蛋一起混。大家都是他媽的重刑犯，在同一條船上，所以除了賣毒這個老本行，還有什麼事情可以幹？」為什麼會這樣？莫里斯說：「因為總得要弄一些錢來繳房租吧！我們不偷不搶，不會傷害別人。我們只是到現金兌換商行（Currency Exchange）後面的巷子，等那些人用支票換好現金後，出來跟我們買一點毒品回家享用。」他說：「刑期結束後我們重返社會，想要找個好工作。但是，辦不到，因為我們是邊緣人。我們被社會驅逐了。因為我們身上被烙下了重刑犯的印記。」

莫里斯搬回家跟母親與祖母同住。他入獄期間，她們做了一個有點財務風險的決定：遷居幾公里外，來到這個叫做奧本葛瑞山的地區，在這裡她們買得起一間不起眼的兩層磚造樓房，其中一樓用於自住，另一樓則是租給人，藉此賺取收入。

接著，有個機會找上門了。二〇〇四年夏天，某個下午有兩個男人登門拜訪。他們挨家挨戶遊說住戶，要大家考慮拿房子來貸款。他們所屬的企業，就是後來惡名昭彰的全國金融公司（Countrywide Financial Corporation）。

❖

他們來到莫里斯他家，指著牆面上許多有破損和裂開的地方。他們對莫里斯的母親說：「妳可以貸二胎來翻修樓房，整理好之後可以用更高租金租出去。租金不但能夠用來付房貸，妳們也會有額外收入。」莫里斯說：「這聽起來像是好聽的屁話。」但也讓人覺得錯過這機會實在太可惜。公司的人說：「貸款金額不用太多。只要多貸一點就好，不會太超過。」

這就是後來我們稱之為「次級房貸危機」的大災難。二〇〇〇到二〇〇五年之間，芝加哥地區次級房貸業者出借的房貸金額漲為三倍。事實上，在全美國這類低收入地區，次級房貸的業務量暴漲，而這更進一步助長了狂熱的華爾街投機遊戲。這些堪稱現代鍊金師的金融專家發現可以把此種高風險的次級房貸予以合併，然後再拆分成不同「部位」（tranche）來出售給投資人。荒謬的是，這類債券有一部分甚至獲評選為AAA級，意思是能帶來安全且規律的收入。金融體系嚴重失能，無法預防各種魯莽且不負責任的投機活動，而這一切都要歸咎於小布希政府的疏於監督，還有放寬各種規範的柯林頓政府。銀行與交易員發明出各種各樣巧立名目的商品，包括衍生性金融商品、不動產抵押貸款債權證券、債務擔保證券，以及合成性擔保債券。他們派出推銷員在芝加哥南區這類財務脆弱的地方四處推廣商品，結果無數居民遭捲入危機而不自知。

賣出最多這種金融商品的，莫過於全國金融公司，他們的廣告海報上描繪著某位一馬當先的黑人跨欄選手，使用的口號充滿誘惑力：「難道你不想跨越障礙，為自己買個房子嗎？」這間公司創立於一九六九年，早年公司政策竭力避免魯莽的借貸交易。但就在華爾街各大銀行開始介入房貸市場後，該公司設法在強烈競爭環境中求生，策略之一是提高傭金，藉此刺激業務部隊火力全開。全國金融公司的營業額大漲，股價也隨之飆升。眼見這公司以幾乎荒謬的速度成長，就連《財星》雜誌（*Fortune*）也在二〇〇三年將其封為「成長率高達二百三十倍的明星股」。

那兩位全國金融公司的業務員造訪不久後，二胎貸款的小小簽約儀式在安妮塔與莉莉安家中的某個陋室裡舉行。她們的貸款金額為十三萬三千美元，償還年限設定為三十年，還款採用浮動利率，一開始的利率是百分之六點三四。根據合約，利率最高可達兩倍，但風險似乎不高。莫里斯回憶道：「我媽只是用做生意的心態來看這件事，她說這下我們有錢修房子了。」

次級房貸讓少數人大發利市，其中幾位最重要的始作俑者與受惠人都住在格林威治。一九九〇年代期間，麥可・維諾斯（Michael Vranos）帶領一支華爾街團隊推廣了不動產抵押貸款債權證券這種商品，他的公司就位於格林威治某棟辦公大樓裡的兩個樓層，後來成為此種商品的重要玩家之一。因為房貸業務而致富的許多銀行家也都住在這裡：雷曼兄弟公司（Lehman Brothers）的營收在二〇〇〇到二〇〇七年之間創下歷史新高，董事長兼執行長迪克・傅德（Dick Fuld）個人就賺了三億五千萬美元。花旗集團董事長兼執行長查克・普林斯（Chuck Prince）也住在當地一座都鐸王朝風格的莊園宅院裡，家裡能容納四十位晚宴賓客。普林斯一手將花旗打造成所謂「金融服務業的超級市場」，憑藉的手段之一就是將次級房貸打包成高風險證券出售。他後來在受訪時表示，即使後來風險增高了，他也不能坐視花旗錯過此一良機：「這就像大風吹的遊戲，遊戲還在進行中，我們哪能停下來？」

但這遊戲終究在二〇〇七年年末結束，造成美國哀鴻遍野。因為房價開始下跌，房貸利率飆升，導致許多低收入的屋主都繳不起貸款。受此影響者還遍及各家共同基金、退休基金以及投資衍生性金融商品的公司。雷曼兄弟公司倒閉，貝爾斯登（Bear Stearns）遭摩根大通收購，至於花旗則是獲得美國史上最高的政府紓困金：四千七百六十二億美元。但闖禍的普林斯居然還能全身而退，拿走了總值六千八百萬的退職金。

繳不出高額貸款的屋主，全美國就屬芝加哥最多。簽約不久後，安妮塔拿著房貸繳款單給莫里斯看，神色驚惶。

她說：「你看看。」

每月的繳款金額從最開始的九百美元攀升為一千，接著是一千九，比安妮塔原先預期的金額還要多出百分之五十，後來才又降為一千五。莫里斯撥打帳單上的諮詢專線，結果只讓他更火大。他說：「我打電話到愛達荷州給某人，接著被轉接給某個叫做吉米的傢伙，我說：『你的口音聽起來像印度佬欸。』他說：『我叫做吉米．湯普森。』我說：『你他媽才不是叫做吉米．湯普森咧！』」

但突然間莫里斯陷入比房貸更迫切的麻煩。二〇〇四年秋天，他賣出快克古柯鹼後，發現客戶竟是臥底的警察。根據警方的報告，他賣出的貨只值十美元。為此他又回去多蹲了三年苦牢。

❖

儘管利率攀升，莫里斯的家人還是試著繼續還款。他們關掉暖氣，改用開瓦斯爐取暖。但撐不了多久，欠款就變得愈來愈多。出獄後，莫里斯看著帳單上的數字，得出唯一的結論：這根本就沒救了。「我說：『媽的，我們根本繳不起啊！』後來，某天我在沙發上看著CNN，發現有一對夫妻對記者說他們正在打官司。我說：『啊？那不就是我們的貸款公司嗎！』我他媽直接從沙發上跳起來。」

當地屋主組成受害者自救會，他去參加他們辦的免費研討會。到了會上他才恍然大悟，這場房貸危機對美國黑人族群所造成的傷害有多普遍，他發現許多鄰居也深受其害。「我最常說的一句話是：啊，你也是喔！」大家都覺得很丟臉，不願對別人坦露自己的問題。他說：「大家都快保不住自己的房子了，但誰會想把這種事跟別人分享？」

二〇一〇年，伊利諾的州檢察長以種族歧視罪名起訴全國金融公司，理由是該公司以計謀誘使少數族群簽下高利率的貸款合約，但對於條件相當的白人卻給予比較優貸的利率。富國銀行（Wells Fargo）的政策與此相似，內部文件揭露出該行負責放貸的承辦人員竟然把次級房貸稱為「貧民窟房貸」，而非裔借款戶則是遭謔稱為「土人」（mud people）。黑人記者塔納哈希・科茨（Ta-Nehisi Coates）在《大西洋月刊》（*The Atlantic*）上撰文表示，此舉無異於專門針對其同胞的詐財手法：「這不是魔法，不是巧合或不幸。這是明目張膽的歧視。」

但是跟美國的很多社會現象一樣，這件事影響所及不只是社會底層的人民，也關乎許多金字塔頂端的人士。就在全國金融公司把無數借款戶捲入難以償債的深淵之際，該公司執行長安傑羅・莫茲羅（Angelo Mozilo）卻慷慨地為友人與政界大老提供特殊的低利貸款，受惠者包括參議院銀行委員會主席克里斯・陶德參議員。在公司內部，這些人被稱為「羅友友」。到了二〇〇七年，莫茲羅已是全美國最高薪的企業高層人士之一，兩年之間因為出售手上的全國金融公司股票而大賺一億三千八百萬美元。

後來到了二〇〇九年，證券交易委員會以內線交易與證券詐欺兩項罪名將莫茲羅移送法辦，他同意繳交數千萬罰款，並遭終身禁止擔任上市公司老闆。二〇〇八年，美國銀行（Bank of America）收購了全國金融公司；三年後（二〇一一年），該銀行同意支付總額三億五千五百萬的和解金，而這是美國史上因為侵害貸款屋主的權益而付出的最高罰款金額。

美國銀行為付不出貸款的屋主提供一項專案，莫里斯也申請了。因為莫里斯連中學都沒讀完，申請程序所需填寫的種種文件實在多到嚇人，但莫里斯接下這項挑戰。他不想花錢找律師，自己經手申請。他說：「我通過了層層關卡，我就是不信邪，卯起來跟他們拚了！」但後來有一期他實在繳不出來，接著又拖欠了一期。過沒多久他總計拖欠了四期，每期一千七百美元。他愈來愈覺得無助與憤怒，因為他的對手是個抽象的龐然大物，連一張臉孔都沒有。他心想：「媽的，你到底是誰啊？結果我就跟美國銀行開戰了。」

在格林威治，次級房貸危機像颶風般來了又走，但在芝加哥南區卻威力持續不減。感覺起來比較像是氣候變遷而非颶風，隨後幾年間不知改變了多少尋常人家的基本生活條件。我是在二〇一六年跟著莫里斯在他家附近散步，當時他對於附近哪些屋主已經棄家而去，哪些房產遭銀行贖回，實在是瞭若指掌。有些鄰居為了爭取更好的條件而奮鬥，但其他人則是乾脆放棄離開。他說：「在黑人住宅區，這種景氣衰退的現象未曾停止過。」根據非營利政策研究機構伍斯塔克研究院（Woodstock Institute）的研究結果顯示，二〇〇八年次級房貸危機暴發，直到十年後，芝加哥南區、西區還是處於「六室一空」的狀態。他說：「因為書讀不多，大家都是眼界有限。他們都不懂，所以就都因為害怕而逃了。」

莫里斯坦承，讓他和鄰居感到壓力沉重的問題可不是只有次級房貸。他知道自己一輩子犯了不少錯，也能夠坦然面對。但讓他感到很誇張的是，居然會有人用這種方式來剝削黑人。「就因為他們已經貪婪到骨子裡了，才會帶來種種問題。但那些人本來就很有錢啊！總之他們就是趁火打劫，說到底就是這樣。貪婪啊！」

儘管莫里斯與家人為了持續繳款而試著尋求幫助，但欠款還是多到無法償付。多年來，他們已經為了房貸而繳納數萬美元。所有錢就像丟到水裡一樣。二〇一六年一月二十九日，莫里斯與家人被迫遷出，門口掛上了「不得闖入」的標語。莫里斯的哥哥在南邊小城皮奧里亞（Peoria）的物流中心工作，母親為了依親而遷居那裡。她也勸莫里斯搬過去，但他拒絕了，因為他是個土生土長的芝加哥子弟。他對母親說：「我還想再拚一下。」但母親坦白對他說：「寶貝，你已經沒有力氣繼續拚了。來我這裡吧。」

最後他投降了。就算多拖一段時日又怎樣？在芝加哥他連公寓都租不起。到了二〇一六年，極低收入戶能租得起的公寓，占全市的住屋比率已經從百分之十一降為百分之四。在莫里斯離開前，某位牧師給他足夠的車資搭車前往皮奧里亞，還送了他一些麥當勞的食物券。「他對我說：『你該離開的時間到了。面對現實吧！芝加哥再也沒有值得你留戀的地方了。』」

莫里斯與家人遭逐出後，銀行很快就把他們的房子拿出來拍賣。我看到房地產廣告把他家描述成「有待修葺的好物件」、「值得聰明買家用來投資賺錢」。任誰只要了解那間房屋的歷史，肯定知道當初莫里斯的母親就是為了同樣的理由才會誤入次貸陷阱：想拿自己的房子來投資賺錢。這將會是下一個世代用來累積財富的訣竅。結果出手的是某位已經有房子的男性買家，只花六萬元就買到了。他花錢將房子微幅翻新，然後轉手賣給另一位買家，售價高達二十二萬五千元。

❖

金融海嘯後，各界急著振興經濟，但這也造成一連串政治效應。二〇〇九年二月十九日，在莫里斯他家北邊僅僅二十多公里外，但是彷彿另一個世界的芝加哥商品交易所裡，有個還不是那麼有名氣的CNBC電視臺*記者瑞克．桑特利（Rick Santelli）在轉播新聞時痛批政府。歐巴馬總統就職還不到一個月，聯邦政府正要試著為掙扎求生的美國屋主們爭取一筆七百五十億美元的預算，用於為他們紓困。桑特利成長於芝加哥西邊郊區的伊利諾州小鎮朗伯德（Lombard），大

* 編按：國家廣播公司商業頻道，以下正文簡稱CNBC。

學主修經濟學，畢業後就一直在該市商品交易所任職。他曾交易過黃金、木材、政府公債、家畜等商品，後來在一九九九年轉職成為CNBC電視臺的財經新聞評論員。在這天，他把所有怒氣都宣洩出來。

站在一群交易員面前，桑特利對於政府的紓困計畫與政府想要幫助的美國人表達憤怒和不屑。他環顧眼前群眾，大聲咆哮：「你們這些人裡面有幾個想要幫自己的鄰居買單？他們家比你家多一間浴室，但卻繳不起帳單？」在場人士都有同感，低聲抱怨起來。他向歐巴馬喊話：「歐巴馬總統，你聽到了嗎？」桑特利說那些面臨房屋贖回風險的人是「人生的輸家」。電視臺棚內，桑特利的記者同事與其他來賓雖然對他的暴怒感到有點不安，卻也都笑了起來。他接著表示：「我們正考慮要在芝加哥籌組茶黨。」他身邊的交易員紛紛歡呼，他則盛讚他們為「極具代表性的美國群眾，是沉默的大多數」，想當年美國的保守派選民對左派的崛起有所疑慮，尼克森總統就是用「沉默的大多數」一詞來爭取他們的認同。與他在電視上同框的，是後來成為川普內閣商務部長的富商威爾伯·羅斯（Wilbur Ross）。羅斯說：「恭喜你，瑞克。你已經獲得革命領袖的新身分。」

桑特利的言論引發廣泛迴響。這段影片在當天就創下了CNBC史上的最高瀏覽率，而且臉書上有無數美國人做出回應，希望能以茶黨的精神發起抗議活動。桑特利的言論颳起一陣旋風，有些人一聽之下就知道情況不妙，對於政壇來講恐怕是個惡兆。後來，經濟大師保羅·克魯曼（Paul Krugman）稱之為「幾近病態且充滿惡意的言論」，但是對於美國的右派人士來講卻很中聽。克魯曼在他的專欄上寫道：「如果你是美國人，那就要倒大楣了。因為這些傢伙不想幫你，只想對你落井下石。」

乍看之下桑特利似乎是這場革命的發起人，但事實上他只是點火而已。抗稅陣營的火藥已經積聚了幾十年之久。一九七〇年代以來，保守主義社運人士與有錢的贊助者始終試圖抵抗聯邦政府的擴張。主張自由意志主義的電臺主持人勞勃·勒菲佛（Robert LeFevre）在這陣營中深具影響力，他的這番話則是很有代表性：「政府本身就是社會弊病，卻把自己偽裝成解方。」在一群追隨者的協助下，勒菲佛的思想得以廣為傳播，其中包括億萬富翁查爾斯·寇赫（Charles Koch），他與弟弟大衛的商業帝國涵蓋了牧場、石油業與紙製產品（例如紙杯的製造）。寇氏兄弟為了推廣政治理念而花錢不手軟，他們的理念可以用查爾斯在《自由意志主義評論》（*Libertarian Review*）上面的主張來涵蓋：「思想不會自己傳播，只有人才能傳播思想。這意味著，我們必須發動一場運動。」寇氏兄弟贊助了一整個智庫、學術計畫、說客與候選人的網絡。（桑特利發表那一番憤怒言論後才沒幾個小時，首先幫忙散播其訊息的，是鼓吹茶黨精神的網站TaxDayTeaParty.com，而網站的註冊者就是先前曾與寇氏兄弟一起參與政治行動的某位芝加哥男子。）

如果只是停留在自由意志主義這個非主流陣營裡，他們永遠沒有辦法讓大眾相信聯邦政府的權力不具正當性。到了一九九〇年代，拉許・林堡（Rush Limbaugh）的崛起讓他們開始掌握了強力的話語權。林堡是明星級的電臺談話性節目主持人，之所以享譽全美只是因為對柯林頓夫婦等民主黨菁英嗤之以鼻。林堡表示自由派人士「善於利用窮人的困苦來達成宰制社會的目標」。他同時主持幾個電視、電臺節目，寫了一本又一本暢銷書，把搞笑藝人請上節目來倡導懷疑政府的言論：「聽清楚了，自由派人士壓根就不在意歧視現象能否在社會絕跡。」他說：「你們知道自由派所謂『對抗歧視問題』是什麼意思？他們只是想讓所有人都平起平坐。」他向群眾警告，環保主義只是「另一種恐嚇人民的話術，想讓大家放棄自己的一部分人身自由與財富，而左派就能趁機掌握更多權力，控制我們的個人生活。」在他編造的故事裡，學校根本是化糞池，政府把美國人的稅金都浪費在裡面：「我們花在每間教室上面的錢，已經足夠讓老師與學生都搭乘有司機的禮車上下課。」

這場運動的成效之高令人咋舌。政府的預算其實促進了美國資本主某些最珍貴資產的發展，例如半導體、疫苗、核能、無線通訊、太空科技與網際網路等，但這個保守主義運動卻成功將政府這個概念予以妖魔化。等到桑特利登高一呼，誓言要復興茶黨精神之際，已有學術研究顯示許多美國民眾即便對於政府所提供的各項措施都感到滿意，但卻對「聯邦政府」抱持隱隱然的敵意。根據皮尤研究中心在二〇一五年進行的調查，無論是民主黨或共和黨的支持者，絕大多數都認為政府在防制天然災害方面的工作可說是成效卓著（比例分別為百分之八十二與七十八），也能夠確保工作環境中的勞動條件是公平且安全的（比例分別為百分之七十九與七十七）。至於在道路、橋梁與其他基礎建設的維修工作上，還有是否能讓大眾都獲得高品質教育的機會，兩黨的支持者大概各有一半都是抱持肯定的態度。

最值得注意的是，儘管美國人仰賴補助與福利措施過活，卻對那些制度不屑一顧。根據康乃爾大學政治學教授蘇珊・梅特勒（Suzanne Mettler）在二〇〇八年的研究顯示，當被問及「你是否使用過政府的社會福利措施？」（例如社會保險、聯邦醫療補助、自宅低利貸款等），超過一半（百分之五十七）的美國人表示他們不曾用過，但事實上他們有百分之九十二卻是已經使用過政府的社福措施了。平均而言，美國人使用過的聯邦社福措施，像是聯邦醫療補助與社會福利等，數量高達五個。

桑特利一戰成名後，幾週內數百場茶黨抗議活動席捲全美；隨後一年半內，各地成立了二千個支持這場運動的分部。他們大聲疾呼的口號是「奪回權力」（Take It Back），而這反映出某些美國人深恐自身地位受威脅的政治觀，儘管他們的想法還不太具體，但的確對權力的腐化懷抱恐懼，害怕自己失去影響力。

從一開始，茶黨就毫不掩飾運動內部有非常深厚的種族仇恨基礎。在某些抗議活動中，他們在海報上把歐巴馬描繪為非洲巫醫或是電影《猩球崛起》（*Planet of the Apes*）裡的角色。林堡在二〇〇九年向他的支持群眾喊話：「歐巴馬的政府官員要怎樣才能升遷？只要在心裡或口頭上討厭白人，甚至只要稍微批評一下白人之類的就可以。白人已經成為新的受壓迫少數民族。」林堡把政府的振興經濟措施稱為「賠償金」，而支持這項措施的共和黨同志則是被他奚落為「同路人」。他說：「他們自願坐到公車後方座位。他們說什麼，喔我不能用這飲水機。沒關係。他們說，喔我不能用這廁所。沒關係。」*二〇一〇年，抗議「歐記健保」的群眾在國會山莊下方的廣場將喬治亞州的民主黨籍眾議員約翰．路易斯團團圍住，而這位人權領袖與幾位黑人眾議員遭他們挑釁奚落，以種族歧視的言論辱罵，甚至有個抗議人士對他們吐口水。

其實在歐巴馬競選總統期間，此一種族仇恨的氛圍就不斷積累。他收到的死亡威脅多到必須接受美國特勤局（Secret Service）的保護。即使在他正式獲得民主黨提名以前，他就被迫在臥室裡面裝設防彈保護措施才能安心入睡。共和黨總統候選人馬侃雖然節節敗退，但他的競選搭檔莎拉．裴琳（Sarah Palin）卻因為創造出充滿仇恨的全新政治語彙而在政壇崛起：但她的話術其實了無新意，只是混雜了九一一事件後的恐外情緒，以及麥卡錫主義對於國內叛徒隱身社會各階層的恐嚇論述。某次集會上她對支持群眾批評歐巴馬：「他讓我害怕，因為他看待美國的方式與你我不同。」

歐巴馬當選後的幾天內，白人至上主義的首要網路論壇Stormfront因為造訪人數太多而整個當掉。其他的徵兆則是比較沒那麼明顯。政治學者麥可．特斯勒（Michael Tesler）表示，從數十個研究的結果看來，與反歐巴馬勢力有關的元素包括「種族仇恨、仇視黑人的刻板印象、反對跨種族的親密關係、種族中心主義、反穆斯林的態度，就連住在那些民眾用Google搜尋引擎查詢許多種族歧視事物的地區也有所影響。」

接下來的幾年內，就算歐巴馬的發言只是稍微帶到種族歧視，社會上就會很快出現反應，而且結果可從統計數字看出。二〇〇九年七月，哈佛大學教授亨利．蓋茨（Henry Louis Gates Jr.）訪中後回到位於劍橋的住家，發現他的家門卡住了。他和司機試著把門撬開，沒想到卻有目擊者報警。白人警官詹姆斯．克羅利（James Crowley）以擾亂秩序（disorderly conduct）的罪名逮捕蓋茨教授，但後來以不起訴處理。歐巴馬對此的評論是：「儘管有證據顯示當事人是在自家門前，但劍橋市警方卻將其逮捕，實在愚不可及。」歐巴馬與其民調專家後來發現，這番言論導致他的支持度在本來投票給他的白人之間大跌，幅度高居他整個任期期間之最。

❖

歐巴馬引發的各種陰謀論愈來愈奇特，其濫觴莫過於純屬虛構、由地產大亨兼實境電視明星

---

* 譯注：只能坐公車後面座位、不能喝白人用的飲水機、不能使用白人的廁所，都是對黑人有所限制的種族歧視措施。

川普鼓吹的「出生地懷疑論」（偽稱歐巴馬在外國出生）。*（根據一份於二〇一四年進行的研究顯示，抱持這種論調的人幾乎都是白人，大多為共和黨支持者，且其言論帶有強烈種族仇恨色彩。）但「出生地懷疑論」只是眾多反歐巴馬陰謀論中最有名的一種。作家塔納哈希・科茨認為各種論調都是源自於反歐巴馬人士的想像，並將其羅列如下：「歐巴馬贈送手機給領取社福津貼的衣衫襤褸人士。歐巴馬訪歐期間曾抱怨：『一般民眾氣量狹小，所以不能讓他們管理自己的事務。』歐巴馬的婚戒上刻了一句阿拉伯格言，後來他為了遵守齋戒月的規定而不再戴婚戒。他取消了國家祈禱日（National Day of Prayer）。他拒絕為鷹級童軍簽發證書。他的哥倫比亞大學學歷是偽造的。就連對一群小學生演講他也得要使用提詞機。」

根據南方貧困法律中心（Southern Poverty Law Center）的調查指出，到他上任的第一年（二〇〇九）年底，全國各地本來已經沉寂十年的民兵活動又活躍起來，各種反對政府的所謂「愛國團體」成長為三倍多。在這年，鑽研國內恐怖主義的國土安全部分析師戴洛・強森（Daryl Johnson）也提出示警，因為經濟走下坡，再加上美國第一位黑人總統誕生，兩者都促使民間的反政府情緒高漲，「可能會促使恐怖主義團體或孤狼式的極端人士崛起」。但這份名為〈右翼極端主義〉（Right-Wing Extremism）的報告卻遭共和黨民代與保守派政治評論員圍剿，表示他的言論無疑是將正當的民怨給汙名化了。強森提交這份報告後，國土安全部裁撤了其所屬部門「極端主義與激進活動小組」（Extremism and Radicalization Branch）。

有些新崛起的右翼激進人士跨足軍事幻想領域，甚至藉此做起了生意。新聞網站InfoWars的負責人艾利克斯．瓊斯（Alex Jones）提出各種陰謀論，吸引了數以百萬計追隨者：他表示九一一事件是美國政府策劃的「栽贓行動」，甚至發生在二〇一二年的桑迪胡克小學槍擊案都是由他所謂的「危機演員」來扮演受害學童與悲戚的家長。他甚至造謠表示受汙染的飲用水會讓青蛙變成同性戀，男性會因為飲用盒裝果汁而無法生育。他利用他的網站販售各種商品，備受支持者歡迎與追捧，諸如T恤、貼紙、可以增強男性力量與雄風的營養品，還有特別為災難來臨而準備的緊急補給物。

即使在川普跨足政壇以前，各種主張美國末日將至的極右派胡言亂語就已經滲透進入美國的主流保守派媒體。桑特利發飆開罵的五年後，向來都在為白人民族主義與反猶太陰謀論宣傳的談話性節目主持人麥可．薩維奇（Michael Savage）出版了《阻止即將來臨的美國內戰》（*Stop the Coming Civil War*）一書，主張歐巴馬當選「可能是將自由釘死在棺材裡的最後一枚喪門釘」。

＊譯注：美國憲法規定natural born Citizen才有競選總統的資格，而這有兩種解釋：一是必須在美國出生，二是必須出生時就具有美國公民資格。因此，若歐巴馬是在外國出生，其競選資格是有爭議的。此外，歐巴馬不僅是第一位非裔美國總統，更是第一位在美國本土以外的地方（歐巴馬出生於夏威夷）出生的美國總統。

茶黨所不屑的，在很大程度上聚焦於歐巴馬這個人，但如此一來卻很容易忽略了某個在他任滿離職後仍會持續糾纏著美國社會的公共議題。桑特利批判聯邦政府時訴諸於某個景象，用來說明美國的衰敗。他說：「古巴也曾豪宅林立，經濟表現相對來講還算不錯。但自從他們的社會從個人走向集體後，到現在大家都還開著一九五四年出廠的雪佛蘭老爺車！」

❖

到底該將個人主義無限上綱，或是以社群為重？這是幾個世紀以來始終糾結著美國人的問題，同樣難解的是以下孰者為重：自利或社會責任？如果用想像的理念看來，美國該走的路線到底是邊境上如獨行俠的牛仔，抑或是仰賴互助的篷車車隊？法國社會學家托克維爾（Alexis de Tocqueville）注意到此一緊張關係，甚至認為這個對立始終存在於美國人特有的才性中，也就是他所謂「經過正確理解的自利」（self-interest rightly understood）。這種模式始終存在，而且如果以格林威治為活生生的例子看來，就是婆羅門與海盜之間的永恆拉鋸。*

想要維持兩者間的平衡，永遠是個挑戰。十九世紀末鍍金時代期間，個人主義於美國大行其道，某些產業巨子引用方興未艾的達爾文演化理論來解釋為何窮人會受苦，將這社會現象合理化。社會學家威廉·桑納（William Graham Sumner）甚至認為，想要保護弱者免於受害，無異於「否定演化論」。在他看來，「緩解窮人的困苦是不道德且魯莽輕率的」。

到了一九一〇年代，許多人紛紛揭露美國社會無所不在的剝削慘況，芝加哥的厄普頓．辛克萊（Upton Sinclair）只是其中一例。影響所及，讓個人與社群之間的擺盪又在進步時代**期間趨向於社群，而且隨後的經濟大蕭條時期更是讓社群優先的信念得以強化。美國人發現他們無法左右強大的經濟力量，因此個人的表現時強時弱，這導致個人主義的瓦解。個人主義處於低谷期間，史家查爾斯．比爾德（Charles Beard）宣稱：「非常冷酷的事實是，西方文明之所以會落入今日的困境，主要就是因為『自利自得，落後者倒楣』的個人主義信條所致。」對於社群的重視被奉為圭臬，而且具體地反映在史坦貝克（John Steinbeck）的小說《憤怒的葡萄》（*Grapes of Wrath*）以及法蘭克．卡普拉（Frank Capra）的電影《華府風雲》（*Mr. Smith Goes to Washington*）裡面。

去國多年期間，我曾寫書探討為何個人主義會在現代中國崛起，而中國人之所以會更為偏向這種思想，理由之一在於大眾對於政黨、企業與其他強大體制普遍感到不信任。回到美國後，我卻見識到一種更為強調個人至上的「超級個人主義」（hyperindividualism），而這種主張幻想著所有人皆能仰賴自己過活，並且把「成王敗寇」奉為圭臬。其實這是經過幾十年的醞釀才發展出來

---

* 譯注：婆羅門是印度種性制度中的最高層級，因此這個拉鋸所反映出來的，是格林威治的富商們因為累積巨富而受到美國社會景仰，但他們所做的事情在本質上具有海盜般的掠奪性。

** 譯注：進步時代（Progressive Era）大約是一八九〇至一九二〇年。

的思想。哈佛大學教授勞勃・普特南（Robert Putnam）與夏琳・蓋瑞特（Shaylyn Romney Garrett）在合著的書裡面表示，他們對兩個世紀以來在美國出版的書籍進行語料分析，發現大概從一九七〇年代以來「同意」、「聯合」與「妥協」等字眼的出現頻率持續下滑。

到了二〇一〇年代，在社會與政治創新方面，愈來愈少人提及我們該在個人企圖心與公眾利益之間求取平衡。工會勢力是從一九五〇年代就開始式微了；政府稅收逐漸減少則是始於六〇年代；至於反壟斷法案的立法以及財金活動的規範，則是從七〇年代以降就崩壞了。美國人不是沒有想要逆轉局勢：八〇年代期間，政府針對銀行提出新的資本適足率（capital-adequacy）規則，意在預防金融危機再現；到了二〇〇〇年代，因為安隆案暴發，又有《沙賓－歐克斯法案》（Sarbanes-Oxley Act）的問世，藉著會計制度的改革來防止類似弊案。但事實證明這些管制措施都難以推行；此外，共和黨更是往另一個方向推進，用自由至上的語言把經濟包裝成近乎神聖不可侵犯。

次級房貸危機後，民粹主義運動紛紛崛起，茶黨只是其中一例。二〇一一年年末，左傾的抗議群眾在紐約曼哈頓金融特區裡的祖科蒂公園（Zuccotti Park）埋鍋造飯，因為他們對於金權政治的不平等現象，以及華府無法強硬回應金融弊案已經忍無可忍。「占領華爾街運動」（Occupy Wall Street）發生後，美國各地有幾百個類似運動起而響應，以同樣的口號抗議：「我們是百分之九十九！」儘管奇普・史柯隆與那些「圓丘路惡棍」紛紛受到法律制裁，卻無法扭轉社會大眾認為整個體制不公不義的印象。事實上，這些案例似乎只是讓民眾清楚意識到，真正位高權重的華爾街執行長都能全身而退。儘管歐巴馬對抗議群眾表示同情，但某些參與者直言，本來以為他上臺會帶來改變，但卻幻滅了。某位抗議活動發起人對傾向社會主義的雜誌《雅各賓》（*Jacobin*）表示：「幻滅後，我們只能對一切都存疑，或者嘗試走另一條完全不同的路。」

眼見左派與右派民眾都心懷不滿，政治人物也設法找到應對之道。二〇一一年年末於佛州舉行的某場共和黨大型會議上，保守派政治顧問法蘭克．藍茲（Frank Luntz）向州長們提出建言：別再謳歌「資本主義」，而是該換個說法，以「經濟自由」或「自由市場」來替代。他建議避談華爾街的「紅利」，而是把那些報酬改稱為「績效獎金」。此外，在面對積累難消的眾怒時，千萬別提到「妥協」，因為聽起來帶有失敗主義的味道。他還說，最重要的是千萬別讓華府成為眾矢之的，而是該把所有政治歧異都轉化成美國人為求生存而相互衝突的戲碼。

茶黨受到許多影響，但他們最為珍視的莫過於小說家艾茵．蘭德的思想遺緒。在茶黨的抗議活動中，抗議者高舉的標語寫道：「約翰．高爾特是誰？」*藉此向蘭德的小說《阿特拉斯聳聳肩》（*Atlas Shrugged*）的主角致敬，並且援引她的倫理主張來說明，為所有人提供健保是不道德的。此時保守派的主流知識分子才開始注意到蘭德，而先前她的信徒只有那些會在宿舍裡高談闊

---

* 譯注：這是小說的第一句話。

論的大學生，他們標舉她「理性的自私自利」（rational selfishness）的倫理學立場，認為這能為道德問題找到完美解答，也認同她把世界區分為「生產者」與「掠奪者」的激進主張。史家珍妮佛・伯恩斯（Jennifer Burns）著有《市場的女神：艾茵・蘭德與美國右派》（*Goddess of Market: Ayn Rand and the American Right*）一書，主張蘭德所召喚的是一個「幻想中的世界，在其中努力奮鬥的成功人士群聚，完全不受窮人、弱者與不幸者拖累阻礙。只有在這虛構的世界中，蘭德才得以迴避命運與機遇的難解問題，因為在她的小說中，所有人都是一分耕耘一分收穫。」

上述改變以最尖銳的形式反映在公共議題的討論上，部分人士毫不掩飾地蔑視互利互助的精神，對於他人受苦受難的回應，則是近乎幸災樂禍。二〇一二年CNN電視臺為共和黨總統大選初選舉辦辯論會，主持人提出一個假設性的問題：如果有人生病卻沒有聯邦醫療補助，那麼美國社會真的「應該任由他病死嗎？」在幾位候選人回答以前，觀眾席中有個男人大喊：「應該！」其他人則是發出贊同的歡呼聲，甚至哄堂大笑。

❖

二〇〇一年九一一事件後，美國社會又重新把個人主義奉為金科玉律，這種現象與往常的美國史形成強烈對比，因為過去美國人曾經本能地以為，每逢衝突事件發生，他們總是能夠展現犧牲奉獻與慷慨助人的精神。二次大戰期間，一千六百萬人加入美軍部隊，民間企業也接受政府的價格管制政策，藉此預防通膨，至於一般家庭不但購買戰爭債券，也坦然面對肉品、柴火與盤尼西林等物資的配給。美國人認為，「為達更高尚的目標而犧牲」是值得鼓勵的精神，甚至高度重視某些象徵性的舉措。例如，有些小鎮會舉辦募集鐵罐的活動，其目的純粹是為了讓大家能共享某種責任感。美國人是否該這樣犧牲？這當然是有爭議的問題。羅斯福總統的政敵甚至聲稱，薪資控制是違反美國精神的。有些非裔與拉美裔美國人為了抗議種族歧視而穿上被稱為「祖特裝」（zoot suit）的華麗西裝，而這故意蔑視戰時布料禁令的舉動，卻也導致他們遭美國海軍士兵攻擊。但整體而言，當時的美國仍能正常運作。

近來幾次戰爭期間，類似的精神已經幾乎煙消雲散。九一一事件後，儘管小布希總統發動部隊征討多國，但他認為對於恐怖主義的最佳回應是讓美國社會呈現出維持常態的表象。（如他所言：「我呼籲美國同胞都能生活一如往常地持續下去。」）後來幾年間，美國人不必面對戰爭稅或物資配給的壓力，而男子更是沒有必要應召入伍，理由之一在於軍方唯恐徵兵之舉會減損部隊的專業精神。到了二〇一〇年代尾聲，因為九一一事件而拉開序幕的反恐戰爭已經把戰線拉長到阿富汗、伊拉克、巴基斯坦、索馬利亞、敘利亞與至少其他美國派兵前往的九個國家。這場戰爭也創下美國參戰最久的紀錄，超越越戰在過去創下的十二年紀錄。七千位美國同胞於反恐戰爭中喪生，受傷者不少於五萬人，因此這場戰爭影響所及還不到百分之一的美國人口。

但是，無止境戰事帶來的損失卻對美國的政治文化造成壓力，只是影響並不劇烈，而是慢慢成形。小布希連任成功，隨後兩位總統也讓戰事持續下去，對選票表現並未造成顯著的負面影響。曾於海軍陸戰隊服役、獲派前往伊拉克與阿富汗的作家艾略特・阿克曼（Elliot Ackerman）後來表示：「如果政府在九一一事件後實施徵兵制與徵收戰爭稅，我很懷疑千禧世代*會乖乖聽話，連續十八年接受徵召入伍，而且我認為他們隸屬於嬰兒潮世代的父母也不會甘願接受更高的稅率。這些爸媽真會在乎阿富汗國民軍（Afghan National Army）是否能獲得美軍援助，在興都庫什山背水一戰嗎？」

社會大眾沒有損失，因此沒人必須面對問責，這些軍事衝突彷彿只跟政界有關。既然戰爭並未帶來壓力，美國人與他們的家人和家鄉既不用面對傷害，更別說根本不知道敵人在哪裡了，因此與戰爭有關的相關決策也不會像往常那樣受到影響。阿克曼寫道：「在過往歷史上，美國只要發生戰爭，即便是那些所謂『正義之戰』，政府的領袖們總是必須為了維持國人的參戰意志而殫精竭慮，因為美國民眾不願支持耗資巨大的持久戰。」然而，這場反恐戰爭雖然看來漫無止境，但因為造成的影響太過分散，跨越許多不同地點與階級，再加上我們這個時代已經進入「躲貓貓世界」，讓人容易分神，所以國人就無法為這戰爭賦予一個完整的政治意義，最多也只能對參戰軍人說出那句空洞的六字真言：「感謝您的付出」。對於他們，美國人最多也只能說一句「我會好好思考，為此禱告」，如此而已。

因為這場漫長的戰爭打個不停，有時候很容易遭社會大眾忽略。就某些層面而言，其效應的確是幾乎不可見；但是從其他層面看來，帶來的損害已經無可避免地漸漸顯露出來。九一一事件後的十幾年之間，平均而言，與住在大城市的美國人相較，住在小鎮的美國人在戰爭中喪生的機率為兩倍以上。以西維吉尼亞州的克拉克斯堡為例，參軍是當地世代相傳的光榮傳統，而矗立於河灣地區的退伍軍人醫院在前往醫院大樓的路邊架設了一個大大的標語寫道：「在這裡，自由的代價是明顯可見的。」沒想到，在二〇一三年某個夏日黎明降臨前的闃黑沉寂中，這個代價會變得如此鮮明可見，受到世人矚目。

＊譯注：也就是所謂的Y世代，約略指一九八一至一九九六年之間出生的人。

【第八章】

把自己灌醉

二十歲生日的不久前，希尼·穆勒（Sidney Muller）投身軍旅，成為海軍陸戰隊一員。在西維吉尼亞州，一個世代相傳的出路是靠從軍在社會力爭上游，並能藉此離開窮鄉僻壤。西維吉尼亞是退伍軍人比例最高的州，這一方面是個光榮傳統，但另一方面也顯示出當地人口有多窮。軍事元素在克拉克斯堡當地隨處可見，包括三個戰爭紀念碑、許多退伍軍人協會（American Legion）與海外作戰退伍軍人協會（Veterans of Foreign Wars）提供的住宿處，而最顯著的莫過於矗立於西叉河河灣上的路易斯·強森退伍軍人醫學中心（Louis A. Johnson VA Medical Center）。

希尼在克拉克斯堡土生土長，家境貧困。除了中間名以外，父親阿圖洛·穆勒（Arturo Muller）幾乎什麼都沒留給他。*到了他四歲時，阿圖洛已經不知去向。他的母親琳達曾跟人在當地開了一家三明治店，但是長期與毒癮、酒癮奮戰。如她所說，那是「我的兩個麻煩」。希尼三年級時，母親因為用藥過量而差點死掉，所幸他用心肺復甦術救了媽媽一命。到了他十五歲，母親曾經在獄中待過一段時間。已經長大的希尼討厭毀了母親一生的藥物，但他自己也有各種問題：飲酒過量，常與人打架，還會偷東西。（後來他說：「我對自己的人生非常生氣，所以我做那些事只是為了把怒氣跟恨意發洩出來。」）最後他因為偷了一輛教堂廂型車而被關到克拉克斯堡附近一間叫做撒冷—因達斯崔爾少年之家（Salem Industrial Home for Youth）的感化院。希尼在那裡獲得高中同等學力，二〇〇四年滿十八歲時獲釋，在沃爾瑪（Walmart）找到工作，但工作超級無聊。他在電視上看到海軍陸戰隊被派往伊拉克的畫面，後來他常提起有個父執輩家人曾經在海外服役。他造訪海軍陸戰隊的徵兵中心，希望能加入步兵部隊。女友泰勒·德斯特（Taylor Durst）意識到他是為了更深刻的理由而從軍。她對我說：「這讓他能安定下來。」

二〇〇六年一月，希尼前往南卡羅來納州帕里斯島（Parris Island）的新訓中心。體格壯碩的他身高一百八十公分出頭，體重超過一百一十公斤，所以部隊指派他擔任機槍手，因為這職務的武器與裝備都比別人重。新訓後，軍方派他前往伊拉克七個月，隔年回來後又再派他去八個月。到了服役第三年，他獲得一個位於科威特的閒缺，最後在二〇一〇年二月十三日返家後，他得以光榮退伍。退伍前他就與泰勒成婚了，此時他們的兒子已經一歲，泰勒肚中還懷著一個小女嬰，看來他會就此安定下來。

---

* 譯注：所以他的全名是希尼·阿圖洛·穆勒。

但幾個月後華府又發出召集令。在阿富汗的戰爭於二〇一〇年陷入膠著，塔利班（Taliban）占了上風，因此歐巴馬緊急徵召三萬人的軍力，計畫要在一年半後讓這些軍人能夠返國。海軍陸戰隊問希尼能否回部隊，他接受邀約。那一年聖誕節前不久，他離開西維吉尼亞，前往阿富汗的駐地。他被派駐到阿富汗南部一個位於河濱的小鎮，也就是不久後會因為凶險戰事而聲名大噪的桑金（Sangin）。

對於參戰的各方而言，桑金都是個戰略要地，這小鎮除了因地利之便而成為鴉片交易中心，也是通往該國第二大城坎達哈（Kandahar）的門戶。這時塔利班正為奪下桑金而火力全開。為了守住桑金，英軍自二〇〇六年以來已經有至少一百人捐軀，意思是九一一之後因為戰鬥死去的英軍有三分之一都喪命於此。英軍部隊為這裡取了一個綽號：「桑金格勒」，因為這裡的戰局之凶險堪比二戰期間的史達林格勒。希尼抵達駐地不久前，英軍才剛把這嚴峻的任務移交給美國海軍陸戰隊。

希尼隸屬於海軍陸戰隊第五軍團的第三營，接下來七個月內他們承受了史上最慘烈的損失：全員有二十九人身亡，而且一百八十四位傷者裡面有三十四人是傷重斷肢。這是九一一事件以後所有海軍陸戰隊部隊中最高的傷亡率。因此，當時的國防部長勞勃・蓋茲（Robert Gates）特別從華府搭機飛往煙沙漫天的桑金前哨基地，向海軍陸戰隊的弟兄們宣示：「你們的犧牲慘重，因此於國家有大恩。如果各位有何需求，只要是我能幫上忙的，儘管提出，千萬別猶豫。」

希尼所屬的第三營於二〇一一年四月結束這趟派駐任務，但他請求加入另一部隊，繼續留在桑金。儘管局勢凶險，但這是他畢生第一次能把事情做好。某位指揮官推薦他獲頒獎章，推薦理由是他「敢於任事、戰技純熟、充分展現火線下的勇氣，是值得稱許的戰爭鬥士。」另一位軍官則是寫道：「我們必須讓他留任，並予以升職。」希尼從桑金寫電子郵件給西維吉尼亞州同鄉赫曼·路伯（**Herman Lubbe**）。赫曼是即將獲派前往桑金的海軍陸戰隊中士，因此希尼勸他必須要有心理準備。他寫道：「還記得伊拉克吧？這裡比伊拉克最糟的部分還要糟。就是這樣。」赫曼在一月抵達，發現大家因為隨時可能陷入險境而始終無法擺脫低迷的士氣。這些阿兵哥每天的任務就是巡邏掃雷，在那狹小到令人感到幽閉恐懼的凹凸不平道路上，找出地底的新炸彈，隨時可能非死即傷。巡邏時，赫曼發現自己始終無法擺脫那種不知何時會遇到炸彈爆炸的強烈恐懼感。他說：「我們像螞蟻般排成一列，心裡想著最前面那位弟兄不知道何時會踩到炸彈。」

危險的地方還不只如此。二〇一一年五月某天清晨，人在某個大帳篷裡的赫曼聽見遠處傳來一陣呼嘯聲，知道是迫擊砲要炸來了。他說：「帳篷像瑞士起司那樣被炸得四分五裂。」砲彈爆炸時，只有希尼和另一位海陸弟兄是站著的。赫曼回憶道：「沒有炸到希尼，但是正中另一個傢伙的臉部。看過蝙蝠俠系列電影《小丑》（*The Joker*）嗎？他的臉變成像小丑一樣。臉上多出一道裂痕，從嘴角往臉的側邊延伸。」

這枚迫擊砲為長達四小時的惡戰拉開序曲。赫曼與希尼好不容易來到基地邊緣的交戰前線，有段時間卻只能蜷縮在一段階梯的底部，無法動彈。他們又聽見另一枚砲彈來襲的呼嘯聲響。砲彈炸開後，各種碎片與塵土砸在先前希尼緊靠的那一堵牆壁。赫曼說：「我跳起來大吼：『希尼！希尼！希尼！』但他沒有回應。接著我看到他從樓梯下面走出來，渾身跟鬼一樣白。」希尼在赫曼身邊倒下，對他說：「我真不知道自己怎麼會沒有被炸死。」

三週後，巡邏時赫曼身邊一個海軍陸戰隊隊員踩到炸彈，大腿以下的下肢都炸斷了。爆炸後的慌亂結束後，赫曼爬到傷者身邊，點燃一枚煙霧彈來標示地點，讓即將來臨的直升機知道該在哪裡降落。就在此時，另一位海軍陸戰隊隊員也踩到了簡易爆炸裝置（IED）。這次就連赫曼也被炸到飛起來，落地時他感到整個臉部一陣陣持續的疼痛與灼熱。他的下巴被炸出一個很大的傷口，幾乎炸斷整片右耳。他的下半身也很慘，雙腿被炸到骨頭碎裂，血肉模糊。某個中尉爬到他身邊。赫曼求他們幫他注射嗎啡，然後就暈了過去。接下來兩年內他都待在華特・里德國家軍事醫療中心（Walter Reed National Military Medical Center）。醫生必須幫他整容，重建右耳，腿傷的治療更是大費周章。復健後他終於能站起來走路。他自覺運氣很好，因為病友們大多是腿部已經截肢。

本來，赫曼以為在九一一事件後的幾十年內，投身軍旅會讓自己跟許多美國同胞漸行漸遠。不過他卻表示：「當年那些越戰老兵的遭遇沒有發生在我身上。美國人大多願意支持我們，也感謝我們願意去服役，對此我實在是心懷感激。」但對於大多數美國人來講，這場戰爭欠缺真實感，感覺很模糊。國家並未要求他們付出什麼，他們只需「好好思考，為此禱告」就好。赫曼說：「我與他們的對話、回答的問題，都是千篇一律，只是他們覺得有必要對我說那些話而已。不過，我想他們應該都不懂，對我們的關切也都是三分鐘熱度。」

二〇一一年九月，希尼結束他派駐阿富汗的任務，開車去華特·里德醫療中心探視赫曼。他在那裡待了一個月，就睡在病床邊的陪病沙發上。白天時，他們會聊一聊往事，還有對於未來的想法。希尼很樂觀。他說：「我想要回學校讀書。」先前他已經修過一些線上課程。他考慮要當警察，專門幫助像他當年那樣惹上麻煩的年輕人。赫曼為他感到欣慰。他說：「我有許多遠大抱負。」

希尼開車返回克拉克斯堡，但仍透過電話與電子郵件與赫曼保持聯絡。不過，時間一久，希尼捎來訊息的頻率漸漸減少。他們不像先前那樣常常講電話；就算通話，希尼的語氣聽起來也是很空洞，急著想掛電話。赫曼不知道他到底有什麼狀況，但肯定不妙。赫曼說：「我沒問，他也沒講。那就像是雪崩，只是發生的速度緩慢無比。」

❖

九一一後的幾年內，這次恐攻事件的長遠影響仍隨處可見，即便在類似克拉克斯堡這麼遠的地方也不例外。西維吉尼亞州居民出征阿富汗時，在《典範電訊報》上能看見機場的送機儀式；若有該州子弟在戰鬥中捐軀，報上也會出現巨細靡遺的訃聞。隨後的幾年內，據該報報導指出，當地國民衛隊（national guard）要維持正常運作實在愈來愈困難，因為正規成員紛紛被派駐海外，衛隊對於兼職士兵的依賴度變得愈來愈高。這樣的壓力持續積累，透過報導的文字讀者可以感受到軍方的無奈。希尼在伊拉克期間，《典範電訊報》報導了部隊搭機前往海外的新聞，而且全機又都是西維吉尼亞國民衛隊的成員，對此作者用枯燥冷靜的筆調寫道：「其中許多人都不是第一次獲派前往海外了。」

返回克拉克斯堡幾週後，希尼造訪那座矗立在小丘上的退伍軍人醫學中心。這間醫院是當地聘用最多員工的單位，人數大概一千，他們服務的退伍軍人約略有七萬人，最遠來自俄亥俄州。根據病歷資料顯示，某次他去看醫生時表示自己「有控制不了怒氣跟失眠的問題」。希尼坦承自己飲酒過量。據醫生診斷，他因為創傷後壓力也出現了「亞臨床憂鬱症狀」（subthreshold symptoms），但根據既有的標準尚未達到真正憂鬱症的程度。醫生開了莫憂平（mirtazapine）這種藥幫助他舒眠，維泰寧（hydroxyzine）則是能減緩他的焦慮，但是並未安排他住院。

他的問題並未減緩。接下來的十個月裡，希尼又兩度回診，各種症狀讓他愈來愈困擾。某位醫生在二〇一二年九月七日的病歷上寫道：「他某次醒來發現自己躺在地板上，但不記得怎麼會在那裡。」他還說：「做惡夢與控制不了怒氣的問題惡化了。」希尼停止服用莫憂平，因為他認為吃這種藥會讓他做有關戰爭的惡夢。

病歷上記錄了其他症狀：「（希尼）覺得對自己身邊的人與事都不在乎，也常常遠離」朋友們，而且「如果需要等待，他會開始焦慮，此外也容易受到驚嚇，有走投無路的感覺，情緒不穩且易怒。他說，他總是會想起自己受傷的回憶片段。」醫生開另外兩種藥給他，包括抗憂鬱的伏憂寧（fluoxetine）與改善惡夢症狀用的脈寧平（prazosin），而醫院也安排他接受創傷後壓力症候群的檢測。結果他得了五十二分，被歸類為「嚴重」。醫院幫他申請到失能補助，每個月能夠請領一千八百八十九美元。

到了二十九歲時，希尼的世界整個崩塌了。他與妻子泰勒分居。泰勒對我說：「他很少在家裡。他沒嘗過父愛的滋味，本來很興奮有機會給孩子滿滿的愛，但他就是不知道該怎樣當個父親。」那年九月去了退伍軍人醫院後，他就把車撞爛，還因為酒駕而遭逮捕。他丟了駕照。幾週後他又因為無照駕駛被捕。想當警察也沒辦法了，因為這類前科讓他多年內都無法應試。此外，他的偏執症狀也開始失控。他對醫生說：「我不再信任所有的朋友。」

希尼從阿富汗返鄉之際，剛好也是克拉克斯堡成為美國類鴉片止痛藥物濫用問題最嚴重的地方。在鎮上，他隨處都可買到抗焦慮藥物贊安諾（Xanax）、類鴉片藥Percocet，還有本來是用來防止對類鴉片藥物上癮的速百騰（Subutex）與舒倍生（Suboxone）。他也對醫生開的咳嗽糖漿上癮，常常喝掉一整罐。

為了讓自己有錢買藥，最後他乾脆當起了小藥頭，從底特律某個盤商那裡購入止痛藥，在克拉克斯堡販售。有醫生問他平常都做些什麼事，他也毫無保留，坦承自己大多待在家裡，「把自己灌醉」。為了安排他下次探視小孩的時間，前妻泰勒會與他見面，但卻被他的可怕模樣嚇到。她說：「那樣子很詭異。他的雙眼無神，好像來自另一個星球。連兩個孩子的生日他都記不住。」

二〇一三年七月二十五日那天早上醒來，希尼還是跟往常一樣，吃了處方藥之後就開始喝啤酒和伏特加。接著他吃了贊安諾與Percocet，又抽了一點大麻，然後就等著太陽下山。入夜後他去了某家酒吧，根據他自己的說法，他喝了十杯酒。午夜過後他喝了半罐Everclear。*接著他開自己的別克轎車前往刺槐大道（Locust Avenue），那裡離我以前的住處很近。後來有人問他，若是用一到十來評估他有多醉，他的答案是「八到九之間」。

❖

我離開後，住處附近的地區因為西維吉尼亞州所承受的各種壓力而歷經巨變。當年我認識的許多退休人士要不是去世了，就是跟我一樣遷居他處。他們的兒孫陸續把刺槐大道的透天厝改建成適合用來租人的樓房，改變了整個地區的氣質。租客來來去去，與鄰居沒有那麼熟，而且也比較不願意把錢花在維修費用上。衰敗的跡象俯拾皆是：我看到一間房子屋頂的木瓦被風吹走；另一間則是塑膠壁板上覆蓋了整片黴菌。還有一間則是窗戶的玻璃破了，並未換新，而是改用膠合板擋起來而已。等到希尼那天開車過去時，根據後來某位律師的描述，那裡已經變成「任誰連在白天都不想經過的街道，更別說是在入夜之後了。」

希尼是去那裡拜訪朋友克里斯多福．哈特（Christopher Hart）。他的住處在刺槐大道七百四十三號，是間木造的兩層樓房，外牆漆成泳池藍。朋友們都稱二十六歲的哈特為巴迪（Body），他當過健美先生，體重至少有一百三十公斤。當時他待在臥室，裡面擺滿了童年時期的紀念品，可以看出他是美式足球綠灣包裝工隊與職業摔角賽的粉絲，也喜歡漫畫作品《陰屍路》（*The Walking Dead*）裡的殭屍。跟巴迪在一起的還有另一個朋友，叫做陶德．阿莫斯（Todd Amos），不少人知道他們合夥販售藥丸和海洛因。希尼有時是他們的客戶，有時是他們的供貨商。這次，希尼是以供貨商的身分找上門，而且有點不爽。他「預先」供了一批藥丸給他們，想要跟他們分享利潤。他們吵了一架，盛怒之餘巴迪掏出一支槍把是珍珠白的貝瑞塔M9手槍，那是他母親在父親節送給他的。

希尼沒帶武器，但像他這種海軍陸戰隊隊員都喜歡說「海陸可不是白混的」。他一看到槍就整個人醒了，隨手就把巴迪手裡的槍打掉。他們倆在地板上爭奪那把槍。希尼後來向一位醫生表示，當時他的行動都是出於「本能」。他說：「在我眼裡他們成了敵人。」希尼搶到槍後一發打爆巴迪的臉。然後希尼也對阿莫斯開槍，他就這樣倒在沙發上死去，頭往下垂，好像在打盹一

---

* 譯注：一種酒精濃度可高達百分之九十五的穀物釀酒。

樣。走廊上，巴迪的同棟室友們被槍聲吵醒，聚在一起前來查看狀況。他們發現巴迪跪在地上，雙手撐地，幾乎死去但還有力氣講話。他說：「是希尼幹的。」（後來他在送醫途中死去。）

這時希尼已經從前門奪門而出，逃往街上，手裡仍然拿著那把貝瑞塔M9手槍。這時是凌晨四點半，在黎明前的一片闃黑中，希尼用眼角餘光看到兩個人影接近他。他們的位置在兩盞街燈之間，只看得出人影，但看不見他們的臉。他以為他們是巴迪的室友，或是想要「對付他」的人。他也對他們開槍，然後就開車返家。

那兩個人並非巴迪的室友，他們與這件事沒有任何關係。他們只是《典範電訊報》的父子檔送報生，案發地點恰好在他們送報的路線上。那位老爸爸佛瑞德·史維格（Fred Swiger）已經七十歲，他兒子小佛萊迪則是四十七歲的發展遲緩兒。該報報社雇用的徒步送報生已經沒幾個，而過去三十年來這就是他們的差事。父子倆總是在黎明前送報，因為天氣比較不熱。訂報的客戶都稱他們為「史維格男孩」，有些人還會留下鈔票給他們，請他們幫忙打點零工，像是漆油漆、修理割草機、修剪矮樹叢之類的。

希尼開槍的剎那間，明妮·史維格失去了她的第一個小孩和她前夫。明妮和佛瑞德在十八歲就結婚，兩人一共生了七男一女。佛瑞德是某家天主教學校的維修工，但生命中最主要的責任是照顧他們的長子小佛萊迪。明妮對我說：「我兒子很愛動物。有家二手商店是為流浪動物之家籌款，他每天都會去那裡買點小東西。有一次，小佛萊迪跟爸爸回家時帶著五隻小狗。我們幫其中四隻找到主人，只有一隻母狗因為瞎了，沒人想養，最後牠跟了我們好多年。」史維格夫婦的婚姻沒能長久維持，孩子們都長大後明妮遷居俄亥俄州，佛瑞德則是跟小佛萊迪繼續待在克拉克斯堡。他們送報路線上的客戶逐年減少，因為訂報的人愈來愈少。明妮擔心他們的工作太辛苦，但「史維格男孩」還是持續徒步送報。「真是風雨無阻啊，就算太陽再大，或是下雪之類的，他們還是照送不誤。」她說：「他們倆相依為命，沒想到最後也一起離開這世界。」他們倒在刺槐大道的柏油路面上，橫屍街頭。從警方為犯罪現場拍著照片看來，小佛萊迪的右手還拿著一份《典範電訊報》。

❖

黎明時希尼就遭逮捕了。他坦承自己與巴迪和阿莫斯起了口角，奪槍後把他們倆都擊斃。他說他不知道巴迪和阿莫斯是否還活著，壓根也不知道他在街上開槍打了誰。他對警方表示：「我已經盡可能往低的地方開槍，避開要害。我只是想要嚇嚇他們，對他們說：『嘿，他媽的滾開。別擋住我。』」

檢察官以四項一級謀殺罪起訴希尼。他的辯護律師山姆・哈洛德（Sam Harrold）也認了謀殺罪。哈洛德後來對我表示：「是他幹的，他根本不可能脫罪。」但是身為海軍老兵，他也認為希尼犯下的罪行在一定程度上肯定與他的戰鬥經驗有關。他說：「他試著接受治療。他只是需要有人幫他度過生活的難關，但政府與社會沒幫上忙。」

二〇一五年八月，希尼的官司以認罪收場。承審法官湯瑪斯・貝德爾（Thomas Bedell）在克拉克斯堡斷案已經超過四分之一個世紀，他表示這是他「法官生涯中最艱難的一案」，他還說：「我不知道我們的國家出了這麼大的問題。」為了幫助法官量刑，經手假釋的單位詳細地描繪出希尼一生的經歷，包括父母是誰、他的前科、他的學歷、他的藥癮與酒癮，還有他在阿富汗當兵時的遭遇。在做出最後評斷時，承辦的幾位官員總結道：犯案時他並未帶著「偏好犯罪的態度」（procriminal attitude），換言之，「他並非故意殺人，而且如果能夠從頭來過，他也不會選擇犯案。」法官判希尼終身監禁，必須要等到刑期滿二十五年後才能申請假釋。

某天下午我在書桌前閱讀那份報告，在腦海裡思前想後，覺得這一切真是令人遺憾無比啊！幾條人命就這樣白白被希尼奪走，幾個家庭就這樣毀了，小鎮也被他扯出一個傷口。希尼顯然必須為他犯下的罪負責，但故事該就這樣完結嗎？社會大眾該怎樣看待這把火？是誰點燃的？國防部長在造訪桑金時不是曾對海陸弟兄們做出承諾？「如果各位有何需求，只要是我能幫上忙的，儘管提出，千萬別猶豫。」希尼需要幫助時，醫院只能開藥給他，幫他做檢測，這樣的待遇當然是比先前幾場戰爭的老兵好多了。但離開醫院後他只能面對自己沒有意義與尊嚴的人生，而他的人生就像我們這個時代唯一能對他說的空話那樣空洞無比：「感謝您的付出。」

我和希尼的朋友赫曼．路伯討論那幾樁凶案，赫曼表示有時候他覺得自己多少有點罪惡感。他多麼希望自己能與希尼好好保持聯絡。到了案情公諸於世之際，他意識到那一連串事件好像是可怕的連鎖反應，如果有人介入阻止的話，可能就不會這樣。相形之下，赫曼離開阿富汗之後他的人生就踏上了康復之旅。母親在病榻旁陪了他好幾個月。更重要的是，相較於希尼的無形傷痛，他的傷痛因為傷口而明顯可見，美國社會必須擔負起治療他的責任。外科醫生盡力重建他的雙腿，經過整形後他臉上的疤痕也少到只是偶爾有人問起他有何遭遇。赫曼結束軍旅生涯，以平民的身分進入國防部任職。後來他遷居德國，在那裡結識現在的女朋友。

但赫曼始終坦誠面對自己，很清楚阿富汗的經驗改變了他。我們透過電話交談時他人在德國，他說：「現在這裡是初春。接下來夏天就到了。到那時，我們才會開始真正感受到阿富汗的經驗對我影響有多重大。我女友說：『這時候我總是變得比較易怒。』」不過，光是了解他自己，就現在而言已經是很大的進步了。他沒有辦法逆轉過去的一切，只能對當下的遭遇心存感激。他說：「我無法讓這世界停止運轉。」

❖

希尼被分配到戒護程度最高的橄欖山（Mount Olive）監獄服刑，位於克拉克斯堡南邊幾小時車程處。跟莫里斯．克拉克一樣，他在獄中當起了理髮匠，還有某家聖經學院錄取他就讀學士班。每天他大多讀書五、六小時。他說：「這麼多年了，我終於平靜下來。」後來他開始相信自己的人生不是因為加入海軍陸戰隊才誤入歧途，而是因為離開部隊。他說：「我在部隊表現優異。但是離開部隊後我沒有計畫，這就好像原本以一百英里的時速移動，然後完全停下。」他把自己的大腦比喻成一隻無法停下的手錶。他說：「我想關掉卻關不掉。」我們討論他犯下的凶殺案，他說：「人是我殺的，所以我該負責。但我是過失殺人，本來沒打算殺他們。」他不斷強調，因為打過仗所以他對於殺人以及死去的風險已經「痲木了」。他說：「死亡已經不是什麼新鮮事。我第一次是被派往法魯賈（Fallujah），也許那時候死亡還有點意義。但是到了第三次出國打仗，我已經搞不清楚自己到底殺了幾個人。只知道，人數很多。」

九一一之後的反恐戰爭為美國留下什麼？每次試著思考這問題時，我總是不禁想起《娛樂至死》的作者波茲曼多年前說的一句話。他用一連串暗喻來比擬美國歷史，他說是那些暗喻「創造了我們的文化內容」。每個時代都有屬於自己的暗喻：西部邊境、厄普頓．辛克萊的芝加哥屠宰場，最後是五光十色的賭城拉斯維加斯。波茲曼於二〇〇三年就已逝世，但我想他也許體悟出當代美國文化的最重要暗喻：我們不妨把這場戰爭比擬為在「微光」中打仗——美國的確是處於一個軍事衝突的時代，但卻沒有清楚的戰爭地點，也分不清誰勝誰敗。

九一一事件後的頭幾年內，國人突然發現美國有多脆弱而深感震驚，因此大家最在意的就是別再重演越戰時代的悲劇，不想讓社會分裂成一盤散沙。就算是要抱持反對意見，大家也會想要講清楚：他們只是反對戰爭，並非反對參戰的軍人。但接下來美國已經準備好要侵略伊拉克了，國人必須團結一致的呼聲甚囂塵上。雖然不是很明顯，但只要有人對於反恐戰爭的正當性提出質疑，就必然會隱約感到周遭的敵意。到了出兵伊拉克前夕，小說家諾曼．梅勒（Norman Mailer）聲稱自己對於「美國社會已出現法西斯主義的前兆」感到憂心。在二〇〇三年年初的某次演講上，他彷彿先知般表示：民主會脆弱到「我們必須群起保衛之」。

隨著戰事持續推進，衝突的語言娛樂化，然後這趨勢又回流到政壇，導致一切都變得如此扭曲且過度簡化。二〇〇六年，保守派的政論名嘴蘿拉．殷格拉漢（Laura Ingraham）甚至把常常出現刑求情節的美劇《二十四小時反恐任務》（*24*）拖下水，她說：「關於政府是否該對蓋達組織的高層人士採取高壓手段的問題，何須公投？在我看來，美國人對於《二十四小時反恐任務》的喜愛其實就說明了一切。」

有時候，戰爭會危及美國本土，民眾在報上看見政府破獲恐怖主義活動，或抓到某個思想與行為轉為偏激的「美國本土恐怖分子」。但對於大多數美國人來講，戰爭還是太抽象，進行的地方遠離如今往往被描述為「國土」*的美國。在這場「微光之戰」中，美國人雖然看不到敵人，

---

* 譯注：作者這裡所指稱的，是成立國土安全部（Homeland Security）的一套相關論述。

但卻覺得他們比以往更無所不在，看似就在眼前，但卻不見蹤影。這遭到威脅的感覺讓大家允許政府不擇手段。入侵伊拉克三年多後，據《國家地理雜誌》的民調顯示，有大學學歷的美國人裡面只有不到四分之一能夠清楚指出伊拉克、伊朗、沙烏地阿拉伯與以色列在地圖上的位置。在戰爭小說《使命》（*Missionaries*）裡面，曾在海軍陸戰隊服役的作者菲爾．克萊（Phil Klay）藉由某個角色述說出他的看法：這一連串戰爭已經無遠弗屆，「同樣的戰爭綿延不絕，**目的並非反恐**，而是為了一個更模糊，更難捉摸的目標，而且是為了滿足美國這個**類帝國**的需求。」

這個「類帝國」有新的偏好，也改變了其子民對於帝國到底是強是弱的看法。隨著戰局陷入泥淖，因為並未用徵兵或戰爭稅來增加美國人的負擔，美國雖然沒有承受責難，但實際上卻因為難以徵集足夠兵源而愈來愈掙扎。政府將門檻逐年降低，因為徵兵困難而不得不接受先前那些被斷定為比較次等的兵力。首先，沒有高中學歷的人也能入伍了；其次，徵兵對象擴及新移民，而他們也樂於從軍，藉這難得的機會換取入籍美國。自從獨立戰爭以來，政府就允許外國人加入美方陣營。但是到了小布希總統時，聯邦政府因為對於兵源的需求變得更為急切，甚至修改了相關規定，允許外國人在入伍當天就申請加入美國籍，不需要等到從軍三年後才提出申請。很快地，美軍部隊中的非公民人數來到了四萬多人（包括現役或備役），而且在伊拉克戰爭傷亡的美軍裡面，有百分之三都是非公民。

儘管政府因為亟需新的兵源而找上外國人，但這卻與九一一事件以後的另個新趨勢相互衝突：原本就對移民有所疑慮的共和黨變得更加偏執，認為移民於美國並無益處，想要限縮開放範圍。就在美國政府需要更多移民為其奔赴海外作戰的同時，保守派的恐外風潮再起，讓原本非主流的觀念成為主流論述。例如：非法移民若在美國生產，其孩子原本生而具有美國籍，他們想取消此規定；還有，他們要求在南方的美墨邊境上築起高牆，藉此遏阻中南美非法移民湧入。早在川普進入政壇的十多年前，科羅拉多州的右派民粹主義眾議員譚葵多（Tom Tancredo）就曾警告選民：那些沒有合法證件的移民「來到美國後會把你我和我們的家人都殺掉」。利用自己的影響力，譚葵多與其他人得以阻礙聯邦政府單位核准軍方的外國移民取得美國籍。二〇〇五年，從千里達移民美國的陸軍後備中士肯德爾・佛德里克（Kendell Frederick）申請歸化美國籍受阻，因為美國公民及移民服務局（U.S. Citizenship and Immigration Services）拒絕採用陸軍已經幫他建檔的指紋，但他還來不及重新提交指紋資料，就在伊拉克遭路邊炸彈炸死殉職。

沒想到，譚葵多之流的政客並非異類，而是透過他們可以預見後來的政壇發展。不少民眾對於伊斯蘭教與美國人口結構之改變心懷恐懼，而這讓那些人轉化為政治動員的能量。就在這趨勢成形的當下，美國剛好也進入最為快速多元化的時代。在一九七〇年代，美國人口裡面大約只有百分之五是出生於海外；但是到了二〇一八年，比例已經成長為百分之十八，幾乎超越了原本在一八九〇年創下的紀錄，當時有百分之十五的美國人出生於海外。此外，美國白人常常覺得這是因為各個人種不同世代的人口數差異甚大，而白人的平均年紀遠比美國其他各類族群還要老。在二〇一八年，美國白人年紀的中位數是五十八歲；亞裔美國人是二十九歲；至於拉美裔美國人，更是只有十一歲。

大眾因焦慮而遭譚葵多操弄。二〇〇八年他曾一度投入共和黨總統候選人初選，當時某場辯論因以西語轉播而被他抵制。他的競選廣告宣稱：「各個邪惡的中美洲幫派正在美國境內販毒、姦淫擄掠，毀人無數。」在茶黨大會上，他把移民、伊斯蘭以及對於歐巴馬的仇恨連結在一起，並向支持群眾表示：「美國之所以選出一個把社會主義當真的煽動家當白宮主人，是因為許多選民連vote（投票）這個字都不會拼，甚至不知道該怎樣用英文來唸。對，我就是在說你，歐巴馬。」他在眾議院提出《聖戰防制法》（Jihad Prevention Act）草案，要求移民宣示不在美國履行伊斯蘭的教法。

譚葵多於二〇〇九年選擇不再競選連任，最後淡出政壇，但他已經觸發了一種新形態的雙重恐懼症，且深植美國人心。加大柏克萊分校人類學家教授傑森．德里昂（Jason De León）觀察到美國移民及海關執法局（Immigration, Customs and Enforcement）因為機關演變而整個機關都變質了。他發現，許多邊境管制人員都深信自己肩負的職責是阻止恐怖分子入侵美國。他還注意到，他們對於恐怖分子的定義愈來愈寬廣，甚至把所有移民都囊括其中。德里昂表示：「政府部門變了新的戲法，現在連南方邊境上那些未經申請就進入美國的移民，都跟恐怖主義劃上等號。」

❖

希尼犯下的凶案似乎重擊了原本維繫克拉克斯堡得以長治久安的種種要素：當地子弟從軍的光榮傳統、退伍軍人醫院提供的醫療照護，還有以「每晚由西維吉尼亞人親手印刷，直接送達西維吉尼亞人的家門口」為座右銘的小鎮報社。本案造成的細微影響甚多，但若從道德層面論之，此類暴力事件難免讓當地人自問：我的家鄉是否仍純樸正直？就像當年三K黨在法院召集的集會如果出現盛況，鎮民應該也會產生相似的強烈質疑。只不過，這次希尼的案例讓大家再也無法推諉卸責，將其視為偶發小事。畢竟，當他的人生崩潰瓦解之際，無論是他的家人、鎮民，甚至美國社會都沒能拉他一把。是各方的失能導致慘案發生，大家都是共犯。

西維吉尼亞州為何會深陷危機？我們愈來愈能看出，各種解釋都是相互關聯，而也唯有如此才能為問題找出合理答案。該州人口在二〇一二年成長到頂點，隨後年年下滑。西維吉尼亞的人口中有百分之九十四是白人，是全美國平均年齡最高且教育程度最低的州。學童有超過一半以上有資格吃免費或打折的營養午餐。

克拉克斯堡市民克莉絲塔・威默是哈里遜郡官方史家，她呼籲大家別只是執著在藥物濫用或玻璃製造業瓦解等表面的問題，而是要更深入探究原因。她的辦公室面對鎮上的大街，某天下午她在辦公室裡對我說：「工廠紛紛關門大吉只是問題的冰山一角，不只是因為許多薪水較好的製造業工作機會都消失了。問題的層面甚廣。我們必須去探討世代相傳的貧窮問題，還有白領人力外流的問題。以我自己的同學為例，畢業後留下來的人少之又少。至於我，則是選擇盡量別離開，能撐多久就撐多久，因為我覺得唯有這樣，大家才終究會留下來。不過，坦白說就算有沃爾瑪也救不了我們。」

對於《典範電訊報》而言，那幾樁凶案當然不只是社會新聞而已。每天凌晨，史維格父子檔都會到報社後方的卸貨區去拿他們要送的報紙。總編輯約翰・米勒對我說：「幾乎沒有人會對他們視而不見啊。送報路線上的住戶都很愛他們。」讓米勒向來引以為傲的是，他總是能找到家鄉的光明面來報導，但這就是那種超出他能力範圍的時刻。一如往常，他試圖從相關數據裡面去找出答案。

某天我們在他辦公室裡聊天，他說：「一九〇〇年代，工業革命正在發生，當年克拉克斯堡的人口有五萬。很多人都搭車來到我們這個小城，四處一片欣欣向榮的景象。市中心有六家或八家旅館或飯店。各種產業與商業活動繁榮發展，像是玻璃工廠、煤炭、石油與天然氣。後來這一切都消失了。」

我翻閱著那些裝訂在一起的舊報紙，只見一張張泛黃的照片描繪出這城鎮的過往風華，其中一張只見五顏六色的碎紙片灑在遊行人群身上，是鎮民於一九二四年為約翰・戴維斯（John W. Davis）獲得民主黨總統提名而辦的活動。在背景中，華爾道飯店彷彿懸崖般聳立著。米勒說：

「那真是黃金歲月啊。」這飯店象徵著克拉克斯堡與權貴階層的連結。一九二〇年代期間，飯店的老闆之一就是參議員蓋．高夫（Guy Goff），他就住在飯店四樓的套房裡。後來，共和黨雖然提名胡佛（Herbert Hoover）為總統候選人，但仍有一群保守派參議員在此密會，想要把高夫拱為候選人，擠下胡佛。

然而，就像克拉克斯堡市中心的大樓顯然無法避免傾頹之勢，該市與權貴之間的連結也明顯消退了。多年來，米勒仍偶爾會走進那些陰暗的廢棄建物裡，看著那些大理石地板與華美的鐵皮天花板。雖然那黃金歲月已逝，但只要向上仰望，仍能看見一點蛛絲馬跡。他說：「那些壁板是如此凹凸有致，天花板則是高聳無比。」

每隔幾年總會有人宣布要翻修某棟老建築，而且往往是因為有人透過石油業大賺一筆。不久前是帕森斯飯店（Parsons Hotel），飯店裡的酒吧與餐廳是如此古典，整個飯店內部的優雅細節隨處可見。報社甚至在那裡辦了一場慶祝晚宴。不過，凡是繁華皆有落盡時。米勒說：「然後這飯店的風華又逝去了，聳立在那裡等待老去傾頹。凡有高潮必有低潮，世事皆是如此。」

希尼犯下凶案的地點距離米勒童年時代去做禮拜的教堂才幾百公尺遠。他常開車四處閒晃，只為觀察附近鄰里，把各地區興盛或衰敗的情形記錄下來。「我總是感到驚訝不已。這個街區過得還不錯，那個街區也是，但兩者之間那個街區，卻簡直像是他媽的在打仗一樣。」看到那些似乎搖搖欲墜，但卻還有人住在裡面的住家，他總會停下來。「會變成那個模樣，不是因為正在拆除中。只是看起來真的像快要倒塌了啊。」

他想像著當地會出現充滿魄力的重大改變，在腦海裡計算這一切。他說：「我估算了一下，大概已經有一兩百間老房子拆掉了。可能還有另外五百間還沒拆。如果朝正確的方向去改變，顯然是有益於社會的。但如果大家只是搭上一列無人駕駛的失控列車，那就毀了⋯⋯」接著他就欲言又止了。

米勒頂頭上司的辦公室在樓上。想當初，這位青年律師布萊恩．賈維斯是為了紀念老爸才將報社買下，這時卻不得不盡力保持冷靜鎮定。全國各家媒體都請賈維斯為這幾樁凶案發表評論，結果他只擠出自己認為還算中規中矩的兩句話：「那一對父子為人和善，對報社忠心耿耿，也非常非常在意我們的訂戶。各家訂戶也都非常非常關心他們。」

不過，他的內心卻是六神無主。他買下這家報社的時間才剛滿一年。他對我說：「我還在摸索這家報社代表什麼意義。結果，我們的兩個送報生居然被殺了。我心裡只有一個問題：這到底是什麼情況啊？」

【第九章】以錢謀權

二〇二二年一月，奇普·史柯隆準備到賓州斯庫基爾郡（Schuylkill）的聯邦監獄報到。離開格林威治的家以前，他要四個小孩坐下，把內線交易案的真相告訴他們，還說他已經認罪，所以遭判刑五年。一般人都會選擇「離家」或「遠行」等委婉之詞，但他沒有。他的小女兒才六歲，是格林威治郡日間學校（Greenwich Country Day School）的學生，幾天後在上課時舉手跟全班說：「我爹地去坐牢了。」

在事業垮臺後的幾個月內，他開始能正視自己犯過的罪、說過的謊、談過的幾段婚外情，還有他在華爾街的那段黃金歲月。「要不是東窗事發，我永遠不會離開，因為錢實在是太好賺了。」他說：「要我離開老婆小孩，重啟人生，根本一點都不難。其實我真的差點就離開了他們。」但他說在這一切背後，他的人生卻「暗藏著無盡的空洞與寂寞」。

他的事業與社交圈簡直像是一夕崩塌。「過往我所相信與信任一切如今突然都像是灰飛煙滅。我的財產歸零、信譽掃地，往後也不用做生意了，我老婆甚至不知道我現在是誰。」在那段時期，某天夜裡他做了一個極其生動鮮明的夢。他說：「說真的，我不是那種特別會做夢的人啊！」在那夢中，有個半邊臉龐漆成藍色的高大男性對他下達諭令：你必須讀〈利未記〉！「接著我就醒了。」自童年起，奇普就會去做禮拜，但頻率不高，醒來後他下床，到樓下去找母親遺留給他的那本《聖經》。當時他老婆還在睡覺，他就在主臥旁邊的更衣室裡坐著讀《聖經》。他說：「那感覺比較不像我醒來後突然醒悟，說什麼：『喔，我現在發現耶穌真的存在！』而更像是我開始對於超越我以外的另一個世界感到敬畏與恐懼。」

奇普開始花更多時間參加某個基督教男性教徒的團體。他到維吉尼亞去參加一次退修會（retreat），這是他大徹大悟的契機，他說自己返家時「常常躺在地板上痛哭流涕，持續了三個禮拜。」他還說：「我身邊的人都以為我大概是瘋了。從修道士的傳統看來，當時我的靈魂正在暗夜中。許多修道士對我那樣痛哭流涕的經驗可說是求之不得。我與上帝是如此接近。我想那一定是因為我真切地體驗到人性已經破敗，**尤其是我自身的破敗**。除此之外，我不知道如何解釋那樣的經驗。」

接下來幾個月裡，他思考著一個問題：為什麼他本來以為自己並非犯罪，所以一錯再錯？他的解答是：「我開始把那一個又一個的小小謊言當成真話，因為那些謊話都有標價，總計千百萬美元。大家都說華爾街是個充滿金錢誘惑的地方，但品德純正的人就是不會受影響，所以金錢是品德的試金石。有些人認為，只要表現夠好就能藐視規矩，所以當他們的收入動輒以數以百萬計，的確表現得很好。你猜接下來會怎樣？他們就覺得自己可以不守規矩。」愈有能力利用才智成功的人，就會變得愈看不出自己的品德已經敗壞。「理性可沒辦法幫我們明辨是非。理性只會允許我們扭曲道德規範。」

不只奇普，那些所謂「圓丘路惡棍」都因為金融海嘯而東窗事發，之後陸續接受法律制裁。四年內，至少有七十五人因為內線交易與相關罪名而遭定罪，而且有四個價值都在幾十億美元的避險基金因為接受調查而最後遭逢關門大吉的厄運。儘管如此，在華爾街幾乎沒有人把這些案件當成新時代的里程碑，往後大家都需要接受問責。受罰的人太少，罰則也太輕，因此不足以撼動華爾街文化的核心。

做什麼事會讓人入獄？做什麼事會讓人成為格林威治或華府的權貴？這兩種行為之間的界線模糊不已，而在奇普看來，判斷的標準主要取決於規矩是誰決定的，取決於他們如何定義自由、公平與個人責任等概念，而最重要的是取決於做那些事的人是否有足夠的手段或人脈來避免真正的懲罰。畢竟，利益交換以及出賣自己的政治影響力等文化已經成為華府政壇的日常，難道用錢來買內線消息就真的比較糟嗎？他說：「在我們這個時代，大多數的關係都的確是對價關係。不外乎就是魚幫水，水幫魚。」他接著說：「我只是做得比較露骨，所以才會出事。」

在後金融海嘯的時代，昭然若揭的是美國人受到影響的層面既廣且深，只要是明眼人都看得出某些美國權貴能夠靠某些優勢為自己不光是掙錢，更能謀權，而且是大錢大權。他們不只發展出更為精細的掙錢工具，在謀權的手段方面也是不遑多讓——不但對選民、候選人能發揮深遠影響力，也更善於推出能夠乖乖聽話，在華府幫他們代言，推進各種訴求的候選人。格林威治的財富暴漲後，當地的共和黨金主與抱持特定理念的共和黨人士，在多年內充分利用這種驚人的財富優勢，促使美國大眾在很快的時間內改變他們對於稅制、法律規範、平等的看法，到最後甚至也改變了對於聯邦政府正當性的輿論走向。這樣的演化最終為川普排除所有障礙，邁向他掌握至高權力之路。但若要了解川普到底是怎樣辦到的，我們必須先讓時光倒流，回顧美國在二十世紀的光景。

❖

在格林威治於二十世紀歷經的那段黃金歲月裡，任誰如果有機會問當地人：誰是當地政壇的門面人物，誰是他們心目中的「民主先生」？普瑞斯考特．布希（Prescott Bush）應是無人能出其右的選擇。即便當地不乏其他位高權重的居民，但他的影響力無疑是最大的。

普瑞斯考特的兒子，還有這位兒子的兒子，後來陸續成為美國總統。他是個投資銀行家，是鎮民代表會（Representative Town Meeting，有點像新英格蘭地區的鎮議會）的主持人，後來在一九五二至一九六三年之間擔任過參議員。他是圓丘高爾夫球俱樂部（鎮上八家高球俱樂部之一）的成員，八度奪冠，而且非常堅持關於球賽、球場的各種標準。在家中，他甚至要求三個兒子吃晚餐時必須穿西裝、打領帶。身材高大的他嚴謹拘束，堅守正道，朋友們幫他取了一個「十誡先生」的綽號。當他兒子喬治（後來的老布希總統）還只有十四歲時，有人在圓丘高球俱樂部的休息室裡當著他的面說了個黃色笑話，普瑞斯考特衝著那傢伙飆罵：「請你注意言行，以後別在這裡講那種粗話。」

後來到了華府，普瑞斯考特成為艾森豪總統的高球球友，也是艾克（總統的綽號）所謂「現代共和主義」的典範人物。儘管艾森豪在競選期間的發言深具保守主義色彩，但治理國家時採用的卻是中間路線。他堅信政壇不該遭黨派之見綁架，甚至曾私下與人討論過要成立一個他稱之為「中道黨」（Middle Way）的新政黨，藉此來與共和、民主兩黨求同存異。普瑞斯考特的想法很接近艾森豪，他認為政府必須維持「小而美且有效率」的規模；但另一方面，就民權、墮胎與社會福利等議題方面，他則是比較像黨內同志紐約州長尼爾森．洛克斐勒（Nelson Rockefeller）走不左不右，比較強調自由而被稱為「洛克斐勒共和派」的路線。另一位同志約瑟夫．麥卡錫（Joseph McCarthy）因為引發民眾的恐共情節而遭他痛批為「分化美國人民的危險人物」，也批評國會「選擇盲從，不敢提出質疑或表達異議」。普瑞斯考特堅守名流仕紳的標準可說是到荒謬的地步（他甚至要求孫子們尊稱他為參議員），但他也深信政府有責任幫助那些不像他那樣養尊處優的民眾。他支持聯邦政府提高全國的基本薪資標準，放寬移民配額，他也籲請參議院的同僚「如果有必要的話能夠勇於提高稅率，讓政府有足夠的歲入」得以促進科學、教育與國防的發展。

普瑞斯考特於一九七二年去世，但布希家族在格林威治的共和黨員圈子裡仍握有權勢。他的兒子小普瑞斯特（人稱「普瑞西」）是該鎮共和黨委員會的主席，甚至到了幾十年後，曾當過兩位布希總統內閣閣員的許多重要人士還是住在鎮上或附近。每年，康乃狄克州共和黨黨部所頒發的最高榮譽獎項，就是被稱為「普瑞斯考特・布希獎」（Prescott Bush Award）。

不過，普瑞斯考特走的溫和派共和黨路線並不像看起來那樣穩固，到了一九六〇年代中期就處於分崩離析的狀態了。先前在一九五五年，威廉・巴克利二世（William F. Buckley）創辦了《國家評論》（*National Review*）半月刊，其理念是希望政府存在的目的只是為了「保護國民的生命、自由與財產。而政府的其他活動都可能減損自由並妨礙進步。」這可說是現代保守主義運動的濫觴，不過整體而言，當時自由派知識分子還沒有把這種意識形態的挑戰放在眼裡。一九六三年，擔任甘迺迪兄弟顧問的自由派經濟學家約翰・高伯瑞（John Kenneth Galbraith）甚至嘲諷現代保守主義堪稱「人類史上最老舊但最有錢也最多人給予掌聲，整體而言卻是最不成功的道德哲學實踐。這種運動的目標，是為自私找出一個真正優越的道德論據。」

但卻有些格林威治居民深受這種新的保守主義吸引。投資銀行家威廉・米登朵夫二世（J. William Middendorf II）畢業於哈佛大學，是普瑞斯考特的朋友與鄰居，兩人也在鎮上的議會共事。米登朵夫對我說：「我把我家旁邊的一塊地賣給他。」入夜後回到家裡，他總能聽見布希一家在唱耶魯大學的幾首歌曲。然而在兩人的種種相似性以外，米登朵夫的思想卻截然不同，用他自己的話說來，他早就因為服膺於政治經濟學家熊彼得（Joseph Schumpeter）與經濟學家海耶克（Friedrich Hayek）的思想而成為自由意志主義運動的「門徒」。艾森豪等溫和派人士把政府當成「應該用來形塑社會的工具」，但他非常不以為然，曾於書中表示：「我深信應該是要由個人來形塑社會才對。」

米登朵夫想要把自由意志主義拱上政壇的主流位置，發現性格剛烈的亞利桑那州參議員高華德（Barry Goldwater）能為他作嫁。高華德出身鳳凰城的百貨公司世家，自稱「對小羅斯福的新政深惡痛絕」，曾於一九六四年競選總統。儘管新政帶來社會保險、為農村供電與《美國軍人權利法案》等實績，但他卻沒把這些優點看在眼裡。競選總統期間，高華德痛批自由主義陣營的民權理念、社福措施，以及擴大實施各種政府計畫的做法，但他也反對共和黨內的溫和派。米登朵夫對我說，洛克斐勒是個「索然無味的候選人……他很能講，但就算講了一小時，我壓根就不記得他講了什麼東西。」米登朵夫成為高華德競選團隊的財務主委，募款對象是其他一樣對民主黨政府有所不滿的東岸世家大亨們。他說：「高華德顯然並非共和黨內的主流派，我們的黨內初選選戰打得很辛苦。」

但那一年夏天他們在舊金山舉行的共和黨全國代表大會上大獲全勝。洛克斐勒企圖扳回頹勢，在演講臺上進行背水一戰，痛批黨內出現了一個「極端的」右翼派系，呼籲同屬溫和派的共和黨應該挺身而出，一起抵抗這個黨內派系。沒想到卻換來集會場地裡此起彼落的噓聲。美國第一個在大聯盟打球的黑人球星傑基．羅賓森（Jackie Robinson）是當時黨內象徵種族融合的門面人物，後來表示他聽到那些喝倒采的聲音時，覺得自己「彷彿是希特勒時代的德國猶太人」。米登朵夫當時也在現場，他把洛克斐勒的批判當成肯定。他在自己的政壇回憶錄《波多馬克河的狂熱》（*Potomac Fever*）中寫道：「他說的就是我和我的朋友們。」

到了總統大選階段，高華德慘敗給民主黨的候選人詹森，但他那絕對反對高賦稅的自由意志主義招牌在隨後的多年內卻也打響了名號，最熱烈的支持者莫過於那些面臨轉型麻煩的美國企業高層：歷經四分之一世紀的大幅成長後，美國企業的利潤持續衰退。二戰後，日本與西歐成功重建，終究成為新的可敬對手，再加上一九七三年第一次能源危機震驚全球，在美國引發了一九三〇年代以來僅見的最長衰退期。此外，因為環保運動與消保運動的興盛，促使政府加快實施了各種管制措施，受影響的商品包括可燃的布料、香菸與銀行貸款，層面甚廣。

美國的企業高層普遍有種四面楚歌之感。史家瑞克．伯爾斯坦（Rick Perlstein）在《雷根國度》（*Reaganland*）中寫道，「他們認定罪魁禍首就是種種管制措施」。在他看來，「這些在華麗會議室中開會的高層們，原本把自己當成優雅仕紳，一翻臉卻變成法國大革命時代惡名昭彰的雅各賓黨人（Jacobins）。* 他們宣布開戰，不達目的絕不罷休。」

帶有保守主義思想的商業勢力出錢出力，想要讓美國政壇走上他們所支持的重商與低稅路線。後來成為最高法院大法官的律師路易斯・鮑威爾（Lewis Powell）在寫給美國商業部長的策略備忘錄中提出警語：「美國的經濟體系受到各種勢力的攻擊。」防禦之道在於徵召各路公關高手、智庫專家、媒體人士與大批擅長遊說的說客。在備忘錄中鮑威爾表示：「有組織才有力量。」

一九七一年，只有不到二百家公司雇用說客到華府進行遊說；到了一九八二年，公司數量已暴增為二千五百家。至一九八〇年代晚期，只不過才十年的光景，大企業籌組的政治行動委員會競相砸錢在遊說國會上，金額成長為將近五倍，各工會的政治行動委員會難以望其項背。效果是立竿見影的：大企業阻擾了消費者代表處（Office of Consumer Representation）這個新政府單位的成立，而在一九八一年聯邦貿易委員會（Federal Trade Commission）則是中止了一項針對企業利潤與市場集中化現象進行資料蒐集的計畫。（此計畫行之有年，其目的是用來調查併購壟斷風險是否存在。）因為政治獻金實在太龐大，根據政治學教授賴瑞・巴特斯（Larry Bartels）的研究顯示，平均來講獻金在一九七〇年代只能增加百分之三的選票，但到了八〇年代卻已增為幾乎百分之七。

為了爭取企業獻金，民主黨也急於跟上腳步，開始支持比較偏向市場的公共政策。工會自此

＊ 譯注：此等政客在對付政敵時以手段殘酷聞名，務求徹底消滅對方。

失勢，無法影響選票，而民主黨內也出現愈來愈多反稅與反對管制的呼聲。在一九七八年將資本利得稅從百分之四十八大降為二十八的，就是民主黨為多數黨的國會與同黨總統卡特（Jimmy Carter）。後來，也是民主黨的總統柯林頓簽署了許多促成關鍵改變的法案，最終導致金融海嘯的發生，包括廢除《格拉斯—斯蒂格爾法》以及對衍生性金融商品解禁。解除管制已經成為不分黨派都支持的運動。

米登朵夫接連在尼克森、福特、雷根等總統任內擔任要職，他對自己消滅溫和派的成就感到志得意滿。他寫道：「在所謂共和黨鄉村俱樂部派，也就是東部世家的自由派人士掌權超過三十年之後，我們終於創造出能讓黨內保守派重掌權柄的條件。」

❖

普瑞斯考特．布希的思想遺緒逐漸褪色，格林威治後來幾代的共和黨人對於「中道」也比較沒有興趣。對於心裡優先考量的目標，他們另有想法。

從圓丘高球俱樂部開車，很快就會來到一座喬治式風格的湖濱莊園，主人是最早轉戰保守主義運動陣營的李伊．漢利與妻子愛莉（Lee and Allie Hanley）。李伊從貴族學校聖保羅中學（St. Paul's School）畢業後在耶魯取得學士學位，大學期間從事過馬球、壁球、足球等運動，後來回家接手漢利公司（營業項目包括製磚與採油）。他過著很有品味的生活，喜歡鮭魚色的寬鬆長褲，是個大方的政壇金主。某個同樣住在格林威治的朋友說漢利「個性溫和且入世，喜歡蒐集各種奇特物品，興趣廣博但不見得能深入了解。他更像是個對任何事物都有興趣，很享受參與感的玩家。」

愛莉則是個信仰虔誠的基督教女青年，對政治向來有濃厚興趣。一九八〇年共和黨黨內初選開跑後，兩強相爭的態勢逐漸成形：一方面是喬治．布希所代表的舊勢力（他就是後來的老布希總統，鎮上大家都暱稱他「老爹」，此時已在華府打滾多年），另一方面則是動輒把「自由市場的神奇魔力」掛在嘴邊的保守派加州州長雷根（Ronald Reagan）。在屬意的人選方面，漢利夫婦對鄰居說：「我們的首選向來不是布希，而是雷根。」

雷根競選團隊的右派顧問羅傑．史東（Roger Stone）是東北地區各州的操盤手，據其回憶，大多數格林威治居民對於雷根都是敬謝不敏，他對我說：「想到雷根，他們就覺得，天啊，這不是另一個高華德嗎？他贏不了總統大選啦，不就是個專門演牛仔的電影演員嗎？漢利是我們鎮上唯一的白人世家菁英。**所有右派居民都是支持老爹。**」

漢利夫婦希望設法讓格林威治人喜歡上雷根，因此同意在他們家舉辦一場歡迎會。但是當他們在皮耶飯店（Pierre Hotel）午餐餐會上與雷根一起討論計畫時，愛莉看出一個問題。她跟我說：「他打著棕色領帶，實在有夠醜。在這國家最重要的事，就是入鄉隨俗，穿著要像當地人，這樣大家跟你講話時就會比較自在。所以我趕快去了一趟布魯明黛百貨（Bloomingdale's），幫他買了四條領帶。」等到雷根現身歡迎餐會上，愛莉對他說：「這是送你的禮物！趕快上樓打扮打扮！」雷根幾分鐘後回來，那條醜到爆的領帶已經不見了。她說：「後來，每次他為海報擺拍照片時，都是打我買的領帶。」

很不尋常的是，史東與李伊．漢利採取的選舉策略預示了幾十年後川普打選戰的方式：他們也是把保守派菁英與白人勞工階級聯合起來。漢利帶著史東去拜訪格林威治的中小企業人士，其中有許多義裔美國人，而這行程如史東所言就是「開發天主教徒的票源」。史東說：「李伊與鎮上的自營商都很熟，像是雜貨店主、肉鋪老闆。他能夠跟任何人談天說地，不像一般白人世家菁英那樣沉悶古板。」某次在跑行程以前漢利告訴史東：「等等我們可能得要喝幾杯濃縮咖啡，不過那幾張選票我們已經是十拿九穩。」這樣的策略奏效了。在康乃狄克州的初選中，那個格林威治所在的鍋把地帶本來是布希家的大本營，卻被雷根拿下。一九八四年，雷根投桃報李，提名漢利成為公共廣播公司（Corporation for Public Broadcasting）董事。兩年後成為該公司董事長。

接下來三十年內，漢利與其他保守派富商，包括理查．史凱夫（Richard Scaife）、勞勃．默瑟（Robert Mercer）、寇氏兄弟幫共和黨訓練出一整個世代的基本教義派國會議員。漢利的一連串政治投資都相當具有歷史意義。他在關鍵時刻提供大量金援，拯救美國最顯赫的保守派出版社雷格內理（Regnery）免於倒閉。他幫助創立了洋基公共政策學院（Yankee Institute for Public

Policy），此機構位於康乃狄克州，把各家倡議「低賦稅與小政府」理念的智庫整合在一起。史東與另外兩位雷根的年輕智囊查理．布雷克（Charlie Black）、保羅．馬納福特（Paul Manafort）成立一家政治顧問公司，漢利成為主要金主。布雷克對我說：「我們有深厚的政界關係，也有潛在的業務量，但就是缺錢。李伊是我們的好友，所以就找上他。」他們將這公司命名為「布雷克、馬納福特與史東」，不但成為遊說公司的始祖，而且就像馬納福特所說，他們大膽「出賣影響力」，客戶包括梅鐸的新聞集團（News Corp），還有一位叫做唐諾．川普的年輕地產開發商。

到了二十世紀末，普瑞斯考特．布希那種名士派的政治路線已經消亡殆盡，而會促成這改變的，卻是因為他兒子喬治．布希所做的種種決策。喬治繼承了父親拘謹嚴肅的個性（在格林威治讀中學時，同學幫他取了綽號叫做「半半」，因為他樂於分享），也依循家族傳統而進入公門。不過，在一九八八年競選總統時他卻放任好鬥的競選總幹事李伊．艾瓦特（Lee Atwater）汙衊麥可．杜凱吉斯（Michael Dukakis，時任麻州州長），而艾瓦特則是誓言「要讓那個小王八蛋不再像狗一樣亂叫」。在選戰最激烈的時刻，某個與布希陣營有關的政治行動委員會出錢播放電視廣告，批判杜凱吉斯不該放任麻州監獄允許黑人強暴犯威利．霍頓（Willie Horton）得以暫行外出。這支廣告以粗糙的手法操弄白人選民的恐懼心理，影片中連續出現數張霍頓的照片，而旁白則是一邊述說著綁架、強暴、謀殺等字眼。艾瓦特否認自己與廣告有關，但布希深知話術有多大的魔力，幾乎每天上了講臺就會提起霍頓這個案例。艾瓦特更是自誇他會把霍頓拱成「杜凱吉斯的競選搭檔」。

一九九一年去世不久前，艾瓦特曾向杜凱吉斯致歉，表示自己不該用那種「赤裸裸的殘酷手法」操盤。但霍頓這一招已經昭示了美國政壇進入不講仁義的時代。民主黨總統候選人約翰．凱瑞（John Kerry）本該是越戰英雄，但他擔任快艇指揮官的服役紀錄居然在競選時被拿出來質疑；而歐巴馬這位美國第一個黑人總統也遭受種族歧視者質疑其出生地不在美國。影響所及，這逼使候選人都得提出強硬的打擊犯罪政策，而如今兩黨都看得出此舉對低收入的少數族裔美國人有多麼不利。

喬恩．米全（Jon Meacham）在布希的傳記裡寫道，說到底「他是個紳士，但也是個政客」。儘管布希的操守高尚，但他很早就看清一件事：如果不打贏選戰，哪能為國服務？一九八八年選戰接近尾聲之際，布希在他用錄音形式做的日記裡面對自己說：「這些爛事很快就會被美國人遺忘。我不想道歉，也不會後悔。而且如果先前我就放任媒體把我定位為軟腳蝦跟廢物，就不會有今天的成就了。」

❖

喬治．布希的確是成為白宮主人，但共和黨卻與他漸行漸遠，往極右的保守主義發展。當選兩年後，布希打破自己的承諾，同意增稅，黨內那些反對大政府的權貴人士就此與他分道揚鑣，而這些人就是二十幾年後茶黨的先驅。茶黨的聲勢在二〇一〇年來到最高點，共和黨的國會選舉成果也趁勢成長，取得六十年來的最佳戰果。格林威治人向來不愛舉牌抗議，但卻有茶黨的抗議人士群聚於市政廳前表達抗議訴求，甚至鎮上地位最高的民選官員，首席市政委員彼得・德塞（Peter Tesei）也在裡面對群眾喊話：「我們的自由在今天因為政府擴權而限縮了！」

就連羅馬人也痛恨繳稅，所以這種情緒反應不難理解，但在這個議題上，格林威治自古以來未曾出現過這種極端的立場。共和黨的洛爾・威克（Lowell Weicker）曾任格林威治的首席市政委員，後來在華府當參議員時期遇到雷根打算縮減衛生保健與教育支出，他因為反對縮減而聲名大噪。威克當上康乃狄克州州長後，在一九九一年要求州民繳交個人所得稅，導致抗議者恨之入骨，怨聲載道，還對他吐口水。那年秋天他在某次演講時表示：「說實話或許沒辦法讓我連任，但我可以獲得敬意。」

但是對於格林威治這群不久前才改變路線的自由意志主義信徒而言，他們是基於道德原則才會反抗增稅與政府。AQR資本管理公司（AQR Capital Management）的創辦人克里夫・艾斯尼斯擁有最高的抗議聲量。安德魯・古莫當紐約州州長時不過才在討論是否該對避險基金增稅，艾斯尼斯就在推特上發文表示古莫是「說謊話不眨眼的煽動家」，「他不是州長，是古拉格的典獄長」。鎮上居民不再普遍認為財富更多的人就該繳更多稅金。到了二〇一三年，情勢變得更為明顯，因為就連湯瑪斯・佛利（Thomas Foley）這位住在格林威治的私募股權基金投資客都跳出來選州長。他有遊艇一艘、古董名車若干、英國戰鬥機兩架，以及一間被《格林威治時報》比擬為「霍格華茲城堡」的豪宅。他拿著報稅單向記者表示自己的投資有高額虧損，還要償付幾筆贍養費，因此那一年他所需繳交的聯邦稅為六百七十三美元。（他沒選上州長。）

共和黨籍的商人查爾斯・羅索蒂（Charles Rossotti）曾於一九九七至二〇〇二年擔任國稅局局長，據其估計，因為逃稅、避稅手法實在太高明，導致一般國民每年必須多繳百分之十五的稅金。一份全面性的研究顯示，避稅港的存在也讓美國政府每年損失大約九百億稅金，因為許多公司與有錢人都設法把錢移轉到海外。達特茅斯學院（Dartmouth）的經濟社會學教授布魯克・哈靈頓（Brooke Harrington）對我說：「有些短少的稅金是政府永遠都拿不回來的，這意味著有些道路沒錢維修，政府也沒有錢進行公共運輸建設，學校校舍也處於老舊待修的狀態。」康乃狄克州州民的財富在全國排名前百分之一，但根據許多研究都顯示，該州的基礎建設可謂百廢待舉，就連道路的品質也在全國敬陪末座。

為什麼有人就連最合理的低額稅金也想躲掉？常有人辯解道，因為這是在法律允許的範圍內。但這番辯解背後的潛臺詞是，法律並非本就是這樣規定的。許多有錢人為了修改法律而殫精竭慮，花錢不手軟，目的是獲取最大利益。這讓我想起史蒂芬・史托爾有這樣的說法：「只見眼前，不看過去。」因為就是有人只看著眼前的滿目瘡痍，忽略了已經離去的颶風。正如哈靈頓所言：「大概二、三十年前，就算有錢人不是真心的，他們也會說：『喔，我得要加入當地的慈善基金會，做做樣子，才不會被人批評為富不仁。』」到了現在，他們不再加入慈善基金會，而是參與私人慈善事業，因為要迴避公共決策，自己決定幫助的對象與方式。哈靈頓表示：「這現象潛藏的巨大改變是，有錢人不須接受外界公評，他們可以評斷自己。回顧這一切，我發現美國就是從這時候開始不再有所謂的『我們』。」

政治哲學家邁可・桑德爾（Michael J. Sandel）在《成功的反思》（*The Tyranny of Merit: What's Become of the Common Good?*）一書主張，促成這改變的原因之一，是某種惡質的菁英統治（meritocracy）形式在我國占了上風。自英國左傾社會學家麥可・楊恩（Michael Young）於一九五八年創「菁英統治」一詞以來，本來就比較傾向個人主義的美國群眾更是開始認為若能在社會上功成名就，便是個有德性的人。桑德爾寫道，這種把經濟或政治功名與成功人生劃上等號的想法「是有毒的，容易讓成功者驕傲，失敗者則是滿懷怨恨。贏家志得意滿，輸家則是備受屈辱。」有錢人與人生贏家不再需要肩負社會責任。

某些格林威治人也注意這趨勢，圓丘地區教會（Round Hill Community Church）的牧師艾德・霍斯特曼（Ed Horstmann）是其中一人。先前他與妻子蘇珊住在哈特福（Hartford），會眾大多為低收入戶。二〇一三年他們遷居圓丘後，工作方向需要做些調整。為了幫助低收入但表現良好的非裔、拉美裔私校生，霍斯特曼在午餐時間會到格林威治鎮的另一頭去參加募款活動，本來以為會看到熟悉的場景，大家用拋棄式杯子喝飲料，拿帽子出來募集少量善款之類的。沒想到，受邀前來演講的嘉賓竟是大導演史派克．李（Spike Lee），募款金額則為三十九萬美元。他對我說：「在美國的其他地方，可沒辦法在兩小時內就募到這麼多錢。」當時，因為圓丘路惡棍們才紛紛接受法律制裁，當地仍餘波盪漾。他說：「我們突然覺得：『哇，我們搬來一個很有趣的地方呢！』我們就此知道，可能要花一段時間才能了解這到底是一個怎樣的地方。」

霍斯特曼是五年級中段班，但看起來比實際上年輕十歲。他的髮線高，頭髮是淡棕色，無框眼鏡後面是雙充滿耐心的綠色眼眸。當他不在教堂時，往往就是在畫室裡用炭筆跟粉蠟筆作畫。業餘畫家這個身分讓他對於地景非常敏銳，深知從地景可以看出當地居民的樣貌。他說：「搬來這裡好幾個月以後我才把附近的路徑搞清楚。前一刻我才經過兩邊房子彷彿兔舍般狹小的路，突然間眼前出現高大門牆，從外面只能看見屋頂的輪廓。這讓人感到有意思的地方在於，我們永遠只能瞥見那豪宅的一角，無法窺見全貌。」每次看見那些高大嶄新的牆壁，他總會在前面徘徊片刻，他說：「這讓人幾乎覺得我們身邊有許多鄰居，但卻無法與他們接觸。有些當地人覺得不得不跟我解釋一番：『那些高大門牆是近年來才出現的。』看來，大家都非常渴望著與街坊鄰里融洽相處。」對此，他聯想到邱吉爾曾說過的一句名言：「房子我們打造的，但等蓋好後，就換成房子打造我們了。」

說到關於平等與正義的問題，霍斯特曼的發言很謹慎。「當初剛搬來格林威治，有人提醒我，當地人對於慈善活動很有興趣，大家內心深處都有很強烈的善意想要付諸行動。但是談到正義的話題時，當地人就沒那麼自在了。」他發現的確有這現象。他說：「當牧師開始討論正義的話題，大家會覺得有點不安，因為突然間這與他們內心所渴求的無關，而是關於要改變那個**創造出這種需求的體制**。牧師可以看出大家在想什麼，他們開始自問：難道我們要開始遊行抗議嗎？難道我們要開始選邊站嗎？」

❖

保守派金主之所以向各界施展影響力，除了因為茶黨激起的政治情緒，也是因為歐巴馬當選讓他們不服氣。漢利夫婦加入了志同道合的非正式社群，成員都是艾德森家族、寇氏兄弟家族與默瑟家族的有錢人，大家都把旗下企業的資金投注在某些共同目標上。記者簡・梅耶爾（Jane Mayer）透過《美國金權》（*Dark Money*）一書記錄他們的活動，在書中寫道：「因為確定能用匿名方式進行，慈善活動變成他們的偏好的利器。但他們的目標顯然帶著政治目的：要連根拔除的不只是詹森的偉大社會（Great Society）與小羅斯福的新政，甚至是老羅斯福的進步時代理念。」

這些人幾乎已經將整個世界納為囊中物，如今需要擊敗的少數對手之一，就是政府。喬治・梅森大學（George Mason University）的研究人員克萊頓・柯平（Clayton A. Coppin）受雇為寇氏工業（Koch Industries）撰寫企業史，他在結論中表示，寇氏兄弟的政治目標比促進自由市場政策更為遠大激進。如果真是這樣，他們所贊助的對象就必須是主流的候選人與組織。但是根據柯平的觀察，查爾斯．寇赫卻是反其道而行：「他內心深處有強烈的衝動，非得毀滅這世界上唯一能教訓他的組織——也就是政府。」

二〇一二年，漢利夫婦參與創立非營利組織「美國轉捩點」（Turning Point USA），致力於在中學和大學推廣保守主義思想。更重要的是，愛莉．漢利為創辦人查理．柯克（Charlie Kirk）穿針引線，認識其他金主。柯克後來寫道：「漢利為我們打開通往整個南方廊道的大門。」柯克成為保守主義陣營名人，也是校園政治組織「學生支持川普」（Students for Trump）的總會長。

李伊．漢利把財富用於幫助共和黨的右派候選人。二〇一四年，他的捐款金額高達三十五萬七千美元，用於挹注諸如泰德．克魯茲等政治明星，也贊助一些言論深具煽動性的邊緣人，像是在電臺當過談話性節目主持人、試著要把該州現任參議員塞德．柯克蘭（Thad Cochran）拉下馬的密西西比州參議院議員克里斯．麥克丹尼爾（Chris McDaniel）。二〇〇〇年代中期還在當主持人時，麥克丹尼爾曾在節目上大肆批判嘻哈音樂，調侃墨西哥「辣媽」，嘲弄同性戀。身為候選人，麥克丹尼爾走的是十年前反移民大將譚葵多走的路線，誓言減少政府核發的居留證與工作簽證數量。

麥克丹尼爾的言論彷彿是為白人選民發聲。參加「南軍老兵子孫協會」（Sons of Confederate

Veterans）聚會時，他用過去種族隔離主義的話術，表示他會「捍衛我們南方人的生活方式」，藉此激發群眾的疏離感與失落感。他曾於二〇一四年三月對一群聽講的農夫表示，「成千上萬美國人覺得在自己的國家變成外人，你們也有同感，對吧？」他還說：「往日的美國已經消逝，新的美國取而代之。我們不喜歡這種新文化，沒有歸屬感。我們覺得被冒犯了。」這一年春夏交替時，移民是右派媒體上屢見不鮮的主題，瀰漫著恐懼情緒。名嘴蘿拉．殷格拉漢說：「那些人簡直就是穿越美墨邊境，入侵德州。」德州共和黨眾議員路易．高梅特（Louie Gohmert）表示，這種「入侵」的規模「已經是諾曼第大登陸人數的兩倍，而且未來的入侵者還會再增加兩倍。」那年秋天，麥克丹尼爾輸掉選戰，但他的競選主軸已經預示了接下來我們所熟悉的反移民話術。

即便有些極右派候選人輸掉選戰，但能看出克魯茲在國會足以為新生代的強大保守主義商業利益代言，最主要的訴求就是讓政府停止運作。在許多議題上，只要改革的進程減緩了，那麼商界就能獲取最大利益。華爾街弊案屢屢暴發，最終導致金融海嘯來襲，國會誓言嚴加整頓，之後整個金融產業更是在二〇〇九年加碼捐出政治獻金，金額居經濟體系中所有部門之最。當國會發起健保制度的重大改革，製藥公司、保險公司與其他財大勢大的利益團體出資五億美元，利用遊說活動阻礙改革。如果遊說失效，那麼米契．麥康奈參議員隨時都準備好要使出「冗長辯論」的招數。政治學教授雅各．黑克（Jacob Hacker）與保羅．皮爾森（Paul Pierson）在合著的《贏家通吃的政治》（*Winner-Take-All Politics*）一書中把這種現象描述為兩黨之間的「不平衡現象，雖然不受重視，但影響深遠。」他們說：「只要事態陷入僵局，共和黨就贏了。但為了履行聯邦政府對於中產階級選民的承諾，民主黨卻必須通過各項充滿企圖心的重大法案。」

❖

二〇一二，溫和派共和黨人米特・羅姆尼（Mitt Romney）以前麻州州長身分與歐巴馬競選總統失利，之後該黨同志急於找出未來的路。黨內大老們提出一份後來被稱為「驗屍報告」的檢討文件。他們認為，黨的路線應該往左靠，爭取少數族裔的認同，而這樣的檢討論述意味著深具總統候選人潛力的馬可・魯比歐（Marco Rubio）未來可能大有可為，因為他是古巴移民之子，儘管盛讚美國社會的多元性，也主張對移民數額設限。就連愈來愈右傾的名嘴西恩・漢內提（Sean Hannity）都倡議應該讓美國境內一千一百萬並未列管的移民都就地合法。福音派教會領袖羅夫・里德（Ralph Reed）則是用宗教語彙來為移民發聲，對會眾表示「大衛王的宮殿與所羅門王的廟宇都是手藝精湛的異國匠人打造，他們來自黎巴嫩與其他地方。」

但除了這份「驗屍報告」所建議的未來，另一條發展路線也變得愈來愈明顯。就在共和黨大老紛紛呼籲擁抱移民的同時，漢利委託名為派崔克・凱德（Patrick Caddell）的民調專家調查一件事：傳統的共和黨候選人為何表現不如預期？凱德的名聲最開始是透過擔任卡特總統的顧問而為人知曉，但後來他與民主黨漸行漸遠，甚至開始成為福斯新聞網各個節目的常客。他與漢利討論這個調查計畫時，兩人都猜測羅姆尼之所以選輸，是因為選民對於現狀非常不滿。凱德回憶道：「我說：『我想美國正發生某種改變。』李伊說：『我想啊，你說的沒錯。我要你好好研究一番，找出到底發生了什麼事。』」

二〇一三年，民調數據網站RealClearPolitics的選舉分析師西恩．傳德（Sean Trende）寫了名為〈再探白人選民為何消失〉（The Case of the Missing White Voters, Revisited）的報告。傳德引述人口預估來主張，羅姆尼最大的錯誤並非沒有設法讓少數族裔選民喜歡上他。他寫道，相反地，要是羅姆尼能從那些對政治冷感的大約六百五十萬白人選民中多拿一些票，就能贏得大選。他們就是沒有出門投票。傳德寫道：「下一次共和黨總統候選人若能成功動員這些『消失的白人』，就能以些微差距險勝。」

漢利的調查結果已經逼近一個非常關鍵的看法。凱德做出的民調數據顯示，「民眾對於美國的不滿程度，已經超越任何數字可以呈現出來的程度。」就算再怎樣高喊曾為主流論述的「重商低稅」四字真言，原本支持共和黨的勞動階級選民已經失去投票動力。無論盛讚候選人是「就業機會創造者」或者像羅姆尼那樣以嚴肅語氣宣稱「朋友們，大企業可以養活大批民眾」，還是愈來愈難讓他們提起興致，因為不平等現象加大，各個產業也欲振乏力。

漢利吩咐凱德把他的發現告訴「布萊巴特新聞網」（Breitbart News）的老闆史蒂夫．班農

（Steve Bannon）以及另一位共和黨保守派金主，也就是砸愈來愈多政治獻金的避險基金老闆勞勃・默瑟。二〇一三年，共和黨保守派在棕櫚灘（Palm Beach）舉行大型會議，他們聚在一起研究那些數據。凱德稱之為「華府風雲計畫」（Candidate Smith Project），因為他們想藉此找出像電影《華府風雲》主角史密斯先生那樣的救世主。凱德對他們表示，從數字看來，社會大眾偏好的並非傳統派的共和黨人選，而是訴諸於民粹路線的挑戰者，這樣的人物能以非主流的姿態競選，批判菁英階層與政府弊端，甚至對政府概念本身提出質疑。

只有一件事是確定的：格林威治人有的是錢，而棕櫚灘會議的結論也很清楚，他們需要一位非主流候選人。但選民呢？他們必須從其他地方挖掘。漢利、凱德、默瑟必須把觸角伸往美國各地憤怒不已的群眾，這些人會把他們的話當真。

【第十章】沒膽量的王八蛋

每隔一兩個世代，美國人總是會重新注意到阿帕拉契山。有時候是透過諷刺漫畫《小艾伯納奇遇記》（*Li'l Abner*）或是實境秀《甜心波波來啦》（*Honey Boo Boo*）、《鄉野少年》（*Buckwild*），最後這上了字幕的節目由MTV播放，參與演出者是一群西維吉尼亞州的青少年。一九六二年，社會評論家麥可·哈靈頓（Michael Harrington）的著作《另一個美國》（*The Other America*）問世，讓各界注意到「那足以扭曲、瓦解人民精神」的「惡性循環式貧窮問題」。

到了二十世紀末，二十一世紀初，格林威治、曼哈頓與其他各地的避險基金開始愈來愈注意煤礦。煤礦從未對華爾街投資客產生過太大吸引力，因為這種投資標的髒汙老舊，而且又受到工會合約的種種束縛，讓他們難以任意買賣。但是在一九九〇年代晚期，亞洲經濟蓬勃發展，許多投資預測該地區各個經濟體，將會把世界的另一個角落能源需求量拉高，這時也來到了阿帕拉契山區，成為來勢洶洶的買家。一九九七年，位於克拉克斯堡南邊幾個小時車程處，已經經營二十五年的霍伯礦業（Hobet Mine）在史上第一次遭公開上市公司併購，成為亞契煤礦公司（Arch Coal）旗下子公司。當時亞契煤礦執行長的薪資因為與股價掛勾，因此他大肆擴張事業版圖，將許多山頂炸掉後把廢棄土石傾倒進入河川溪流。隨著霍伯礦業的擴張，四周的山脊與聚落都大受影響。從空中俯瞰，採礦區看來就像一隻身長三十五公里的灰色巨大阿米巴原蟲，把各個山頭都吞噬了。

若能近身觀察，各種效應會讓人覺得更有迫切感。當上市公司所代表的華爾街勢力來到採煤礦的鄉野，外面的世界幾乎看不出造成那些巨大衝擊，但種種影響卻與周遭居民的生死存亡密切相關。霍伯礦業礦區下方有個姓考迪爾（Caudill）的家族已經在那裡定居百年之久，以務農與狩獵維生。那一片三十公頃大的樹林與水域就是他們的家園。考迪爾家幾乎未曾出言批判礦業，甚至有些家族成員就是礦工。約翰·考迪爾就曾是採礦業的爆破專家，直到一九三〇年代某天他因為炸彈太早爆炸而失明。他的礦工生涯戛然而止，但他坐擁大片物產豐富的土地，意外發生後他與妻子在那裡養育了十位子女。他們種植馬鈴薯、玉米、萵苣、番茄、甜菜根與豆莢。他們在林間打獵，採集莓果與人蔘。家屋後方有一座滿是鐵杉、蕨類與桃子樹的小丘。

約翰·考迪爾的雙眼仍能辨認出形體，所以妻子用白色床單幫他標示出家屋四周的界線。他的外孫傑瑞·湯普森（Jerry Thompson）跟我說：「他還是可以手拿鐮刀出去割草，剛好割到床單飄揚的地方。」他也會派孩子們去花園裡拔雜草。傑瑞說：「大片土地上就算只有一根雜草沒拔到，他還是能發現。」他們不是很有錢，但自認生活過得豐衣足食。傑瑞表示，儲存蔬果的地窖「總是滿滿的」。

考迪爾家的孩子們一一長大，為了讀書與工作而離家。他們在附近城鎮定居，但距離很近，週末能回原生家園團聚。從那裡沿著一條沒鋪柏油的鄉間道路開車半小時，就是傑瑞長大的地方。他說：「每個禮拜天我們都會回去，錯過的次數可能用一隻手就能數完。」外祖母的菜單從沒改過：炸雞、馬鈴薯泥、豆莢、玉米和蛋糕。「我們可以在那一大片土地上晃遊幾個小時。我和一大群表親在穀倉之間嬉戲，爬山或涉溪，在水裡撈小龍蝦。」

霍伯礦業過沒多久就把考迪爾家擁有土地的三邊都圍了起來，亞契煤礦公司想要出價買下他們的土地。有些家人也很想脫產換現。傑瑞說：「我們不是很有錢，只有一些親戚過得比其他人好。」某個表親對他說：「我還得要供家裡兩個男孩讀完大學呢！這次機會可不能錯過，因為我一輩子就只有這麼一次機會可以拿到五萬美元！」傑瑞心想：「他說得沒錯，這對他來講是正確決定。」

最後，考迪爾家九位家族成員同意出售土地，但包括傑瑞在內的六位拒絕了。亞契煤礦公司把他們告上法院，理由是公司認為，用法律的術語來講，「那片土地的最高與最佳用途」就是用來存放礦場挖出來的土石。這案子一路打到西維吉尼亞州的最高法院，其中一位法官用滿懷狐疑的口氣問道：「最高與最佳用途難道就是用來傾倒廢棄土石？」

公司聘請的律師菲爾．梅里克（Phil Melick）的答覆是：「照目前的情況來看，已經變成是這樣沒錯。」他還補充道：「土地的使用方式是會隨時間改變的，土地的價值也是。」法官說，對於考迪爾家來說，土地的價值應該不是只能用錢來衡量吧？是，梅里克堅稱。他說：「非得這樣不可，否則我們根本無法衡量那片土地有何價值。」

❖

考迪爾家贏了官司，讓他們自己也很意外，但不能說是大獲全勝。他們可以保留十公頃土地，不過勝利的喜悅稍縱即逝，因為他們腳下的土地已經變得面目全非。山頂礦場採礦過程衍生的化學物質把山景重繪為一座荒瘠的高原。因為碳酸鹽的作用，小溪上漂流枝葉多了一層含有銅質的厚厚外殼，岩石也因為含錳而變成墨黑色。在流經考迪爾家土地旁的泥河（Mud River）裡，國家森林局（U.S. Forest Service）的某位生物學家採集到雙眼都長在同一邊的幼魚。據其研究，這種畸形現象是採礦活動副產品「硒」所造成的，他還在報告中示警：當地生態系「已經瀕臨暴發重大染毒事件的邊緣」。（二〇一〇年，刊登在權威學術期刊《科學》的一篇論文顯示，七十八條西維吉尼亞州河流因為就在採用「山頂採礦」技法的礦場旁，幾乎都出現了硒含量升高的現象。）

這問題之嚴重，已經超脫「經濟或環保孰者優先」的傳統爭論範圍：此等工業手法所帶來的汙染難以清除。我的總編輯比爾・塞德維多年前就多次在《典範電訊報》提出警訊，表示「山頂採礦」基本上是種毀滅性更強的採礦技法。一九九〇年代以前幾乎沒有人會這樣採礦，而這種技法問世後，科學界也花了不少時間才得以測量出土地與居民會受到什麼程度影響。生態學界認為，阿帕拉契山脈南端是個獨特的生態系，是我們這個星球上闊葉樹種（hardwood）最豐富多產的溫帶森林帶。自遠古以來，棲息於這片山區的蠑螈種類就比其他任何地方都還多，也因為樹冠層濃密蓊鬱，許多候鳥更是從千山萬水的新熱帶界飛來這裡孕育幼鳥。但山頂礦場徹底改變了大地，在礦工們稱之為「覆蓋層」（overburden）的山頂遭炸掉後，推土機將碎石砂土往山腰推落，任其覆蓋溪流。這些廢棄土石是金屬、硫化鐵、硫、矽、鹽、煤炭等物質的奇特人工混合物，雨水將土壤碎石沖刷掉之後，混合物初次得以與空氣接觸。雨水與上述化學物質混在一起後，從山坡往下流入溪流，然後進入河谷，而這條河就是西維吉尼亞州南部居民生活所需的水源地。

杜克大學生態學者艾蜜莉・伯恩哈特（Emily Bernhardt）曾針對霍伯礦業對於環境的影響進行追蹤研究。她對我說：「該地區河流的水生昆蟲體內含有高濃度的硒，蜘蛛吃了牠們之後也變成含有高濃度的硒，而因為魚鳥吃了蜘蛛，就生出身體畸形的後代。霍伯礦場下游泥河裡藍鰓鯛（bluegill）的畸形發生率在史上所有調查過的自然水域裡面是最高的。」她還說：「任何地區的地景只要有百分之十八受到這種特殊化學混合物的影響，整片地景就會遭到徹底改變。」上述的連鎖效應把食物鏈打亂。一般而言，水裡孕育出來的那些小蟲會飛進森林中成為蟾蜍、烏龜與鳥類的食物。但在礦場下游，許多科學家發現某些昆蟲已經遭取代，那些動物吃的食物變成了原本在廢水處理場才有的雙翅目昆蟲（例如蚊蠅等）。自古以來循環往復、生生不息的生態系出現各種漏洞，而這顯示近期出現了生態匱乏的現象。到了二〇〇九年，環境受到的傷害已經大到無法忽略。在某個典型的追蹤研究中，生物學家發現藍鶯（cerulean warbler）這種候鳥的數量在四十年之間減少了百分之八十二之多。在二〇一〇年發表於《科學》的論文中，一群科學家總結道：「山頂採礦」這種工法對於水域、生物多樣性、森林生態的衝擊是「深遠廣泛且無法逆轉的」。此類礦場已經掩埋了整個阿帕拉契山脈地區的許多溪流小河，水道的長度加起來超過一千六百公里，且根據美國環保署的估計，已有將近五千七百平方公里的土地遭影響，面積相當於整個德拉瓦州（Delaware）的大小。*

緊接著，科學界發現受到衝擊的還包括當地居民。山頂礦場每次進行爆破，都會導致原本蘊藏於地底的鉛、砷、硒、錳等物質釋出。這些物質夾雜在塵土中，往下流進居民的飲用水水源，或是落在後院的傢俱上，也可能因為窗戶沒關而飄進室內。西維吉尼亞大學公衛教授麥可・韓醉克斯（Michael Hendryx）率領的團隊研究發現，山頂礦場與鄰近地區居民的健康問題之間存在著驚人的關聯性，各種問題包括癌症、心血管疾病以及先天性缺陷等。一九七九至二〇〇五年之間，阿帕拉契山脈地區主要靠礦業為生的七十個郡，平均每年出現二千多個超額死亡的人數。**

從某個角度看來，這些超額死亡的人數可說是為了進步而付出的成本，是煤礦帶來經濟繁榮之餘的附加代價。但韓醉克斯也破解了這種主張：這些死亡人數每年導致的額外支出與收入減損相加高達四百一十億美元，這個數字比各郡因為礦業而獲得的薪資收入、稅收與其他經濟利益多出一百八十億。韓醉克斯主張，即便從礦業一貫主張的純粹經濟觀點看來，山頂採礦這種經濟活動對於當地居民來講都是一筆賠本的生意。

❖

某天午後，我從考迪爾家後面的樹林往上攀爬，想觀察他們家周遭大地的改變。根據法律規定，各家礦場必須針對礦場範圍內的土地進行「校正」，至少大略還原本來的地貌。但因為社會大眾不注意，所謂的還原之舉卻變得馬馬虎虎。我在長滿樹木的坡地往上攀爬，不久後親眼目睹一片只剩砂石暴曬於太陽下的缽狀土地，面積相當於一座小型棒球場。那片土地的中間有個人工

* 編按：將近六分之一個臺灣。

** 譯注：所謂超額死亡（excess death），是指某段時間內死亡人數多於預期死亡人數（expected number of deaths）的差額。

池塘，橡膠水管環繞著四周，裡面滿是烏黑的死水。池塘旁有一條鋪滿礫石的車道通往那座山頂已經遭炸掉的平頂山。嚴格來講，那條車道本來應該是小河的「河道」。有史以來，那個地區本來一直是片濃密的森林，這時卻成了彷彿月世界的畸形惡地，讓我聯想到格林威治鎮那些新落成豪宅林立的山谷。

繼續往上攀爬，我來到另一座本來是山峰的荒涼方山。根據法規，礦業公司必須廣施肥料，種植生長快速的植物，因此高大的綠草和維吉尼亞芒草在風中搖曳。眼前景象沒有阿帕拉契山的感覺，倒是比較像蒙古草原。我把心中感想告訴艾蜜莉．伯恩哈特，她說那種相似性只是源自於表面上看來的美感。她表示：「這些剛剛形成的阿帕拉契平原上，長滿各種亞洲的綠草和俄羅斯橄欖樹。底下岩層因為鹼性變得太高，沒有任何阿帕拉契的原生植物能夠存活。」而且，這裡開始變成外來物種的棲息地，許多原本生活在北美大平原的鳥類都遷居此地的廢棄煤礦區。她說：「因為採礦，這裡形成了獨特而奇怪的棲息地。」

大礦業公司的發展衝擊當地家庭，影響也擴及更廣泛的地區文化，而美國才剛開始意識到這些公司帶來的改變有多大。傑瑞．湯普森成為某家建材製造商的副總裁，他告訴我：「我是個生意人。我知道什麼是利潤，什麼是盈餘。但我真的被那種破壞程度給嚇壞了。許多居民的人生因此遭打亂，不只是我們這個家族。許多家庭世居當地，他們的家園在那裡，在那裡養兒育女，找到自己的營生方式。但這一切都被毀了。」傑瑞很清楚那種老是被礦業擴張論者掛在嘴邊的自由市場主張。畢竟，沒有人逼迫他們家出售土地。但實際上，他很懷疑他們到底有多少自主權可以做出自己的經濟選擇。傑瑞說：「會有人想要在那使用山頂採礦工法的礦區養兒育女嗎？大概沒有。我猜，有些人會說我們其實有選擇的餘地，但問題是我們真的有嗎？」

山頂礦場一點一滴吞噬了考迪爾家家園周遭的環境，但長期的衝擊要到二、三十年後才漸漸顯現，他們被剝奪了將大家維繫在一起的地方與經驗。法院判決結果算是考迪爾家小贏，但這又如何？他們失去了禮拜天回去相聚的地方。傑瑞的表親朗妲．哈潑（Ronda Harper）直白地告訴我：「在那之後，我們這個家族算是分崩離析了。」每年夏天他們還是會舉行聚會，但他們再也不是以前那個考迪爾家了。

多年前，出身礦工家庭的西維吉尼亞州環境保育人士茱蒂．邦茲曾跟我說：「山脈存在於我們的靈魂中。」但箇中道理一直要等到有機會與考迪爾家族進行訪談，我才終於懂了。朗妲說，他們可以重訪故地，但那片家園卻已面目全非：「看著那裡讓人感到強烈失落感。野生生態毀了，那些溪流、生物、野花、延齡草，還有從我們家往後走就能看到的許許多多漂亮花卉也都消失殆盡。」她談起那片大地的語氣讓我聯想到美國詩人愛默生的那句話：「我們能看到的，只是這世界的不同部分，逐漸認識了太陽、月亮、動物與樹木。但這閃耀光芒的一切卻是隸屬於一個我們看不到的整體，也就是靈魂。」

多年來，當地環境保育人士薇薇安．史塔克曼（Vivian Stockman）曾與幾十個跟考迪爾家有類似遭遇的家族並肩奮戰，他們都是因為礦場帶來的汙染而失去土地。她跟我說：「我常聽到這樣的說法：『我們成長過程中很窮，但本來自己是不知道的。』」貧窮不是只讓人身無長物，更是令人無力對抗逆境。一直到有人來到身邊，讓他們知道手上握有的權力有多渺小，他們才感覺到自己真的很窮。

❖

儘管山頂礦場頻頻進行事業擴張，卻也掩飾不了煤礦業已經日薄西山的趨勢。許多老舊礦場蘊藏的煤炭都已掏空，天然氣與其他能源對煤礦業造成的競爭大增。煤礦業的工作日趨稀缺，因為採礦作業已經漸漸機械化。不過到了二〇一〇年代，華爾街的投資人士卻又看到另一個足以大發利市的投機契機，找上煤礦產業合作。

金融業的投機客深信，因為鋼鐵製程需要焦煤，中國在這方面的需求將會持續攀升。而且他們也認為美國的礦業將會擴張，準備好滿足這方面的產業需求。為了擴張、關閉不賺錢的礦場與償付債務，煤礦公司借款數十億美元，而促成這些借款交易的銀行家每次都能從中抽成。

二〇〇七年，全球規模最大的煤礦公司皮博迪能源（Peabody Energy）為了節省開支，把旗下一些最不賺錢的礦場脫手，其中包括西維吉尼亞與肯塔基兩州十家有工會組織的礦場，就此擺脫了為了提供退休勞工健康照護，而必須支付的五十億五千七百萬美元。新公司叫做愛國者煤礦（Patriot Coal），一問世就居於劣勢，他們承接了皮博迪留下來的百分之四十健康照護支出，但儘管原有煤礦蘊藏量豐富，卻只接手百分之十三。把這些責任甩掉的皮博迪公司高層可說是難掩欣喜。該公司財務長瑞克・納瓦若（Rick Navarre）對投資人表示：「剩餘的債務、支出與現金流將會剩下幾乎一半。」

被分割出去的愛國者煤礦後來另外收購了一些礦場，包括考迪爾家旁邊的霍伯礦業，但這新公司在短短幾年內就撐不住了。華爾街押寶亞洲，但卻押錯寶。中國的經濟成長放緩，美國各家礦業甚至還必須面對來自澳洲的競爭，實屬意料之外。因為供過於求，焦煤價格在五年內砍半。背負巨債的阿帕拉契山地區各家煤礦公司開始紛紛倒閉。愛國者煤礦的退休勞工數量幾乎是現職員工的三倍，而且光在二〇一二年前半年就虧損了總計四億三千萬。到了二〇一六年，規模最大的煤礦公司裡有六家已宣布倒閉，影響所及是阿帕拉契山地區居民少了三萬三千五百個工作，各級政府的稅金也短收數十億，對於學校、醫院營運、道路施工等其他基礎建設造成嚴重衝擊。

愛國者煤礦宣告破產。礦工工會的反制手法則是把皮博迪能源告上法院，指控當初把愛國者煤礦分割出去只是財務騙局，唯一的目的就是規避退休金與健康照護的支出。礦工們把這手法稱之為「甩債」，皮博迪予以否認。工會敦促礦工與家人寫信陳情，主張他們的福利不應遭到剝奪。結果一千封陳情函如雪片般飛抵法院。信件大多是用手寫的，有些附上家庭照，或是病歷與藥單。我發現這些陳情函跟各種訴訟文件一樣在法院中遭束之高閣。如今重讀那些信件，回想起來，好像預示著美國人民愈來愈高漲的不滿情緒，也見證了他們所蒙受的羞辱、冤屈，以及他們是如何走投無路。愛國者煤礦某位退休勞工定居伊利諾州金凱鎮（Kincaid），他的妻子唐娜・貝伽利（Dona J. Becchelli）寫道：「千萬千萬別再讓另一家大公司害美國歷史走上回頭路。我們的偉大國家不能再放任這些見錢眼開的大企業胡作非為。我們是活生生的人，我們為了建設這國家胼手胝足，流血流汗。我們所要求的，只是政府能保障我們一路走來努力工作的回報，以及法律賦予我們的權利。」

❖

破產的煤礦公司愈來愈多，但某些華爾街投資人卻瞥見了另一個機會：在破產法院中，只要有足夠資金與深諳訣竅，就能把那些垂死公司的僅剩資產拿走，迴避各種開支，將剩餘價值收入囊中。某些華爾街人士專門處理這類「不良資產投資」（distressed investment），而這種人的代稱叫做「禿鷹」，一聽就知道是毀譽參半。馬克・布羅茨基（Mark Brodsky）是知名「禿鷹」，人稱「終結者」，根據彭博社網站對他的簡介，許多批判他的人稱他為「惡霸」、「勒索犯」，甚至是「痔瘡栓劑」。

布羅茨基旗下的奧里略資本管理公司（Aurelius Capital Management）投資了愛國者礦業，另一家叫做奈特海德資本管理（Knighthead Capital Management）的禿鷹公司也是。奈特海德的創辦人之一是資深投資人艾拉·科恩（Ara D. Cohen）。跟許多同行一樣，科恩是住在距離阿帕拉契礦區將近千里之外的「金三角地區」，也就是格林威治鎮上最繁華耀眼的那個區塊。跟前一章共和黨保守派的漢利夫婦一樣，他也擁有一座占地逼近五百坪的喬治式風格莊園，房子有二十七個房間與室內、外游泳池、家庭劇院、撞球間、電梯各一，以及一套超大號西洋棋棋組。

奈特海德為愛國者礦業挹注資金，表面上看來是要挽救公司，但實際上只是要取得掌控權。專門為西維吉尼亞州政府向各種公司求償，取得清理費用的律師凱文·巴瑞特（Kevin Barrett）告訴我：「他們的操作手法就跟避險基金一樣，拿錢出來取得董事會席次，然後就掌控了管理階層。」禿鷹投資公司的劇本都是千篇一律。曾有人解釋道：「他們可以試著以高壓手段強迫管理階層出售資產，幹一些爛事。而面對政府命令將環境恢復原狀的求償官司，他們則是有辦法大打折扣，減少損失。」

二〇一三年二月，愛國者礦業向破產法院提出申請，希望能支付七百萬美元給公司的管理人員當留任獎金，以免他們在破產處理期間離職。這個時間點很尷尬，因為剛好一個月後，愛國者礦業卻又宣布了毫不留情的撙節開支計畫：為了節省至少十三億美元，公司請求破產法院允許其撤銷與工會的合約，不再為二萬三千位退休礦工與眷屬支付健保保費。法院同意了。對於現職與退休礦工而言，這卻是開了惡例，令他們難以接受。在過去，各家煤礦公司當然也曾因為結束營業而砍掉退休金與健康照護福利，但如今愛國者礦業的做法卻是為了繼續營業，而試圖甩掉這些責任所衍生的債務。

長期擔任美國礦工聯合會（United Mine Workers of America）會長的塞西爾・羅伯茲（Cecil Roberts）告訴我：「破產法院法官一錘定音，直接宣告：『你們再也沒有健康照護保障了。』的確，在華爾街與全國各地都會有很多人說：『這可能是好事一件，因為這下資產負債表看來比較清爽了，對於投資人來講更有吸引力。』但那十三億原本是支付給那些跟我一起長大、相處了一輩子的許多人，他們都是凱賓溪（Cabin Creek）、潘特溪（Paint Creek）流域礦場的礦工*，住在分別隸屬於印第安納、伊利諾兩州的布恩（Boone）、阿勒蓋尼（Allegheny）、明哥（Mingo County）等郡。這下子他們要擔心從哪裡生錢出來繳醫療費了。」

塞西爾是縱橫沙場三十年的勞權老將，有非常豐富的罷工與勞資對峙經驗。但他的經驗再豐富也搞不懂華爾街的話術與操作手法。他跟我說：「我心想：『債務人持有資產融資（debtor-in-possession loan）是什麼鬼？第一留置權（first liens）又是什麼？』其他還有更多東西。奈特海德的人侵門踏戶，手握大權，他們說：『別管公司！全都賣掉！分開來賣，我們能把錢拿回來就好。』一般人不會這樣做事，但大企業就是如此。那樣就是不對的。難道因為規模龐大，權力也大嗎？……有些大公司壓根就搞不清楚西維吉尼亞的布恩郡在地圖上的哪裡，但卻靠住在那裡的人賺大錢。真正的問題在於：美國到底淪落成怎樣的國家，才會放任這種事發生？」

塞西爾負責在法庭上陳述，讓大家知道礦工們會受何影響。他說：「他們可是活生生的人，辛苦工作三、四十年後才獲得那些福利。如今他們失去了健康照護的保障，只因為那間與他們一輩子沒有任何關係的公司破產了。」

❖

最早在一九七五年，賴瑞・克尼塞爾（Larry Knisell）就已經於皮博迪能源的礦坑裡工作，地點大多是位於克拉克斯堡北邊一小時車程處的聯邦二號（Federal No. 2）大礦坑。從礦業的角度看來，那是個很棒的工作。他還記得，老布希總統任內的勞工部長伊莉莎白・杜爾（Elizabeth Dole）曾在一九八九年造訪他工作的礦坑。賴瑞說：「我還保存著我跟她坐在一起吃波隆那香腸三明治的合照。」當他聽說愛國者礦業這個公司從皮博迪能源分家，就覺得「有詐騙的味道」。他說：「如果要在路上推著車子前進，誰會先把三個輪胎拆掉？這根本行不通啊。」發給公司高層的那七百萬留任獎金令他感到特別心痛。他說：「那些大公司的人可真會精打細算啊！」

* 譯注：這兩個地點都位於西維吉尼亞州，曾於一九一二年發生非常激烈的大罷工事件，礦工的傷亡人數達數十人。

賴瑞前往皮博迪能源位於聖路易的企業總部前面去參加工會抗議。他看見武裝警衛在公司前面一字排開。「我看著那邊，說了一句：『你們知道我們是美國公民嗎？』我真的氣到快瘋掉。」三個月後，他大老遠開車前往懷俄明州的吉列市（Gillette）去參加皮博迪能源的股東大會。坐在會議室後面，他看著一位公司高層人員報告著刪減公司支出的進度。「他一開口就興奮大喊：『我幫公司省了二千六百萬！』天啊，這就像是在我的心臟插了一把刀。傷我最深的，莫過於這句話！我心想：『你這個王八蛋。如果有機會跟你面對面講話，看我不好好修理你一頓！』」

等發言時間到了，賴瑞早已做好準備。他說：「要不是有我們這些坐在後排的傢伙，你哪能到處吹噓自己有幾百萬高薪？我們這些人才是你們煤礦公司的骨幹，但卻蒙受這種遭遇，你真該為自己感到羞恥。你省下來的那二千六百萬，都是從我們的退休金裡拿走的。」賴瑞本來已經為對方的反駁做好心理準備，或許他們會為自己辯解，甚至切掉他的麥克風。但對方文風不動。事實上，那些高層幾乎沒有做出任何回應，因為他們沒必要。賴瑞不是大股東、避險基金經理或者激進投資人（activist investor）。在他們看來，賴瑞就是個暴躁的怪咖。他那一番話好像對著空氣說，好像他們充耳未聞，好像連說都沒說過。而這讓他更生氣了。他對我說：「那些沒膽量的王八蛋裡面，沒有半個轉身用眼睛狠狠盯我。」

最後他衝出房間，他說：「他們在大樓外架著直接通往停車場的頂棚，我走在頂棚下，聽見後面有人跟我。所以我就轉身，結果看到有個警衛。我說：我們只是想要平靜地表達意見，只是懇求公司能把屬於我們的還給我們。」

儘管不少學者把這種持續蒙受損失的社會現象稱為「階級的隱藏傷害」（hidden injuries of class），但是阿帕拉契山地區居民所受到的傷害已經到了明顯可見的地步。瓊・威廉斯（Joan C. Williams）在《白人勞動階級》（*White Working Class*）一書裡面透過流行文化來說明，社會對這些人的敬意有逐漸減少的趨勢。在一九三〇年代，聯邦政府的工作改進組織*會在郵局懸掛壁畫來描繪工人的英雄形象，而史坦貝克的小說《憤怒的葡萄》也是讚揚工人之作。但是到了一九七〇年代，工人形象卻演變成只因人生不順就抱怨連連的電視劇角色亞契・邦克（Archie Bunker），而且還是不肯與時俱進的種族歧視分子。到了九〇年代，勞工形象再度墮落為卡通《辛普森家庭》（*The Simpsons*）裡面的老爸荷馬，變成在核電廠裡工作會打瞌睡的無能酒鬼。雖然犯錯連連，還好有老婆、女兒默默地幫他補救。

於加州大學哈斯汀法學院（Hastings College of the Law）任教的瓊・威廉斯注意到，「就是在白人勞工階級的財富縮水，覺得備受羞辱、忽視之際，美國的有錢白人才學會了以同理心來看待窮人、有色人種與LGBTQ族群的生活。」在堪薩斯州鄉間長大的記者兼作家莎拉・史馬許

---

* 譯注：「工作改進組織」（Works Progress Administration）是美國在臺協會網站上的正式譯名，一般也翻譯成「公共事業振興署」。

（Sarah Smarsh）不禁注意到，雖然美國的流行文化已經不再充斥那些充滿種族歧視、性別歧視意味的粗魯笑話，但「一般仍不會好好檢討露骨的階級歧視」。火紅的部落格「沃爾瑪裡的人生百態」（People of Walmart）展示美國各地賣場顧客的照片，不無嘲諷意味，對此她撰文批判，那簡直是在描繪「當代美國窮人的景況：護腕、肥胖糖尿病患的大肚子、輪椅、痛風，還有肺氣腫病人的氧氣筒。」

到了二十一世紀，美國的菁英階層意識到不少研究證明企業界聘用勞工時普遍歧視女性以及有色人種勞工，而且往往是光看到名字就不想雇用這兩類族群。但是，階級歧視受到注意的時間就比較晚了。學術期刊《美國社會學評論》（*American Sociological Review*）在二〇一六年刊登的某篇研究顯示，利用假資料向三百一十六家律師事務所求職後，男性的嗜好若能反映出上層階級品味（如駕駛帆船、聽古典樂），與喜歡鄉村音樂者相較，前者獲得面試機會的比率高達十二倍。

❖

在愛國者礦業訴訟案的陳情信裡面，最令人難忘的莫過於某些礦工述說家人將會因為失去健康照護福利而陷入困境。退休礦工大衛・伊佛（David Efaw）定居在克拉克斯堡北邊一小時車程處，他寫了一封打字信給法官：「我不是為自己陳情，而是為我的妻子露絲・安（Ruth Ann）。

我們已經結婚三十三年，而她真是上蒼對我的恩賜。」露絲才五十三歲，但已被確診患有風濕性關節炎與纖維肌痛症（一種會讓患者全身疼痛的神經系統症候群）。她必須持續注射藥物，而大衛寫道：「如果沒有保險，我們根本付不出藥錢。醫生跟她說，如果不打那些藥，她可能會不良於行，甚至因為身體疼痛與損傷而活動不便，無法自理生活。」

大衛與露絲住在一條蜿蜒道路上的十九世紀農舍裡，他們家所在的彎道甚為險峻而被她稱為「撞車彎道」。在對我解釋該怎樣開車到他們家時，她說：「我們家是小丘上的農舍，旁邊有一棟需要重新粉刷的穀倉。」造訪時，只見大衛的肩膀綁著固定夾板與繃帶，窩在客廳的躺椅上。他用苦笑的表情對我說：「第十九次手術啊。」這次是修補旋轉肌腱。沒辦法，因為大半生都在地底礦坑工作，逐漸顯現出來的職業傷害可不是只有一兩種而已。

大衛在西維吉尼亞州長大，曾三度獲政府徵召到越南戰場上當醫護兵，後來因為《美國軍人權利法案》受惠，到大學研讀數學與工程，然後在各家礦場當了三十五年的電子技工。儘管皮博迪能源公司總裁造訪礦坑時與他見過好幾次面，但他未曾太過注意公司的種種商業操作。在面對技術問題時，大衛總能精確直陳要害，總裁也意識到這對他可能有點幫助。大衛說：「他每次來都會找我跟他聊聊。」總裁對他說：「你就坐在電話旁，這樣只要我或公司有什麼問題就能找到你。」大衛可沒天真到把兩人的交情當成友誼，但他很清楚，只要公司能好好運作，那他們倆都可以獲益。大衛對總裁說：「你是公司的一分子，我也是公司的一分子。」跟管理階層之間的關係可是從來沒輕鬆過，多年來大衛曾歷經數次激烈的罷工以及對峙局面，但他說：「那些人還是會尊敬我們，因為我們是勞工。其實那也才不過幾年前啊，但現在的氛圍完全改變了。」

他說：「他們能領的紅利動輒上百萬，而我卻要為區區幾百元的福利而抗爭。他們是另一種人，他們是貪婪的企業官僚。現在，大公司執行長的薪水是一般美國民眾的四百、五百倍。真的有人價值比別人高四百、五百倍嗎？我可沒見過那種人。你見過嗎？」大衛接著表示：「他們手握大權，他們濫用權力，但有誰能阻止他們？這樣的問題每天都在惡化。」

愛國者礦業有一段時間算是走出破產陰影，還能勉強維持運作。但到了二〇一五年卻又不行了，而且這次公司高層與奈特海德公司等投資方都只是坐等公司走向滅亡。他們制定一些計畫，但只是為了拍賣礦場與設備，確保自己能盡量拿回一些錢。看來，沒有人會出資為霍伯礦場與其他幾十個受到汙染的地方進行環境整治工作。

二〇一五年，代表州政府提出訴訟的律師凱文．巴瑞特發表聲明痛批奈特海德公司等投資方，表示他們造成風險，「讓西維吉尼亞州的居民可能因為土地與水域未經重新整治，而陷入公衛與安全的嚴重危機中。」他說那些最有價值的資產出售後可以獲利「數億美元」，但是卻「沒有半毛錢」用來處理「公司所留下的一堆爛攤子」。巴瑞特還說：「但是，身為愛國者礦業的計畫之贊助者，各家銀行與避險基金卻能全身而退，拿走出售資產所得以及報酬，留下公司的殘破空殼。」

幾週後，公司方最後一次趁兵荒馬亂之際使出小動作，實在是觀感不佳。據法庭文件顯示，為了付錢給破產律師、債主、會計師與支付其他費用，愛國者礦業高層竟打算從健保基金裡挪用一百八十萬美元。非營利新聞網站ProPublica調查發現，那些錢本來是專款專用於二百零八位住在印第安納州的退休礦工與妻子或遺孀，結果卻有部分遭公司高層拿來支付給凱易律師事務所（Kirkland & Ellis）和安邁諮詢公司（Alvarez & Marsal）。這時剛好是歐巴馬要競選總統的火熱選戰期間，柯林頓總統撂下重話，表示此舉實屬「無法無天，非擋下不可」。

愛國者礦業就此不敢造次，但也只是安分了一陣子而已。二〇一五年十月二十八日，該公司終於永久關閉礦場。各地礦場遭出售給散布在阿帕拉契山地區的不同買家。勞工曾有一段時間還是能獲得健保福利補助，但最後基金還是用光了。二〇一六年十月，工會寄信給一萬二千五百位退休礦工，表示他們所獲的健康照護福利將於九十天內終止，原因是「資金短絀，無以為繼」。

接下來幾年內，愛國者礦業瓦解的過程讓其他不肖之徒食髓知味。某個工會的發言人菲爾·史密斯（Phil Smith）對我說：「這變成他們用來試水溫的案子。」包括阿爾發自然資源、瓦特能源（Walter Energy）與威斯特摩蘭煤礦（Westmoreland Coal）等其他大煤礦公司破產過程中，避險基金都強勢介入。史密斯表示，每次各家基金都向破產法院請求免去退休金與照護費用支出。他說：「他們會用極低的金額買下那些沒有人想要接手的資產，或是取得公司的債權。」而愛國者礦業的案子讓他們得以「按圖索驥」，謀取阿帕拉契山地區各家破產礦場的剩餘利益。（在礦工與工會的施壓之下，國會終於在二〇一七年籌措出一筆用於保護二萬二千位礦工與眷屬的健康照護基金。）

「公司賺錢快活，礦工在礦坑幹活」，這是煤礦業的一句老話。但是對於受影響的成千上萬男男女女而言，愛國者礦業等案例的模式如實反應出一個日趨嚴重的危機：在說客與金主的操弄之下，現代資本主義體系的法律與價值已經淪為那些最上層權貴的工具，讓他們能確保贏家可以持續贏下去。洗劫愛國者礦業的種種手段並無半點違法之處，但真正的醜聞就在於，這一切都是合法的。

❖

華爾街人士竟能在阿帕拉契山地區礦業衰敗之際從中謀利，這讓礦工們深感受辱。這些產煤的山野地區已經逐漸失去唯一的資產，也就是土地，但卻未能獲得原本期待的報酬。這齣悲劇早在十九世紀就已拉開序幕，當時西維吉尼亞州的官員就已經提出這樣的大哉問：「巨大的財富到底會落在住在我們這裡的人身上」，抑或由「那些對本州毫不關心，只在意能否在山野間挖到寶的人得利？」

這個州在整個世紀期間逐漸失去地位與權勢，不再能夠自食其力，僅剩的資產居然還遭到遠在千里之外那些搞避險基金與融資的傢伙奪走，這可說是令人顏面掃地的終局。令礦工族群頗感自豪的是他們曾以激烈手段為自己爭取更大權益。一九二一年暴發「布萊爾山之戰」（Battle of Blair Mountain），西維吉尼亞州南部一萬多名礦工與手持機關槍、駕駛雙翼飛機的警方、聯邦部隊發生衝突，造成南北戰爭後規模最大的國內動亂。這也促成小羅斯福總統在十幾年後努力保護集體協商制（collective bargaining）。到了一九三〇年代，美國礦工聯合會的會員已經成長為八十萬人，該會也保障了礦工的八小時工作制、禁用童工等勞動權。在全國大罷工後，杜魯門總統於一九四六年與該會會長約翰．路易斯（John L. Lewis）達成歷史性的協議，為退休勞工建立了終身都有健康照護福利的制度。

後來，具有工會會員身分的美國礦工降為十七萬，但那不過才是一九七〇年代的事情。塞西爾．羅伯茲說：「要是有礦業的勞工失業，只要開著車沿路往下走，就能找到另一份工作。那時我們可能是中產階級，但轉瞬間卻發生一連串大事：美國鋼鐵產業接連傳出破產新聞，導致國內許多焦煤煤礦關閉，大多位於阿帕拉契山地區。然後是《空氣清潔法案》（Clean Air Act）以及各種為了應對酸雨而進行的修正案。接著又是氣候變遷。」

這讓「我們值得感到自豪」的七字真言愈喊愈小聲，簡直變成笑話。如果西維吉尼亞州的靈魂真的在群山之間，那麼靈魂也早就隨著一個個煤礦遭掏空而被消逝殆盡，唯一獲利只有那些千里之外的投機客。等到真的把煤礦掏空了，這些精於算計的傢伙又把設備賣掉，把收入移轉到他處。羅伯茲會長說，這種戲碼一而再、再而三重演，也難怪大家都感到憤怒。他說：「如今大家已經一無所有，這筆帳要算在很多人頭上。」

很多人把矛頭對準歐巴馬總統。在他第二任期間，西維吉尼亞州原本多達一百六十座的地下礦場有超過一半關閉。到了二〇一六年大選逼近時，只剩六十八座。煤礦業衰退產生政治衝擊，影響之深遠讓我聯想到深山裡的生態遭受衝擊，也與煤礦業有關：山頂採礦製造出新的奇怪化學混合物，流進溪河中，對生態的影響既廣且深。在政界，關於規範、商業、稅制與責任的種種觀念也已經翻轉，進而影響整個社會的氛圍，讓我們的社會逐漸變得面目全非。我們也可以從相反的方向來類比：美國鄉間小鎮因為長期深感挫折，對種族、移民與社會地位下降而覺得恐懼，而這種氣氛也往上影響了整個政界的食物鏈，造成各種畸形的現象。

到了二〇一三年，西維吉尼亞州的礦工人數已經低於護理人員。全國來講，若與全盛時期相較，礦工工會的人數少了百分九十七。沒有了鋼鐵廠、煤礦的工作，西維吉尼亞州居民只能轉而向餐廳、客服中心、養老院與居家照護服務機構求職，而且薪資都低於全國平均水準。也不過才二、三十年前，礦業勞工在盛產煤炭的鄉野地區只要走到街道對面，就能找到另一份新的礦業差事，所以上述改變才會令人感到不勝噓唏。如今，礦工已淪為整個地區最窮困的族群，飽受鴉片類止痛藥成癮與失業問題之苦。因為霍伯礦業的礦坑有一部分位於布恩郡，導致該郡有百分之五十八的工作在四年內消失殆盡。與男性勞工競爭工作的，竟然是和他們兒孫同齡的求職者。

這些產煤鄉野的土地、經濟與居民的身體都已殘破不全。先前，煤礦公司來來去去的確是個常態，但在現代金融業的外力介入下，就算煤礦業已經日薄西山了，還是能讓投資客與公司高層謀取龐大利益。羅伯茲表示：「為了與這些財富多到我們難以想像的傢伙抗爭，我們礦工工會也砸了很多錢。律師、會計師、投資客之流的人物只要把手伸進破產法院，總是能謀取暴利。但像我們這種礦工，有些人甚至為了公司工作了四十五年之久，很抱歉，就是得排隊排到最後面。」

廣義來講，華爾街與華府對待千里之外的美國人都是用同樣的手法。在商界與政界，無論政策或交易都只是講求一時的輸贏，至於對於人們會帶來何種實際影響，相較之下卻沒那麼重要。曾有一位禿鷹公司的員工對我說，他們之所以會決定把手伸入煤礦產業，並不是出於某種趁亂要大賺一筆的偉大策略，甚至連商業決策都不是，只是著眼於帳簿上的幾行數字而已。他說：「他們之所以會投資，僅僅是因為那些煤礦公司已經淪為不良資產了。」

西維吉尼亞州政府的代表律師巴瑞特對於交易雙方抱持某種看法：他自己在該州杭廷頓市（Huntington）附近長大，祖父是礦工，後來前往紐約發展，成為大牌企業律師。最後他回到故里執業，事務所設於查爾斯頓，舒適的住家位於紐約州的威斯特徹斯特郡（Westchester）與格林威治只隔一條州界。他對於自己最常待的這兩個世界再熟悉不過，因此深知兩地居民彼此不了解對方的經驗與動機，有時他會為此感到詫異無比。他說：「在南邊，西維吉尼亞州山區居民的想法是一回事；在北邊，格林威治與曼哈頓居民的想法又是另一回事。我想，那些避險基金經理人應該不太在乎西維吉尼亞州變成怎樣吧？但他們沒有惡意，純粹只是因為他們都是用自己的角度，也就是從金錢，還有從金錢交易的角度來看世界。在他們打的算盤裡，並不會把活生生的人考慮進去。」

跟這些年美國各地的許多慘況一樣，歷史的教訓就這樣銘刻在大地上。在格林威治，因為想遷居佛州，奈特海德公司創辦人艾拉．科恩最後將其位於金三角的喬治式風格莊園求售。結果售價是一千七百五十萬美元，雖然低於他的預期，但也已經是格林威治鎮該年度房屋售價排行榜的榜首了。將近千里之外，最後終究沒人願意接手霍伯礦業，而且整治環境所需的費用也找不到任何當事人來承擔。沃爾瑪曾想過要在那長滿亞洲綠草以及俄羅斯樹木的荒涼高原上開一家分店，但這時幾乎所有像考迪爾家族成員這樣的潛在客人都已經早就離開。開分店的計畫當然也就未曾實現。

最後，西維吉尼亞州政府決定把那礦場用於截然不同的用途上，而這樣的計畫雖然充滿象徵意義，卻也可說是無心插柳之舉。二〇一七年，州政府宣布把礦場改建成一座陸軍國民衛隊的訓練場。因為礦場場地上已經變成長滿異國植物，那奇特的荒涼地形剛好用來訓練當地士兵，教他們到外國執行跳傘任務後，如何在惡劣環境中求生。

【第十一章】

「自由」的味道

就在眾多避險基金開始染指西維吉尼亞州之際，不少敢拚敢衝的政客也意識到該州的潛力。儘管小羅斯福總統之子陪同甘迺迪前往當地拜票的歷史性事蹟已經是幾十年前的往事了，人們仍然緬懷著那一段西維吉尼亞州頗受政壇重視的日子。「石牆」傑克森飯店都已經結束營業多年了，《典範電訊報》偶爾仍會把甘迺迪家族成員造訪當地，受到熱烈歡迎的照片拿出來重新刊登在報上。到了二十世紀末，民主黨在西維吉尼亞州仍握有壓倒性的優勢，在此登記註冊的該黨選民是共和黨的兩倍，因此每逢國會大選，民主黨在這裡的選情都像是探囊取物般簡單。

但是，等到時任德州州長的小布希打算參選總統後，他的選戰操盤手卡爾・羅夫（Karl Rove）於一九九九年針對西維吉尼亞州選情進行大膽預測：儘管該州還是名列艱困選區的名單上，但仍是共和黨有希望拿下的地方。羅夫認為，西維吉尼亞州對於民主黨的忠誠度雖已維持二百年之久，但就像古董一般脆弱易碎。他所仰賴的策略無非是把西維吉尼亞扯入一股席捲全美的政治風潮。在一場場文化戰爭（culture war）與基督教聯盟（Christian Coalition）的推波助瀾下，美國大多數鄉間地區都已受到共和黨掌控，唯獨西維吉尼亞州例外。理由在於，民主黨傳統上本來就很重視阿帕拉契山地區的問題，所以該州州民才會逆反全國之常態，成為唯一支持民主黨的農業州。後來，羅夫在其回憶錄《勇氣與成就》（*Courage and Consequence*）裡面回憶道：「許多（西維吉尼亞州的）選民即便幾十年來都是投票給民主黨，但卻是反墮胎、會上教堂禮拜、支持槍枝持有與使用權，而若是把這些因素考慮在內，布希這個選擇會比走菁英主義路線的高爾更好。」尤其是柯林頓內閣把環保政策執行得很徹底，惹惱了一堆礦工，而且大家都知道民主黨內把氣候變遷問題喊得最為震天價響的人，莫過於他們的總統候選人高爾。

布希與錢尼這對競選搭檔在西維吉尼亞州境內開設了十八個競選辦公室。該州的媒體市場本來很小，布希陣營砸大錢進行宣傳，而他背後的最大金主就是煤礦業大亨詹姆斯．哈勒斯（James H. Harless）。人稱「巴克」的哈勒斯先審視了高爾的政見，表示他的決定是：「這次，我必須比過去出更多力來進行抗爭。」與上一次總統大選相較，煤礦業的政治獻金翻了三倍。為了幫候選人打造出較為合適的形象，布希陣營招納了礦工工會成員查爾斯．金伯勒（Charles Kimbler），這時他正處於失業狀態。金伯勒戴上礦工頭盔，在一場場造勢大會上如此介紹布希：「民主黨害我工作的礦坑關閉，砸了我的飯碗。」二〇〇〇年總統大選開票後，布希拿下西維吉尼亞州的選舉人票，而上一個非現任總統卻能有此成就的共和黨總統候選人，已經是遠在一九二八年的胡佛。（更要命的是，假使高爾能夠拿下西維吉尼亞州的選舉人票，總統當選人就是他，而非布希。）

布希獲勝也開啟了西維吉尼亞州政壇的新紀元。保守派意識到，如果他們能夠在該州打贏總統選戰，那當然也有可能實現寇氏兄弟、漢利夫婦與其他重量級金主想要推進的自由意志主義大業：他們想以有組織的方式抗稅，抵禦政府立下的各種商業規範。多年來，西維吉尼亞州政府在州界上放給旅客看的標語看板上都是寫著這樣一句話：「歡迎來到充滿野性之美的西維吉尼亞州」（Wild Wonderful West Virginia）。但是到了二〇〇六年改為：「歡迎商業投資」（Open for Business）。在該州保守派的論述中，他們想復興西維吉尼亞的文化、救亡圖存，但受到重工業的相關規定阻礙。當地共和黨成員廣發電子郵件給支持者示警，說民主黨那些「車前卒提出的訴求無非是要掏空我們的經濟，毀掉我們既有的生活方式。」鑽研阿帕拉契山地區歷史的約翰．威廉斯教授對我說：「諷刺的是，在創建一百五十週年*的這個當下，西維吉尼亞州已經加入了南方邦聯，跟美國南方與中西部沆瀣一氣，認為支持商業發展就是展現出愛國精神。」

* 譯注：西維吉尼亞州是在南北戰爭暴發之際（一八六一年）從維吉尼亞州分裂出來，因為有四十八個郡並不贊同南方的理念；後來，該州在一八六三年正式加入美國，成為第三十五個州。但威廉斯所說的時間點應該是指二〇一三年，而非二〇一一年，因為作者是從二〇一三年七月才開始動筆寫書。

西維吉尼亞州的共和黨精神覺醒，反映出一個更重大的轉變正在進行中：某些受苦受難的美國民眾已經開始對聯邦政府的正當性存疑。這種改變具體而微地在全國各州的首府展現出來。在各州的層級，美國政壇向來的確不乏貪贓枉法以及利用影響力謀利的情事，但是在競選財務、公共關係與假新聞等三大政治操作領域，各種新招數的問世讓那些貪瀆勢力如虎添翼。一般民眾往往無從了解這種政治文化的全貌，只有偶爾某些效應於社會上曝光，才能恍然大悟。這種效應的案例之一，發生在二〇一四年年初嚴冬的某個早上，西維吉尼亞州查爾斯頓的居民一覺醒來發現馬鹿河（Elk River）傳來陣陣的奇怪味道。

那味道聞起來就像烈酒的酒味。西維吉尼亞首府查爾斯頓的居民對於偶爾傳來的怪味其實並不陌生，因為他們的居住地就位於俗稱「化工谷」（Chemical Valley）的工業區裡。因為當地有不少鹽泉，十九世紀期間甚至是全美最大的產鹽地區之一。因為製鹽工廠林立，也衍生出一個製造火藥、防凍劑、橙劑（Agent Orange）與其他堪稱「化工奇蹟」的物質——這是《週六晚間郵報》（*Saturday Evening Post*）於一九四三年為那些物質冠上的稱號。一九四五年，美國記者約翰·岡特造訪化工谷時曾對當地高度工業化的現象感到驚詫不已，如他所述：「卡諾瓦河（Kanawha River）河岸邊工廠之多，堪稱櫛比鱗次。」

化工工廠的營運需要大量電力，而近年來因為天然瓦斯的價格相對便宜，電價下降，導致當地化工業蓬勃發展。儘管產業大發利市，但利潤並未讓西維吉尼亞的一般州民受惠。雖無實惠，但當地人卻因居住在工業區而深感驕傲，只是這榮譽感其實不堪一擊。在當地的直排輪比賽上，仍有一支自稱「化工谷直排輪女孩」（Chemical Valley Roller Girls）的隊伍活躍其中，她們的隊徽上就畫著兩位身穿網襪、戴著工業面罩的直排輪女孩。

事發當天是二〇一四年一月九日，而且那股怪味不是只有水域附近能聞到。晨間八點十六分，某位查爾斯頓居民打電話給州環保署，表示空氣裡有怪味，投訴內容根據接電話的總機人員轉述如下：「我老婆都快要不能呼吸了。」查爾斯頓的市長丹尼・瓊斯（Danny Jones）在市中心都能聞到那味道，但他心想：喔，大概只是空氣中有化學物質的味道而已。他跟我說：幾分鐘後，「我用力閉上嘴巴，跑到飲水機旁去喝了一大口水。接著我心裡想，出事了。」

❖

緊急求救中心的電話響不停，州政府派兩位調查員開始追查味道的來源。不久後他們發現味道似乎來自一座化學物質儲存倉庫，所屬的公司經營不善、搖搖欲墜，但名字倒是挺威風：自由工業（Freedom Industries）。這座倉庫由十七個藥盒狀的白鐵貨櫃組成，大家都稱之為「槽場」（tank farm），位於馬鹿河上方的懸崖邊。

自由工業的員工剛開始說他們公司沒有異狀，但是等到兩位調查員要求進去查看，名為丹尼斯．法瑞爾（Dennis Farrell）的公司高層主管終於承認出問題的是編號三九六的儲存槽，裡面存放著四萬八千加侖的工業原料。在那儲存槽外側的底部，有一灘淺淺的油性淤積物質，而且像山泉般湧動著。等到危險物質處理小組來到現場時，他們發現油性物質已經流往一堵牆壁的底部，接著又流到一片灌木叢，沿著斜坡流下，最後蹤跡消失在仍是一片白冰的馬鹿河寬闊河道上。

據法律規定，遇到這種工業物質外漏的事件，自由工業必須打州政府的熱線，即時報告。那位名為拉雯（Laverne）的接線人員問對方，外漏的物質是什麼？該公司一位叫做鮑勃．雷諾茲（Bob Reynolds）的員工說：「呃，是ＭＣＨＭ。」

拉雯問他：「ＭＣＨＭ？」

他說：「沒錯，」接著把那物質的全名告訴拉雯。

拉雯頓了一下，又問他：「你能再說一次嗎？」

ＭＣＨＭ的全名是「四－甲基環己烷甲醇」（4-methylcyclohexane methanol），常用於採礦業，在煤燒成煤炭以前可以拿來把外表的陶土與石塊沖洗掉。美國既存的化學物質有八萬多種，但除非是食用級的，政府並不會要求檢測這些化學物質對於人類有何影響。如今環保當局面對如何整治這外漏的問題，但卻發現幾乎不了解ＭＣＨＭ到底是什麼。但他們確實知道，這汙染事件的發生地點馬上會造成一個問題：下游幾乎不到二公里處就是西維吉尼亞州的最大自來水廠。這間水廠負責供水給該州百分之十六的人口，人數大約三十萬。

這是西維吉尼亞州八年內發生的第五樁重大工業汙染事件。其他幾次大多發生深山裡，民眾不會注意到，但這次化學物質外漏事件卻是在一個很特別的時間點，直接衝擊到該州的最大城市。這天是州議會年度立法會期的第二天，數百位州議員都來到查爾斯頓，開會地點是該州的議會大樓，那是座由石灰岩堆砌而成、穹頂鍍金的雄偉建築物。

跟許多其他州的州議會一樣，西維吉尼亞州議會是採兼職制。州參議會與州眾議院的成員會在年初的六天會期內齊聚議事，把立法部門的相關事務處理完後就各自回歸正常生活。因為立法機關能夠運用的經費不多，該州的立法當局總是很容易受到外在勢力左右。直到一九九三年，各個委員會轄下並無全職法務人員，所以必須找律師來當顧問，但他們其中有不少卻都是當地產業界的法律代表人。即便到了後來，西維吉尼亞州公職人員的薪資水準在全國仍是最低的。說客通常能很機靈地為政治人物提供專業服務。有個很典型的案例是，某位議員在水汙染聽證會上是如此介紹一個法規修正案，而這番說法就是由說客幫其操刀撰寫的：「我們必須確保政府設下的標準能夠保護西維吉尼亞的河川免於過度汙染。」

有時候政治操作的方式實在過於荒謬，令人感覺吃相難看。一九八〇年代期間，各家採煤公司出資將西維吉尼亞州議會大樓附近某家飯店的部分空間，改建成所謂「煤礦業套房」（Coal Suite），是個可供議員們使用酒吧、吃自助餐、打撲克牌、使用私人空間的交誼廳。這投資實在太划算了，幾十年來，議員設法逼使州政府自行吸收礦業所造成的環境與公衛損失，這等於是對各家採煤礦的公司進行變相補助。最嚴重的案例是一九七二年的「水牛溪煤洪」（Buffalo Creek flood），起因是某座擋住一億多加侖液狀煤渣的堤壩崩垮，高達兩三層樓的煤渣海嘯就此沖進溪谷。這次環境災難導致一百二十五人罹難，災損財物總值三億美元。堤壩所屬的公司匹茲頓煤礦（Pittston Coal）推諉卸責，竟說事件起因是「上帝降下大雨」，但事實上那座堤壩所採用的設計工法是聯邦政府相關單位早在三年就禁用的。西維吉尼亞州政府必須耗費數億美元善後，但州長亞契・摩爾（Arch Moore）卻選擇與匹茲頓煤礦公司以一百萬美元和解。（後來，摩爾因為索賄和其他貪贓枉法的罪名鋃鐺入獄。）

連續兩任州參議院議長都因為接受說客賄賂而遭起訴，於是該州在一九八九年通過了《政府倫理法》（Governmental Ethics Act），為公職人員收受禮物的行為立下規範，也強制規定該州議員必須進行財產申報。但各家煤礦公司仍然有辦法鑽漏洞，得償宿願。因為有樁官司遭判賠五千萬美元，罪名是詐欺與侵害契約關係（contract interference），美國最大的礦業公司梅西能源（Massey Energy）在二〇〇四年提出上訴。就在該州最高法院審理該案以前，梅西能源董事長唐・布蘭肯希普（Don Blankenship）砸了至少三百萬美元在該州幾十年以來首位共和黨籍的最高法院法官身上。這筆錢大多用來打廣告，指控對手有輕縱性騷擾兒童罪犯與毒品罪犯的紀錄。布蘭肯希普背書的候選人最終進入最高法院，為他取得足以逆轉判決結果的關鍵一票。（所幸，後來美國最高法院判定這次官司無效，表示接受布蘭肯希普金援而選上的那位法官應該申請迴避，但卻沒有做到。)

「煤礦業套房」終究走入歷史，但各家公司幾乎沒有稍微收斂一點，仍是用各種手法給政界好處。與其他大多數州的法律規範不同，在西維吉尼亞，製造業組成的利益團體和他們的客戶不需要針對他們的開銷提出報告。二〇一〇年，太平洋公共政策研究所（Pacific Research Institute）透過分析法律規定來比較各州政治的透明度，指標之一，就是說客是否有必要揭露客戶透過他們砸了多少錢進行遊說。結果，西維吉尼亞與內華達兩州的透明度在全美國的排名是吊車尾的。

幾十年來，在威脅利誘的推波助瀾之下，再加上政壇本就貪瀆橫行，這種西維吉尼亞州的政治文化導致每次只要有人想要跳出來保護人民的性命或土地，就會被一個假議題擋下：你到底是想要保住飯碗，還是保住健康？馬鹿河發生MCHM外洩事件的前一天，州長厄爾・湯布林（Earl Ray Tomblin）才發表了他的州情咨文（State of the State address），大肆批判聯邦的環保官員，誓言他「絕不會向聯邦政府環保署的壓力屈服，因為他們的煤礦業政策是受到誤導的。」湯布林是二〇一一年當選的保守派民主黨籍州長，不但幫大企業減稅還痛批聯邦政府撈過界，有擴權之嫌。為了平衡預算，他拿政府的其他資金填補減收的企業稅金，並且刪減州政府各部門的預算，總計刪減了七千萬。州政府編給西維吉尼亞州環保署的預算連續兩年刪減了百分之七點五，掉到二〇〇八年以來最低的水準。

外洩的物質到底有多少？馬鹿河發生化學物質外洩的消息傳開後，自由工業公司提供的預估值讓大家鬆了一口氣，因為他們認為最多只有大約六十桶MCHM，相當於二千五百加侖。但才幾天，預估值居然就飆升為三倍。最後，該公司提供的數據是一萬加侖，並且表示有另一種名為PPH（丙二醇苯醚）的化學物質也外漏了。幾天前才因為砍了幾筆環保預算而得意洋洋、大肆宣傳的湯布林州長出現在電視上，針對化工谷地區發布前所未見的警示訊息：他對三十萬位居民表示，他們的自來水已受汙染，不能「拿來喝、用於烹飪、洗衣或洗澡」。這是美國史上最嚴重的飲用水受汙染事件之一。其實，在他上電視公布這件事以前，大家已經喝受汙染的水喝了一整天。

❖

化學物質外洩事件發生後的頭三天內，至少有二百人因為身上起紅疹、感到噁心或其他症狀而去急診就醫。其中，大概有幾十人必須住院，所幸所有人都沒有大礙。在此同時，來自查爾斯頓的受汙染水流也已經注入了俄亥俄河（Ohio River）。供水對象高達一百多萬人的大辛辛那提地區自來水場（The Greater Cincinnati Water Works）也把注入水流的閘門關掉，改用專供緊急用途的儲備自來水，以免化學物質影響用戶。

這件事導致查爾斯頓與周遭地區的許多學校、餐廳和商家都被暫時關閉。國民衛隊載運瓶裝水趕來援助民眾，但只能優先給水給醫院與護理之家。緊急醫工人員坎蒂．史萊佛（Candi

Shriver）育有兩子，也兼職幫直銷公司雅芳（Avon）推銷產品，本來她想要採購一些東西回家備用，但卻對眼前的亂象感到氣餒。她說：「會有人潮到店裡爭先恐後搶購東西，其實沒什麼好意外的，但我還是覺得很意外，而且生氣。為了搶最後一箱水，一群人甚至大打出手。」

坎蒂的丈夫叫做喬許，他在這次危機期間隨機應變。喬許是個ＩＴ產業的顧問，嗜好是拆開自己的哈雷機車，然後重新組裝起來。他們是透過約會網站Plenty of Fish認識的，兩人之間頗多共通點，不過坎蒂把票投給歐巴馬，而喬許則是在二〇〇八年由藍轉紅，變成共和黨支持者。開始停水後，喬許開著卡車往南到約一百三十公里外威廉森市（Williamson）的Big Lots超市，說要買走整個貨架上的瓶裝水。店員問他：「整個架子喔？」瓶裝水的售價大概是每加侖一美元，所以他買了二百七十五加侖，把水載回家供家人與鄰居使用。隨著停水時間持續延長，殘酷的階級差異逐漸顯現出來：有錢的居民大可以到附近未受影響的城鎮賃屋而居，如此一來就能讓孩子們洗澡，也能照常清洗髒衣服。比較沒有錢的居民，就只能聽天由命——除了把水桶拿到室外去接水，還能怎樣？

那次危機愈演愈烈期間，我開車前往查爾斯頓拜訪民主黨籍的約翰・昂格（John Unger）牧師，他曾拿過羅德獎學金*，也是當時州參議院多數黨黨鞭。我問牧師：在外部勢力的施壓之

* 譯注：羅德獎學金（Rhodes Scholarship），可供各國學生前往英國牛津大學深造的獎學金。

下，西維吉尼亞州立法機關的運作是否有受到影響？大笑一陣之後，他提出三個很明確的步驟，說客都是用以下三個伎倆讓他的同事不得不乖乖聽話：「首先，他們會試著請客，喝酒吃飯都他們買單；其次，他們會設計陷害你；接著，他們會試著威脅你。」

我問他：「怎麼陷害？」

他說：「我的意思是，他們會用一些甜頭來招待議員，讓大家上鉤。當年我還是個菜鳥議員時，參議院召開會議期間我都住在萬豪酒店（Marriott）。他們會叫人上樓去敲議員的房門。」這種情況他常遇到，聽到敲門聲後，透過窺視孔看見外面走廊的昏暗燈光中有個女人正緊張地等待他開門。「我會打電話給樓下保全人員，對保全說：『好像有人迷路了欸，居然來敲我的房門。』然後我就退房離開飯店，搬到其他地方去住。」

昂格臉圓圓的，充滿幽默感的他感覺起來有點調皮，但其實骨子裡正直不阿。他與我分享第一次有化學公司的說客請他對某個法案進行投票的往事。

昂格說：「我的原則是，要讓我看到文字我才肯簽名。」

化學公司的說客回道：「可是，這並不是我們在議會做事的規矩啊。」

「我不清楚議會這裡做事有什麼規矩，但我有自己的原則。」

「好吧，如果你學不會怎樣跟我們好好相處，等到改選時我們會想辦法給你點顏色瞧瞧。」

昂格看著他回說：「這位先生，我不是想要打你的臉。不過，我想你沒辦法給我點顏色瞧瞧，因為我已經成功連任了！」

只要有人不願意配合，可能會很快就遭到報復。賴瑞・巴克（Larry Barker）是西維吉尼亞州眾議院的「能源、產業暨勞工委員會」召集人，二〇一二年有個煤礦業說客要他幫忙，讓煤礦業背書的某個法案完成委員會初審程序，送院會審查。巴克拒絕後，委員會就休會了。巴克告訴我，接著有個說客朝他走過去。那名說客用肩膀把巴克擠到角落，當時那裡只有他們兩人。

巴克抬頭對他說：「你這是要幹麼？」

「你要怎樣才願意幫我們把法案審完，送出委員會？」

「我想要再看看法案。我想要找個律師幫我仔細看看條文，也想要找工會的人再幫我看看。」

「這已經是今年最後一次會議了，但是你能夠召開特別會議，把法案排進議程。」

「奇怪了，你怎麼會覺得我一定會照做？」

「因為這是我們想要的。我們想要的很簡單，就是這個法案。」所謂我們，是指煤礦業。

接著巴克說：「好吧，我的任期也快到了。如果明年我還在這個委員會當召集人，而且你們的法案也沒有問題，我可以答應你，明年的第一次會議我就把法案排進議程。」

說客盯著巴克的雙眼，對巴克說：「到時候，對你來講就為時已晚了。」接著該名說客就轉身離開，事後那間煤礦公司也沒有派任何人來跟巴克聯絡。同一年秋天，煤礦業自行推出另一個比較聽話的候選人出來競選，挑戰打算連任的巴克，結果他們得逞了。

❖

等到整個煤礦產業進入衰退期，他們開始採用過去菸草業曾使用過的伎倆。因為天然氣產業興起、氣候變遷問題加劇、遭到避險基金狙擊等三方面因素影響，煤炭業已出現日薄西山之勢。為了逆轉頹勢，他們不再只是進行檯面下的遊說活動，而是轉而採取攻勢，試圖抹黑那些威脅到煤礦生意的科學界人士，讓大眾對他們失去信心。他們也重塑民主黨人士與環保團體的形象，說他們都無視於法律規範所造成的產業困境，是不顧經濟問題，只會抱怨與杞人憂天的菁英人士。二〇一三年，在煤礦業的推波助瀾之下，西維吉尼亞州的立法機關成立了所謂的「煤礦業黨團」（Coal Caucus）。先前我約訪了該黨團中最為活躍的羅根郡（Logan County）州眾議院議員魯伯特．菲利浦斯二世（Rupert Phillips Jr.），赴約時他帶著煤礦業的說客克里斯．漢彌爾頓（Chris Hamilton）。他們要求一起受訪。漢彌爾頓身穿細條紋衣服與流蘇樂福鞋，常駐於西維吉尼亞州的議會大樓，而且認為他在那裡的任務是要去「教育」該州的民意代表。他認為這也不能怪他們，因為他們都是一些「搞不清楚狀況的傢伙」。

菲利浦斯的本業是向煤礦公司販售各種採礦儀器，後來在二〇一〇年當選後為自己的運動休旅車特別訂製了新車牌，上面寫著COALDEL，是coal delegate的簡寫，意思是「煤礦業代表」。針對這次化學物質外漏問題，我問他是否認為政府會制定並通過更嚴格的規範。他說：「環保人士想要把帳算在煤礦業頭上。」但他深信MCHM的危險性已經遭各界過度誇大了。他說自己以前就曾經處理過那種物質，結果還不是「把手沖洗一下，然後照常去吃三明治！」他說有一份報告就是研究MCHM對於海洋、河流動植物的影響，建議我去讀一讀。「據說他們用某種微生物來進行實驗，到底是哪一種我也不確定。他們應該是有在實驗中使用超量的MCHM，但那種微生物也沒有死掉……水槽裡的活魚，還是活著啊！但那些環保人士並沒有把這個研究報告公諸於世。他們根本就不在乎真相。他們只會講假話。」

漢彌爾頓的表現非常有耐性，一派輕鬆的模樣看來很沉穩，而且他明明知道我這個外地人會提出一些不太客氣的問題，卻還是如此有自信。他對我說，外界普遍認為煤礦業往往「用粗糙的手段對待環保問題以及礦業勞工」，但這純屬誤解。他說：相反地，「我們當然也有法規部門，而且負責的人員都是些值得信賴的正派人士。他們也都是付出自己的心力，一方面終究是想看到煤礦業在國內與世界市場上都保持競爭力，另一方面也能用最嚴肅的態度看待勞工的個人安全以及採礦工作的環保素質，時時保持警惕。」

漢彌爾頓盛讚那些忠於煤礦業的民意代表。他說這代表著「民意代表的素質已經優於以往」。他表示：「共和黨民代的人數雖少，但他們早就都是見多識廣而且成熟世故。如今，雖然議會成員仍主要為民主黨人士，但其中有一大部分已是保守派。我想他們都已經意識到，煤礦業在這個州已經有幾百年歷史，而且大家也都希望它能夠繼續保持主要產業的地位。」

為了確保上述觀點能廣為傳播，煤礦業創造出專門為其喉舌的宣傳機器，鋪天蓋地的程度完全不遜於我在中國所見識到的情形。這是一個名為「煤礦之友」（Friends of Coal）的非營利倡議團體，其成立主旨無非是要「教育西維吉尼亞州的人民，讓大家更了解煤礦業，以及這個產業在我們的未來會扮演什麼角色。」這個團體把錢砸在電視、收音機廣告上，還舉辦了好幾屆「煤礦之友盃」比賽，藉此討好大學美式足球迷。「煤礦之友」甚至把一些當過總教練的人請來當發言人，因為他們都曾帶過馬歇爾大學（Marshall University）、西維吉尼亞大學的高人氣體育隊伍。「煤礦之友婦女會」（Friends of Coal Ladies Auxiliary）則是為學童設計了「煤礦走進教室」的活動，以名為《大家一起了解煤礦》的作業簿進行推廣。作業簿裡關於經濟的單元中，一團煤炭被畫成有手有腳的微笑卡通人物，為大家開啟通往銀行的大門。（難怪耶魯大學的某個研究團隊在二〇一八年做了全國性調查後發現，只有百分之五十九的西維吉尼亞州州民相信全球暖化現象的存在，比例在全國墊底。）

因為西維吉尼亞的人口僅有一百八十萬，甚至比休士頓市還少，砸錢帶風向往往能達成影響深遠的效果。過沒多久，全國各地的大金主都注意到，只要花錢就有很高的機會能夠改變西維吉尼亞州的政治文化。石油業巨子寇氏兄弟對於該州特別關注，而且是透過他們旗下的慈善基金會出手。華府美利堅大學（American University）的調查報告中心（Investigative Reporting Workshop）發現，他們在二〇〇七到二〇一一年之間捐款三千零五十萬給美國的二百二十一家大學，而其中西維吉尼亞大學收到的捐款是九十六萬五千元，金額排名第三高，僅次於喬治・梅森大學與佛羅里達州立大學（Florida State University）。

寇氏兄弟也因為與該州的公共政策基金會（Public Policy Foundation）志趣相投而資助其研究：這個智庫先前曾於二〇〇七年出版由西維吉尼亞大學經濟學教授羅素・索伯（Russell Sobel）編纂的《解放資本主義：西維吉尼亞為何不再繁榮？如何解決這問題？》（*Unleashing Capitalism: Why Prosperity Stops at the West Virginia Border and How to Fix It*）。這本書倡議，政府應鬆綁對於煤礦業的安全規範，因為「改善安全條件會導致礦工薪資減少」；書中作者有提出這樣的問題：「礦工雖能較為安全，但收入卻減少了，這樣他們真的有更為幸福嗎？」也有人提倡應該鬆綁用水規範：「儘管用水規範的本意是嘉惠民眾，但卻只會阻礙這個州的繁榮發展，因為我們留不住企業，也無法吸引外來投資，當然也就沒辦法創造出新的就業機會。」當時的州長喬伊・曼欽（Joe Manchin）邀請索伯教授到州政府去做簡報，並前往州參議院與眾議院財政委員會的聯席會議上提出報告。該州的共和黨主席表示：「本黨將會把『解放資本主義』這個任務納為政綱。」

二〇一四年二月，寇氏兄弟砸下重金支持的政治倡議團體「追求繁榮的美國人」（Americans for Prosperity，簡稱AFP）在西維吉尼亞創設分會。該州某位共和黨籍的政治顧問對我表示：「在這裡帶風向的成本實在是太低太低了。以AFP與他們的金主寇氏兄弟為例，上次鎖定的是北卡羅來納州。但是啊，這裡的選民人口只有北卡羅來納州的四分之一。所以來這裡撒錢的話，效果當然是立竿見影。」＊不論是到哪個選區，他說：「只要帶著二萬美元過去，可能就搞定了。」他還說：「很多人來這個州都是荷包滿滿，他們會對候選人說：我們想幫你勝選。」

❖

無水可用的危機來到第三天，左翼的社運人士在查爾斯頓的某家教堂舉辦了一場市民集會，就像傳統的市政廳聚會那樣，有二百人與會。留著一頭深色短髮、才二十幾歲的社區工作者凱蒂・勞爾（Katey Lauer）站到椅子上對大家說：「歡迎大家，我知道你們都已經三天沒辦法洗澡了！」民眾一個接一個站起來問問題或表達不滿。一位年輕媽媽說：「因為不知情，我還是給女兒洗了澡，這下她不知道會不會生病。」她一邊講話一邊落淚，但沒有崩潰，盡量保持鎮定：「真不知道該怎麼辦。」

集會發起人凱蒂屬於西維吉尼亞州年輕一代的社運人士，他們在成長過程中清楚意識到氣候變遷已是必須正視的現實，並且進一步發現採礦業能夠施展如此鋪天蓋地的影響力，其實反映出一個政治危機。她畢業於俄亥俄州某個規模不大的學院，在校期間親眼目睹二〇〇五年卡崔娜颶風（Hurricane Katrina）的難民在校方安排下獲安置於校園中。她對我說：「當時我有種氣候變遷危機已經來到家門口的感覺。我聽見有個年輕人說：等等，我們得要花多少年才能做完這次危機

（卡崔娜颶風）的善後工作啊？』這句話讓一股迫切感在我內心深處油然而生。」

大學畢業後她成為「保護阿帕拉契聯盟」（Alliance for Appalachia）的主席，帶領各種團體群起反對露天採礦。但這次化學物質外洩事件發生後，她意識到強烈的無助感，覺得無論再怎麼努力也敵不過採礦業。她對我說：「在政治上雙方實在是實力懸殊，他們實在是太厲害。」

拉胡爾・古普塔（Rahul Gupta）醫生是卡納瓦—查爾斯頓公衛署（Kanawha-Charleston Health Department）的署長，負責追蹤這次外洩事件的後續影響。四十三歲的古普塔醫生仍保持著童顏，但頭上已夾雜著銀色髮絲。他的父親是駐美的印度外交官，童年時間有一部分在馬里蘭州度過，德里大學（University of Delhi）畢業後才重返美國。他在二〇〇九年攜家帶眷遷居查爾斯頓，以頗具企業精神的方式進行公衛工作。為了控制肥胖與糖尿病的問題，他開發出一種行動電話應用程式，以全球定位系統的技術幫助使用者來比較各家餐廳的菜單與菜餚的卡路里數。

停水時間持續延長，不少官員與民意代表對古普塔施壓，要他允許餐廳和其他受影響的營業單位重新開張，但他內心猶豫不決。他說：「我必須以開誠布公的態度面對大眾。說實話我對MCHM的了解還不夠，我需要更多資料和數據。」商損的預估值已經來到每天一千九百萬，但古普塔認為必須派出稽查員四處調查，釐清狀況後才能允許商家重新開門營業。古普塔說：「有

＊譯注：如前所述，西維吉尼亞州的人口只有一百八十萬，而北卡則是大約一千萬。所以，其實是不到四分之一。

些官員與民意代表找上我，要我訴諸業者的自律精神。」但他覺得這觀念大錯特錯。他說：「如果訴諸自律就好，那地方公衛部門的存在就沒有意義了。我必須善盡把關職責。」

一月二日是停水的第四天，儘管許多家戶的自來水聞起來還是有烈酒的味道，但湯布林州長卻召開記者會表示「數字看來很樂觀」，還說「我們已經看到隧道盡頭的光線了」，而且州政府官員也對民眾表示，自來水似乎已經沒有明顯的健康風險，大家可以放心使用。但接下來四天內古普塔發現急診室的就醫人數仍持續增加，也有更多人因為皮膚出現紅疹、眼部不適、噁心、嘔吐、焦慮和偏頭痛而就醫。他說：「我沒辦法從科學的角度來證明外洩事件跟這些案例是否有因果關係，但問題的確存在。就算不是因為這種新的化學物質流入水源而導致，但民眾的確出現高強度的過敏反應，此外也有可能是因為自來水的特殊氣味而誘發噁心、偏頭痛、氣喘等問題。這是個非常明顯的公衛事件。」湯布林州長急著重新開始供水，卻帶來非常悲慘的結果：導致民眾開始不信任官方發布的聲明。古普塔說：「很多人徹底遵守官方提供的用水指引，但卻還是起紅疹或出現眼部不適的症狀，為此他們感到憤怒不已。」

湯布林州長解除水禁的兩天後，美國疾病管制中心（CDC）因為「深感憂慮」而發出聲明，建議該地區孕婦避免使用自來水，這讓民眾氣到跳腳。如果自來水對孕婦的健康可能有害，那麼對於嬰兒和幼童來講就安全嗎？儘管官方宣稱各校的自來水已可安全使用，但各種問題仍是每天屢見不鮮。因為每間學校使用不同的供水管路系統，所以MCHM在某些學校的確已經絕跡，但在其他學校卻並非如此。湯布林州長不再勸民眾放心喝水，講話的語氣也變得十分小心謹慎：「我不敢斬釘截鐵地說自來水已經百分之百安全可用了。但我可以這樣跟大家說，如果你仍然心存疑慮，那就不要使用。」他還說：「用與不用，完全取決於你。」到了二月五日，兩所學校因為多名老師、學童出現頭暈與噁心的症狀而被迫停課。古普塔說：「隔天，停課的學校又多了三間，而且最多有十四所學校通報類似問題，但因為剛好也到了下課時間，所以就只是讓孩子們下課，無須停課。」他跟我說：到了二月底，「我們幾乎每天都接獲學校的通報」。

照理說，可飲用的自來水、安全的學校、公衛建議只是政府必須提供的基本服務，但對於西維吉尼亞州的州民來講，這一切得來卻是大費周章，令他們身心俱疲。喬許．史萊佛說：「政府不知道那種化學物質具體來講是什麼，不知道外洩的量有多大，也不知道外洩的時間已經有多久了。」因為必須從外面拿水去室內沖馬桶，坎蒂．史萊佛甚至一度對她丈夫喬許說：「我有一種住在第三世界的錯覺。」

❖

停水危機一過，各界馬上把焦點轉移到三個問題上，想要找出解答：這一切到底是怎麼回事？誰該負責？要怎樣防止這種事件再度發生？毫不令人感到意外的是，自由工業本來就惹上了很多法律糾紛。公司創辦人之一先前曾因為販賣古柯鹼而認罪，後來又因為逃稅和其他罪名而入獄服刑。不過，更令人感到不安的是，看得出執法單位早就因為民代施壓以及擔心讓投資人卻步而持續弱化，所以才會對MCHM外洩的種種跡象視而不見。

自由工業的主管機關是州環保署，但問題在於這個單位因為遭到州長大砍預算而功能不彰，而且在政治領導專業的錯誤之下，早已淪為橡皮圖章，遭眾多公衛專家與倡議人士戲稱「來者不拒署」（Department of Everything Permitted）。這種輕縱業者的執法方式在過去幾十年間已成常態，因此外洩事件可說是無可避免的代價。根據《查爾斯頓郵報》於二〇〇八年的報導，在一段幾乎長達五年的期間，多家煤礦公司自己申報了大約二萬五千次違反《淨水法》（Clean Water Act）的情事，但州環保署竟然完全沒有針對申報內容進行審核，也完全沒有開罰。二〇〇九年，四個環保團體聯合請命，希望聯邦政府接管《淨水法》的部分執法項目，別再讓西維吉尼亞州政府繼續怠惰下去。在請願書中他們表示該州的法規體系已經「幾近完全失能」。但他們並未如願，也沒有帶來任何改變。

潘蜜拉．尼克森（Pam Nixon）是該州環保署的退休高官，有十五年年資。她對我表示，即便只是那些最基本的環保措施，該州環保署因為外界持續施壓，根本就不能好好執行。她說：「他們愈來愈明目張膽」。據她回憶，某次會議上喬伊．曼欽州長（屬於民主黨保守派，任期為二〇〇五至二〇一〇年）竟然表示：「希望環保署去現場進行檢查時，千萬別讓那些公司感到為難。」當上州長以前，曼欽會幫各家煤礦公司牽線，把煤礦賣給發電廠與其他使用者。上任後，他隨即三令五申，希望州環保署能夠不要把施政重點擺在執法開罰上，而是要「協助事業單位符合法令規範」。潘蜜拉表示：「他無非就是希望我們不要對業者痛下殺手。」

二〇一〇年，曼欽向州政府請假，為了爭取該州聯邦參議員職位而投入選戰。* 他表示環保人士「屢屢企圖摧毀西維吉尼亞的礦業與我們既有的生活方式」，但他誓言絕對不會讓那些人得逞。化工業最具影響力的工業團體美國化學工業協會（American Chemistry Council）砸下二十二萬五千美元廣告費幫曼欽背書，以廣告標語「帶我們走向未來的參議員」盛讚他。結果他贏了。藉由參議員財產申報資料上揭露的訊息，我們發現曼欽是煤炭仲介公司能源系統（Enersystems）的負責人，而且二〇〇九至二〇一二年之間收入高達三百多萬。（公司後來由他的兒子接手經營。）

環保顧問伊文．韓森（Evan Hansen）曾於外洩事件發生後獲西維吉尼亞州議會傳喚前往作證，他對我說：「過去十或十五年內，州政府一步步放寬原本煤礦業必須遵守的主要水質標準，到最後相關規範幾乎已經蕩然無存。所有規範一條又一條都被降低門檻，到了執法單位根本只能放水的地步，這也變成我們這個州日常生活的一部分。」

自由工業惹的禍對大眾的健康造成無可避免的威脅，但事件發生後西維吉尼亞人似乎已經

* 譯注：該州勞勃．柏德（Robert Byrd）參議員在任內以九十三歲高齡去世，還剩兩年任期，因此需要補選。

忍無可忍。湯布林州長宣布州長辦公室將會主動提出一部所謂的「化學物質外洩防制法草案」，藉此用來規範可能發生外洩問題的化學物質儲存槽。為了了解該法案的起草單位，《查爾斯頓郵報》的記者肯恩・渥德二世（Ken Ward Jr.）根據《政府資訊公開法》（Freedom of Information Act）提出申請，要求了解州長辦公室與化工業、煤礦業相關說客以及律師之間的溝通過程。他收到一百五十八頁資料，裡面有電子郵件與文件。看來州長辦公室召開了一場閉門會議，與會者都是來自文件中所謂的「與問題休戚相關的部門」，包括州政府商業部、西維吉尼亞州的石油與天然氣工業聯合會（Oil and Gas Association），還有煤礦業聯合會（Coal Association）。但這樣的會議卻排除了所有的州民團體和環保組織，沒有任何人受邀參加那場會議。

自由工業化學物質外洩事件發生六週後，不但國民衛隊已經撤離，所有新聞轉播車也都走了。讓查爾斯頓地區居民倍感哀怨的是，這件事並未獲得太多全國新聞媒體的版面與報導時間，甚至比不過當時一樁發生在郵輪上的常見病毒感染事件。渥德跟我說：「如果這件事發生在北維吉尼亞州那三十萬居民身上，我想連總統都會親自去探視了——至少拜登副總統會來吧。」* 一個名為Electric 102.7的當地電臺把這件事稱為「水汙染末日事件」（Aquapocalypse），並且播放一首鄉村歌曲來自我解嘲：

我從蓮蓬頭沖下的水中聞到自由的味道，

我在洗手槽中聞到自由的味道，
但這自由不能喝，只能用來洗澡。

❖

儘管喬許・史萊佛載了一整個卡車的水回家，但外洩事件發生六週後卻也用到只剩下四分之一。他們用自來水沖澡，但他們三歲的兒子佛萊迪卻因此起了紅疹。三十歲的坎蒂・史萊佛身材苗條，留著一頭紅髮、五官細緻，但卻因為身心俱疲而紅了眼圈。他們家擺著不少飾品，包括裝在影子盒（shadow box）裡的葡萄酒瓶塞、寫有一句句勵志雋語的小木牌——看得出是精心布置過的，但是因為受到停水衝擊，家中多出不少空水瓶以及其他雜物。到了二月，史萊佛夫婦決定找一家叫做「下游策略」（Downstream Strategies）的環保顧問公司來檢測家裡的自來水管，公司派出環保技師安卓雅・瓦拉托（Andrea Varrato）帶著幾個茶色玻璃瓶來採樣。原本檢測範圍只包括冷水，但是坎蒂連熱水也想檢測。她問安卓雅：「每一項檢測的費用大概是六百多吧？」

安卓雅點點頭。

＊ 譯注：北維吉尼亞不但是全美國居民收入最高的地區之一，也是許多聯邦政府機關的所在地，包括國防部與中情局等。

坎蒂說：「我的媽呀。」

喬許看著她說：「妳決定吧。」

她想了一下，接著說：「真不知道我們為什麼要為這種事情花一千二百塊。」這整件事讓她很生氣。她說：「只是，我希望別讓我家年僅三歲的寶貝連洗澡都要擔心。」

安卓雅去車庫為那裡的水管採樣，這時我問他們夫妻倆：你們覺得外洩事件會讓政府加強把關，讓規範變得比較嚴格嗎？喬許對此存疑。他說：「如果政府加強把關，就會對煤礦業造成影響，結果終究會導致煤礦公司倒閉。也有可能是導致他們的價格無法與國內其他煤礦公司競爭，結果一樣會關門大吉。所以說，加強把關也許一開始會帶來好處，但終究會對我們這個州帶來傷害。」

經濟與健康，哪一邊比較重要？西維吉尼亞州煤礦業最厲害的地方就是把這問題重塑為文化之爭。如果想要選擇健康，就得要放棄經濟，沒有中間地帶。從這個角度觀之，不把票投給煤礦業就是否定你自己、你的身分認同，甚至危及自己的存在。煤礦業成功為自己塑造出能夠給人一條活路的假象，看似蓬勃發展。我在史萊佛家問喬許：「你覺得西維吉尼亞州的勞動力有多少比例是直接由煤礦業聘雇的？」他猜大概有百分之十五，但那天晚上我查了一下，實際上卻只有百分之三。

坎蒂不看好未來，已經開始做最壞打算了。她很怕白血病與其他癌症的盛行率會增加。我問他們是否有考慮要搬走。喬許說：「我知道有一些人已經放出要出售房子的消息，但只是為了要看看實際上會不會有人要買。但其中有一個人說：『現在沒有人會想要在這裡買房子。』」

坎蒂說：「我的確想要搬離這個地區，遷居塔克郡（Tucker County）。那裡沒有化工工廠。要是我們現在有錢可以搬家就好了……」她若有所思，講話聲音漸漸變小。他們的親友與工作都在這裡，實在很難想像如何搬走。就跟千里之外的芝加哥人一樣，他們也是被困住，無法動彈。

那個月我走遍西維吉尼亞州各地，明顯看出社會大眾因為這次停水危機而深感不安，而且隨著時間過去仍是有增無減。二月底某天早上，這時已經是參議員的曼欽來到查爾斯頓一小時車程外的小鎮法葉維爾（Fayetteville），是為了參加一個名為「咖啡與常識」的活動，地點在某間教堂改建而成的咖啡店。曼欽年輕時靠美式足球獎學金去讀西維吉尼亞大學，是個身高一百九十公分的大漢，年屆六旬的他和藹可親，講話慢條斯理，留著頭濃密灰髮。他以自己西維吉尼亞人的身分為傲，甚至在華府有一艘船被他命名為「彷彿天堂號」（Almost Heaven），只因歌手約翰·丹佛（John Denver）那首經典老歌的第一句話就是：「彷彿天堂，西維吉尼亞。」*

咖啡店座無虛席。等到聽眾提問時，某家戶外用品店的經理艾倫·詹寧斯（Alan Jennings）說，當地有個汙水處理廠就是經手天然氣挖掘工程的廢水，鎮上不少人都憂心忡忡。艾倫說：「大家都覺得自己壓根不知道身處危險之中，可能要到死前那一刻才會赫然發現。那家汙水處理廠有一個儲水池，但並沒有安全措施。」後來有個比他年輕的人站起來，看起來比咖啡廳裡的其

* 譯注：這首歌就是許多人耳熟能詳的〈鄉村小路，帶我回家〉（Take Me Home, Country Roads），發表於一九七一年。

他人都還要健壯，拿出一張紙來打開，上面寫著發言內容。他四十歲出頭，在賓州某座天然氣鑽井工作。本來我以為他會為自己任職的產業講兩句話。沒想到他說：「曼欽參議員，如果你真的有心阻止西維吉尼亞州的環境與人民受到傷害，那麼你就該幫忙草擬法案，讓管事的人為這類意外負起責任。」他接著說：「西維吉尼亞州的環保署根本就是無牙老虎。如果能讓州警站出來，把自由工業的執行長抓起來，那他的朋友們肯定會把神經繃緊，設法好好管理自己的設施。」他愈唸愈激動，到後來簡直像在大吼。「我們都是一些小人物，我們不曾打著黑色領結去曼哈頓參加入場券要一千美元的募款晚會。但我們要求政府要伸張正義！**我們這些基層人民，要求政府必須伸張正義！**」咖啡廳裡響起如雷掌聲。那個人講完就坐下，再也沒有發言。

大家都離開咖啡廳後，我問曼欽這次化學物質外洩事件是否有稍稍改變他的看法，不再只是偏向重商的立場，要多付出一點心力在環保上面？他笑著說：「我總是認為兩者該求取平衡，從來沒有偏向哪一方。」接著我說，看來州民對於州政府的執法情況不是很滿意，他回話的聲音聽起來充滿自我防衛的語氣：「如果你的意思是政府裡面有人貪贓枉法，把自己出賣給企業，那根本是子虛烏有。我從來沒有見過那種情況。」在國會議員中，從礦業拿到最多競選經費的前二十個人裡面，只有曼欽是民主黨的。我進一步問他：有鑑於他的個人收入以及競選獻金都是來自於採礦業，他是不是會比較難以做出毫無偏私的客觀判斷？他說：「我一貫的立場就是做對的事，所以不會受影響。我已經有很長一段時間沒有扮演煤炭掮客的角色了。我的公司有很多不同的業務。但是重點在於：我仍然是全心全意相信我們可以好好做事，而且用正確的方式去做。」言下之意，可以做的事情裡面也包括採礦。

❖

那一年晚春，西維吉尼亞州議會不顧業界反彈，通過了化學物質外洩防制法。主要提案人是約翰．昂格牧師；到了秋天，他已經有心理準備，肯定會有人出面想要把他拉下來，讓他無法連任州參議員。他說：「在我開始對用水安全問題大鳴大放之後，就開始有對手跳出來要跟我競選。當時我就確定到了秋天要打選戰時他會有很多銀彈。我知道自己被盯上了，我是他們的肉靶。」

那一年春天我最後一次與昂格碰面，他說西維吉尼亞州的停水危機並未引起美國人民的普遍關注，大家都沒意識到這件事背後隱藏著更重要的警訊，而這讓他憂心忡忡。「金恩牧師說得好，不公不義的事情無論發生在哪裡，對於其他地方的人來講都是威脅。為什麼大家都該關心發生在西維吉尼亞州的事件呢？因為我們這個州就像是礦坑裡的金絲雀。*如果美國人沒把西維吉尼亞州的事情放在眼裡，那危機就在眼前，問題會愈來愈大。重點在於：如果連那些維持生活所

---

* 譯注：礦坑鳥籠裡的金絲雀具有示警功能，讓礦工能知道坑道裡是否安全。

需的基礎建設都是如此遙不可及，美國人是否該開始進行辯論，設法捍衛自己的權利？還是我們該繼續裝傻下去？」

卡納瓦—查爾斯頓公衛署署長古普塔醫生則是認為，這場西維吉尼亞州的停水危機反映出一件事：美國表面上看來是個民主國家，但骨子裡已經弊病叢生。這並不是阿帕拉契山地區特有的案例，因為才不到三個月後，密西根州佛林特市（Flint）超過十萬名居民也面臨停水危機。那裡的居民以非裔美國人為主，他們遇到的問題是自來水裡面的含鉛量飆升。由於古普塔的祖國是印度，讓他遇到這類案例時能看得比其他美國人更深入。印度的特色之一，就是人民在各方面所受的待遇有如天壤之別，而且各個不同社會階層成員所過的生活也迥然有別，因此他很能了解美國人為何會有這樣的信念：如果人民連最基本的生活條件都無法獲得滿足，那要怎樣追求卓越人生？而這裡所謂最基本的生活條件，就包括能享受安全的飲用水。他問我：「如果社會上只有一部分人有資格享用安全的水，而且情況持續下去，那麼我們美國人真的知道自己要走向怎樣的未來嗎？我們真的要這樣走下去嗎？從美國的歷史看來，把社會分成兩半終究不會有好結果。」*

---

* 譯注：美國會發生南北戰爭就是因為社會對於奴隸制的看法分歧。

【第十二章】

喚醒了沉睡中的人們

從位於曼哈頓的豪宅往外看，唐諾．川普眼中的美國是個永遠擺脫不了受害者身分的國家。一九八七年，他才四十一歲就以房地產大亨的豐厚身家初次問鼎總統大位，當時他前往新罕布夏州的一場造勢大會上對群眾說*，美國被日本、沙烏地阿拉伯與其他盟友「欺負得很慘」，他還說：「我已經受夠華府那些不會做事的爛好人。」

到了賴瑞．金（Larry King）的談話節目上，他又老調重彈：「他們都在背後嘲笑我們。」接著在歐普拉秀（Oprah Winfrey Show）上他在「美國是受害者」這個既有基調上面又加了點花樣，像是哼唱靈歌地炫耀自己的致富能力，宣稱只要他當上美國總統，「過去二十五年來被占盡便宜的美國人就都能發大財，把失去的討回來。」那一年他只能說是出來試試水溫，競選活動沒

---

* 譯注：新罕布夏州是美國總統大選第二場初選的舉行地點（第一場在愛荷華），因此向來是兵家必爭之地。

有撐很久，但是往後的幾十年間他偶爾會復出重彈老調，而且總是會有一定的市場。

然而到了二〇一一年春天，他把這偶爾的行動升級，對總統候選人資格認真了起來。川普公開支持那種主張歐巴馬並非在美國出生的瘋狂理論，宣稱：「我要他主動出示自己的出生證明。」（事實上那張出生證明在三年前就已經公諸於世了，但他才管不了那麼多。）共和黨陣營的主流派大多對他嗤之以鼻，包括選戰大師卡爾．羅夫都說川普使出這招只會讓自己被劃分為「狂熱的右派」。但是福斯新聞網的老闆羅傑．艾爾斯卻嗅到這有利可圖，所以川普發表那番言論才不到一個月，就獲得了該新聞網晨間節目的露臉機會，每週一上電視，確保數以百萬計支持共和黨的家庭能夠持續看到他。

川普終究沒有把二〇一二年的初選程序走完，而是跟實境秀《誰是接班人》（*The Apprentice*）續約，但「出生地懷疑論」卻為他帶來數不清的政治紅利，他的政治顧問羅傑．史東甚至宣稱這是「用來建立群眾基礎的厲害招數」。共和黨候選人羅姆尼輸掉二〇一二年總統大選後，一週內川普就把「讓美國再度偉大」這句口號拿去註冊。在註冊申請書上他宣稱用途是「為了在政治領域中進行募款」。

住在格林威治的大金主李伊．漢利（他是史東的好友）早就意識到選民渴望華府菁英以外的候選人，他們不要泰德．克魯茲、馬可．魯比歐那一類的人物，而川普也知道這點。他的意識形態跟茶黨的四字真言（「奪回權力」），以及林堡把白人塑造成「新的受壓迫少數民族」的論調很像，只是他在同樣的道路上又走得更遠一點。二〇一二年，福斯新聞網的頭號政論主持人比爾．歐萊利（Bill O'Reilly）提醒他的觀眾：這次選舉是一場爭奪資源與權力的零和遊戲，就看哪一方所崇尚的價值能夠勝出。他說：「我們的國家正在改變中，人口結構正在改變中。這已經不是傳統的美國了。有百分之五十的選民就只是想要資源，他們有求於政府。而誰會如他們所願？歐巴馬總統。」

就在政壇人生正在走上坡之際，川普也把其他操作方式學得很上手。二〇一三年二月，他發出第一條自己寫的推文。（因為有人在電視上拍他馬屁，他用這則推文表達感謝之意。）先前都是員工在使用他的帳號，推文內容平淡乏味，大多只是跟公司業務有關，但這時川普開始用自己的安卓系統手機直接發文。這可說是個轉捩點，因此為他操盤社群媒體的賈斯汀．麥康尼（Justin McConney）後來提出這樣的比喻：「就像是電影《侏羅紀公園》裡面葛蘭特博士意識到迅猛龍有開門能力的關鍵時刻。」

接下來兩年內川普推特帳號的追蹤人數從三十萬飆升為四百三十萬。二〇一四年，史東把川普介紹給年輕的公關高手山姆．南伯（Sam Nunberg），自此南伯就負責緊盯著數萬小時的談話性廣播節目與右翼媒體節目。南伯會把節目的主題簡報給川普，內容包括各種受到美國民眾歡迎的貼文，都是九一一事件所觸動的敏感神經：恐外症、陰謀論、種族偏見、狂熱的反政府論調，還有宗教上的基本教義派。例如泰德．克魯茲鼓吹的謬論，像是為了躲避迫害而離開敘利亞的難民不該來美國，而是應該移居那些「主要為穆斯林人口的國家」。亞利桑那州州長珍・布魯爾（Jan Brewer）宣稱警方發現的那些無頭屍應該都是非法移民下的毒手。保守派牧師葛理翰（Billy Graham）的兒子富蘭克林甚至高聲稱讚俄羅斯，因為他們的政府「讓孩子們免於同性戀思想的荼毒」。

川普把這一切融會貫通，塑造出自己的論述平臺。多年來，羅姆尼之類的共和黨主流派人士都無法觸及那些「躲在家裡不投票的白人選民」，而川普的手法就是把這些各方垂涎的群眾拉到自己的陣營中。資深民調專家山姆・帕普金（Sam Popkin）表示：「川普在這些議題上的主要立場與過去其他候選人沒什麼兩樣。但他是個還沒有汙點的局外人。他懂得東西比其他人都還少，然而他卻能看見唯一重要的事：共和黨基層中有一部分支持者陷入經濟困境，而且非常討厭歐巴馬……他們恨透了政府，因為他們覺得歐巴馬把錢都給了那些好吃懶做而且不如他們的人。他們對於少數族裔的美國人就是抱持這樣的看法。」

川普發展出的政治人格融合了很多元素，他是勞工階級眼中反移民、反稅、反全球化、反菁英的億萬富翁，而歷史已經證明這所有元素都能吸票。為了爭取選票，他創造出兩個幻想中的敵人：一方面是那些只會殺人越貨的有色人種，另一方面則是那群手握大權、自傲自滿但卻無視人民有多恐懼的「沼澤寄生蟲」。* 就像美國文化評論家孟肯（H. L. Mencken）早在一個世紀前就說過的雋語：「從政的唯一目標，就是要讓民眾保持警戒（因此他們會吵著要有人讓國家恢復安全），要創造出各種各樣的怪物來威脅大家，但所有怪物都是想像出來的。」川普服膺羅傑・史東的政治哲學，而且青出於藍：「搞政治的重點不在於讓人民團結，而是要分化他們。唯一的目的就是拿到百分之五十一的選票，那就贏了。」

川普的確是機關算盡，但我想他事先應該也不知道他的選戰主軸會與當時的社會氛圍那麼契合。他在二〇一五年六月十六日投入總統大選選戰。他算是很會造勢了：競選團隊付錢給一個叫做Extra Mile Casting的演藝經紀公司，讓他們派演員來扮演支持者（酬勞五十元美元）。如同公司的指示所說，每個人都要「穿著一樣的T恤、手拿標語、幫忙歡呼打氣」。但真正讓他出線機率大增的，還是他那一番言論。在事先寫好的講稿裡面最多只有兩句話論及移民問題，但川普在那次活動中脫稿演出，如此評論墨西哥移民：「他們帶來毒品。他們帶來犯罪活動。他們是強暴犯。但我想，其中也有一些是好人。」

事實上，上述言論裡面有三句話根本毫無實據（例如，第一代移民的犯罪率其實比原生的美國人還低），但一切只是為了鋪陳出他的主要政見：在美墨邊境築起三千公里的高牆，阻止墨西哥再把「那些有一堆問題的人送到美國來」。共和黨主流派內部開始瀰漫著不安的氣氛。南卡羅

＊　譯注：此處作者引述的是川普使用（但非他自創）的口號drain the swamp，意思是把華府那一片沼澤抽乾，除掉許多如寄生蟲般的華府菁英。

來納州參議員林賽・葛蘭姆（Lindsey Graham）大罵川普，說他「挑動種族的敏感神經，是個恐外的偏激分子」，要他「下地獄去吧」。華府許多共和黨人士甚至開始下注，賭川普的競選陣營在鬧內訌垮臺前能夠撐多久。

但是對於黨內許多保守派人士來講，儘管原本他們懷疑川普並非真正忠於共和黨，但他那一番充滿不屑的直白言論卻給人耳目一新的感覺。安・庫爾特（Ann Coulter）說：「就是那一番墨西哥人是強暴犯的言論贏得了我的心。」

❖

川普的競選言論引來各界嘲諷咒罵，卻也非常成功。他在共和黨內部的支持率從百分之十六竄升為五十七，其他幾位候選人在初次亮相後的支持率都沒像他這樣飆高。過去幾十年來川普活躍於各界，而他所獲得的最寶貴經驗莫過於如何操弄群眾的情感。主流派對川普大加撻伐，但這只是讓他更加確認自己已經正中目標，選對議題來討好他最需要的那些選民——這些美國群眾對主流派深惡痛絕，而且覺得主流派憑什麼不屑一顧他們的品味？

他那一番關於移民的話術當然是備受媒體痛批，但針對這種情況他後來說：「是他們造就了我。」川普巡迴全國，到鳳凰城、傑克森維爾、奧克拉荷馬參加的活動一場比一場大，他的警告語氣也愈加強烈，要大家小心移民會讓美國成為罪犯天堂，死傷慘重。曾於二〇〇八年痛失十七歲愛子的傑米爾・蕭（Jamiel Shaw Sr.）被川普請上臺，因為他兒子就是死於非法移民之手。川普站到一旁，看著傑米爾向臺下群眾訴說自己的兒子是怎樣遭到槍殺的。就在那個月，林堡向他的聽眾表示：「關於移民問題的辯論走向已經因為川普而完全改變。」但這並不是百分之百正確。多年來，移民問題其實早已經發展成一個足以觸動敏感神經的問題，只是他找到新的方式把問題丟出來，而且效果非常好。

川普投入初選後不久，《紐約客》的編輯就希望我能以他的競選活動為主題撰文。他在紐約可說是無人不知，無人不曉，但大家往往不會把他講的話當成一回事，所以我們覺得撰文這件事可以再等幾週，而且我最多也只會報導他與美國群眾相遇的經驗。我猜他撐不到最後。我搭機南下德州去看他在臺上發表演說。那一天是七月二十三日，我看著他搭機來到美墨邊境的拉雷多市（Laredo），他那一臺上藍下白，中間有紅色條紋的波音七五七專機在將近四十度的高溫中於機場降落。

幾週以來，在總統候選人黨內初選中川普始終保持領先者姿態，但他也遇到一個頗為棘手的形象問題：在狗仔隊緊盯跟拍的情況下，只要飛機跑道上狂風大作，難免他就會被拍到頭髮亂飛，露出禿頭本色的畫面。所以川普搭機抵達拉雷多的時候，是以新的造型從飛機走出來，用非常有創意的方式來保護自己的形象：他戴著一頂棒球帽，上面寫著他最有名的口號：「讓美國再度偉大。」我在筆記裡面草草寫下他第一次以這樣的形象出現，還說那帽子的前端看起來硬硬的，像是郵輪送給遊客的便宜貨。帽子跟他那天彷彿是要出門冒險踏查的裝扮很搭，黑色西裝外套配上白色休閒褲，腳蹬高爾夫鞋，如此的形象非常適合那天被他描述成危機四伏的行程。造訪德州的前一晚，他對福斯新聞網的觀眾說：「有可能我再也見不到大家了，但我還是義無反顧。」

出發前往拉雷多以前，川普說：「我受到邊境巡邏隊（Border Patrol）邀請前往，對上想要向我致敬的何止幾千人？因為我代替他們說出心聲。」儘管川普說邊境「巡邏隊」，但實際上邀請函是由邊境巡邏隊工會於當地的分會發出，而且經過與總會諮詢後，這分會也在他出發的幾個小時前撤回邀請，理由是他們不會為任何候選人背書。從飛機階梯走下時，儘管是在爭議聲中造訪，川普看來還是很興奮。他在電視畫面上幫自己塑造出威風凜凜的形象，常常喜歡皺眉瞇眼講話，像是《荒野浪子》（*High Plains Drifter*）裡面的西部片天王克林．伊斯威特加上《名模大間諜》（*Zoolander*）中班．史提勒的綜合體。進了當地那個小機場的航站裡，他被記者們簇擁著，開始娓娓道出一個陰謀論，把邀請遭到取消這件事當成政敵在背後作梗，但他並未指名道姓。「他們邀請了我，但突然間有人叫他們要silencio！意思是他們被下了封口令。」有人問他為何覺得自己的人身安全會在拉雷多受到威脅（那是個犯罪率比紐約市與華府都要低的地方），他給的答案又是那兩個字「有人」，「嗯，有人說我很危險，但我還是得要來。我愛這個國家。沒有任何事比我現在正在做的事情更重要。」

與邊境巡邏隊工會代表的計畫取消了，現在川普改而要會晤當地市政府官員。他的車隊有七輛運動休旅車，負責護送的警車則有十幾輛，當年羅姆尼正式獲得共和黨提名時陣仗都沒這麼大。他的車隊經過一座座購物中心、教堂，還有前院裝有碟型衛星天線的牧場房舍。有些開車的人對他揮揮手，其他人則是死盯著他。有一輛車子停在他行經的道路上，擋風玻璃上擺著咒罵的標語：「川普先生，去你媽的。」

車隊開到往來美墨兩地的許多卡車都會經過的世貿橋（World Trade Bridge），他走進一棟有空調的建物裡面去聽取半小時的簡報。從建物走出來後他對記者們講話，接著在原地保持不動，等待媒體把攝影機架好，然後又繼續這次活動。有人問他：「你不斷說自己受到人身威脅，但邊境地區的犯罪率並不高。你說的到底是哪一種威脅？」

川普微微點頭，露出很擔心的神情，他說：「有許多非法分子很危險，先前我們也有討論過了。但邊境地區真正危險之處在於，許多罪犯都是跨越邊境進入美國的。」

在回到機場以前，川普去了皇家步道宴客廳（Paseo Real Reception Hall）一趟，因為支持者們在那裡幫他辦了一場小型造勢會。為了把抗議人士擋在門外，入場賓客都必須接受檢查。我身邊坐著一個拉丁裔家庭，因此我問他們的父親為何會來參加這活動。他說是某位與邊境巡邏隊有關的朋友打電話給他，請他過來「充充場面」。他帶來五位親戚。川普對群眾表示：「我想，大家都不了解自己面臨怎樣的威脅，也不清楚自己有多少才能。但我都非常清楚。」接著他開放在場來賓提問，當地電視臺Telemundo與全國性電視臺MSNBC*的主播荷西・狄亞茲—巴拉特（Jose Diaz-Balart）：「很多人都認同你的言論，就是那些越過邊境而來的人都是強暴犯和殺人犯……」

他還沒講完就被川普打斷，「不，不，不！我說的是非法移民，也沒有人誤會我。你們知道嗎？媒體常常扭曲大家講的話，就是像這樣！」他的支持者對狄亞茲—巴拉特發出噓聲，為了不讓自己的聲音被噓聲淹沒，川普拉開嗓門大聲說：「你是Telemundo之恥！」

狄亞茲—巴拉特說：「可以讓我把話講完嗎？」

川普說：「不，不可以。你的發言時間結束了。」他向支持者致謝，比了幾次雙手大拇指朝上的手勢，隨即出發回機場搭乘專機。

❖

我屢屢要求訪問川普，但都沒有下文。川普痛恨《紐約客》，因為我們斷斷續續報導他已經有十年之久，有時候他不喜歡那些報導內容。事實上，我並沒有很努力嘗試，因為我意識到與他對談應該跟訪問那匹叫做「美國法老」（American Pharoah，是得過三冠王頭銜的名駒）沒兩樣。

只要是時候到了，川普就會出來選總統，「美國法老」就會上賽場衝刺。想要了解他們的內心世界，是沒有意義的。

只要在川普稱霸的領域裡待一下，只要跟著他的飛機或他的粉絲到六七個州去轉一圈，就會發現他所動員的是一整個「傷心挫折同盟」。與其說這些人是選民，不如說他們是部分美國公民所組成的鬆散聯盟，重點是他們對於美國的政治與經濟體制都已經失去信心。他們聲稱自己是受害者，而加害者是遠在千百里外的邪惡勢力：可以是那些把公司拿來當棋子交易與犧牲的「沒膽量的王八蛋」（或者有著類似名號的傢伙）**；可以是那一次讓「羅友友」們賺到荷包滿滿但卻傷害數以百萬計美國人的次級房貸風暴***；也可以是把數以萬計軍人派往中東參戰的政府，讓他們徒留身心創傷與回國後無法融入社會的絕望，彷彿進入始終看不見盡頭的隧道。最讓他們痛恨的，莫過於某些共和黨同志，因為這些人永遠在華府尸位素餐，只會跟在艾德森與漢利等大金主的屁股後面，隨時準備好要懇求他們：「能捐個一百萬給我嗎？」

離開拉雷多的幾週後，我到新罕布夏州去拜訪幾位親戚，那裡的選民向來都以冷靜客觀自

---

* 編按：微軟－國家廣播公司，以下內文簡稱MSNBC。

** 譯注：這句話出自本書第十章介紹的退休礦工克尼塞爾，是用來罵那些蔑視勞工權益的公司高層。

*** 譯注：請參閱第七章，指全國金融公司執行長莫茲羅提供低利貸款的那些友人與政界大老。

居，並引以為傲。但新州卻也颳起一陣「川普旋風」，幾次到訪後讓那裡的北方佬們內心激起陣陣漣漪，興奮不已。在我去新罕布夏之前，共和黨籍的州眾議員佛瑞德・萊斯（Fred Rice）曾到濱海小城漢普頓（Hampton）去參加一場川普的造勢大會，發現許多人耐心等了兩個小時，在街上排出一條將近半公里的人龍。他說：「在我們這個州，我從來沒見過政治活動有這種盛況。」萊斯接著表示：其他共和黨人士「只會說那些制式的廢話，只會惹毛大家，讓民眾離心離德，不想再支持本黨，因為那些候選人上臺後只會隨口開空頭支票，對任何人承諾任何事。」到了晚會結束時，萊斯也迷上了川普。他對我說：「川普讓我聯想到雷根總統。如果今天是投票日，我也會把票投給他。」

川普總把自己多有錢掛在嘴邊，他說他連那些資產排在前百分之一的人都不放在眼裡。（那他是否也不在意後面那百分之九十九的人？）這論調對他有所幫助。共和黨支持者南西・梅茲（Nancy Merz）是五十二歲的漢普頓市居民，她對我說：「我喜歡川普是因為就算真的當選了，他也不用向任何金主低頭。」她說自己是在一間傢俱公司工作，而他丈夫查理曾經是奇異公司旗下某家工廠的員工，負責製造家用電錶。奇異公司遷廠到墨西哥後，查理換了工作，去醫院幫忙泊車。川普在演講時承諾自己將會設法阻止美國的工作機會外流，所以梅茲夫婦就變成支持川普的共和黨人。他們會去做禮拜，但他們非常了解川普，知道他不可能成為會眾，也能體諒他那些冒犯女性的言論。南西說：「這個國家有太多其他事情需要我們關心了。多年來我目睹很多朋友失去他們的房子。」

跟大多數競爭者不一樣，川普很了解這群美國人到底為何感到憤怒。他在二〇一五年夏天說：「美國不是那些搞避險基金的傢伙打拚出來的。他們運氣好，光是靠不斷轉讓文件就能賺大錢。」他誓言必定對那些人增稅。「那些傢伙害死了不少人，但卻能逍遙法外。我想要把中產階級的稅率降低。」川普的粉絲把各種各樣的形象投射到他身上：性格強悍、深諳商道，甚至是正直誠實。因為他的言論都是針對特定族群，所以提出的許多想法都是充滿矛盾：他主張大規模驅逐移民出境，但卻覺得沒必要刪減聯邦醫療保險與社會保險預算；他誓言擴充軍備，但卻批評自由貿易——以上只是反映出支持他的選民往往內心就是充滿矛盾，想法無法連貫一致。最重要的是，他已經重新點燃茶黨支持群眾的熱情。正式投入選戰才剛滿一個月，茶黨內部對他的支持率幾乎成長為三倍，比率高達百分之五十六，而這讓他把德州參議員克魯茲等其他茶黨偏好的共和黨初選候選人遠遠拋在腦後。

某天下午我在愛荷華州城市奧斯卡盧薩（Oskaloosa）等待一場造勢大會開始，跟史蒂芬妮·德沃德（Stephanie DeVolder）聊了起來。金髮碧眼的她大概五十幾歲，是個猶太裔家庭主婦，先前曾幫求職網站Dice當過業務代表。她說她很樂見川普「注意到退伍軍人的悲慘處境，並未得到應有的待遇」，還說「他是非常堅定的軍人之友」，甚至表示她很喜歡川普在電視上的表現。她說：「我買了《誰是接班人》的影片回家，還從頭看到尾。他很厲害，懂得洞悉人心，而且他自己實際上很好心。他真的太棒了。」此外，史蒂芬妮很渴望有人能夠擊敗希拉蕊．柯林頓，因為希拉蕊就是那種最典型的華府菁英，大權在握，沒把一般民眾放在眼裡。史蒂芬妮說：「我永遠忘不了當記者問她是否有清理郵件，她是怎麼回答的。」（有記者問希拉蕊在把郵件伺服器交給聯邦調查局以前，是否有先清理郵件，她竟然說：「怎麼清理？用布擦乾淨嗎？」說完還笑出來。）史蒂芬妮表示：「太明顯了，她一定有問題。」*

那天下午在奧斯卡盧薩，跟往常一樣，川普在臺上振振有詞地列舉出一連串逍遙法外的墨西哥罪犯，說他們獲准「四處遊蕩，開槍傷人，殺人犯法」。他把這個現象描述為美國的嚴重隱憂：「問題這麼嚴重，但卻沒有人想要拿出來討論。」他提醒臺下群眾先前他去拉雷多的小故事：「我跟飛機駕駛說：『拜託你們，飛行路線不要離邊境這麼近。稍微靠我們國內的方向一點。』靠近邊境實在太恐怖。」他說，等他回到紐約時，妻子迎接他的時候已經是笑中帶淚。她對著川普說：「你從邊境安全回來了！」然後哭了出來。一如往常，川普也講了某個非法移民殺人的例子（他說，「那頭畜生壓根就不該在美國」），並且向愛荷華州民示警，就算他們在日常生活中感受不到威脅，還是得處處提高警覺。他說：「如果人民不敢在自己的國家四處走動，那實在是太糟了。這讓人難以置信。平心而論，在愛荷華州沒有那種問題。但其他地方的情況實在很糟。」

聽到川普像這樣老是把邊境問題拿出來大做文章，讓我想起兩年前我終於回國時，在機場看到的那本邊境巡邏隊手冊，上面除了有華盛頓紀念碑（Washington Monument）與盛開櫻桃樹的圖像，還寫著「歡迎來到美國」。手冊所塑造出的邊境形象讓人感到安心，覺得受到歡迎。但「邊境」在川普的話術中有另外的功能：邊境成為一個把混亂與安全隔開的中間地帶，是用來區分「他們」與「我們」的。當我跟史蒂芬妮聊起移民問題，她說自己是因為喜歡川普才開始注意到他討論的移民問題，而她的結論是：「關於邊境安全的問題，他說的百分之百正確。」

走到禮堂外，我遇見建築工人朗恩．詹姆斯（Ron James），他身穿一件T恤，上面的標語寫著：「每個非法入境的胡安都回家去吧！」** 我跟他說，我實在沒想到會在愛荷華看到那句標語，因為這裡離墨西哥很遠啊！他說：美國的文化正因為「外來者的入侵」而遭到侵蝕，他還說「我們都要被沖進馬桶裡了」。最適合川普高談闊論的地方並非邊境，反而是美國內陸地區，尤其是那些人口絕大部分是白人，但拉丁裔移民人數持續上揚的地方。以愛荷華為例，州民中的白人仍然維持百分之九十的高比例，但自從一九九〇年迄今拉丁裔人口卻已經成長為五倍以上，他們主要都是為了乳製品農場、生肉包裝廠與一般工廠的工作而來的。***（難怪愛荷華州西北選區

---

* 譯注：這就是所謂的「電郵門」事件。希拉蕊曾因擔任國務卿期間使用私人電子郵件信箱聯繫公務而遭調查。

** 譯注：胡安（Juan）在西班牙文裡面是很普遍的名字，相當於英文中的約翰。

*** 譯注：愛荷華是美國的農業大州。

會長期由史蒂夫·金恩〔Steve King〕擔任眾議員。他是最敢於發表反移民言論的國會議員。）* 根據《華爾街日報》的報導，打從二十一世紀開始，多樣性程度提高最多的各個郡裡面，有超過一半以上是位於美國中西部各州，包括愛荷華、印第安納、威斯康辛、伊利諾與明尼蘇達。事實上，根據皮尤研究中心的調查發現，最不可能支持在美墨邊境上築起高牆的人，反而是那些居住地距離邊境不到五百六十公里的人。

跟其他右翼民粹主義者一樣，川普發現美國有不少民眾因為多元化程度提高而感到不安、恐懼或心存抗拒。在他們的想像中，周遭世界的改變程度比實際上還要劇烈。根據華府智庫「美國進步中心」（Center for American Progress）與其他團體的一項研究顯示，當被問及美國大概有多少人口並非白人，人們答案的中位數是百分之四十九，但實際上的數字是百分之三十七。

這不是新現象。十幾年前，認為應該多鼓勵移民來到美國的哈佛大學教授勞勃·普特南針對四十幾個社群做了一項研究，發現當社會進入多元化過程的初期，改變似乎會讓「所有人像烏龜似地把頭縮回自己的世界裡」。最抗拒改變的莫過於那些感到自己經濟地位並不穩固的白人。人口結構改變讓他們感到更為害怕，唯恐自己從本來就不高的地位往下掉落到距離底層只有幾步之遙的地方，而這就是社會科學學者們所謂「厭惡殿後的現象」（last place aversion）。

一九九九年，極右派的美國研究人員李歐納·澤斯金（Leonard Zeskind）早已提出示警：未來幾十年內「種族將會再一次讓美國分裂。這次，白人將會失去既有的多數族群優勢。」透過人口結構預估，他認為非西班牙裔的白人將會在二〇四五年成為少數人種。澤斯金猜測，就在人口結構即將逆轉的過渡期接近時，美國白人群體將會動員起來，設法保住自己的政治、經濟影響力。澤斯金寫道：「如果過去只是序曲，我們將會在二十一世紀中葉看到激烈衝突展開，並持續一整個世代之久。」我打電話給澤斯金，問他對川普的競選論述有何看法，他說：「嗯，那種戲碼竟然已經悄悄上演，比我預想的還要快。」

❖

那年夏天的「川普旋風」颳起之際，有個研究我剛好已經做到一半，是關於幾個帶有種族歧視思想的極右派團體，因此我得以近身觀察他們對於川普成為總統候選人的反應。在川普關於移民問題的負面論述中，有些元素剛好與那些團體的想法不謀而合。六月二十八日，川普宣布投入初選的兩天後，在美國人氣最高的新納粹主義新聞網站《衝鋒隊日報》（*The Daily Stormer*）**就發文為他背書了：「大部分美國人都把那些想法擺在心裡，但川普願意幫大家發聲。該是把那些人

---

* 譯注：因為打輸選戰，金恩已於二〇二一年一月卸任。

** 譯注：衝鋒隊是希特勒親自建立的納粹黨武裝組織。

驅逐出境的時候了。」《衝鋒隊日報》呼籲白人：「我們這輩子何曾能投票給真正能代表我們自身利益的候選人？好好把握這第一次機會吧！」

茶黨曾於二〇一〇年聲勢看漲，後來逐漸銷聲匿跡，因此許多美國的愛國民兵、邊境義勇隊、白人至上主義者早就希望能找人出來幫他們扛起極右派的大纛，如今他們認為那人選已經出現。在過去，這些自詡為「白人民族主義者」的美國人把川普當成「喜歡猶太人的傢伙」。* 但川普這次競選所使用的新話術讓他們有醍醐灌頂之感。理查．史班塞（Richard Spencer）自稱是「認同論者」（identitarian），住在蒙大拿州小鎮懷特費許（Whitefish）的他是「白人種族意識」的倡議者。史班塞分別從維吉尼亞大學與芝加哥大學獲得學士與碩士學位。後來，出身保守主義出版業世家的威廉．雷格內理（William Regnery）與人共同成立了一個名為「國家政策研究院」（National Policy Institute）的智庫，其成立宗旨是：「保存歐洲人在美國與在世界上的遺緒與身分，促進其未來發展。」史班塞獲邀擔任此一智庫的董事長與院長，而南方貧困法律中心說他是：「老派的白人至上主義者，只是穿上西裝，打了領帶。」

史班塞對我表示，原本他以為這場初選活動會是「充滿娛樂效果的畸形怪物大展」，沒想到川普卻讓他感到「耳目一新」。他接著表示：「我認為，川普內心深處意識到這次選戰的重點終究在於人口結構。美國即將進入一個新時代。」他說：「我並不認為川普是個白人民族主義者」，但他深信川普說出「美國白人深藏於潛意識中的想法：『到了他們的孫子那一代，白人會在自己的國家成為遭人憎惡的少數民族。』我想，很多人都對此深感恐懼。他們可能沒有辦法把那種感覺說清楚，講明白。不過，我認為那感覺是真實存在的。我想這非常能夠解釋為什麼川普能夠颳起一陣旋風。我想，只有他能夠好好地利用這一點。」

賈德・泰勒（Jared Taylor）是白人民族主義雜誌與網站《復興美國》（*American Renaissance*）的主編，他的辦公室位於維吉尼亞州歐克頓鎮（Oakton）。關於川普，他對我表示：「我確信他會跟我這種人劃清界線。他也許不願意承認，但實際上他會有這麼高的支持度，群眾基礎就是來自我這種人。」住在辛辛那提的二十四歲白人民族主義倡議人士馬修・海恩巴赫（Matthew Heimbach）告訴我，這次川普讓許多跟他一樣原本提不起勁的年輕人都精神抖擻起來。馬修告訴我：「他喚醒了沉睡中的人們。」

在描繪美國的圖像時，川普總是把芝加哥掛在嘴邊：那座城市被他選為美國夢的反面教材，充分反映出道德失效、民主失衡的病況。他把許多種族歧視主義的老哏回收來使用，而那些論調其實就是過去幾十年之間用來恫嚇郊區白人選民的舊招數，但是到了歐巴馬執政期間在「布萊巴特新聞網」等右翼媒體上獲得最佳效用。比爾・歐萊利在福斯新聞網的節目上以「死亡與毀滅」為論調，甚至質疑芝加哥是否比阿富汗更加無法無天？當上候選人後，川普屢屢透過推文散布假

* 譯注：川普的女婿庫許納（Jared Kushner）是猶太人，而他女兒伊凡卡（Ivanka Trump）也因此改宗猶太教。

的犯罪數據，還用每個字母都大寫的方式來強調：KILLED BY BLACKS ——「遭黑人殺害」。在俄亥俄州艾克朗市（Akron）他對群眾表示：如果我能當選，「我們就能擺脫犯罪問題。你們可以自由在街上走路，不用擔心挨子彈。現在，大家在街上走路都可能會挨子彈。」在川普逐漸創造出來的慣用語彙中，他只談芝加哥的暴力犯罪問題，卻避談世世代代都擺脫不了的貧困、種族隔離或是對警方的不信任。* 他只是想要拿殘酷的暴力事件來說嘴。

川普當然不是第一個講話很厲害但卻滿嘴種族歧視言論的總統。湯瑪斯・傑佛遜就曾在《維吉尼亞州書簡》（*Notes on the State of Virginia*）裡面寫道：黑人「身上令人不悅的味道甚為濃烈」。雷根總統則是在致電尼克森時把非裔美國外交官比喻為「猴子」，說他們「還不習慣穿鞋子」。但是川普與其他總統都不同之處在於，那些令人厭惡的偏見是他用來與大眾對話、爭取認同的論述主軸，而胸懷類似偏見的群眾對此也深感認同。在川普崛起以前，各家白人民族主義網站一般都把共和黨當成猶太復國主義的馬前卒，或是大企業的傀儡，因為要幫助降低薪資而贊成開放邊境。但是在七月九日，號稱以「對抗特赦計畫、開放移民的政客、種族平等倡議者與腐敗大企業」為成立宗旨的公論網站 VDARE 盛讚川普，表示：「第一次有財務、文化與經濟資源如此豐沛的政治人物願意公開對菁英階層的共識說不。如果他可以動員身後的共和黨群眾，打出一場漂亮的總統大選選戰，那麼他就能為美國的愛國人士創造出一個能夠說出真心話，不用害怕會丟掉工作的媒體環境。」而這篇文章的標題是：〈現在我們都是唐諾・川普〉（WE ARE ALL DONALD

TRUMP NOW）。

❖

川普在他的論述裡面提出各種訴求，讓喜歡他的人可以各取所需。麥可・希爾（Michael Hill）在阿拉巴馬州創設了主張分裂主義的南方聯盟（League of the South），希望有朝一日能讓南方從美國獨立，創設一個由「盎格魯－塞爾特人」領導的共和國。史提爾曼學院（Stillman College）位於塔斯卡盧薩（Tuscaloosa），是個歷史悠久的黑人大學，而史學教授希爾在那裡的執教生涯始於一九八一年。他曾經應徵其他學校的教職，但都沒有錄取，而他自認是平權行動的受害者。一九九四年，參與創設南方聯盟更是讓他與同事不合，據他表示：「那裡不乏來自民權運動時代的黑人老教授與行政人員，看到我這個高傲的白人小伙子老是把南方邦聯旗幟**什麼的掛在嘴邊，自然會感到不悅。」一九九九年他離開史提爾曼學院。他告訴我：「如果學術界因為我

---

* 譯注：芝加哥常發生黑人遭警方無辜擊斃的案例，警方也屢屢被質疑執法過當。

** 譯注：南方邦聯即美利堅邦聯（Confederate States of America），南北戰爭期間南方各州退出聯邦（美利堅合眾國）之後所成立的國家。

是個南方白人男性基督徒異性戀就不喜歡我，那麼此地不留人，自有留人處。我會為我的同道中人打好這一仗。」

對於川普屢屢提及凱薩琳・史坦勒（Kathryn Steinle），希爾很感動。二〇一五年六月一日，三十二歲的舊金山女子凱薩琳陪父親在碼頭邊散步，沒想到卻遭槍殺身亡。警方認為這是一起隨機槍擊事件，後來逮到凶手胡安・法蘭西斯科・羅培茲－契茲（Juan Francisco Lopez-Sanchez），結果他竟是一個曾五度遭驅離美國的重刑累犯，而對於川普來說，「那位美麗女子」的不幸遭遇正是「為何我們必須立即在邊境嚴格把關的另一個例證」。希爾對我說：「這件事觸動很多人的敏感神經，因為有很多政治事件都是抽象的，但這可不是。我自己就有一個女兒，因此我不難想像我女兒倒在我懷裡對我說『爸爸，救救我』的模樣。」希爾譴責移民帶來許多問題，也批評跨種族通婚，他還針對「猶太人」帶來的影響提出示警，他說：「對於川普這種人物的出現，我樂觀其成。但這倒不是說他說的每一句話我都相信。重點是共和黨因為他而陷入一片混亂，反而有機會改頭換面，而對我們來講這是好事。」

在阿拉巴馬州首府蒙哥馬利市郊外一大片綠草如茵的土地上，南方聯盟新蓋的總部占地約二千多坪，七月某天下午在希爾安排下我參加了他們的一次會議。那是南方聯盟的年度大會，與會者大約一百人裡面有男有女。年長的男性身穿西裝或外套，比較年輕的男性則大多穿著牛仔褲，手槍插在腰際的槍套上。販售攤位上擺著一些書，像是《塞爾瑪遊行的真實故事》（*The True*

Selma Story）以及《三K黨的真實歷史》（*Authentic History of the Ku Klux Klan*），還有上面寫著標語的貼紙（「聯邦帝國扼殺了美國夢」），以及抽獎獎券，獎品是點四五口徑的SIG Sauer手槍。

其實多年來南方聯盟已漸趨沒落，但最近有一些年輕的新血加入，包括三十四歲的布萊德·葛瑞芬（Brad Griffin），是個很有影響力的部落客，發文時會使用筆名杭特·華勒斯（Hunter Wallace）。身穿Polo衫、卡其褲與帆船鞋。葛瑞芬一邊跟我講話，眼睛一邊瞄著在附近四處走來走去的兩歲兒子。葛瑞芬告訴我，他是在拜讀派崔克·布坎南（Patrick Buchanan）於九一一事件後出版的《西方之死》（*The Death of the West*）之後才開始擁抱白人民族主義。布坎南在書中除了對於避孕措施在西方盛行大表不滿，還警告白人社會「正在遭受移民入侵」，而「美國恐怕會淪為第三世界」。自此葛瑞芬深信，如他所言：「因為歐洲與歐裔民族的生育率極低，難免逐漸衰亡，取而代之的是大量移民以及多元文化主義。」葛瑞芬曾經寄厚望於茶黨。他說：「他們把民怨轉化為選票，美國南方有不少共和黨人士當選，看來氣勢大好，沒想到他們當選後只是想要幫共和黨金主減稅，讓已經很好過的億萬富翁們變得更好過！他們都已經偏離正道，而且這也讓我們看出為何右翼運動一次次興起，但卻誤入歧途，變成既得利益者的強力後援。茶黨的案例堪稱經典。」

前不久，葛瑞芬曾在部落格上發文，表示他「非常看好」川普。他把川普的竄起比喻成「對於茶黨的惡意收購」，還說：「他是來真的，而相較之下茶黨的所作所為根本就像用來騙票的把戲，都是一些花拳繡腿。」格林威治、棕櫚灘等類似地方進行的金權遊戲讓葛瑞芬感到深惡痛絕，所以我問他：那為什麼你就不會懷疑川普？他說：「他自己就是億萬富翁，但其他可悲的候選人卻只能聽命於他們背後的那些可悲億萬富翁。」他提到賭場大亨艾德森以及石化業巨子寇氏兄弟。「所以我認為川普是獨立的，不受別人操縱。」

我在那場會議待得愈久，我的感覺就愈強烈，與會者彷彿住在一個平行宇宙，在那裡面美國白人正面臨著衰亡的迫切危機，南方則是已經準備好要離開美國而獨立了。希爾上臺後以嚴肅口吻表示，最近竟然有人試圖要撤掉南方邦聯的旗幟。幾週前，南卡羅來納州查爾斯頓某教區九位黑人信徒在教堂禱告時遭人持槍擊斃，而這次奪走眾多人命的槍擊案促使各界提出建議，要把該州國會大樓懸掛的南方邦聯旗幟撤掉，就連亞馬遜、沃爾瑪與其他眾多零售商店也要下架。希爾對臺下的同志們表示，撤旗行動只是開始而已。他提醒大家，「他們」（希爾並未指名道姓）很快就會把下手的目標轉移到「紀念碑、古戰場、公園、墓園、街道名稱，甚至是那些已經亡故的南方先人。」與會群眾都站了起來，為他歡呼打氣。他說：「我的朋友們，這是要對我們南方的文化進行種族滅絕之戰。」他還說：「歷史已經一次又一次證明，文化上的種族滅絕通常只是序曲，真正的種族滅絕恐怕已經不遠了。」

❖

《復興美國》的主編賈德・泰勒問我：「為什麼白人就該乖乖認命，甘願淪為少數民族？」他說：「明眼人都知道西班牙裔美國人為何要稱頌多樣性：我們的同胞愈多愈好！**西班牙裔美國人愈多愈好！** ***Cucaracha***[*] **愈多愈好！**」

泰勒自詡為「種族異議分子」，我們見面時他身穿灰色長褲與扣領襯衫，看來身材苗條且儀表端正。多年來，他與許多同道中人都意識到情勢即將改變，他們很快就可以大大擴充群眾基礎。三K黨早已因為官司纏身與內鬥不休而弱化，幾乎快要銷聲匿跡，但是網際網路卻讓年輕的種族主義者得以聚集在一起，例如南卡查爾斯頓的那位槍手就是其中一人。在各界一片撤除南方邦聯旗幟的呼聲中，美國的極右派以具體行動反制，在南方辦了一百多場集會，以此為契機反擊歐巴馬政權、政治正確、「黑人的命也是命」和多元文化主義。

有一個自稱「保守主義應變小組」（Conservative Response Team）的團體利用自動語音電話服務功能，打電話給南卡羅來納的州民，把這次撤旗事件描繪為攸關白人存亡的大事：「歐巴馬麾下那些痛恨白人的傢伙跟恐怖組織伊斯蘭國沒兩樣，無非就是要毀掉我們的紀念碑、掘我們的祖墳，重新命名學校、道路、城鎮與郡都。就連電視臺都不再播放《飆風天王》（*Dukes of Hazzard*）

---

* 譯注：在西班牙文中是指「蟑螂」。

了。*接下來會輪到什麼？」部落客葛瑞芬對我表示，原本大家只是心懷恐懼，但撤旗事件「讓我們親眼目睹白人淪為少數民族後會有何遭遇。如果有一天我們失去了主控權，會發生什麼事？就是你現在看到正在發生的那些事。」

泰勒住在距離華府市中心半小時車程的殖民地時代磚造房屋裡，從餐廳往外望去是一片寬敞的後院。我跟他和五位讀者、友人在餐廳裡共享三明治，他們一邊吃一邊暢談自己對於種族和政治的看法。他們都是來自白領階級的白人男性，因為不同的人生際遇而成為白人種族主義者。克里斯身穿粉紅色牛津襯衫，打著領帶，自我介紹時表示他受雇於「保守主義公司」（Conservatism, Inc.，這是他對共和黨的別稱）。他說自己畢業於一家公立中學，學校附近常有槍擊案發生，「儘管我們因為學校裡的那些黑人和其他移民而每天都無法安全度日」，但他曾經覺得自己應該「別管那麼多」。

傑森是個穿著Polo衫的營業用房地產仲介，肌肉發達的他說：「我曾經遇過公司裡人事部門的員工用嚴肅而有點害怕的語氣對我說：『嘿，我們只會聘雇少數族裔成員，所以不用去上訴，也別再回來了。』」他把此一經驗稱為「受到迫害」，而有這種感覺的人可說不在少數。哈佛商學院教授諾頓（Michael Norton）與哈夫茲大學（Tufts University）心理學教授桑莫斯（Samuel Sommers）曾於二〇一一年發表一篇研究，他們發現有超過一半的美國白人認為，白人已經取代黑人，成為「種族歧視的主要受害者」。但如同諾頓與桑莫斯寫道，事實上「從幾乎所有的調查指標看來，從遭受警方對待的方式、貸款利率到教育，各種數據都持續顯示美國黑人所接受的待遇遠遠不及白人。」

跟先前幾個世代的白人民族主義者有所不同，餐桌邊的這些白人男性會被激發出這樣的思想，並非因為他們憧憬那個仍能畜奴的時代，而是因為他們害怕在不久的將來，非西班牙裔的白人再也不是美國人口最多的族群。他們根據自己心中的那把尺，按照時間列出他們認為白人受辱的事件，有些是人盡皆知，也有些沒多少人聽過。他們提起二〇〇六年杜克大學三名白人曲棍球隊球員遭控輪姦一位黑人女性，但事實證明他們是被誣賴；還有二〇〇九年哈佛大學黑人教授亨利．蓋茨因誤會遭逮捕的事件也令他們氣結，因為歐巴馬批評警方「愚不可及」；他們甚至指出二〇〇九年的另一事件：白人女歌手泰勒絲（Taylor Swift）獲頒MTV音樂錄影帶大獎，正要發表得獎感言的當下，黑人歌手肯伊．威斯特（Kanye West）竟然搶走她的麥克風，說獎項應該頒給碧昂絲（Beyoncé）。跟川普描繪芝加哥的方式一樣，他們認為暴力問題讓人民深陷於恐懼中，而美國夢已成為惡夢。艾瑞克身穿一件印有漫威超級英雄「美國隊長」的T恤，他引述了川普的一句名言：「美國夢已死，美國的惡夢剛剛開始。」艾瑞克說：「我想他說的沒錯。我想廣大白人同胞還沒有意識到我們的恐怖際遇。」

＊ 譯注：一九七〇年代末期到八〇年代前期很受歡迎的美國電視劇，兩位主角都是白人。

他們都想要廢除所有反歧視的法律，重回那個社會上對少數族裔人士充滿限制性規約的時代，讓他們能夠創造出一個由白人主宰的領地。二十六歲的亨利頂著平頭金髮，他說：「我們都在川普身上看到些許希望，因為我們認為他可能讓美國獲得一些好處，而我們覺得這樣是很有幫助的。」

❖

八月初，共和黨總統候選人黨內初選的第一次辯論會在克里夫蘭舉行。我跟來自辛辛那提的年輕白人民族主義者海恩巴赫與他幾個友人一起收看轉播。因為海恩巴赫發言時砲火猛烈（例如，他曾說「猖獗蔓延的多元文化主義」），反種族歧視陣營把他謔稱為「年輕版元首」。* 他成立的極右派團體「傳統派青年網絡」（Traditionalist Youth Network）以高中、大學學子為吸收對象，成立宗旨是針對黑人與白人進行種族隔離。留著絡腮鬍且身材壯碩的海恩巴赫可說是胸懷大志。二〇一三年他從馬里蘭州的陶森大學（Towson University）畢業，在學期間因為創設一個「白人學生會」而成為爭議性人物。他也曾在希臘會晤過一些歐洲法西斯主義者，包括金色黎明黨（Golden Dawn）的成員。**

海恩巴赫在一條靜僻的街道賃屋而居，他的正職是園藝景觀設計師。他跟妻子有一個叫做尼可拉斯的小嬰孩。我問海恩巴赫為何會成為法西斯思想的倡議人士，他笑了出來。他說：「我可不是從小就立志要這樣喔，我本來以為自己只要當一個支持共和黨的平凡小鎮鎮民就好。」他爸媽都是在馬里蘭州的普勒斯維爾（Poolesville）當老師，那裡距離華府只有一小時車程。跟布萊德．葛瑞芬一樣，他也是看了布坎南的《西方之死》才開始漸漸領悟到白人社會的前景堪慮。「我們這個世代的白人，就算好好遵守遊戲規則，把每件事都做好，但是我們在未來的收入、福利，我們的一切，都會比不上我們父母那一代所過的生活，而這是美國歷史上第一次出現這種狀況。」他接著說：「我爸媽常跟我說：『拜託，你就該閉嘴，出去找個普通的工作，找個車庫能停兩輛車的房子來住，你自然就會幸福快樂了。』」

但是積怨讓海恩巴赫感到憤恨不平。過去五十年來美國的勞動市場歷經種種變遷，諸如科技與貿易的興起，手工業勞動市場的沒落，在這過程中受害最大的莫過於那些技能低落、學歷不高的男性。一九七九到二〇一三年之間，男性若無沒有大學學歷，薪資少了百分之二十一（姑且不論物價因素）；但學歷相當的女性，薪資卻上漲了百分之三，而這可能是因為健康照護與教育產業多出了許多工作機會。讓海恩巴赫稍感寬慰的是，他認為那個充滿種族區別的時代可能再現，

---

* 譯注：「元首」（Führer）是希特勒的尊稱，因此這個外號是貶中帶褒，肯定他在白人民族主義陣營中的地位。

** 譯注：金色黎民黨是希臘的反移民政黨，但後來因為高層涉及犯罪，已在二〇二〇年遭法院裁定為犯罪組織。

這跟那種「把消失的白人選民找回來」的主張沒兩樣，但更具宣戰的意味。他說：「我們必須鼓勵白人群眾開始為自己的白人社群發聲，而不是把發言權交給那些實際上討厭我們的共和黨政客。如果他們不會為我們的價值發聲，那麼我們這些體制外的人就該當自己的發言人。」川普讓他相信共和黨也許有可能會幫他講話。

辯論會上有人問前阿肯色州州長麥克．赫克比（Mike Huckabee）要如何開發中間選民的選票，並爭取民主黨人的支持，藉此當選，海恩巴赫對著電視大吼：「那根本沒有必要！只要有辦法把共和黨基本盤的票都催出來，你就能當選了！」

電視對面的沙發上坐著曾當過樂團鼓手，這時是焊接工的東尼．霍瓦特（Tony Hovater）說，川普的言論讓他有一種感覺：川普其實跟他一樣對於移民感到恐懼，只是不能公開說出來。霍瓦特對我說：「我想他是用了政治人物的『狗哨話術』（dog-whistling）*。」他補充道：「他實際上的意思是，我們可能該讓更多歐洲人移民過來，或者是讓政治體系更偏向菁英統治一點，但他並沒有大大方方說出來，因為他一說就會被很多人貼上標籤，說什麼：『喔，你就是痛恨墨西哥人嘛！』」霍瓦特希望川普能夠設法把話講得更直白一點：「為什麼不有話直說？」

辯論會結束前，川普利用最後一次發言的機會又祭出他那訴諸於絕望的真言，他說：「我們的國家問題叢生。我們沒有以前那麼厲害了。」網站開發人員馬修．派洛特（Matthew Parrott）一邊喝咖啡（咖啡杯上有的納粹符號），一邊說他對川普的表現感到滿意：「他的表現很活潑，但講話的方式不會滑稽。他的語調很精確，就是要這樣才能讓支持他的人知道，他能給的東西就是他們想要獲得更多的。」他接著說：「既有的政治體系並沒有讓社會—保守民粹主義（social-conservative populism）可以出頭的機會。過去朗恩・保羅**曾經掀起過一波革命，還有那些關於減稅的事情，小政府什麼的，但這一切都不是能讓我們振奮激動的議題。我們這些小人物想要的就是政府好好把關邊境。他們想要的東西，現在川普都能一一說出來。我想他是個很聰明的生意人，所以能判斷大家想要聽到的話。」

這場辯論會讓川普動了氣，而且形象有點受損。福斯新聞網的主持人梅根・凱利（Megyn Kelly）在提問時要他解釋為何稱呼某些女性是「肥豬、狗、邋遢鬼、噁心的動物」，對此川普的回應是：「我說了就是說了。」隔天在某次受訪時他說凱利「雙眼流血，那裡流血」。在這句話引起各界一陣譁然後，川普開始裝傻，還說只有「變態」才會想歪了，認為他說的是「流經血」，因為他說那句話時只是想到流鼻血。偏向共和黨的政論家普遍感到慶幸，因為他們終於看到川普似乎是引火自焚了。

辯論會兩天後，住在愛荷華的史蒂芬妮・德沃德寫電子郵件給我說，川普失去她那一票了。

---

* 譯注：意思是政治人不把話說清楚，但話中含藏著某些特定對象才懂得訊息。

** 譯注：朗恩・保羅（Ron Paul）是德州的共和黨政治人物。

她說：「他的言論並沒有惹火我（儘管我真的為他和他的家人感到很尷尬。）」讓她生氣的是川普那一副「盛氣凌人的模樣」，而且他「完全不顧禮節」。但民調結果並沒有反映出史蒂芬妮的看法。川普不但仍然保持在領先群裡面，還擴大了領先差距。辯論會結束後兩週，史蒂芬妮又改變了她對川普的看法，她再次寫電子郵件給我，表示：「我已經原諒他，因為他的訊息／政綱持續讓我有所共鳴，而這比其他一切都重要。」

川普的支持者就是會這樣幫他講話，當時我已經開始習慣了。就在他成為候選人的希望愈來愈高之際，對於菁英階層與銀行家的刻意撻伐更是肆無忌憚，這一切在西維吉尼亞州的煤礦礦工耳中是如此動聽，因為愛國者煤礦等各家公司的破產真是讓他們變得狼狽不堪。我問退休礦工大衛·伊佛對於川普有何看法，他說：「我不喜歡他說的話，也不喜歡他的行徑，但任誰都必須承認，他這個人是來真的，是會做事的人。他做事的方式大概就是這樣，很多人都不喜歡。如果他不喜歡別人，他就會說：『我不喜歡你，滾吧！』他就是那樣。他有膽量把話說出來，他也有膽量做他要做的事。」大衛接著說：「我想你也同意吧，我們的政治人物大多是來自社會的上層階級。他們有不少人都認為我們這種小人物很麻煩，是個負擔。」他認為希拉蕊·柯林頓就是那種人。而根據他的判斷，川普是「兩顆爛蘋果裡面比較不爛的那顆」。

❖

就在川普的領先優勢愈來愈穩固之際，我開始思考一個問題：在共和黨各個重要據點（例如我的家鄉格林威治），高層人士對他的成功有何看法？格林威治的共和黨傳統可說是源遠流長，但他並不是那種天生的共和黨人。一九八〇年代期間，他曾在鎮上的水岸地區擁有過一間豪宅，但格林威治的座右銘「堅毅與簡樸」可說跟他八竿子打不著關係，因為他那間豪宅的外表看來金碧輝煌，大家都覺得礙眼。他和第一任妻子伊凡娜（Ivana）離婚後，她就把房子賣掉了。「格林威治之子」老布希曾呼籲美國應該成為一個「更慈善、更溫柔的國家」，川普的回應則是：「如果這個國家再變得更慈善或更溫柔，我看國家就要滅亡了。」

正因如此，當川普異軍突起時，政界與金融界都普遍不看好他。那年夏天，耶魯大學管理學院教授傑佛瑞・桑能菲爾德（Jeffrey Sonnenfeld）去康乃狄克州參加一場沙龍活動，地點在商業評論人賴瑞・庫德洛（Larry Kudlow，後來他成為川普的國家經濟委員會主任）家裡。桑能菲爾德對我說：「與會者有很多來自格林威治與紐約的共和黨超級金主，但沒有半個人幫川普講一句好話。」桑能菲爾德勸他們仔細評估當下的情勢，川普並非沒有機會出線。但一位女性來賓不同意這個看法，她在某個規模很大的政治行動委員會工作，初選期間他們支持的候選人是泰德・克魯茲。桑能菲爾德表示：「那位女士說：『我當了一輩子的女性投票行為專家，非常了解心理變數（psychographics）。我敢打包票，共和黨女性選民裡面不會有超過百分之二把票投給川普。』她的話引來熱烈掌聲，而我說的這個人就是凱莉安妮・康威（Kellyanne Conway）。」（凱莉安妮後來成為川普最忠心的代言人之一，她說這段回憶「似是而非，是有心人士的說法」。）

二〇一六年年初，《格林威治時報》刊登當地重量級募款專家莉歐拉．李維（Leora Levy）的文章，她痛批川普「粗魯、無禮，碰到不怕他的人他就破口大罵。」她還說川普的「一貫伎倆就是恐嚇，然後出言汙辱，接著是誹謗。如果這幾招都沒有用，那他就祭出法律攻勢來告人。他就是這樣做生意，現在他把那一套都搬到競選活動中。」後來莉歐拉成為「普瑞斯考特．布希獎」的獲獎人，而她在初選中支持的人是普瑞斯考特的孫子，也就是前佛州州長傑布．布希（Jeb Bush）。

不久後，明眼人都看得出格林威治人並不是都很喜歡傑布。該鎮共和黨委員會主席吉姆．坎貝爾（Jim Campbell）跟布希家族一樣，與這個小鎮之間的淵源很深。從貴族學校艾塞斯特學院（Phillips Exeter Academy）畢業後，吉姆陸續從哈佛大學與該校法學院取得學位，然後前往歐洲工作，返鄉後在當地擔任房地產業高級主管。那年秋天某晚，當地人幫傑布舉辦歡迎會，地點在可以眺望長島灣（Long Island Sound）的美港俱樂部（Belle Haven Club，是個可以打網球，讓船主聚會的私人俱樂部）。當晚傑布的表現健談且溫和，但吉姆認為他真是搞不清楚狀況，看不清政治情勢：「他把一個住在佛州南部，叫做璝妮塔的女人掛在嘴邊，還說什麼：『支持移民可以展現大愛』，我看看身邊幾個跟我一起去的人，對他們說：『他是不是覺得自己已經獲得提名了？他不知道現在共和黨初選有多麼激烈嗎？他以為我們都來美港俱樂部參加這場晚會，就一定會把票投給他嗎？』」

二〇一五年秋天某天晚上，吉姆在家裡電視上恰巧看見川普去愛荷華出席一場造勢活動。吉姆說：「我不是個死硬派的保守主義者，我只是格林威治的共和黨支持者。但我聽著他常說的那句話：『同胞們，這是美國的危急存亡之際！』（Folks, we either have a country or we don't.）結果我跟克里斯・馬修斯（Chris Matthews）聽到歐巴馬說的話一樣，整個人感到醍醐灌頂。那時候我心裡想著：『喔，天啊！這句話講得真好！』」川普對於移民問題的論述，在吉姆耳裡就是很中聽：「他說出我們的心聲。我們只是希望政府在邊界能夠認真執法，難道這就是種族歧視？我曾經在瑞士住了十年。你以為我可以不帶著護照就隨意出入境嗎？」

吉姆用手機發簡訊給某個朋友：「川普真厲害，我都無法轉臺。太猛了。我覺得沒有任何一個共和黨人能打敗他。」吉姆盯著電視上的造勢活動四十五分鐘之久。他說：「我看得如癡如迷。」不久後他看到川普在一場共和黨初選辯論會上表示入侵伊拉克是錯誤的。吉姆心想，終於有人肯承認這件事，真是大快人心。他告訴自己：「那當然是大錯特錯！」他想起自己遇過川普最早的一名支持者，那個人說：「他說出了我所有的心聲。」

二〇一六年年初，吉姆去參加一場為共和黨人舉辦的晚宴，地點在「迪拉馬格林威治港」（Delamar Greenwich Harbor），這是一家以地中海為主題的精品酒店，有很多住在當地的金融業高層都是那裡的常客。晚宴上有人在致詞時嘲弄川普在邊境築起高牆與提高關稅的政策，吉姆舉手回應那個人：「我沒不敬的意思，只是想要問一下，你大可以批評那些政策，但為什麼我們就不能支持他那樣的候選人？」吉姆知道他的問題會引發一陣騷動，但他豁出去了，心想那時也該「讓大家知道我到底支持誰」。晚宴結束時，他發現自己並不孤單：「有四個傢伙直接衝過來找我，都是華爾街的金主，他們都問我：『我們能做什麼？可以算我一份嗎？你要帶頭嗎？』」

到了二〇一六年二月，儘管傑布·布希還在爭取提名，吉姆已經幫川普背書了。消息傳出去後，在格林威治引發一陣騷動，許多人感到不安。但吉姆不為所動。他跟我說：「我只是這麼想，肯定有很多人心裡其實是支持川普的，但不想說出來。」

【第十三章】

把政治機器砍掉重練*

川普能夠像這樣初次在政壇異軍突起，實在是因為這時間點好到有如神助。如果他是在其他時間點出現，主流媒體、教會、共和黨全國委員會（Republican National Committee）都不會讓他好過——但在二〇一六年這個時間點，這些體制都有威信不足、資源稀缺的問題。這時，共和黨領導階層能付出的薪資，甚至低於寇氏兄弟私人的政治網絡。川普的另一好運之處，是他剛好掌握了民主黨危如累卵的時刻。一如民主政治的常態，在白宮當家作主八年後，執政黨難免因為國民積怨難消、惴惴不安而成為千夫所指的目標。隨著選戰的進行，民眾的政治冷感將會開始決定情勢將如何發展，包括哪裡的哪些選民要把票投給誰，還有為什麼。

* 譯注：在英語中，political machine是指以黨領政的整個政治運作體制。在這一章，所謂machine的指稱範圍更廣，可視為「既存政治體制」（political establishment）的同義詞。

民主黨在全國各地都有在政壇屹立數十年的政壇巨擘，但他們在這次選舉卻難以點燃支持群眾的熱情。伊利諾州眾議院議長麥可．麥迪根（Michael Madigan）自一九八三年以來只有兩年時間沒有擔任該院議長，而且他是全美史上各層級立法機關中擔任民代時間最久的一位。在芝加哥這個城市，要幫政壇注入新血是非常困難的，而且在過去五十五年中，有四十三年的時間市長都是由理查．戴利與其子理查．麥可．戴利擔任。他兒子在二〇一一年退休後，留下的爛攤子堪稱百廢待舉，預算赤字高達六億三千七百萬美元、低收入地區的暴力犯罪猖獗，芝加哥警方與民眾之間的關係幾乎已快瓦解，信任基礎薄弱。

用來判斷城市健康與否的指標之一看來令人憂心忡忡：芝加哥地區的人口逐漸下降。遷居外地者給了各種各樣的理由，稅金、貪汙與交通都名列其中，但研究人員特別注意的是黑人社群的人口外流現象。自一九八〇年以來，芝加哥的黑人人口已經流失了四分之一。二〇〇〇至二〇一〇年之間，有十八萬一千位黑人居民遷離芝加哥。一開始他們是往郊區流動，但漸漸地愈來愈多人是遷居印第安納州、愛荷華州、陽光帶*與美國南方。有些人覺得是房價太貴，自己住不起（這所謂「策略性縉紳化」〔strategic gentrification〕帶來的問題），也有人說是南區與西區暴力犯罪問題太嚴重，而且經濟發展疲軟無力。無論他們傳達的訊息內容為何，都有個共通點：大家都覺得自己的問題遭忽視，而且無法引起市政府的注意。

泰奈莎．巴納對我說：「我們有一種遭人遺忘的感覺。」她是非宗派教區「新開始」（New

Beginnings）的信眾之一，教堂位於帕克威花園的邊緣地帶。牧師柯瑞·布魯克斯（Corey Brooks）把死馬當活馬醫，情急之下到對街那間常有毒品、賣淫交易進行的廢棄汽車旅館，在屋頂上拉了一把椅子就不下去了。他說他要等到募集足夠的資金，有錢把汽車旅館拆除，才肯下去。這件事發生在芝加哥的隆冬，但布魯克斯牧師硬是在屋頂上撐了幾個月，睡在帳篷裡，身旁的電暖器靠延長線供電，而每到做禮拜的時候，包括泰奈莎在內的信眾則是在對街教堂裡透過直播畫面聽他講道。這件事轟動一時，吸引了許多權貴人士到訪，就連伊利諾州州長也曾到屋頂去探視他，還有民主黨內頗具威望的兩位牧師，傑西·傑克森（Jesse Jackson）與艾爾·夏普頓（Al Sharpton）。政治人物都只是旁觀竊笑，認為這位牧師為求曝光度而忝不知恥，殊不知，他的確就是要把事情給鬧大。這一招還真的奏效了。布魯克斯在屋頂生活三個多月後，終於募集到四十五萬美元。他下來後那間廢棄的汽車旅館也就順利拆除了。

多年來泰奈莎還是或多或少有在關心政治，但荒謬的是那一切好像愈來愈與她的人生無關。「我還是會看辯論會之類的活動，但總是坐在那裡心想：有誰是我們真能信賴的？誰是真的值得相信的？誰真的為我們著想？而我所謂的『我們』不是指黑人。我是指『我們美國人』。我的問題是，到底誰真的在意我們？」

---

* 譯注：陽光帶（Sun Belt）指的是美國南邊比較溫暖的地帶。

儘管外表看來頗為粗率，泰奈莎其實還滿杞人憂天的。她因為焦慮症狀而去看心理治療師，尤其擔心孩子們。她女兒米凱拉在讀中學，各方都還可以。她兒子安特萬是個好學生，但曾經差點惹上大麻煩。二〇一四年時他二十歲，跟某位警官吵了起來，後來遭「毆打罪」（battery）起訴。安特萬並無前科，因此被判緩刑獲釋。其實他在成長過程中有很多與警務人員相處的機會，像是母親年少時頗受其關照的黑人女警珍妮佛・湯瑪斯，還有一位在警校教書的舅公。但帕克威花園地區年輕居民與警方之間的關係很差，常出現針鋒相對的狀況。泰奈莎對兒子說：「警察也很害怕啊！你可不能挑釁他們，要低調點！」

泰奈莎住在三樓，對於她家附近蕭條沒落的景況可說是一目瞭然。二〇一五年，麥當勞收掉了，過沒多久輪到連鎖藥局沃爾格林（Walgreens）。而且每次有商家消失，彷彿就像是抽掉了一根原本能把社區鎖緊的螺絲釘。她說：「我們這裡沒有地方賣吃的、沒有賣藥的，也沒有醫療機構。」我說這裡跟沙漠一樣，很難覓食，但泰奈莎更正我講的話：「不只難覓食，這裡什麼都沒有。」

讓芝加哥人坐困愁城的核心問題在於沒有政治人物胸懷勇氣。五十多年來，芝加哥與伊利諾州政府的財政狀況崩壞，簡直像危樓一樣隨時會崩塌，究其原因就是民選官員與民代在競選時都很敢開各種芭樂票，但當選後卻沒有人願意加稅，因為那形同政治自殺。到了二〇一五年，伊利諾州的財政已經陷入癱瘓。政府預算遲遲無法過關，而且因為債臺高築，納稅人所繳出的血汗錢裡面，每一百美元竟有三十一元是要拿來還債。州政府只能卯起來砍掉各項公共服務，而首當其衝者大多是那些無力抵抗的人，因此無家者的救濟金、家暴受害者的機構都大受影響。將近一半學生都是非裔與拉美裔的東北伊利諾大學（Northeastern Illinois University）也很慘，校方不得不凍結各項支出，學校的銀行戶頭也大多提領一空。

黑人人口下降、暴力犯罪問題日趨嚴重、州政府瀕臨破產，這三個問題感覺起來是息息相關。原本就充滿緊張關係的芝加哥在二〇一五年的最後幾週期間更是有危機一觸即發之勢，引爆點是拉寬・麥克唐納（Laquan McDonald）之死。這位十七歲黑人少年在生前沒沒無聞，沒想到死後竟會受到各界如此關注。

❖

拉寬的一生是如此短暫而悲慘。母親在十四歲就懷了他，還遭男友家暴。到了五歲時，拉寬在日間托育中心竟然會自殘，用拳頭打自己的臉。到了青少年階段，他已經屢屢因為攜毒而遭警方逮捕。根據事後的驗屍報告，他的身體在人生最後一夜竟然還有殘留的毒品PCP（俗稱天使塵）。事發時他才剛滿十七歲幾週，盤查他的幾個警察是因為接獲報案才出動，民眾懷疑有人正要偷車或開車門竊取財物。拉寬的手裡持刀，而根據警方對於案發經過的報告，他拿起那把刀刺向一位名叫傑森・范戴克（Jason Van Dyke）的員警，因此傑森開槍還擊。拉寬中槍後當晚就去世，而這樁案件並未獲得媒體太多關注，幾乎沒有人報導。

但過沒多久社運人士圈與政壇就開始有傳聞指出這會是個驚天動地的大案。拉姆・伊曼紐爾掌政的市府在法庭上苦撐十三個月*，希望能阻止警車監視錄影器的影片公諸於世。市府的律師團主張，因為調查程序尚未完備，若公開影片將會影響調查結果。此舉引來各界大加撻伐，不少人認為伊曼紐爾市長是為了怕影響競選連任的選情而扣住影片。市府方面絕對早已意識到這件事可能演變成爆炸性的大案，即便死者家屬並未提告，卻早早同意支付五百萬撫恤金。我看到這則新聞時，不禁聯想到許多芝加哥人的命運都是如此，像是一段段由種族、金錢與暴力問題交織而成的重唱副歌。

二〇一五年十一月，某位庫克郡（Cook County）法官下令市府必須交出影片，此時社會大眾才恍然大悟，實際情況根本就不是警方陳述的那麼一回事。在這段於夜間拍攝的影片中，可以看到持刀的拉寬其實是往另一個方向逃開，而范戴克就開始朝他射擊。拉寬倒下後范戴克仍未停手，最後一共開了十六槍，每一槍都讓拉寬倒在地上的身體冒出白煙。

公布影片的幾個小時前，檢方就已經先以幾項一級謀殺罪起訴范戴克，而上一次有執勤警官遭這種罪名起訴，已經是三十多年前的往事了。在社運圈人士看來，這可說是政府典型的招數：搶先在影片公布前起訴，希望能藉此堵住社會大眾的嘴，避免遭受批評。豈料等到影片公布後，還是點燃了芝加哥人的怒火。有人死於非命的案件在芝加哥可說已是司空見慣，但各界仍普遍感到悲憤不平——不只是為了拉寬的死，也是哀嘆政府在各個方面都已失能，才會交疊出如此慘劇，而且政治人物為了自保而悄悄掩蓋這種冤案，更是可悲。到了黑色星期五，本該被血拚人潮擠爆的密西根大道（Michigan Avenue）高級商店區遭抗議群眾占領。抗議行動持續數週，遊行民眾高呼「十六發子彈，一樁包庇案」，指名伊曼紐爾市長要辭職下臺。

在非白人的芝加哥居民看來，那影片不只是揭露出拉寬死亡的真相，也讓他們有了更深一層的領悟。冷眼旁觀的警車監視錄影器讓大家識破了幾十年來政府的各種謊言與濫權情事，好幾個世代的芝加哥人在與執法單位接觸的經驗中，往往都是承受冤屈的一方：馬丁·路德·金恩牧師遇刺後的社會動亂期間，老戴利市長曾經下達「格殺勿論」的開槍令；一九六九年黑豹黨領袖佛雷德·漢普頓在自家遭警方開槍擊斃；還有曾在韓戰、越戰期間擔任憲兵軍官的強·柏吉（Jon Burge）在成為市警局指揮官後，更是於二十年之間（一九七二至一九九一年）對至少上百位市民屈打成招。柏吉的黑歷史讓市府深感蒙羞，因此市議會除了要求市府支付許多蒙冤受害的市民補償金，還把柏吉的不光榮事蹟納入課程，規定公立學校必須以此為法治教育的材料。

拉寬·麥克唐納之死雖是小案，但見微知著，這讓我們可以全國範圍內清楚看到犯罪與懲

＊ 譯注：案發時刻是二〇一四年十月二十日，到隔年十一月二十四日法官才下令公布影片。

罰、寬恕與受害等需要重新省思之處，更重要的是社會已經出現極度不平等的狀況，弱勢族群甚至於無法享有最基本的公民權，也就是不受國家暴力侵擾的自由，以及無罪推定的司法待遇。拉寬遇害前大概兩個月，也在密蘇里州佛格森市（Ferguson）發生黑人青少年麥可・布朗（Michael Brown）遭警方槍殺的事件，讓二〇一三年問世的社會運動「黑人的命也是命」重獲關注。後來的抗議已非針對單一事件，而是開始呼籲美國人要重新檢視全國各地警方的執法方式是否過當。

芝加哥人對於「黑人的命也是命」運動特別有感：數據會說話，二〇〇七至二〇一四年之間，總計有將近四百人淪為芝加哥警方的槍下亡魂，但其中只有兩件個案遭市府斷定為有用槍不當的情況。拉寬遭槍殺不久後，一位警方的無線電調度員問在場員警：中槍的青少年傷勢如何？調度員以「受害者」稱呼拉寬，但現場一位員警打斷他，說應該是「犯人」。調度員也同意這說法，她說：「對，我就是那個意思。」

拉寬之死帶出更深刻的一些問題，例如芝加哥市警局對於市民的投訴往往不聞不問、對於有問題的員警也很少施予處罰，還有市政方面往往與警局心照不宣、沆瀣一氣。警方執法不當的問題層出不窮，導致市府為了息事寧人而支付和解金，自從二〇〇四年以來已經累計多達五億美元。由於這次事件已經發展到怨聲載道的程度，伊曼紐爾市長的支持率也狂掉至僅剩百分之二十七，而他也獲得了「一趴市長」的惡名。* 抗議人士如影隨形，甚至到官邸外去「站崗」。

活躍於社運圈的天主教神父麥可・佛雷格（Michael Pfleger）參與過其中幾次示威活動，他曾當面質疑過市長。我詢問神父當時的情況，他說：「他當著我的面對我說：『麥可，我沒有犯法啊。上帝為證，我真的沒有犯法。』我說：『好，我相信你。』」伊曼紐爾說，他會選擇不公開影片，只是遵守市政府的標準程序，但佛雷格神父仍然認為這是市長失職。最後他是這麼對市長說的：「你知道辦案程序搞砸了，所以就用市府的標準程序來做掩護。」

❖

影片公布不久後，我就跟伊曼紐爾市長約好要當面對談。市長辦公室安排我們在某個星期天中午去他喜歡的某家餐廳。這家頗受中產階級歡迎的餐廳位於芝加哥的西環地區（West Loop），餐廳主攻「療傷系」美食，店內氛圍輕鬆閒適。那天早上寒冷且因為下過雪而滿地泥濘，但店內卻是溫暖熱絡。市長點的是燕麥與藍莓。在雅座坐下後他皺著眉搓搓右腿。「我好像扭到髖關節。或許該休息吧，但跟你見面後我會直接去做瑜伽。」

五十六歲的伊曼紐爾仍然充滿幹勁，跟二十五年前幫柯林頓總統競選時相較仍寶刀未老，而他就是在當時以意氣風發與辯才無礙的形象開始獲得全國矚目。從一開始他就是個心狠手辣的策

* 譯注：意思是只照顧收入前百分之一的上層人士。

略大師，對於眼高手低與意志薄弱的人都很不耐。在柯林頓手下的戰將中，他是戰鬥力最強的，他深諳世故且直率粗獷，而且表現最好的時候是非常有效率的。當過眾議員之後他受邀擔任歐巴馬的白宮幕僚長，整個政治生涯的行事風格大致上都沒改變。好鬥、易怒、常出言不遜已經成為他的刻板印象，但跟一般政治人物不同之處在於，他不在乎這些外界評價。訪談時我問他是否曾針對這次危機進行任何內部民調？他說沒有，又補充說道：「現在你知道那些關於我的揣測之詞都是他媽的胡說八道！」這就是伊曼紐爾市長的本色。他很快就會讓與他對談的人起戒心，也跌破眼鏡。

我提起拉寬遭殺害的影片。各界仍然存疑的是，伊曼紐爾是不是如他自己所言，在成功連任前真的不知道這案子的真相？*問題在於，既然他將自己塑造成一個事無巨細的形象，而且芝加哥市向來因警察風紀問題而惡名昭彰，同時當時全國各地的執法過當問題又已經上升到政治議題的層次，難道他不會想要深入了解更多案情嗎？他說：「那時候我以為沒有問題，因為有四個單位正在詳細調查這件事：州檢察官辦公室、司法部授命查案的聯邦檢察官、聯邦調查局，再加上隸屬於市府的獨立警務督察處（Independent Police Review Authority）。」其中，最後這個單位是所有成員都不具警察背景的調查機構，專責處理最嚴重的案件。儘管各方都指稱他就是阻止影片公諸於世的幫凶，但市長明確否認。他的確有過失，但他說自己唯一的錯就是，「他從來沒有想過要到隔年十二月，也就是一年後」，地方檢察官們才會完成他們的調查程序。

為了挽回民心，伊曼紐爾開除芝加哥警局局長蓋瑞・麥卡錫（Garry McCarthy），也在市議會當著所有市議員面前以異常激動的語氣道歉，講話時還強忍著淚水：「我們要開始啟動幫社會大眾療傷止痛的程序，而這漫長過程的第一步當然要由我自己做起。我在這裡表達深切的遺憾之意。」他承諾要重整芝加哥市警局，但這說起來容易，真的要做卻是彷彿千絲萬縷般複雜。他必須找到一種既能進行改革、又不會打擊士氣的方式，以免警方對他離心離德。但他可沒有理查・戴利當年那種優勢。戴利市長出身布里吉波地區，那裡的愛爾蘭裔警察都是他的堅定支持者；相較之下，伊曼紐爾成長於郊區的威爾梅特，父親是個以色列移民，職業為小兒科醫生，而母親則是民權運動人士。他拒絕了傑弗瑞芭蕾舞學院（Joffrey Ballet）的獎學金，從莎拉・勞倫斯學院（Sarah Lawrence College）畢業。（所以身高只有一百七十公分的他被警察取了一個外號，叫做「矮子舞者」。）我還問：「既然他與市警局之間的關係相對疏遠，是否有助於他大刀闊斧改革？或者反而讓他有時會被蒙在鼓裡，比較搞不清楚狀況？」

他回答說：「這是什麼問題？你為什麼會覺得我會比較搞不清楚狀況？」

如果伊曼紐爾連自己需要跟市警局拉近關係都不知道，那其實等於已經回答我的問題了。他

* 譯注：這案件的時間線如下：拉寬於二〇一四年十月遭槍殺；伊曼紐爾市長在二〇一五年四月成功連任；法官於二〇一五年十一月要求公布影片。照理講，拉寬遭槍殺時，伊曼紐爾已經在競選連任了。

換了一個說法：「我就這麼說吧。我的情況當然有好處，但的確也有弱點。」多年來，伊曼紐爾總是不斷在記者和選民面前強調，他的舅舅列斯（Les）就是個退休的芝加哥警隊隊長。他說：「你的問題背後有個假設，那就是市警局在某種程度上反映出我們這個城市的狀況，而這是千真萬確的。」他接著說：「我每天都會遇到員警對我說：『喔，我當過你列斯舅舅的同事，他現在過得還好嗎？』所以這對我當然有好處。我跟市警局又不能說毫無淵源，但卻又是個局外人，因此我可以推動一些警界人士做不到的改革事項。」我通常會把拉姆．伊曼紐爾這個人跟「局外人」聯想在一起，但這三個字的確符合他在芝加哥市長位子上所面對的實況：只有熟門熟路的人才能在芝加哥政壇吃得開，因為一切都是如此盤根錯節，這也難怪有些人當了一輩子政治人物卻對這裡束手無策。這又讓我想起芝加哥有多麼「令人無法動彈」。這城市會有「泥城」的封號並非沒有道理。

即便在拉寬的命案發生前，伊曼紐爾與芝加哥的黑人市民之間就已經出現緊張關係。他的教育政策施政重點之一就是延長學生在校時間，而且一上任就立即推動。但他也因為關閉五十家中小學而惹惱許多家長。遭關閉的學校幾乎都是位於以非裔或拉美裔居民為主的地區。根據西北大學政治學教授莎莉．努艾瑪（Sally Nuamah）的研究分析顯示，到了二〇一五年他要競選連任時，支持率下降最多的族群就是那些受到學校關閉影響的非裔市民。在這樣的背景之下，即便伊曼紐爾在市議會致歉，還是無助於與非裔族群和解。致歉後一週，他造訪某家名為都市預備學校

（Urban Prep）的知名特許學校（charter school），那裡主要的學生大多是黑人。他們完全不給市長面子，齊聲高唱：「十六發子彈！」

伊曼紐爾會晤我的幾天前，他主持了一場紀念馬丁．路德．金恩牧師冥誕的餐會，卻遭幾位黑人牧師抵制。抗議人士打斷那次活動，對他高呼：「你真丟臉！」訪談中伊曼紐爾跟我說那些抗議的聲音無關宏旨，他們只是想拿選戰期間的攻訐語言來「老調重彈」，不過他說自己確實觀察到某個更為重大的改變，而且是逐漸顯現的全國性趨勢。他說：「我發現我的許多同事們都有類似遭遇。明尼亞波里斯（Minneapolis）市長連話都沒講就遭民眾噓下臺，丹佛市長甚至連金恩牧師的紀念活動都辦不成。這類抗議在美國有如野火燎原，我可不是唯一的受害者。」

他希望能透過幾個計畫來挽回民心，且說來如數家珍：「奇異全球健康照護（GE Healthcare Worldwide）將要來芝加哥了，那可是總值一百八十億美元的公司欸！」隔天，他則是預計要宣布歐海爾機場（O'Hare Airport）的大型整修機會，投入的資金將會高達十三億美元。

但有色人種的族群卻往往認為，這類交易與投資的好處只會嘉惠芝加哥市最有錢的那些人。二〇一一到二〇一六年之間，市府投入六億五千萬美元用於興建新學校，但這些錢有百分之七十五都給了特定學校，這些學校的白人學生數量是全市學校白人學生平均數的兩倍以上。我問市長，減少種族之間的藩籬是否也在他的施政綱領上，他的回答是，這個精神具體地反映在興建捷運紅線（Red Line）的投資上，因為那是主要為南區提供服務的捷運系統。他說：「如果不只是想要改善住宅的種族隔離問題，而是連辦公地點的隔離問題都要處理，那就必須要有便利的大眾運輸系統。」他還說：「我沒有把紅線的路線規劃在林肯公園（Lincoln Park）和湖景（Lakeview）以北，結果被很多人罵。」（那是全市最繁華的兩個地區。）

我意識到這次訪談差不多也該結束了。向市長致謝後我離開雅座，這時餐廳裡有不少選民從遠處就認出他，聚在他身邊跟他閒話家常。我在雪中踏上歸途，試著思考他表達的一些異見。他自然而然會把如影隨形的抗議當成選戰的後遺症，大家只是想要抱怨一下。而且，理所當然的是，政治人物就算與民眾之間的確有脫節的情況，也會盡量撇清，想辦法提出解釋。儘管伊曼紐爾市長是個老練的政治人物，但我猜他並沒有看清楚自己身處的世界與弱勢族群之間的鴻溝逐漸擴大。在他的世界裡，大家都是生活無憂無慮、養尊處優，善於損害控制；但另外一個世界的美國人卻過著朝不保夕的生活，不安的感覺也日益累積擴大。部分芝加哥市民就是住在那個世界裡，所以拉寬才會在中槍倒地後淪為「犯人」，而員警形同殺人的舉動要不是被掩蓋的影片終究重見天日，恐怕就要逍遙法外了。伊曼紐爾可能沒有對我或對他自己承認，但我感覺他有足夠的政治敏感度能夠意識到，自己在芝加哥政壇的日子已經走到盡頭了。這種跡象雖然細微，但卻與日俱增。*他所主宰的那個體系，還有他所代表的那個時代，都已經失信於民。但未來到底會怎樣，眼下我們還看不太清楚。

❖

我去拜訪了記者兼作家娜塔莉・摩爾（Natalie Moore），她成長於南區的卻騰地區（Chatham），那裡是歷史悠久的黑人住宅區。她的辦公地點是七十五街（Seventy-fifth Street）上某家烘焙坊旁邊店鋪裡的辦公桌，就在那裡為當地的公共廣播電臺WBEZ撰寫新聞報導。不久前她以種族歧視與社會不平等的歷史為主題撰寫了《南區》（*The South Side*）一書。娜塔莉告訴我，黑人族群愈來愈不滿的對象並非只有芝加哥市的白人領導階層，還包括那些地位崇高的老派黑人領袖。

她說：「芝加哥有點像羅馬那種城邦。從『理查國王』**要過渡到『伊曼紐爾大帝』的過程有點顛顛簸簸，但我想民眾已經感覺到自己有把想法付諸行動的力量了。」也就是對市府提出更多要求。她認為現在鬥志昂揚的不是政治人物，而是社運人士。她還說：「難道市長是因為民意代表的敦促才會在拉寬・麥克唐納的命案後有所作為嗎？我想沒有人會這樣想。推動改革的力量

---

* 譯注：果然，伊曼紐爾原本於二〇一七年宣布要競選連任，但因為支持率持續低迷，隔年又宣布放棄連任。二〇一九年卸任後他曾淡出政壇一段時間，後來在二〇二一年獲拜登總統任命為駐日大使。

** 譯注：指父子檔戴利市長。

都是從外部進去的。」

美國歷史上聞名的芝加哥政治機器向來是講求拉幫結派、密室協商，像一臺引擎，而金主提供工作來交換選票，就是背後的推進動力。這樣的體系充分體現於那一句老話：「我們不會接受那些沒有介紹人的傢伙。」但這臺政治機器已經積弱不振幾十年，現在新一代的社運人士正挺身而出，挑戰芝加哥的主流派。傑莫・葛林（Ja'mal Green）就是挑戰者之一。他由擔任郵差的單親媽媽撫養長大，但因為媽媽工作忙碌，常讓傑莫感到孤零零一人。他說：「郵差的工作時間很長，所以回家後她常常累癱了，倒頭就睡。然後隔天早上我去上學，她同樣再去上班。日復一日都是這樣。」

母親雖然不能時時陪伴、督促他，卻幫他找到兩位心靈導師，傑莫說：「他們都是住在我家附近的大好人。」其中一位是個校長，另一位則是影片製作人。傑莫曾經因為各種問題而被九間學校開除，後來因為在娛樂圈找到生活動力才重歸正軌。他成為R&B歌手兼演員。傑莫十五歲時，伊曼紐爾的市府團隊聘他加入一個叫做「把槍放下！」（Put the Guns Down!）的推廣活動，擔任有給職推廣大使，巡迴各校、參加活動、發送海報，並呼籲大家別使用暴力——直到他看見拉寬遭警察槍殺的影片。他說：「在看見影片的那一刻，我心裡浮現這樣的想法：我知道我要站在哪一個陣營了。」他不禁呆望著白煙從拉寬的身體飄起，那一幕讓他難以忘懷，他說：「就是一陣陣白煙讓我百感交集，久久無法自已。」

傑莫跟我約在南區某家小餐廳，他的下巴蓄著一抹短短的絡腮鬍，帶著頗具麥爾坎・X*風格的眉框眼鏡。他天生就對文化與網路有很敏銳的觀察力。「十六發子彈，一樁包庇案」這個流行口號就是他推廣起來的，後來在一次位於市長官邸外的抗議活動中，傑莫穿的T恤上寫著頗為吸睛的標語：「拉姆讓我們失望」（Rahm Failed Us）。但傑莫可不是只批判市長而已，許多芝加哥政壇的黑人老將也遭他一一點名砲轟：「巴比・拉許背叛黑人同胞」，而拉許就是多年前歐巴馬曾經挑戰過但沒能成功的那位眾議員。「許多人換了位子就換了腦袋，跟著政府一起背叛我們。」他覺得那些老一代的社運人士也難辭其咎：「老一代有很多人都犯錯怠惰。」但他也不忘感謝那些給予支持的人，例如傑西・傑克森牧師，他說：「是時候輪到我們叫牌了！有一些人站在後面支持我們，而不是站在前面搶鏡頭。他們知道這是我們該上場的時候了，他們必須退居二線。」

傑莫與很多人都認為黑人社群的人口銳減是芝加哥分崩離析的徵兆。根據芝加哥大學犯罪研究室（Crime Lab）的研究指出，芝加哥的謀殺率在二〇一五年大增為一點五八倍，遭槍擊但並未致命的案件則是增為一點四三倍。暴力犯罪率愈高，有能力遷居他處的就走得更多，而一旦有資格成為人生導師的人物大量流失，那麼就愈少人有機會像傑莫那樣改變自己的人生，社會環境也就變得更加惡劣。傑莫說：「我們周遭沒有法官，也沒有醫生。有經濟能力的人不會想要住在那

* 譯注：麥爾坎・X（Malcolm X），一九六〇年代的非裔美國民權運動家，於一九六五年遭刺殺身亡。

種地區。所以居民就沒有自己可以仰望與學習的典範。最可能的情況是，附近的工作很少，所以爸媽為了養活小孩必須通勤到很遠的地方去工作，所以大部分時間他們都不在家。如此一來，小孩實際上就是要自己想辦法長大。」他頓了一下，接著說：「根本沒有鄰里可言。」

訪談接近尾聲時，我問傑莫對於總統大選有何看法。先前他才參加過一場伯尼．桑德斯（Bernie Sanders）的造勢大會。他還沒決定要把票投給桑德斯，不過他說：「我很喜歡伯尼。事實上，他的競選團隊前不久才打電話給我。」跟其他年輕的黑人社運人士一樣，傑莫認為桑德斯的想法跟老一輩的民主黨人是不同的，尤其是關於毒品以及獄政問題。他說：「大麻這種東西不應該讓人背上前科，而伯尼能體會這一點。」不過，最重要的是桑德斯不願接受現狀，不願和體制妥協。傑莫說：「他知道我們這種人有何遭遇，而且他想要做出改變。」

雖然目前幾乎還看不出跡象，但希拉蕊．柯林頓的陣營正慢慢獲得黑人選民的回應，儘管回應還不是很熱烈。任期已至尾聲的歐巴馬仍深受黑人族群歡迎，他幾乎可以說是已經為希拉蕊背書，甚至在言談間傳達出這樣的訊息：希拉蕊就是接班人的不二人選。私底下，歐巴馬也已經跟拜登副總統談過，希望他別參加初選，以免民主黨黨內分裂。此外，拜登的政治生涯其實已經打完美好一仗，歐巴馬深恐他如果輸了，將會晚節不保。

根據全國性的民調結果，希拉蕊在黑人選民部分輕鬆甩開桑德斯，以三比一的優勢領先。但在比較年輕、思想更為前進的黑人選民中，這樣的優勢就不見了。桑德斯獲得一些關鍵人物的支持，像是塔納哈希．科茨、老牌歌手兼社運人士哈利．貝拉方提（Harry Belafonte），還有哲學教授康乃爾．衛斯特（Cornel West）。希拉蕊讓他們詬病之處甚多，有兩件事特別重要：她與華爾街過從甚密，還有她曾於一九九六年呼應所謂「超級暴力犯罪者」（superpredators）的迷思，主張以更嚴厲的方式懲罰不知悔改的年輕黑人罪犯。二〇一六年夏天，科茨在某次受訪時表示：「顯然希拉蕊比川普好多了，如果有黑人同胞要投票給她或支持她，我也不怪他們。我能了解。但我就是不能接受。我還看到她丈夫為了她講過所謂『超級暴力犯罪者』而出來狡辯，拜託喔！」科茨生於一九七五年，當身邊某些巴爾的摩年輕黑人被冠上那個詞的時候，他已經成年了。他說：「他們以為《暴力犯罪防制法》（Crime Bill）真能防制犯罪嗎？* 拜託喔！然後在這個時間點為刪減預算的福利制度改革辯護？我最不能接受的一點，是她明明知道自己要出來選總統，還靠三次演講就跟高盛拿了六十萬美元。有人問她說：『妳在幹麼？』她還狡辯：『這是他們給的啊！』這種缺乏判斷力的行徑實在令人很傻眼。」

衛斯特教授認為，希拉蕊從來沒有看清楚自己必須為她曾支持一九九四年通過的《暴力犯罪防制法》付出什麼代價（儘管這法案當時獲得黑人政壇大老們的背書，支持者也包括當年還在當眾議員的桑德斯）。此外，衛斯特表示桑德斯所支持的各種政策都能對黑人族群有所助益，包括

* 譯注：正式名稱為Violent Crime Control and Law Enforcement Act。

十五美元最低薪資的規定、涵蓋層面甚廣的聯邦促進就業計畫、減免大學學費，還有單一保險人制度。沒有人期待黑人選民會像力挺歐巴馬那樣熱情支持希拉蕊，但隨著初選情勢逐漸明朗化，即便媒體和她的競選團隊不太注意，但我們已經可以更明顯看出黑人族群對她的確是欠缺熱情。不同世代黑人選民的意見存在極大差異：三十歲以上，多數是支持希拉蕊；三十歲以下，則是桑德斯的支持者居多。

年輕社運人士傑莫成為桑德斯在芝加哥的最佳助選員，而且也是支持者中最敢開砲的。二〇一六年三月，傑莫發現川普要去伊利諾大學芝加哥分校（University of Illinois Chicago），就在臉書上發文：「來來來，大家一起來參加！我們都要去！#讓活動停擺。」結果真是一呼百應。造勢活動當晚的抗議人士大多是仍在當地公立大學就讀的有色人種學生，他們湧入會場打斷活動，進不去的幾千人就在場外示威抗議。幫川普舉辦造勢活動的工作人員看到苗頭不對，抗議規模實在太大，終究把活動給取消。抗議群眾歡欣鼓舞，但是從隨後的跡象看來，他們並沒有宣稱自己支持的就是在民主黨初選中領先的希拉蕊。那一晚，這些芝加哥的年輕人們興奮到高聲歡呼桑德斯的名字：「伯尼！伯尼！」

❖

信奉民主社會主義的桑德斯已經高齡七十五歲*，照理說應該不會是芝加哥南區年輕非裔、拉美裔居民支持的對象。但是他所說的話直指核心，都是現在讓美國人滿腔怒火的問題：貪瀆、公平、癱瘓的政治體系，簡單來講就是那種只會說「好好思考，為此禱告」的文化。桑德斯想要打破現狀的企圖心不是只在大都市的激進選民之間獲得迴響，阿帕拉契山地區也不乏支持者。二〇一六年五月，桑德斯在西維吉尼亞州民主黨初選中擊敗希拉蕊，而且是每個郡都贏，而這選舉結果的驚人之處在於，他丈夫柯林頓曾於二〇〇八年在這個州獲得摧枯拉朽般的勝利。幾份不同民調也都顯示，如果是桑德斯與川普在西維吉尼亞州抓對廝殺，桑德斯也會獲勝。桑德斯在消息傳開後用平穩的語氣表示：「西維吉尼亞是個以工人階級為主的州。」接著祭出他常掛在嘴邊的真言：「我們需要大家都受益的經濟，不能獨惠那百分之一。」

當時各界幾乎沒把桑德斯在西維吉尼亞獲勝的事放在心上，因為希拉蕊的大幅領先優勢已是無法逆轉。不過，這卻也敲響了警鐘，顯示出民主黨的廣大群眾對現況有多不滿。跟芝加哥的情況幾乎如出一轍，西維吉尼亞的政壇曾經就是民主黨說了算，像機器一樣容易控制。環保運動人士凱蒂·勞爾是支持桑德斯，不想選希拉蕊的西維吉尼亞人之一。她對我說：「這是一次與既有體制對抗的選戰。透過這次投票行為，我們要傳達的訊息是：『那些人已經控制我們這個州很久

* 譯注：桑德斯生於一九四一年，中譯本出版之當下已經八十二歲。

很久了，但沒辦法繼續這樣下去了——我們要向那個政治階級說不。』八十年來，我們這個州都是民主黨執政，但州民的生活卻愈來愈糟。到底是不是全部都要怪在民主黨頭上？這問題當然有商榷的餘地，但我想如果選民想要對民主黨說不，應該也不會沒有道理，甚至被冠上非理性選民的大帽子吧？」

她最討厭的莫過於某些民主黨高層提到西維吉尼亞這類地方的那種嘴臉。她說：「說真的，最令人痛恨的就是那些住在大都市，沒有去過各州鄉下地方的有錢人，他們總是喜歡講：『你們投票時沒想到自己的權益』，或者『你們真笨』之類的謬論。我說，真是見鬼了。坦白講，到底要做什麼才真正能改善人民的生活，兩大黨都不在意。他們唯一關心的，就是要怎樣才能讓自己持續掌權。」

最讓西維吉尼亞人感到自豪的是他們自詡為充滿韌性與獨立自主的美國人，但事實上他們卻是美國五十個州裡面對聯邦政府依賴性最高的：所有個人收入裡面有將近百分之二十九是源自於聯邦補助，比例居全美之最。就算有工作的州民也不見得能夠脫貧，因為很多有工作的人都表示自己吃不起一日三餐，或者居住環境連最起碼的生活條件都很差。麥克．昆恩（Mike Queen）曾當過州級民代，某天我們在克拉克斯堡吃午餐時他跟我說：「我們已經淪為一個貧困不堪、仰賴聯邦補助，毫無前途可言的州了。」

昆恩家堪稱當地的民主黨政壇望族。他的父親、姑姑、叔叔都擔任過公職人員，而麥克．

昆恩自己在一九八八年才二十五歲就進入州眾議院，在當時是最年輕的州眾議員。（他只當過一任，競選連任時被一個更激進的候選人打敗。）自從二〇〇六年以來他都是該州教育委員會的成員，這段期間他所面臨的問題都反映出更廣泛的社會危機，他也因此對長久以來政治的運作方式失去信心。他說：「在全美國各州裡，我們的少女懷孕比率是最高的。在哈里遜郡，每八個小孩就有一個是由祖父母扶養，因為他們年方三十幾或四十幾的爸媽有藥癮問題，而且州政府卻又沒有適當的機構可以收治他們。還有，本州州民因為非法使用處方藥而遭判輕罪（misdemeanor）入獄的比例就算在全國不是最高，也可列入前幾名。入獄人數甚至多到州政府不得不興建新的監獄，但本州人口卻只有一百八十萬！」

麥克・昆恩已經放棄民主黨，但他並沒有轉而支持比較另類的民主黨候選人桑德斯，而是投向共和黨陣營。很多其他人也跟他一樣。西維吉尼亞在這「由藍轉紅」的過程中，近年來可說立下了不少里程碑。洛克斐勒參議員於二〇一五年退休，繼任者是西維吉尼亞州自一九五六年以來的首位共和黨籍參議員雪麗・摩爾・卡皮托（Shelley Moore Capito）。共和黨也成為州眾議院的多數黨，這是該院八十三年來首度變天。這個州的政治光譜已經徹底往右移動，以至於歐巴馬於二〇一二年競選連任時，票數竟然在全部五十五個郡都輸給共和黨候選人，而這是有史以來總統大選第一次出現的情況——共和或民主兩黨候選人中，首度有人輸得這麼慘。那一年民主黨黨內初選有人跳出來挑戰現任的歐巴馬，驚人之處在於這挑戰者是曾因恐嚇罪而在聯邦監獄蹲了七年半的奇斯·賈德（Keith Judd），而他竟然囊括了百分之四十一的選票。

更大的問題是，西維吉尼亞州選民年復一年逐漸對政治體制徹底失去信心。在一九六〇年，有投票資格的州民裡超過百分之七十五都去投了票，幾乎比全國的平均投票率高百分之十四。但是到了二〇一二年，該州投票率已經降為百分之四十六點三，在全美五十州裡面排名倒數第二。幾十年來，因為人民對政治普遍存疑，再加上政治運作的確廣受外在因素影響，兩個因素形成一種惡性循環，導致大眾對政府失去信心。麥可·哈靈頓曾經用「另一個美國」這個詞來稱呼阿帕拉契山這類地區；半個世紀後，肯塔基大學的史學教授拉諾·艾勒（Ronald Eller）換了一個說法：「阿帕拉契山跟美國其他地區沒兩樣。事實上，該地區反而是反映出我國逐漸變窮的狀況。」另一位史學教授約翰·威廉斯的看法也類似，他對我說：「就某些方面來講，我們不能說西維吉尼亞州是落後全國。應該是說，這個州首先出現問題。其實全國各州的投票率也都普遍降低，問題在於：為什麼？」據其揣測，答案在民主的運作體制本身已經遭徹底扭曲。

麥克·昆恩換黨後跟我說：難道美國變得這麼慘「都要算在民主黨頭上？我不是這個意思。但的確是民主黨人袖手旁觀才會有這種狀況，而且他們並沒有好好盤算該怎樣把大家帶離這個泥淖。」西維吉尼亞州財政對於聯邦政府的依賴度逐年攀升：以聯邦醫療補助為例，仰賴這項福利的州民人數已經增加了超過一半。這與他們自詡的自給自足形象可說完全相反。即便許多州民跟麥克·昆恩一樣轉而支持共和黨，但他們也不是全然信任共和黨，因為他們喜歡自己編造出來的那一套自給自足論述。昆恩說：「我不認為西維吉尼亞的同胞們覺得共和黨可以解救我們。他們想要自己救自己。」

這一番分析是把話說得比較好聽。在昆恩的論述框架下，支持川普竟是因為他們看重獨立自主的英雄氣概。但曾擔任美國有色人種促進會克拉克斯堡分會會長的吉姆・葛里芬把話講得比較直白點：「說穿了就是三大要素：墮胎、槍枝、移民。」就此而論，川普的厲害之處在於深諳上述三者就是美國政壇的三大神主牌，而川普在把它們請出來拜之際，可沒管自己講的話是否符合實情。吉姆說他曾遇到一位抱怨民主黨的鄰居，據其轉述：「鄰居說：『他們任由移民大量湧入我們這裡。』我說：『那我就問，你在西維吉尼亞每天會遇到多少個移民呢？』」事實上，該州人口中只有百分之二是移民，這比例在全美五十州裡面可說名列倒數幾名。吉姆接著表示：「我說：『也許你只有在去找醫生看診時，才會發現醫生是移民。』而醫生都住在菁華地段，所以一般人不會跟他們有所互動。結果他說：『哼，他們來這裡搶走我的工作。』我說：『他們搶了你的什麼工作？』」

遇到朋友與鄰居稱讚起川普，吉姆總是會反駁他們：「好啦，我倒要看看你們這些礦工到紐約的川普大廈（Trump Tower），有沒有辦法進去。他對你們有一點敬意嗎？」但吉姆理解鄰居們會這樣病急亂投醫是有道理的。他說：「他的話術讓大家以為自己能脫胎換骨。」他非常了解這只是大家想要自欺欺人，自我麻痺的一種方式。吉姆在民間的接觸面非常廣泛，他常為了幫社區大學招生而走訪西維吉尼亞各地。但是他愈來愈覺得川普幫這個州規劃的未來藍圖就是建立在「白人至上」與「復興煤礦業」這兩個前提上，儘管是海市蜃樓，但卻讓大家興奮不已。他說：「我鼓勵他們去社區大學學一技之長，但他們就是勸不聽。他們只想要等待煤礦業再度開缺。他們說：『川普會逆轉經濟局勢，讓我們都獲得平等的機會。』」

❖

那個選舉年我頻繁往來於克拉克斯堡與芝加哥之間，有時候我會覺得，儘管芝加哥的黑人居民與阿帕拉契山地區的白人的確是天差地遠，但美國的政治文化卻因為他們的共同感覺而走入死胡同：他們都認為自己受到經濟低迷與歷史悠久的問題給拖累，政治體制並沒有好好照顧他們，而現有的政治機器問題叢生，最重要的是政治人物只懂得為自己謀利。

政治離美國人的真實生活已經愈來愈遠。證據呢？只要看看這個最高法院案例就好：前維吉尼亞州州長羅伯特．麥克唐納收錢辦事，還拿了金主的大批禮物，遭貪汙罪判刑確定，但卻在二〇一六年六月遭最高法院推翻判決。大法官約翰．羅伯茲（John Roberts）在判決文中寫道，那些包括勞力士錶、晚會禮服、數萬現金在內的禮物，只能說是「令人感到深惡痛絕」，但這種餽贈行為終究不算違法，因為法律對於所謂「公務行為」（official acts）的定義是頗為狹隘的。關切政風問題的社運分子對麥克唐納的判決普遍大加撻伐，因為這等於也讓其他貪汙的政治人得救了。先前因為在冰箱藏有九萬美元賄款而聲名狼藉的前路易斯安那州眾議員威廉・傑佛遜（William J. Jefferson），就因為此判例而獲得無罪開釋，大大方方走出監獄。

回克拉克斯堡時我腦海裡常想起川普那一句充滿懷舊之情的七字真言：「讓美國再度偉大。」而**nostalgia**（懷舊）一詞其實是由希臘文的兩個字組合而成：*nóstos*（家）與*álgos*（疼痛）。多年來，西維吉尼亞人在心裡「家不成家」的感覺愈來愈強烈，為此心痛不已。從市府檔案看來，五年內已經沒有任何克拉克斯堡居民申請興建新的房舍。半個多世紀前，甘迺迪曾因為覺得克拉克斯堡重要無比而在選總統時來這裡拜票，到如今同樣到了總統大選期間，人行道非常冷清，店頭也是門可羅雀。這裡成了無人聞問的地方。燈柱上掛著寫有口號的旗幟——「令人自傲的過去，無可限量的未來」，但任誰在此時此地都無法描繪出未來可能有何景象，唯一剩下的就是重振小城榮景的空洞承諾。

這都可說是政治機器衰落的暗喻，一旦瞥見就無法忘懷。六月某天早上，大多數新聞報導都聚焦在國內外的轟動大事，尤其是英國正在針對脫歐與否進行公投，而這在過去可是大家連想都不曾想過的。不過，西維吉尼亞的新聞只有一條：在溫熱的天氣中，猛烈的大雨從破曉後開始下，始終下個不停。

雨水從群山的山峰往下流，注入溪谷中。溪水水位高到滿出來，形成水勢凶猛的棕黃色大河灌進大城小鎮的主街上。每一戶人家只能在匆忙間抓起家族相片、筆電與現金，在逐漸高漲的水中涉水逃命，拿起床單或延長線當成克難繩索，讓全家人緊緊握住，不至於被水沖散。

等到白硫泉（White Sulphur Springs）等城鎮遭水灌入時，洪水的移動速度已經來到時速將近一百公里，快到把房屋窗戶沖破，灌進屋裡時瞬間將住戶淹沒，而根據某位倖存者的回憶那水流彷彿具有超自然神力，「我們就像被上帝的手壓住」。洪水沖走許多房舍家園，不少橋梁也被沖斷，只剩橋墩，甚至把一輛輛汽車掃進樹林裡。

到最後，罹難者高達二十三人，因為洪水將其中幾位沖到遠離家園的地方，救難人員在八週後才尋獲最後一具屍體。在西維吉尼亞州悠長的災難史裡面，這可說是災情最慘重的洪水之一。有人稱之為「千年一遇」，但這樣的說法再也站不住腳了。大水消退後，聯邦緊急事務管理署（FEMA）對西維吉尼亞的州民提出示警：因為全球氣溫增高，相當等級的洪水將會「屢屢出現，頻率之高超乎先前的想像。」該州共和黨對此訊息的回應措施是什麼？他們否認這場巨大災難與溫室氣體效應或燃燒煤炭有關。身為水災應對委員會的共同主席之一、共和黨籍州參議員錢德勒．史沃普（Chandler Swope）對某位當地記者表示，氣候變遷「從千百萬年前就已經開始」，「反正想辦法應付過去就是了」。

州政府應對未來的姿態是最為草率的，僅僅成立了一個「重建辦公室」（Resiliency Office）。但是記者們多年後調查才發現，原來那個單位只有一個雇員。倖存者總得繼續踏上人生的漫漫長路，但像夢魘般在其中許多人腦海中揮之不去的，是事發當下眼前如此清楚的畫面：在那一刻他們還不知道正要大禍臨頭，但隱約已有預感，只見地上水流汩汩，而他們賴以為家，安身立命的基礎正開始分崩離析。

【第十四章】
戰鬥意識

時間已經來到二〇一六年五月，距離總統大選投票日只剩六個月。這天有七萬名美國步槍協會（National Rifle Association）會員來到肯塔基州路易斯維爾開會，會議性質可說是集大型政治會議、商展與漫畫展的性質於一體。大型旗幟上的標語寫著：「十一英畝*的展場裡都是槍枝與設備。」這裡有兒童也可以用的點二二口徑手槍，故意設計成外型就像軍隊配備的槍枝。一個十三歲少年投書《少年槍手》雜誌（*Junior Shooters*），興奮表示自己的武器：「外觀與手感都像是貝瑞塔手槍，實在太酷了。」而最受成人歡迎的一款槍枝是半自動步槍AR—15，這把槍在業界向來有「槍枝版芭比娃娃」之稱，配件五花八門，買家肯定都會回來購買新的槍把、瞄具和其他各式各樣的東西。

在川普的世界裡政治與利益總是難分難捨，在槍枝的世界也一樣。從門口走進展場裡，我看見有人打扮成笨重的大鳥，它叫做「艾迪老鷹」，是美國步槍協會槍枝安全宣導計畫（Eddie Eagle GunSafe Program）的吉祥物，正在宣導「四年級以下孩童不應接觸槍枝」。但只要升上四年級以後，槍枝業卻希望他們能夠變成槍枝愛好者與消費者。由於槍枝業的消費群眾正快速縮減，業界在促銷上的首要目標莫過於吸引年輕族群，讓他們從小就喜歡用槍。根據美國步槍協會提出的報告指出，各種促銷計畫應該「以中學階段，甚或年紀更小的對象為目標。」《射擊運動零售商》（*Shooting Sports Retailer*）雜誌更是直言不諱地示警：「無法招募新血與成長的最大問題在於，這代表我們的政治影響力也會下降。」

自從川普踏入政壇後，已經把自己塑造成總統大選史上最強烈支持槍枝的候選人。他呼籲美國應該人人都有權以隱蔽的方式持有槍枝（concealed carry），而這只是他主張的鬆綁槍枝政策之一。他的熱情也獲得回應。那一年許多攤商都推出上面印有「川普大軍」（Trump's Army）字樣的橄欖綠T恤為商品。他提出的多項政策都與當下風行的民意相互唱和。例如，川普承諾恢復使用水刑後，攤商也推出改版的救生員T恤，這件同樣款式的紅T恤上有白色十字，但不是寫「救生員」，而是改成「水刑教頭」（Waterboarding Instructor）。

對於美國政界的民怨近年來可說有增無減，而美國步槍協會總能趁勢壯大自己。茶黨崛起與占領華爾街運動都反映出民眾對於現狀感到幻滅，此後新興的民粹主義風潮讓各種政治勢力都能藉此獲得機會。儘管槍枝產業過去就是藉著與政界領袖進行密室交易而蓬勃發展，卻也對外塑造

---

* 譯注：大概一萬三千四百多坪。

出一種假象：美國的權貴階層就是因為不希望有人擁槍自重而百般阻撓，而這也讓一般民眾權益受損。川普上臺演講以前，造勢大會的群眾會觀看一支關於「政治菁英與億萬富翁」的影片，影片旁白是這樣敘述的：「他們一想到讓社會大眾普遍擁有槍枝就內心不安。儘管沒有廣大勞動階級他們就沒有辦公大樓、度假別墅、豪華汽車，也沒人幫他們擦地板、洗衣服、送晚餐，但他們就是不喜歡一般勞工像他們的武裝保全人員那樣可以持槍自衛。」

川普上去後臺下爆出如雷掌聲，而他致詞時提起了最近加州聖貝納迪諾市（San Bernardino）有十四人遭槍擊身亡的慘案，他說：「如果那些人身上有槍，哪會發生這種事？」接著他用大拇指與食指比出一把槍的樣子，接著說：「換成是我就——砰！」臺下群眾開始歡呼起來。川普挑釁希拉蕊．柯林頓：妳何不放棄特勤局（Secret Service）的保護？他說：「要不然就叫她的特勤局保鑣也把槍放下，我們倒是要看看他們有多厲害！」他向臺下群眾保證，要大家可以放一百二十個心，要他們不要為美國的未來感到憂心忡忡。他說：「我們會帶著自己的國家重返榮耀，我們將會回到不用提心吊膽的往日時光。」

鑽研希臘羅馬政治哲學的瑪莎．努斯鮑姆（Martha Nussbaum）教授在《恐懼的王國》（*The Monarchy of Fear*）書中，將這種情況稱為「鼓動民怨的必要先決條件」。早在西元前第四世紀，希臘哲學家亞里斯多德就已經看破政治人物在演講時利用民眾怨氣來鼓動熱情的話術，諸如：把事情講得像是攸關生死，把事件描繪成急迫危險，或者宣稱出現了緊急狀況，讓聽眾覺得事態嚴重到他們無法保衛自己。這一切也是尼克森的致勝密技。誠如專門為他撰寫文稿的幕僚威廉・沙費爾（William Safire）轉述，尼克森說：「大眾只有在感覺恐懼時才會有所反應，不是覺得被愛的時候。這不在主日學的教材中，但卻是實話。」

恐懼牌在懂得如何使用的人手裡，可說是受益無窮。數據公司「劍橋分析」（Cambridge Analytica）從臉書與其他網站擷取大數據，熟練地針對每個使用者來操弄他們的情緒。在某位臥底記者的詢問之下，該公司高層馬克・騰博（Mark Turnbull）表示：「什麼是恐懼？沒人知道，直到遇到產生那種情緒的經驗。」他說該公司無非是想要「把水桶放進沒有人曾經企及的水井深處，藉此了解大家內心深處真正懼怕的到底是什麼。」劍橋分析的執行長亞歷山大・尼克斯（Alexander Nix）則是表示：「無論是什麼，只要大家願意相信就好，至於是不是真的，並不重要。這樣的論調聽起來很糟，但的確如此。」

❖

無論美國的文化界或商界，最能把尼克森的原則實現到極致的，莫過於槍枝產業，我們甚至可以說槍枝產業已經是「青出於藍，但又更勝於藍」。在這世界上，只有一個國家死傷慘重的槍擊案屢見不鮮，也只有一個國家放任所有人可以合法囤積大量槍械子彈，而且輕而易舉。美國人目前所累積的槍枝數量為三億一千萬把，大約平均每人一把，而這種平民擁槍的比率在世界上也是最高的。（第二高的國家是葉門，但比率勉強達到美國的一半。）

無論是外國人甚或美國人往往都認為，美國這種特殊的擁槍文化與舊時代的大西部歷史有關，因為在那邊疆地帶人人必須擁槍自保。不過這並非事實，實際上這種文化是在一九七〇年代才形成的。美國史上大部分的時間裡，即便是自己有槍的人也覺得不該讓國民出門時也隨身攜帶槍枝。例如在一九三四年，時任美國步槍協會會長的卡爾・佛德里克（Karl Frederick）就曾在國會聽證上表示：「我覺得帶著槍四處亂跑簡直就是亂來。這種事就該嚴格禁止，而且只有拿到執照的人可以這麼做。」一九六七年，黑豹黨在沙加緬度（Sacramento）攜槍進行抗議後，加州州長雷根也曾對記者表示：「我覺得，時至今日政府實在沒有理由任由國民隨身攜帶子彈上膛的槍枝。」

但美國人針對恐懼、種族、戰爭這三種與政治密切相關的議題，看法已經逐漸改變了。《自衛的原則》（*Principles of Personal Defense*，一九七二年出版）一書的作者是曾於二戰、韓戰期間在海軍陸戰隊服役的傑夫・庫柏（Jeff Cooper），後來被擁槍權促進人士視為經典之作。他的書把一整個世代的焦慮情緒刻劃得絲絲入扣：「二戰以前，美國人即便在入夜後也能在公園與街上悠閒散步。」但他寫作當下的「世界已經變得暴虐橫行」，因此他呼籲美國人好好重新檢視彼此間的互動方式。他在書中弘揚海軍陸戰隊的觀念，敦促一般擁槍的民眾應該時時提高警覺，保持他所謂的「戰鬥意識」（The Combat Mindset）。他在書中寫道：「只有反擊的人才能受人敬重，保有自尊。」

儘管庫柏的觀念得以成功推廣，但到了一九七〇年代晚期，美國的槍枝製造商還是因為一個基本問題而遇到經營瓶頸：槍枝的材質無論是金屬或塑膠，放了幾十年還是能用，因此沒有人買槍。如果各家公司想要維持利潤，就得要爭取到新顧客，除此之外唯一的方式就是找到新的方式把槍枝推銷給老顧客。這不是什麼新問題，據說早在十九世紀槍枝發明家薩謬爾・柯特（Samuel Colt）就曾因為這個問題而喊出「創新與改進」（new and improved）的口號來當賣點，但問題在狩獵活動退流行後變得更為嚴重。隨著野生動物棲息地變少，打獵的人口也隨之銳減：在一九七七年，美國有三分之一的家戶至少有一個人會打獵；但是到了二〇一四年，原有的數字已經減半。批發商麥克・懷瑟（Mike Weisser）是在一九六五年就進入槍枝產業當零售商，同時也兼任射擊教練與作家，他對我說：「槍枝產業原本因為美國人迷戀西部與狩獵文化而蓬勃發展，而如今已經是夕陽產業了。」

他們在政界找到問題的解方。一九七七年美國步槍協會的年會上，曾當過美國邊境巡邏隊總隊長的保守派人士哈龍・卡特（Harlon Carter）當選執行副會長，而他就此一改以往協會高層聚焦步槍射擊訓練，並且把射擊當休閒活動的立場，轉而把心力投入政界，創造了現代的擁槍權運動。一九八七年，協會透過遊說成功讓佛州的議員鬆綁規定，申請隱蔽攜槍執照時不需要證明自己有充分理由（諸如負責運送大批現鈔）。在新法規定下，幾乎每個人都能申請隱蔽攜槍執照，隨即有二十幾個州跟進。

後來幾十年間，槍枝產業學會了在特定時間點趁勢推升銷量。例如在一九九二年，洛杉磯黑人市民羅尼·金恩（Rodney King）遭四名警察濫用暴力痛毆，沒想到竟遭陪審團判決無罪釋放，對美國的族群關係史留下難以抹滅的傷痕。槍枝大盤商懷瑟對我解釋為何事後引發的洛杉磯大暴動會創造出一個人人自危、需要買槍自衛的市場：「那是第一次大家可以在電視上看到電視臺現場轉播暴動實況。搭乘直升機的採訪團隊在空中不遠處拍到有個白人被抓到路口。四個黑人把他從卡車上拖下來，就在直升機正下方對他拳打腳踢。」懷瑟還說：「就是在那段時間，只要有人提起『犯罪』，大家都知道是什麼意思。」

但因為大暴動而帶來的銷售量增加畢竟只是一時的。當時槍枝產業面臨的殘酷事實是，無論從什麼角度來衡量，美國都沒有「比較危險」的地方。暴力犯罪率在一九九一年達到顛峰，但那是快克古柯鹼浮濫橫行於街頭的年代，隨後二十年之間暴力犯罪率下降為幾乎只有一半。強暴或性攻擊案件的受害盛行率也從先前的歷史高點，減少了百分之六十。但九一一恐攻事件的降臨卻彷彿救世主般解救了槍枝產業。曾為美國步槍協會推動遊說工作的理查·費爾德曼（Richard Feldman）告訴我：「無論在事發前一天或者後一天，美國受到恐攻威脅的程度其實沒兩樣，但民眾的觀感卻大大改變了。」生存主義者圈子*裡的各種幻想「在九一一事件後從狂想升級，程度變得更嚴重。他們開始覺得重點不在政府要找他們麻煩。重點是恐怖分子想切斷供電網絡，讓社會崩潰。」

槍枝產業發現他們可以趁九一一事件來促銷，獲取商業紅利；而另一方面科羅拉多州眾議員譚葵多之流的機會主義者則是發現，可以用九一一來獲取政治紅利，例如譚葵多就表示那些沒有合法證件的移民「來到美國後會殺掉你我和我們的家人」。特警隊（SWAT）自一九八〇年代以降就有人力逐漸擴編並採用更具殺傷力設備的趨勢，在九一一事件更是如此。實際上，地方的特警隊很少遇到恐攻事件（根據資料顯示，特警隊的任務有很高比例都是逮捕毒販的攻堅行動），但人力擴編卻有助於特警隊美化自己的軍事英雄形象。

傳統中那種手持M－16步槍、理著平頭，在叢林中奔馳的無名美國大兵形象已經一去不返，代之而起的新形象充滿英雄般的個人主義，代表性人物例如曾四度奉派前往伊拉克，著有自傳《美國狙擊手》（*American Sniper*）**的海軍海豹部隊（Navy SEAL）成員克里斯・凱爾（Chris Kyle）。在同名的好萊塢賣座商業片中，凱爾以非傳統的英雄形象出現，留著絡腮鬍、頭戴鴨舌帽，手持一把酷炫步槍。電影忠實呈現他的人生結局，最後一場戲就是他死亡的悲劇：二〇一三年在德州某家射擊場遭罹患「創傷後壓力症候群」（PTSD）的退伍軍人槍殺。另一位毀了自

* 譯注：生存主義者（survivalists）在九一一事件前就深信必須為社會崩潰的末日情勢做好準備，而這樁恐攻事件更是讓他們的想法變得更極端。

** 譯注：副書名 *The Autobiography of the Most Lethal Sniper in U.S. Military History* 中所謂的「most lethal」，是指遭凱爾狙擊身亡的人數，據悉是美國軍事史上之最。

己人生的退伍軍人希尼．穆勒*在臉書上貼著一張留絡腮鬍的陸軍特種部隊成員照片，希尼幫照片加上圖說：「這傢伙太殺了」——因為那位軍人有一隻腿截肢了，還是回阿富汗去服役。

隨著趨勢的發展，槍枝產業早已開始聚焦在推銷各種適合在實戰上應用的所謂「戰術設備」，以至於獵人族群覺得受到冷落。大衛．佩佐（David E. Petzal）是《原野與溪流》（*Field & Stream*）雜誌的專欄作家，他以嘲諷語氣寫道：「那些玩槍的幻想自己是海豹部隊成員」，「害我們很難買到專門用來射殺動物而不是殺人的槍枝」。但「那些玩槍的」也看他們不爽，例如某些主張隱蔽持槍權的人士就嘲笑獵人是艾默小獵人。**

到了歐巴馬執政的年代，槍枝銷售量創下新紀錄。在強調白人身分認同的現代政治人物眼中，爭取槍枝使用權已經是政治論述不可或缺的部分。瑞克．威爾遜（Rick Wilson）是佛州的共和黨政治顧問，他在二〇〇八年總統大選期間推出廣告，拿歐巴馬以前的牧師傑洛麥亞．萊特（Jeremiah Wright）的種種挑釁言論來攻擊歐巴馬。後來威爾遜曾表示：「我要用這廣告把賓州和俄州那些白人嚇到屁滾尿流。」

「唯一能夠阻止持槍壞人的，只有持槍的好人」——這是美國步槍協會奉為圭臬的座右銘。儘管這顯然不是真話，但並不重要。根據聯邦調查局所做的研究顯示，從二〇〇〇到二〇一三年發生的一百六十起「無差別槍擊案」中，絕大多數出手阻擋「壞人」的持槍公民都是警衛，只有一次例外。（二〇〇八年內華達州小鎮溫尼馬卡〔Winnemucca〕發生槍擊案，是由某位顧客開槍阻止槍手。）從各種統計數據看來，槍枝氾濫的問題已成為美國人生活中的「要命問題」。川普造訪美國步槍協會以前的十年之間，死於槍口下的美國平民人數已經多於二戰期間為戰鬥捐軀的美國軍人人數。儘管備受矚目的都是那些高調的大規模槍擊案，但更多美國人死於近距離、偶發性、出於衝動的槍擊案。

平均來講，每年死於槍口下的五歲以下美國兒童人數，多於遭受槍傷身亡的執勤員警。科倫拜高中槍擊案發生於一九九九年，當時我還在《典範電訊報》任職，我們將其報導為「脫軌的特例」。但是從一九九九年到現在，又陸續有二百四十九間美國的學校遭到槍枝暴力案侵擾。波士頓郊區某家幼兒園貼著一張教導孩子們躲避槍擊案的海報，老師們會用〈小星星〉（Twinkle, Twinkle, Little Star）的曲調帶著大家一起唱出以下歌詞：

趕快趕快去鎖門
閉上嘴兒也關燈
躲在桌下藏起來

* 編按：本書第八章的故事主角。

** 譯注：艾默小獵人（Elmer Fudd），華納兄弟經典動畫片中的人物，是個手持獵槍的光頭小矮子。

等到安全再出來
鎖門鎖門完畢後
邊玩邊笑呵呵呵

槍枝擁有率的數據背後隱藏著一個容易被忽視的事實：槍枝擁有的情形有愈來愈集中化的趨勢，因為儘管持有槍枝的家戶數減少，但槍枝在美國的販售數字卻持續上揚。（一九七七年時有半數以上的美國家戶擁有槍枝，到二〇一四年已經降為不到三分之一。）結果呢？每一位擁槍美國人的擁槍數量已經累積為八支，擁槍族群與其他美國公民之間已經形成一道難以跨越的鴻溝。在這些擁槍的族群中，「槍枝管控」幾乎已經變成某種嫌惡字眼，以至於二〇一六年有一次針對美國人害怕的事物進行調查時，比起害怕「自己所愛的人垂死」，更多美國人害怕「槍枝管控」。

當我跟其他美國人聊起槍枝的問題，大家往往認為這是某種必須予以尊重的地方文化。如果某個地方從古至今居民就能無拘無束地在山野間打獵，那住在幾百公里以外的其他人為何要干涉他們呢？不過，二十一世紀的美國已經跟以往大不相同，只有少部分民眾會在某個地方住很久。根據聯邦菸酒槍砲及爆裂物管理局（ATF）於二〇一六年提供的數據分析顯示，西維吉尼亞在全美五十個州裡面有最多槍枝被運送到其他州用於犯罪活動。在費城、紐約州首府阿爾巴尼（Albany）與芝加哥被查獲的外州槍枝裡，來自西維吉尼亞州的比例是其他州的兩倍以上。因此聯邦探員將該州稱為「槍枝輸送管線」（iron pipeline）。

儘管某些人常以懷舊的角度去談槍枝問題，認為這跟美國的狩獵文化與歷史傳統有關，但形塑出現代槍枝文化的要素，主要卻是一些更為當代的美國文化，尤其是行銷、黨派政治，還有其他用來操弄群眾觀感的工具。雖說犯罪率已經下降，但根據二〇一五年的某個研究顯示，卻有幾乎高達百分之七十的美國人深信「前一年的犯罪率提高了」。透過某些人的分析，我們可以看出這種錯覺的成因之一，是生活型態的改變：隨著美國人開車的比例與頻率增高，逐漸隱沒進入所謂「獨自打保齡球」的世界*，與鄰居的接觸愈來愈少，愈來愈多人表示他們更害怕遇到犯罪事件了。其他研究則是顯示新聞媒體傾向於放大那些發生機率甚低的犯罪威脅。二〇〇九年一份針對洛杉磯當地電視臺的分析顯示，播報時都會以犯罪新聞開始（有些甚或並非當地新聞），讓觀眾在印象中認為每天發生的重大事件以糟糕的居多。福斯新聞網鎖定芝加哥的犯罪問題進行報導後更將上述模式予以強化，例如該新聞網的主持人比爾·歐萊利就將芝加哥稱為「死亡與毀滅之城」。在全國性的電視臺上，美國人也會看到雙子星大樓（Twin Towers）倒塌的畫面不斷重播。

---

* 編按：出自普特南的重要著作《獨自打保齡球》（*Bowling Alone*），本書發現從一九八〇到一九九三年間美國打保齡球的人口上升了百分之十，但保齡球社團卻少了四成，指出「美國社會資本的流失」對社會、政治、文化有何重大影響。

但事實上到了二十一世紀的前十年之間，與跌落樓梯後死去的機率相比，美國人死於恐攻事件的機率只有前者的八分之一。

到了二〇一六年夏天總統大選如火如荼之際，恐懼牌又開始滿天飛了。美國人對於恐攻效應到底抱持什麼態度？許多研究都顯示美國人看待九一一事件的心態與先前歷次恐攻都截然不同。奧克拉荷馬市的聯邦政府大樓於一九九五年遭恐怖分子炸毀後，研究顯示美國人的確更害怕自己淪為恐攻的受害者，但這種影響在大約十八個月後就消退了。相較之下，九一一事件過後十幾年，美國人對於恐攻還是畏懼不已，而且在伊斯蘭國於二〇一四年崛起後恐懼感再度升高。川普的競選話術也助長這種情緒，他表示自己若是當選總統將會拒絕敘利亞難民入境，因為「他們搞不好是伊斯蘭國成員咧！」

川普在美國步槍協會大會上發言後，我四處逛逛，發現有個很熱絡的大型攤位，由美國隱蔽攜槍協會（U.S. Concealed Carry Association）承租。所謂協會其實是一家位於威斯康辛州的公司，除了販售訓練用器材、商品，還有所謂「自衛保險」的驚人產品：保戶開槍打人後若是引起法律糾紛，除了有訴訟費用補助，還能獲得法律攻防上的幫助。成為協會會員後，每天都會收到電子郵件，力勸大家應該多多付費接受訓練並且投保，就像一封很典型的電子郵件所寫的：「人生難買早知道，但若是真的有衰事降臨，有個嗑過藥的混蛋找上你，搞不好你不得不開槍還擊。」只要你出得起好價錢，該協會甚至承諾能夠幫助保戶在法庭上的攻防過程中取得優勢：「要是真的遭起訴，我們能夠安排專家證人來幫你做證，而且費用由我們買單。」

協會創辦人提姆．施密特（Tim Schmidt）對我說：「我是因為有了小孩，才歷經我自己所謂『自衛意識的覺醒』。」他辦了一本叫做《隱蔽式攜槍》（*Concealed Carry*）的雜誌，鼓勵讀者把自己視為某個社群的一分子。主編凱文．米哈洛斯基（Kevin Michalowski）寫道：「這種生活方式有自己的同儕團體、活動，甚至語言。」後來我上網查了一下施密特的背景，發現他其實有個副業，就是推廣他自己所謂「族群式行銷」（tribal marketing）的販售祕訣。他做了一份名為〈如何利用人類內心深處的需求來變現〉（How to Turn One of Mankind's Deepest Needs Into Cold, Hard CASH），在裡面他寫道：「我們都需要歸屬感。」此外在其中一個段落（「如何創造信念與歸屬感？」）他解釋道：「沒有陰就沒有陽。必須創造出一個敵人。」

事後多年內我還是會收到美國步槍協會發來的電子郵件，郵件內容無非是要告訴大家一個訊息：浸淫在槍枝的世界裡就能發大財。常見的訊息都是以這類的措辭為開頭：「艾文贏得槍枝與金子」，打開後看到一張圖上面有金幣與各種槍枝，包括AR－15步槍與點四五左輪槍各一把，還有兩把獵槍。美國步槍協會還自辦樂透活動，宣傳的文字如此寫道：「想要發財，就靠本協會史上最高金額的抽獎活動！保證有幾百位贏家！」

我在那一次大會待了兩天，訪談協會的各階層成員，印象深刻的是許多人都認為，持槍公民的身分讓他們獲得一種歸屬感。親切的席德．歐南（Sid O'Nan）有兩個十幾歲的孩子，是在美國農業部工作的一位ＩＴ專家。席德告訴我，他過去完全沒想過要接觸槍枝，但是近年來在日常生活中卻愈來愈常看到。他說：「因為我常常邀請好友到家裡來，他們都有手槍。」後來他養成去哪裡都會帶著Glock 17型手槍的習慣。他說：「我看到發生了一堆可怕的事情，然後你知道怎樣嗎？我心裡就這麼想。要是出了事但我卻沒辦法保護自己的家人，那我真是不想活了。我不了解槍枝。我也不了解彈道學的原理。我不了解槍套。我只是透過某個朋友設法搞懂一些東西。我就這樣問他：『如果對方穿著全身護具，那我應該瞄準他的頭嗎？』他說：『不用，只要對準軀幹射擊就好。你的九零手槍*可以把他擊倒在地，這樣你就可以趁機逃走了。』」

對於我在那裡遇到的許多人而言，他們會攜帶手槍，跟會成為川普的支持者是非常類似的道理，但這兩件事本身以外都還蘊含著更重大的意義。離開路易斯維爾以前，在前往機場的路上我看見一位爸爸提著嬰兒座椅，坐墊用的是與獵裝相似的保護色。眼前這一幕到底有何象徵意義？我停下來思考這個問題。難道這就反映出所謂「族群式行銷」的策略成功了？倒不是說那位父親會在森林裡獵鹿時帶著嬰兒，而是他選擇的嬰兒座椅反映出他想與哪個族群為伍，想把哪個族群拒於千里之外。如同川普在二〇一六年春天對支持群眾所說的那句話：「唯一重要的是把我們團結起來——因為其他人根本就不重要。」

❖

西維吉尼亞州州民的擁槍率高居全美第四名，而在政界的擁槍文化推手中，曾任州長的喬伊．曼欽可說扮演了開拓風潮的角色。二〇一〇年競選參議員時，他推出一支開頭看來平凡無奇的廣告：影片中他在秋日的原野中大步前行，然後說了幾句足以概括其競選政策主軸的空話，像是「我會跟整個華府還有這個政府對槓」，然後他拿起步槍，用肩膀頂住槍托，做出預備射擊的動作，接著他說：「我會大砍聯邦政府預算，我會把歐記健保中有問題的部分都撤銷掉。我會對環保署提告，我的問政也會瞄準碳排放總量管制與交易法案，因為這法案對於西維吉尼亞州沒有好處。」接著他瞄準遠處被布置為槍靶的一本氣候變遷法案，一槍打過去。鏡頭拉過去後，只見擊中了法案的正中央，而審查會編號與法案案號的下一行就寫著「在美利堅合眾國的參議院」。

幾十年來，美國的政治人物就常常拿著槍拍照，但在曼欽以前沒有任何政治人物在鏡頭前拿槍「擊斃」法律提案。這支廣告在華府也引發了不無軍備競賽意味的政治廣告戰。其他候選人紛紛起而效尤，也在廣告中對各種法案開槍。這具有強烈象徵意味的政治動作可說愈演愈烈，到了二〇一四年在亞利桑那州甚至有某位共和黨籍候選人加碼演出，先是陸續用手槍、步槍、半自動槍械射擊一本歐記健保法案，接著最後甚至把整本法案丟進一臺用來絞碎木頭的機器裡。

曼欽的廣告讓整個阿帕拉契山地區政界的戰鬥意識變得更為激烈昂揚。本來川普這個人實在

* 譯注：指口徑九公釐（nine-millimeter）的手槍，但臺灣一般稱為九零手槍。

沒有什麼足以讓當地選民產生共鳴之處，但他懂得利用上述的政治文化變遷來趁勢操作。早在他出馬競選總統的二十幾年前，他曾在接受《花花公子》（*Playboy*）雜誌訪問時用詼諧的口吻表示，他實在不知道那裡的人在想什麼：「當煤礦礦工會罹患黑肺病，然後子承父業，兒子跟兒子的兒子都會得。假使我是礦工之子，我早就會設法離開那個鬼地方了。但大多數的人都缺乏想像力，總之就是缺少能促使他們離開那裡的東西。他們沒有那種『東西』。」

但是到了競選時，他把大量阿帕拉契山地區的文化元素納為己用，以至於選民很容易忽略一個事實：除了提出經濟承諾以外，他幾乎什麼也沒講。在西維吉尼亞州查爾斯頓的一場造勢大會上，戴上礦工頭盔的他表示：「我們有辦法讓礦工們回到工作崗位上。我們會讓礦場重新開張。到時候你們會忙到暈頭轉向！」結果臺下群眾愛死他了。

前面我們曾提及在西維吉尼亞州土生土長的凱文．巴瑞特律師，他曾與多家避險基金打對臺，阻止他們砍掉當地礦工的健康照護福利金。他跟我說：「川普的話從頭到尾都是徹徹底底的胡說八道，但大家都說：『沒錯，我們也知道，但是除了他有誰給過我們承諾？』我們必須了解的是，他們是沒有人理會的群眾。」川普為何會有此等高人氣？在巴瑞特看來，那是因為長久以來各方人馬都想要從阿帕拉契山地區搾取經濟利益，忽略了當地民眾與生態必須付出多少代價，也扭曲了該地區的政治文化。巴瑞特說：「做決定的上層人士讓西維吉尼亞州陷入今天這樣的處境，一個原本在內戰期間擁抱北方價值的州，如今卻由藍轉紅，而且紅到很荒謬，紅得很有川普的特色。」

希拉蕊與川普之間可說是天差地遠，而且差異性很容易遭無限放大。希拉蕊曾對著西維吉尼亞州的支持群眾說：「我們會讓很多人離開礦工的工作，也關閉很多採礦公司。」事後，希拉蕊說她總統大選期間讓她最感懊悔的莫過於這個時刻，因為她這段話遭到斷章取義，被共和黨用於競選廣告中來攻擊她，不斷放送，而且自然完全沒有提及她後面的那段話：「我們的立場很清楚，絕對不會忘記那些過去從事煤礦業的人。如今我們已經走到不得不放棄煤炭與其他化石燃料的地步，但我們不會放棄曾經待過這個產業的人，因為他們曾經竭盡全力生產美國民眾賴以維生的能源。」

但事實上，就算煤礦業沒有把希拉蕊的話斷章取義並拿來大肆宣傳，民主黨也幾乎已經徹底失去阿帕拉契山地區的民心了，因為他們實在是太慢才發現該地區人民到底有多絕望。煤礦產業崩垮後，歐巴馬政府其實曾在該區域實施過一些創造就業機會的計畫，也直接把聯邦政府資金挹注到某些狀況比較差的城鎮。但是根據曾得獎的西維吉尼亞州調查記者肯恩．渥德二世所言，民主黨「在當地勢單力薄，付諸行動時不但為時已晚」，也沒有好好宣傳。他寫道：「西維吉尼亞州的民主黨人討論黑肺病危機的頻率有多高？」

儘管川普承諾要幫助，但講的都是一些空話與大話，不過廣大川粉卻很買帳，因為他看來不是那種典型的有錢人，竟能跟勞工階級站在同一陣線上。明明是公認的有錢人，但他卻沒有金粉世家的貴氣，而是個喜歡吃大麥克堡、與A片明星過從甚密，也愛去賭場的億萬富翁。法學教授瓊恩・威廉斯（Joan Williams）在她的書中寫道：「那些粗魯的富豪會成為高人氣名流，反映出我們的社會有個迷思：就算再有錢，也能保有勞工階級的草莽氣質。」億萬富翁其實離大多數美國人很遙遠，民眾只能透過《誰是接班人》、《創業鯊魚幫》（*Shark Tank*）或《富豪與名流的生活方式》（*Lifestyles of the Rich and Famous*）等電視節目獲得一時的娛樂。但就像威廉斯所說的，勞工階級「每天都因為專業人士而受氣，像是醫生對醫技人員頤指氣使、忙到發瘋的辦公室員工把保全人員當空氣、商務艙乘客因為座位出差錯而把氣發洩在運輸安全管理局（TSA）的人員身上。」

「受害者們，團結起來！」的話術總是被川普掛在嘴邊，漸漸也加強了政治文化中的戰鬥意識，一時之間那種想要奪回既有文化的論述蔚為風潮。《典範電訊報》參與對抗三K黨時擔任市政版主編的茱莉・克萊瑟嗅到一股不尋常的氣息：川普持續以美國民眾受到種種威脅為演講的主軸，但心有所感的族群並非只是那些極右派了。茱莉表示：「川普會說：『大家都想奪走你們的槍，大家都想奪走你們的權利，大家都想要把你們打倒。』而這番話好像就講到那些溫和群眾的心坎裡了，他們心想：『對啊！我們正受到不公平的待遇。為什麼我們不能參與他們的密室協商？』」許多人本來有很多想法藏在心裡不敢講，但川普讓他們更敢於大鳴大放。「我們回想一下當年三K黨的集會。就算有人認同他們那些亂七八糟的想法，也不會去參加集會，因為怕被看見。但川普的造勢大會跟三K黨的集會有什麼兩樣？但現在大家掌握了自主權，覺得去參加川普的造勢活動『也沒什麼』，因為只是『展現本性』而已，而且這是他們『身為美國公民的權利』。令人感到失望的是，竟然有那麼多人因為川普的言論而雀躍不已，感到自己獲得賦權。有些人過去在鄰居眼裡政治立場可能只是中間稍微偏右，但實際上卻是不折不扣的極右派。」

到了總統大選的票數出爐後，川普在西維吉尼亞州大贏希拉蕊四十二個百分點，而只有另一個數字更讓人感到前景堪慮：有百分之四十三的西維吉尼亞州選民根本就沒有出門投票。

❖

川普幫美國步槍協會扛起對抗「政治菁英與億萬富翁」的大旗，導致這兩個族群都很難支持他。康乃狄克州費爾菲德郡的海岸地區向來是美國最富裕的區域之一，但是在二〇一六年這裡已經打敗德州石油業重鎮米德蘭市（Midland）和科技大城舊金山，成為最有錢的都會區。即便當地有許多大亨為了遷往賦稅更低的地方而離開康乃狄克州，根據最新的《富比世》雜誌（*Forbes*）的億萬富翁排行榜，其中還是有十五人住在這所謂的「大格林威治地區」。

不過就在川普的領先看來愈趨穩定之際，某些本來對他極盡嘲諷之能事的共和黨菁英也經過一番盤算而改變心意了。本來在《格林威治時報》上痛罵川普「粗魯、無禮」的莉歐拉·李維也對他改觀了。她捐了五萬美元給川普的競選團隊與共和黨，並對某位當地記者解釋自己為何會改變心意：「如今我已經全心全意支持川普了，因為我就是個根據數字做判斷的人，而他的數字好極了。」

億萬富翁湯瑪斯．彼得菲（Thomas Peterffy）是格林威治最大莊園的主人，他也有捐款但跟我說他其實不喜歡川普。彼得菲表示：「如果要在兩種不同意識形態之間做出選擇，那麼就算候選人的個性不討喜，也只能忍耐了。根據個人好惡而做選擇，我們往往會付出無法承擔的代價。」彼得菲是數位交易領域的開拓者，也因此致富。他跟我說，選川普就是支持「大幅放鬆政府管制」，而選希拉蕊就是支持「嚴格實施政府的管制措施」，理由在於，他認為：「提高政府管制的程度，基本上就是會讓美國走上邁向社會主義的道路。」

從純粹外地人的觀點看來，很容易搞錯格林威治這種政治文化背後有何更廣泛的意涵。其實跟美國東西兩岸大部分地區一樣，從普瑞斯考特．布希（老布希的父親）那個年代開始，「黃金海岸」*的文化與政治路線早已左傾。格林威治的大多數居民都是中間選民，儘管共和黨在人數上仍對民主黨占有優勢，但如果用註冊選民**來看的話，選票差距不到四千張。公立學校學生有百分之三十八都來自於少數族裔，而且以拉美裔居多；在某些小學，至少有一半學生符合免費用餐或減免餐費的資格。有許多家長都是在當地服務業工作，為了讓孩子進入該郡最好的公立學校而承擔高房租與高物價的壓力。支持民主黨的法蘭克．法瑞克（Frank Farricker）是當地一位熱心參與社會運動的房地產開發商，他對我說：「我常跟大家說，格林威治人投票時才不會管什麼紅色還藍色，他們只會看綠色***投票。」

不過，如果用這種角度去了解那些厭惡川普的自由派大都會地區居民，那就是忽略了美國政治文化的一個要素：支持共和黨的企業高層族群。這個族群的成員比較有錢、比較保守，也比他們的前輩更為積極介入政治，因此在各方面都更為有助於川普問鼎白宮大位。至於川普為什麼能夠吸引共和黨從上到下的全力支持，想要解答這個問題，不能只看他對下層的美國群眾承諾了些什麼，更要看他還能為美國的上層階級提供些什麼。

常有人把川普崛起的故事比擬為企業界的惡意併購手法。與其說是惡意併購，倒不如說是他與美國菁英階級之間的企業合併行為比較貼切，因為是菁英階級成員為了持續掌權而不得不接受川普主義。早在任何人都無法想像川普可能坐上總統大位以前，一整個世代的政界金主早就在不知情的狀況下幫他開闢出康莊大道了。他們以格林威治和其他類似地方為據點，開啟了一系列財經與政治計畫，還有慈善活動，藉此改變了美國人對於政府、賦稅的觀感，也開始對自由主義式

* 譯注：即費爾菲德郡南部（Lower Fairfield County）。

** 譯注：美國選民的投票資格並非依照戶籍，而是在選前去相關單位註冊才能投票。

*** 譯注：美鈔是綠色的。

國家的正當性存疑。無論是在商界或政界的表現，川普全身上下的每個細胞都活出了共和黨菁英階級所期待的模樣。他充分展現出不願受到束縛的意志，而且如果有人敢出手阻攔，他也願意開戰。政治正確在他眼中如無物，他對氣候變遷不屑一顧，也覺得自我犧牲的理念很可笑，甚至還出言嘲諷那些因為參戰而遭俘虜的美國軍人。* 最重要的當然還是因為川普代表某種為求自私自利而不惜犧牲他人的理念，而就是因為這點，某些較有修養的選民雖然也看不慣他的粗魯與諸多其他缺點，但卻願意忍痛投票。米契・麥康奈說他自己就是想贏，而那些共和黨菁英也不想輸，所以才支持川普。

儘管明眼人都看得出川普的政治路線其實有政治菁英在背後撐腰，曾任三K黨「大巫師」（Grand Wizard）的大衛・杜克（David Duke）還是呼籲他的電臺節目聽眾把川普當成「可以趁勢而起的好機會」，還說「他當然是我們該全力支持的對象」。波士頓市南區發生一起兄弟檔聯手攻擊西班牙裔男性無家者的案件，他們打斷他的鼻梁，朝他臉上撒尿。他們向警方表示：「川普說的沒錯——政府該把這些非法移民遣送出境。」川普持續大加撻伐移民族群，而且更加肆無忌憚，他甚至呼籲應該禁止穆斯林移民美國，而這種刻意針對某個宗教族群的禁令是美國史的首例。像川普這樣在全國性的政治舞臺上大剌剌地鼓吹如此偏執狹隘的觀念，在美國近幾十年來的政治史上可說是絕無僅有。

就在康乃狄克州共和黨選民準備好要在黨內初選投票之際，根據政治觀察家的普遍預測，立場溫和的前俄州州長約翰・凱西克（John Kasich）在格林威治到費爾菲德郡的大小城鎮與都市應該都是十拿九穩。沒想到卻是川普大獲全勝。

川普的支持者不乏擁有鄉村俱樂部會籍的共和黨人，跟各界對所謂川粉的刻板印象大不相同，後者唯恐自己的社會地位遭少數族裔超越，痛恨跋扈的菁英族群，並被困在平均壽命已經大不如前的居住地。但如果我們把這印象當成川普旋風的全貌，那就大錯特錯了。早在二〇一六年五月就有出口民調以及其他資料指出，川普支持者年薪的平均值是七萬二千美元，而希拉蕊支持者的年薪則是平均少了一萬一千美元。三分之二川普支持者的收入都比國民收入的中位數還要高，某些地方甚至遠高於中位數，例如格林威治就是如此。

金主李伊・漢利委託派崔克・凱德幫共和黨找出制勝之道，而漢利的結論是：如果要落實他的「華府風雲計畫」，那麼川普可說是最接近完美的人選。川普不是雷根那種秉持樂觀主義的人物，但他的知名度高又有錢，而且他是個洞悉人心的億萬富翁，知道怎樣在後金融海嘯時代操弄民眾的脆弱心靈。漢利與凱德對於這個結論深具信心，也因此讓羅伯特・默瑟決定投資川普，其他口袋極深的金主也持續跟進。查理・葛萊澤（Charlie Glazer）是格林威治的一位金融權貴，曾

＊ 譯注：例如，川普在競選總統時曾經嘲諷約翰・馬侃（John McCain）是因為遭俘虜才成為戰爭英雄，還說他比較喜歡沒有遭俘虜的軍人。

在小布希總統時代擔任過駐薩爾瓦多大使，而根據一位友人回憶，隨著總統大選投票日逼近，葛萊澤開始跟許多友人聊起選情，「合理化為什麼我們都應該投給川普」。

到了某個時間點，似乎再也沒有內幕消息足以傷害川普，儘管他嘲笑過戰爭英雄，甚至多年前曾向電視節目《前進好萊塢》（*Access Hollywood*）的主持人自誇摸過很多女性的下體，對話內容遭到外流。共和黨人一個個投入川普麾下。就連曾經堅定表示川普無法獲得女性選票的凱莉安妮・康威也成為他的競選幹部。在格林威治高中求學時當過長曲棍球隊長的霍普・希克斯（Hope Hicks）則是擔任他的發言人。曾在職業摔角產業擔任高層主管的格林威治居民琳達・麥克馬洪（Linda McMahon）則是呼聲極高的內閣人選。（後來她果真成為小型企業署〔Small Business Administration〕署長。）

一樣住在格林威治的愛德華・達達基斯（Edward Dadakis）是大企業保險業務的掮客，參與當地共和黨政務已有五十年之久，他對我說他仍有許多朋友「不願露面」。他接著表示：「就某方面來講我跟他們沒兩樣。我向來都會在公開場合積極表態要挺誰，但是到了二〇一六年的總統大選是我第一次在選舉期間沒有把支持人選貼在汽車保險桿上。」他很擔心路人會有何反應。他說：「我家裡還擺著兩頂印有『讓美國再度偉大』標語的帽子，連塑膠包裝都還沒拆。」

一如預期，希拉蕊在格林威治打敗川普，兩人獲得總選票的比例分別為百分之五十七對三十九，但這個結果背後藏了一個驚人的事實：川普的最大票源並非市中心的中產階級住宅區，而是選民最為富裕的第十選區與第十一選區。這兩個選區含括北邊鬱鬱蒼蒼的鄉野，位在那的圓丘俱樂部曾是普瑞斯考特・布希當家作主的地方，也坐落著超級富豪史蒂夫・科恩名下那被九英尺高牆包圍的豪奢莊園。曾因為內線交易認罪而被處以巨額罰款的科恩捐款一百萬美元，用於籌辦川普的就職大典。湯瑪斯・彼得菲則是捐了十五萬。查理・葛萊澤獲任命為政權交接小組成員。選票上幾位候選人獲得的政治獻金中，有高達一半是來自於一百五十八個美國家庭。長年為了對抗選舉財務問題而奔走的哈佛大學法學教授勞倫斯・雷席格表示：「這可不是美式民主。這是香蕉共和國式（banana republic）的民主。」*

李伊・漢利沒能活到親眼看見夢想成真。二〇一六年總統大選前四天，他病逝於格林威治。史蒂夫・班農很遺憾沒有更多人注意到漢利生前曾為這次大選悄悄做出重大貢獻。二〇一七年，班農曾對一群保守主義人士表示：「李伊・漢利就像是各種重大歷史事件，例如美國獨立戰爭、南北戰爭期間的無名英雄。他跟那些歷史人物一樣，雖然默默付出卻沒有獲得任何功勳。不過，要不是有他們的存在，我們就無法獲勝。他深愛著哈比人，對不幸的人群也深具同情心，而且他不會只是用嘴巴宣揚自己的理念，還會掏錢出來付諸行動。」

---

* 譯注：意思是政府已經淪為資本主義體系的傀儡。

白人選民的投票率因為川普旋風而激增，但大家都只把目光擺在這件事上面，卻忽略了非裔美國人族群方面的選情也有些預兆出現。這一次總統大選中，非裔選民的投票率在全國各地都下滑了，這不但是二十年來的第一次，而且比二〇一二年少了七個百分點。就在白人選民投票率提高之際，非裔選民投票率下滑最多的地方，偏偏就是那些戰況激烈的關鍵搖擺州，例如密西根與威斯康辛。據往年經驗看來，這些州的勝負都取決於不到百分之一的選票。

這個結果反映出自二〇一二年以來許多州的共和黨高層出手阻撓選民投票的策略奏效：他們修法提高各種規定的門檻，包括身分認證、縮短提早投票的時間，並且不讓選民於同一天註冊與投票，而且可以看出都是為了要打壓黑人選民的投票行為。至於川普陣營也承認他們利用社群媒體推送廣告，強調希拉蕊一九九六年那一番「超級暴力犯罪者」的言論，藉此降低黑人選民把票投給她的意願。某位資深選戰高手向彭博社表示：「我們正要針對三大族群下手，降低他們的投票意願。」而所謂三大族群就是思想上較具理想主義色彩的自由派白人選民、年輕女性，還有非裔美國人。

美國民眾後來也發現，因為黑人選票本來有可能發揮關鍵影響力，竟然也引來俄羅斯人士出手散布假訊息。總統大選日前一個月，有個實際上由俄羅斯控制，但名為「覺醒黑人」（Woke

Blacks）＊的ＩＧ帳號向追蹤者表示：「如果根本不去投票，我們當然會過得更好。」距離投票不到一週之際，俄羅斯人士購買ＩＧ廣告來推廣一個名為「黑人社運人士」（Blacktivist）的帳號，該帳號有一則貼文寫道：「選擇和平，那就票投〔綠黨提名的〕吉兒・史坦（Jill Stein）。相信我，你的一票絕對不會浪費掉。」

不過，即便沒有受到對手的操弄策略影響，希拉蕊也無法點燃選民的熱情。有百分之八十八的黑人選票都是投給她，跟約翰・凱瑞於二〇〇四年獲得黑人選票的比例相當，但因為川普讓大量原本不關心選舉的白人選民出門投票，此等得票率表現顯然不夠。這個結果可說是關鍵中的關鍵。根據華府智庫「美國進步中心」的研究顯示，假使希拉蕊的黑人得票率能與二〇一二年大選時的歐巴馬相當，她就能拿下賓夕法尼亞、威斯康辛、密西根、佛羅里達與北卡羅來納各州，那麼選舉人票的結果就大不相同了。即便在幾十年來的共和黨候選人中，川普創下黑人得票率的新低，但他還是在賓州對支持群眾表示：「他們沒有出門投票給希拉蕊。他們沒有出來投票。這真是非常關鍵——所以，我要在此感謝非裔美國人族群！」群眾爆出如雷掌聲。

大選幾天前，芝加哥格林伍德山地區發生的事件非常適合被當成二〇一六年競選活動的最後一幕戲，只因這次選舉期間不但拉寬・麥克唐納之死成為社會關注焦點，而川普也常把戰鬥意識

＊ 譯注：在非裔美國人的政治語彙中，woke的意思是對種族偏見與歧視保持警覺。

的言論掛在嘴邊。三十年前莫里斯・克拉克曾搭乘巴士去格林伍德山上學，卻遭抗議者包圍；如今，這個有「芝加哥的小岩城」之稱的區域再度成為激烈種族衝突的發生地點。

投票日幾天前，一列大多由非裔美國人開車參與的葬禮車隊在格林伍德山的街頭蜿蜒前行。某些當地人嫌車隊嘈雜擾人，不太高興。這個地區的居民仍有百分之八十六點五為白人，而且他們在想法上非常保守。場面陷入一片混亂，最後終於失控，而事後透過影片顯示，葬禮車隊中二十五歲的黑人成員約書亞・畢爾（Joshua Beal）揮舞著槍枝。警方人員與畢爾對峙，後來將其槍殺身亡。（警方於調查後證明兩位員警並無違法之虞。過去經常批評警方執法過當的《芝加哥太陽時報》這次透過社論表示，畢爾算是為自己「愚蠢至極」的行為付出沉痛代價，這件事有一部分要歸咎於他掏槍出來揮舞。不過，社論也有提到這樁釀成一死的混亂事件可說是由「芝加哥長年以來的種族歧視」誘發。）

畢爾遭槍殺三天後，幾十位代表「黑人的命也是命」運動的社運人士在投票日晚上前往格林伍德山抗議。在許多人眼中，這次抗議只是拉寬・麥克唐納遭槍殺影片在二〇一五年年底曝光以來無數次活動的延續。不過，這天晚上抗議人士遇到大批格林伍德山的居民站出來與他們對峙，現場的氣氛立刻就變得非常火爆。有個白人居民大喊：「不要打擊警方士氣！」某位抗議人士不甘示弱，高聲大罵：「警察都是王八蛋！」抗議人士跪下來高唱美國國歌，包圍他們的居民則是不斷發出噓聲。雙方都展現出自己才能代表美國精神的姿態：抗議群眾帶來一面美國國旗，四周居民也是，他們高聲呼喊「USA！USA！」，試圖用聲音淹沒對方的國歌歌聲。

這天日落時萬里無雲，天氣溫暖，但格林伍德山地區發生的對峙事件正好展現出美國社會內部已經出現裂痕。抗議人士之所以在大選之夜前往那裡，是因為他們估計希拉蕊勝券在握，想要藉此次行動給那些所謂「白人惡棍暴徒」一點顏色瞧瞧。但他們跟許多美國人一樣，當晚選舉結果出爐後都跌破眼鏡。最後票數確定後，「芝加哥的小岩城」再度因為新的事蹟而引人側目：在芝加哥全市的幾十個地區裡面，只有格林伍德山是川普獲得較多票數的。

❖

當川普成為共和黨的領頭羊以後，原本只侷限於極右派狂熱人士的道德觀取得主流地位，從社群媒體到美國政壇都因為川普旋風而陷入一片狂暴與狂想。他的一言一行都把美國帶往其他西方各個民主國家，包括英國、法國、西班牙、希臘、北歐各國自二〇〇八年經濟危機以降就經歷過的一股潮流：中間派政治人物坐困愁城，而排外主義掛帥、強調民族主義的各個政黨則是趁勢而起。儘管此一政治現實非常殘酷，但原本中間偏左或中間偏右的主流政黨都陸續在這些國家遭選民摒棄，理性的承諾已經失效，因為社會大眾已經受夠了不平等的社會結構與資源稀缺的經濟困境：他們以為自己選擇了能改變現狀的解決之道，即便這可能只是幻影。加州大學聖地牙哥分校的政治學教授薩謬爾・帕普金（Samuel Popkin）對我說：「當人民感到挫折不已，惱怒之下他們只想要快刀斬亂麻。」

其實這種史家理查・霍夫士達特（Richard Hofstadter）所謂「偏激風格」（the paranoid style）的粗暴部落主義在美國政治文化中由來已久，只是川普成功複製了此一政治細胞，而且在二〇一六年總統大選期間，他讓細胞失控般不斷蔓生與變種。政治學家向來認為民主體制的本質就是「輸家必須服輸」。但綜觀美國歷史，從大移民時代來臨、種族歧視時代終結，再到白人感覺到自己可能淪為少數，每逢民眾遇到自己的社會地位與影響力下降，要他們服輸其實並不容易。每當這樣的時刻來臨，政治文化就會臣服於絕對主義，也就是「絕對的善與絕對的惡必須爭個你死我活」，而對此霍夫士達特則是寫道：「這時政治人物所需要的特質就不是能夠妥協的意願，而是鬥爭到最後的堅韌意志。只有其中一方徹底獲勝，鬥爭才能劃下休止符。」

川普根本是為這種你死我活的鬥爭而生。當選總統的三十年前他曾於《交易的藝術》（*The Art of the Deal*）一書中寫道：「我會為了獲勝而幾乎不擇手段，但前提當然是不能犯法。」可能大家已經淡忘這件事，但共和黨初選期間，與林賽・葛拉漢（Lindsey Graham）參議員戰到水火不容之際，川普曾公開葛拉漢的手機號碼。葛拉漢試圖反將一軍，於是公開把手機砸爛。我始終忘不了川普這種為求出線而不擇手段的行徑。川普會有這麼惡質且惹人側目的動作，其實是因為他知道自己只要出一張嘴就能打敗任何敵人，而且他用了最野蠻的武器：美國群眾。

【第十五章】
徹底自力更生

曼哈頓計畫（Manhattan Project）的成員於一九四五年創立《原子科學家公報》（*Bulletin of the Atomic Scientists*）雜誌；兩年後，他們設置了末日時鐘（Doomsday Clock），此後每年都由該雜誌社邀集一群諾貝爾獎得主與其他科學天才來討論要把時間設在幾點，用這種象徵性的方式來表達人類距離毀滅自身文明有多遠。二〇一七年一月，川普就職後不到一週，他們在宣布要將末日時鐘往前調整二分三十秒，這是繼美國於一九五二年進行氫彈試爆後最接近末日的一次。幾位主其事者們解釋道：「本《公報》未曾因為某個人的言論而調整時鐘。但因為這次發言的人是美國總統，他講的話當然很重要。」

即便在川普還沒入主白宮以前，光是他當上候選人這件事就讓許多人意識到情況不妙，或許就要大難臨頭了。比較有辦法的美國人就這樣紛紛出手，想要設法保護自己。例如，據悉身價高達六億美元的Reddit網站共同創辦人兼執行長史蒂夫・霍夫曼（Steve Huffman），就提前在二〇一五年十一月做好了雷射手術，一勞永逸地擺脫近視眼的毛病。他平常不太跟人聊起自己為何要動近視眼手術：不是為了方便，也不是為了看起來帥一點，而是希望能夠提高自己在遇到末日浩劫後的生存機率，無論那是自然或者人為的災難。他跟我說：「如果世界末日來了，甚或不是世界末日，只是我們遇上麻煩，戴隱形眼鏡或一般眼鏡真的是太麻煩了。萬一不小心把眼鏡搞丟，那我就完蛋了。」

住在舊金山的霍夫曼說他比較不擔心任何具體的威脅，像是疫情大暴發、髒彈*爆炸或發生政變之類的，但他倒是會憂慮各種可能的災後慘劇，如他所說：像是「政府與社會結構暫時崩垮」。那就是各種生存主義部落格所謂「無法無天的狀態」（without rule of law，簡稱WROL）。他參與了在內華達州沙漠舉行的一年一度「火人祭」（Burning Man，參與者皆以奇裝異服的造型現身），身體力行該活動最核心的原則之一，也就是「徹徹底底自力更生」，不過對他來講這八個字的意思是「樂意幫助別人，但不求他人幫助自己。」（在生存主義者（或者說「有所準備者」）的圈子裡，他們戲稱聯邦緊急事務管理署的縮寫FEMA應該是指「愚蠢地期待有意義的協助」〔Foolishly Expecting Meaningful Aid〕。）除了動過近視手術之外，霍夫曼說：「我有兩臺機車。我還囤積了一堆槍枝與彈藥，還有食物。我猜，有了那些東西我至少可以躲在自己家裡一段時間。」

他已經開始認為當代人的生活是構築在一個很脆弱的共識上。他說：「我認為，我們在某種程度上都一致相信我們的國家能順利運作，政權能和平轉移，貨幣也能維持價值。我們相信自己所珍惜的這一切都能維持正常，只因為我們寧願相信如此。沒錯，我的確是相信上述一切都非常具有彈性，遇到狀況能很快恢復，而且什麼大風大浪我們沒見過呢？不過，未來當然還是有很多事情是我們沒有經歷過的。」

美國民主實驗的歷史非常悠久，而且一路走來顛顛簸簸，但並不是到現在才有人覺得民主制可能要走到盡頭了。根據英國小說家D．H．勞倫斯（D. H. Lawrence）在一九二三年提出的評斷，美國短暫的歷史中出現了可怕的負擔，他寫道：「完了！似乎有東西在美國這座黑暗樹林深處低語著。」**長期以來，人們想要躲避災難的強烈意念總是起起落落、時高時低，但是自一九七〇年代發生石油危機以來，保守主義陣營對於這方面的心理需求可說持續增強，尤其是在雷根總統執政期間刻意將拓荒者的自力更生精神奉為圭臬以後。雷根常拿出來開玩笑的一句話充分展現出這種思想：「英語中最嚇人的幾個字莫過於：『我是政府人員，我是來幫大家的。』」

九一一事件過後，生存主義再度死灰復燃，就連美國最有錢的族群也悄悄開始奉行這種精

---

* 譯注：簡易式核武裝置。

** 譯注：勞倫斯這句話是用來評論梅爾維爾（Herman Melville）寫的《白鯨記》（*Moby-Dick*），他認為這本小說似乎暗喻著白人社會的滅亡。

神，因為那些人原本習慣於掌控自己的人生，但他們因為九一一恐攻而被自己未能預見的弱點給嚇壞了。曾任索羅斯基金管理公司（Soros Fund Management）總經理，就住在格林威治的羅伯特．強森（Robert A. Johnson）常聽見鄰居爭辯著該如何自保，才能在其他攻擊事件發生時幸免於難，他告訴我：「我愈來愈常聽見有人說：『我們得要買私人飛機才行。而且還要好好照顧飛機駕駛的家人，讓他們也能夠待在飛機上。』」

九一一事件發生後，那些口袋很深的生存主義者紛紛加入各種臉書私密社團與聚會，藉此培養出戰鬥意識，並且把這種精神轉化成對自己最有利的生存策略。他們會彼此分享加密貨幣的使用祕訣，還有如何取得外國護照，以及有哪些安全地點可以避開氣候變遷帶來的災難。有個擔任某家投資公司老闆的生存主義者對我說：「我有一架隨時都加滿油的直升機，而且我蓋了一座配備著空氣濾淨系統的地下碉堡。」他說他的種種準備工作也許是在他那個生存主義者圈子中，「最極端的」。不過他還說：「我有很多朋友會囤積槍枝與金幣，買摩托車。這些求生策略已經不是什麼新鮮事了。」

在金融業與科技業的圈子裡這類討論特別熱絡，因為他們最在行的莫過於探查社會與經濟的新興趨勢，並且把這些趨勢變成商機。光是從Reddit用戶的留言，霍夫曼就發現了金融危機將會帶來大災難的預兆：「許多人開始不經意提起抵押貸款的問題。他們也擔心學貸。現在的問題讓他們感到非常憂慮。類似留言實在到處都是。有人說：『這（次級房貸）也太好了吧，怎麼可能是真的？這感覺起來苗頭不對。』」他知道社群媒體能夠放大社會大眾的恐懼與猜疑。「當大家聚在一起時，比較容易感到恐慌。」不過這也讓他們對於即將發生的風險比較有警覺性。霍夫曼說：「其中當然也有可能出現一些誤判的情況，不過我想 Reddit 一般而言還是用來判讀社會氛圍的有用指標。在社會大眾出現信心崩潰的情況之前，我們會先在社群媒體上看到社會的基礎出現裂痕。」

到底有多少美國的富翁已經開始為了在浩劫後倖存而採取行動了？這實在是很難精確掌握，因為很多人不喜歡討論這件事。（有位避險基金經理人在拒絕受訪時對我說：「保持匿名是重要無比的。」）LinkedIn 共同創辦人兼知名投資家瑞德．霍夫曼（Reid Hoffman）說這是「為了末日浩劫買保險」。他對我說：「如果有人說，『我在紐西蘭買了一間房子』，那就像是某種暗語，意思是別再說了。不過，一旦你讓他們知道你也是圈內人，他們就會說個不停了，例如：『喔，你知道嗎？我認識一個販售洲際彈道飛彈（ICBM）發射井的掮客，而且那種發射井不但能夠抗輻射，住在裡面感覺也挺有趣的。』」

那麼，到底有多少比例的矽谷億萬富豪已經「為末日浩劫買了某種程度的保險」，在美國或國外已經安排好了安全的藏身之處？我請霍夫曼估算一下。他說：「我猜大概有超過一半吧，但如果你問我，有多少人為了度假而買了另一間房子，我大概也是會說有超過一半吧。人類的動機是很複雜的，但我想那些人把事情安排好之後，就可以對自己說：『這件事讓我害怕，但我已經買好了保護毯了。』」大家害怕的東西各自不同，但很多搞ＡＩ的人都很擔心，因為他們搶走了太多人的工作機會，美國第二有錢的地區矽谷可能會遭到反噬。（第一有錢的地方是康乃狄克州的黃金海岸。）霍夫曼說：「美國是不是會開始把有錢人當成敵人？美國是不是會開始對科技創新展現出敵意？再這樣下去是否會天下大亂？我已經聽到許多人都對這些問題表達憂慮了。」

光是在選舉期間，川普就已經讓不分黨派的菁英階層人士感到前所未有的焦慮了。羅伯特·達格（Robert H. Dugger）曾任格林威治避險基金都鐸投資公司（Tudor Investment Corporation）的合夥人，他跟我說，即便有些金融家是挺川普的，希望他當上總統後能夠減稅、鬆綁管制，但也為了他的競選手法感到很不安，深恐社會大眾對既存體制的敬意會蕩然無存。達格說：「連媒體都受到攻擊了。他們很擔心，難道接下來會輪到司法體系遭殃？」他接著說：「難道在『假新聞』之後我還得要面對『假證據』？對於我們這些必須要讓合約得以執行才能討生活的人來講，沒有司法就完了。」

生存主義的思想的確正在崛起，一個另類的跡象是：開始有人唱反調了。曾經創辦電子支付公司PayPal與頂尖新創公司Affirm的麥克斯·列夫欽（Max Levchin）告訴我：「矽谷讓我不喜歡的地方還真沒幾個，但這就是其中之一。幹麼把我們當成加快進步時程的優越巨子，而且就算我們失敗了，大家也該原諒我們？」

從這個觀點看來，菁英階層開始信奉生存主義的思想並非為了防患未然，而是要遠離社會。

美國的慈善捐款金額仍然在國內生產毛額中占相當比例，而且仍是金額第二高國家（英國）的三倍，但這也表示美國某些事業最成功與最有權勢的人相較於以往其實沒那麼想投資了。這些人覺得美國這個強權走到敗象已露的地步，過去曾令他們受益良多的體制與規範也開始失序，所以他們就耽溺於失敗主義的想像中，覺得自己的國家已經不行了——不過，他們還是會找到讓自己持續贏下去的方式。

列夫欽認為，從道德的角度看來，為了末日浩劫後的倖存預做準備實在是大錯特錯。他寧願不要把這件事當成「派對上的閒談」來討論。他說：「我常問身邊的人：『你們真的害怕成為被革命的對象？好，那我倒要問問，你們有捐錢給當地的無家者收容所嗎？捐了多少？』在我看來，如果要好好面對貧富差距太大的問題，這才是最有用的方式。其他想法都只是杞人憂天，並非真的問題。」列夫欽認為，現在是菁英階層必須要為解決問題進行投資的時候了，而非逃避問題。他說：「相對來講，現在我們的經濟體系的確算是滿健康的。如果經濟真的崩壞了，到時候就會有很多人狀況變得很不好，那還有什麼指望呢？」

❖

在華府，政壇也因為川普入主白宮而發展出有華府特色的「徹徹底底自力更生」模式。川普的競選總幹事班農表示這是「解構國家的行政機器」，也就是把各種體制、管制規範與稅制都廢除。在他看來，唯有如此才能讓美國擺脫束縛，不再因為虛幻的「公眾利益」承諾而遭蒙騙。這個目標在美國史上可說是源遠流長，從高華德、艾茵·蘭德、雷根、林堡、桑特利、寇氏兄弟到漢利夫婦，都是倡議者。川普的新政府不是把聯邦政府體制當成能夠實現願景的政治機器，而是遭打敗的敵人。如今這個聯邦帝國淪為戰敗國，只能任由川普帶著他的人馬進駐占領。

新政府啟動了全面的自廢武功程序，讓聯邦體制無法發揮往常的功效。南西·麥克艾爾道尼（Nancy McEldowney）曾在國務院外交人員服務局（Foreign Service）任職三十年，川普上任不久後就退休了。她對我表示，這種情況她在派駐國外時可說是見多了。她說：「如果仔細分析惡意接管與占領的行為，我們會發現有些要素是必要的。把領導階層成員砍頭、將權力核心分拆開來，然後營造出恐懼與猜疑的氛圍。他們做的事情就是這樣。」

自經濟大蕭條時代以來，為了促進政府在國民健康福祉、科學、環保、金融管制等各個面向的施政成效，政府持續擴編公務人力。根據政治史教授蘭登·史托爾斯（Landon R. Y. Storrs）所言，「小政府」理念的倡議人士向來嘲弄公務體系是讓常春藤名校畢業生「混吃等死」的地方，「是充滿短髮女人和長髮男人的官僚體系，而他們一心一意想做的無非是改變美國家庭的傳統型態。」暢銷書《華府機密》（*Washington Confidential*，一九五一年出版）是由保守派媒體大亨威廉·赫斯特（William Randolph Hearst）麾下兩位記者所撰寫，他們把聯邦政府體系描繪為「充滿庸才的地方，幾乎是匿名的」，而所在地華府則是個遍布「經濟寄生蟲」的城市。現代保守主義運動的最高理想莫過於把保守派人士認為已經過度膨脹、只會礙事的公務體系砍掉，至於社會與政治問題大可以委託給私部門來進行管理。

尼克森總統的幕僚們撰寫出一本八十頁的手冊，意在除去他們認為「令人生厭」的資深公務人員，而且手冊中提出某種評分準則，從政治的角度來衡量公務員是否「可靠」，各種評分包括L（Let's watch this fellow，意思是列入觀察名單），還有O（Out，意思是直接開除）等等。為了把那些麻煩人物邊緣化，手冊建議實施某種「新活動策略」，具體做法是創造出「看來有意義，但實則無意義的新活動，把他們都派去做活動。」幕僚們寫道，透過這類活動可以把「那些到處可見的大量爛蘋果全都塞進一個桶子裡」。後來在水門案（Watergate）暴發後的一系列聽證會上，這份報告曝光了，也促使國會通過新法，無論是基於「黨派、種族、膚色、宗教、祖國、性別、婚姻狀態、年紀，或者身心障礙」等各種理由，都嚴禁歧視聯邦政府員工。

不過，歷任總統都還是有很大的餘裕可以用來將公務人力大洗牌，而且也不會有顯然違法之虞。事實證明，這樣的空間對於以「解構國家的行政機器」為目標的川普政府是不可或缺的。川普非常明目張膽，一點也不怕外界知道他看重的不是專業性而是忠誠度。二〇一六年競選期間某次造勢大會上他就嘲弄過「獨立專業」的概念。「喔，我們需要一位**專家**欸！」他一說出這句話，群眾就竊笑了起來。他接著表示：「有人說：『唐諾・川普需要一位外交政策顧問。』他們以為我**之前**都沒有嗎？」

上任後，川普刻意挑戰某些向來以獨立性著稱的政府機關，他甚至表示嘲笑聯邦調查局已經「信譽破產」（reputation is in tatters），司法部則是「美國之恥」（embarrassment to our country）。他與國務院之間的關係特別差。二〇一七年一月，他發出一道行政命令禁止七個穆斯林國家的民眾入境美國，導致一千多位美國外交官聯手發出異議電文來批評此措施。白宮發言人西恩．史派瑟（Sean Spicer）對此的回應是：既然他們是公務員，「那就該全力配合，否則大可以走人。」

沒有總統不期待手下忠心耿耿。（詹森總統甚至曾說，他對幕僚的期待是希望他們能做到「光天化日之下在梅西百貨的櫥窗裡親我的屁股，還要說我的屁股很香」。他還說：「我要他們都把鳥放在我的口袋裡。」*）川普喜歡他的顧問們能在公開場合對他展現出絕對的忠誠度。召開第一次內閣會議時，農業部長桑尼．珀杜（Sonny Perdue）在眾家媒體的鏡頭前露出燦爛微笑，對著川普與其他內閣閣員說：「我剛剛從密西西比州回來。州民都很愛你啊！」凱莉安妮．康威是川普總統最卑微的手下之一，後來她屢屢以尊崇的口吻提起所謂「十月八日聯盟」（October 8th coalition），也就是那些對川普不離不棄的堅定支持者，即便聽到川普自誇曾撫摸許多女性下體的錄音帶之後仍願意支持他。

川普拒絕考慮民主黨的人才，甚至也排斥那些曾發出聯署信、拒絕他擔任總統候選人的共和黨人士，所以只能找各類新手來白宮充數。新政府把席德．鮑迪奇（Sid Bowdidge）聘為能源部部長助理，但他近年的工作之一就只是在新罕布夏州小鎮西布魯克（Seabrook）當過修車廠Meineke Car Care的分店經理而已。（後來鮑迪奇不得不去職，因為外界發現他曾發文辱罵穆斯林是「蛆蟲」。）馬修．彼得森（Matthew Spencer Petersen）獲提名擔任聯邦法院法官時也曾引來網友一陣譁然，因為他竟然被共和黨籍路易斯安那州參議員約翰．甘迺迪（John Kennedy）問倒，無法好好回答一連串連法學院學生都該懂的基本問題，這也顯示他未曾向法院提出過動議、未曾出庭為人辯護，甚至沒有自己取證過。

時間一久，白宮內部形成一種對川普唯唯諾諾的文化，只有聽話的人受到重用，反對者若非一開始就拒絕加入川普的團隊，就是待不了多久。各位總統顧問只能盡量保持緘默，唯恐說錯話。白宮國家貿易委員會（National Trade Council）主任彼得．納瓦羅（Peter Navarro）在受訪時竟然說：「實際上，身為一位經濟學家，我的職責無非是從分析的角度來驗證他的直覺。而他在經貿事務方面的直覺往往都是正確的。」就職才剛滿一年沒多久，川普已經用到了第六位聯絡室主任、第三位國家安全顧問，而川普跟這第三位顧問約翰．波頓（John Bolton）根本就不太熟，所以有時候會稱他為「麥克．波頓」。**

---

* 譯注：pecker如果直譯的話是指鳥嘴，但也有男性性器的意思。

** 譯注：有個曾經非常紅的美國歌手名叫麥克．波頓（Michael Bolton），或許這是川普會口誤的原因。

❖

白宮任由數百個關鍵職務懸缺，刻意不派人上任。競選時川普就曾承諾過要把工作「大砍特砍，砍到大家暈頭轉向。」除此之外，也有大量政府雇員不想為川普效命，選擇辭職走人。川普就任的前九個月裡，有超過七萬九千位全職聯邦政府員工辭職或退休，這比歐巴馬總統同一時期內的數字高百分之四十二。「公共服務夥伴關係」（Partnership for Public Service）是個致力於促進政府施政效率的無黨派非營利組織，其會長兼執行長麥克斯．史提爾（Max Stier）表示：「我們從來沒看過這種大量懸缺，沒有補人的情況。連比較接近一點的情況都沒有。」

攻擊自己的政府將近兩年以後，為了讓聯邦政府跛腳，川普使出更狠的招數：除非他能從聯邦政府的經費裡面弄到五十七億美元，用於興建美墨邊境之間的高牆，否則他就要強迫政府關閉。聖誕節前三天，全美國一百萬聯邦政府員工有超過四分之三因而暫時丟了飯碗，或是被迫繼續工作但沒有薪水可拿。其中有些人沒辦法支付租金與購買雜貨食物，因此不得不到食物銀行排隊領取救濟品。身價高達二十九億的商業部部長威爾伯．羅斯很納悶地說：「真奇怪，難道他們真的不能貸款應急嗎？」川普總統的媳婦拉拉．川普（Lara Trump）說：「這讓人有點心疼。」二○一九年聯邦調查局派出幹員逮捕長年與川普有合作關係的羅傑．史東時（家住格林威治的史東過去曾是雷根的大選操盤手），他們就是處於無法領薪水的狀態。

最後，因為航管人員實在人力不足，導致飛機都停在紐約機場，無法起飛，川普不得不讓政府重新開張。這次政府關閉事件歷經三十五天，時間之長是史上之最，除了讓他最後空手而歸之外，也讓美國蒙受至少十一億的經濟損失。到了二〇一九年二月，他還是設法弄到興建高牆的錢，方法是宣布國家進入緊急狀態，用軍事經費來支付。

川普當總統的方式就好像是在敵國的地盤上執政。華府只有百分之四居民投票給他，而為了避免令他出糗的抗議活動，他身為一國之尊竟然堅持只去幾個絕對不會出狀況的地方：除了他家、他的飯店、他的高爾夫球場、海湖莊園（Mar-a-Lago，搭他專機空軍一號過去）之外*，還有偶爾在某些場合與鐵粉級支持者見面，他幾乎不去其他地方。他從來沒去甘迺迪中心（Kennedy Center）看過任何一場表演，也不曾在並非他擁有的餐廳吃飯。

川普政權愈是像這樣躲在自己所編造的神話後面，就愈會讓我聯想到我曾親眼目睹的一次政權轉移事件。二〇〇三年四月，我以記者的身分前往駐地巴格達，隨後兩年內斷斷續續都在報導伊拉克的政治與軍事情勢。當時美國所派過去的占領團隊都是在所謂的綠區（Green Zone）下指導棋，那個地方可說是戒備森嚴，不過美國人住起來還是格外舒適，除了少不了游泳池，還有黑市購得的蘇格蘭威士忌可以喝。綠區是聯盟臨時行政當局（Coalition Provisional Authority）的正式

* 譯注：海湖莊園是已有百年歷史的佛州莊園，一九八五年由川普購得後成為他的私人俱樂部。

駐地，可說是小布希麾下白宮政府在當地的分身，當局的高層都是由美國政府任命，員工皆為公務員，由一眾打著領結、頭戴紙帽的服務生伺候著。過沒多久，「綠區」這兩個字獲得了更深的涵義，變成失能政府的代名詞，因為當局既沒辦法阻止伊拉克人打家劫舍，也無法幫當地恢復電力，甚至還做了將伊拉克部隊解編的錯誤決定，並且無視當地人對於占領勢力反抗愈來愈激烈。面對百廢待興的局面，小布希政權愈來愈倚賴當地的親美派來做事。綠區當局甚至把重建股市的工作交給一位二十四歲的美國年輕人。伊拉克國家預算的控制權落入一群大學剛畢業的傢伙手裡，而這些人能握有此一權力，只是因為他們投履歷跟保守派智庫「傳統基金會」應徵了工作。在綠區裡面，空話永遠比真相中聽，只要講一句「任務完成！」就萬事大吉；假象更是取代了事實，因為沒人在乎真相。明眼人都深諳綠區政府辦事無能，只會自欺欺人，因此幫它取了「翡翠之城」（Emerald City）這個充滿反諷意味的綽號。

川普的白宮也成為他的「翡翠之城」。他自絕於外界，把對他有疑慮的民眾拒於千里之外。雖說他的團隊因為編織出來的神話還能自嗨起來，但風險在於他們時時要面對殘酷事實。

❖

在華府與聯邦政府交戰期間，川普最忠誠的副官莫過於萊恩·津克（Ryan Zinke），且津克也以自己的角色為榮。身高逼近一百九十公分的津克長得肩膀寬闊，下巴有一道裂紋*，他們家移民到蒙大拿州到他為止已經是第五代。奧勒岡大學美式足球隊招募他擔任線衛（linebacker），畢業後他在海軍海豹部隊待了二十三年。他在二〇〇八年進入政壇，進入蒙大拿州的州參議院。當了一任蒙大拿州眾議員之後，他獲得川普任命為內政部長，而且上班第一天堪稱「走馬上任」——頭戴傳統牛仔帽，身穿牛仔褲，騎著馬在華府的C街（C Street）上招搖過市。此後，津克會獲得注目大多是因為他全力配合推動川普的能源政策。他批准各家公司在美國外海進行汽油、天然氣的鑽探，內政部原本不准在公有土地上開採煤礦的禁令也遭他推翻。他還建議把猶他州的國家保護區範圍縮減八十萬公頃，縮減面積是美國史上之最。

在內政部部內，津克對於專業、忠誠度以及異見的看法與處理方式也以川普為馬首是瞻。擔任部長初期，津克聽取科學家喬爾·克萊門特（Joel Clement）的簡報，而克萊門特是該部政策分析處（Office of Policy Analysis）的處長。克萊門特注意到部長辦公室裡有些新的裝飾品，包括一隻用後腳站著的灰熊標本，還有他收藏的幾把刀。津克並無地質學家的專業經驗，但自詡為「地質學家」，因為他大學是地質學系畢業的。克萊門特告訴我：「他走過來，坐下後對我說：『好吧，我們今天要幹麼呢？』」為了引起津克的注意，政策分析處的員工們把簡報內容限縮在與津

* 譯注：就是類似超人（Superman）的那種下巴特徵。

克個人經驗相關的範圍內。克萊門特表示：「簡報時我提到外來物種入侵的問題。這是一個看似我們能夠成功引起他關注的議題，因為蒙大拿州剛剛發現有外來的貽貝，可能會對當地農業經濟造成很大的負面影響。」但這樣的簡報策略也失敗了。「他壓根就不懂我們在說什麼。他開始討論其他物種，像是渡鴉與土狼。他欠缺背景知識，於是拿一堆廢話來填補那些他不懂的地方。像他那樣無知的人竟能保持高度自信心，實在令人感到驚訝。」

兩個月後，津克調走了內政部最資深的幾十名公務員，完全不過問他們是否有意願。像這樣為了孤立公務員而派他們去做一些莫名其妙的工作，在華府已經司空見慣，而且向來被稱為「把人派往火雞牧場」。（某位亞裔專家解釋道，這種被派往火雞牧場的經驗，與日本的職場文化傳統很像，就是把公司不想要留下的員工貶職到一間所謂的「流放室」*，但不開除他們，而是希望他們能因為感到無聊或受辱而主動請辭。）克萊門特向來是整個政策分析處關於氣候變遷議題的門面人物，於是也被刻意針對，慘遭派往會計室處理民間因為開採石油、天然氣與煤礦而必須支付政府的權利金。他的新工作崗位沒有任何具體職務可言，還是個並未出現在任何組織表上面的閒散單位。於是他就辭職了。克萊門特對我說：「當時我真的覺得自己別無選擇。如果不能保留持續發聲的機會，我寧願丟掉飯碗。」

津克跟他的大老闆川普一樣，總是直陳自己不信任屬下。二〇一七年年末他參加了某個顧問委員會的會議，成員大多是石油與天然氣公司的高層，津克對他們說：「我手下有百分之三十的員工並未效忠國旗。」對他來講，執掌內政部跟奪船後掌舵沒兩樣，兩種情況一樣都要對付很多想要反抗他的員工。十五位先前由總統任命的內政部官員對他提出抗議，他們有的來自共和黨政府的背景，也有出身民主黨政府的，一致都籲請他能夠讓公務員「安心工作，不用擔心因為政治理由而遭報復。」某些內政部員工私底下發起小小的叛亂活動，自行在T恤上面印了「百分之三十的叛徒」的標語，甚至就以「叛徒」自稱。

二〇一八年，津克終究還是離開了川普的內閣，因為他的種種爭議行徑引來十幾樁調查案，其中一起與他帶頭的基金會有關，是有關於土地交易的爭議。但川普政權對於化石燃料的投入程度仍是有增無減。能源部幾位由川普任命的官員言談之間不無把天然氣神化的意味，甚至稱之為「自由氣」（freedom gas）。能源部所聘的特別顧問叫做道格拉斯・麥席尼（Douglas Matheney），先前他任職的單位包括美國國家礦業協會（National Mining Association）與寇氏兄弟的政治組織。麥席尼上任後很快就前往西維吉尼亞州參加一場大型煤礦產業會議，對與會群眾表示：「我去華府當官只有一個目的，那就是幫美國創造煤礦業的工作機會。這就是我去那裡的唯一目標。我不是個研究人員，也不是個科學家。我是為煤炭產業發聲的倡議人士。」他微笑了一下，把雷根的那句名言當成哏來開玩笑：「好消息是，我是聯邦政府的人，我是來幫大家的。」

* 譯注：在日文中一般稱之為「追い出し部屋」，其英語翻譯則為banishment room。

川普政權不只是將聯邦政府開腸剖肚，在風風火火使用公權力之際更是師心自用，竭力推動各種訴求。西維吉尼亞在歐巴馬時期原本就蓬勃發展的天然氣產業在川普上臺後更是加速前進。各家公司都需要大量人力來進行營造、鑽井、倉管、鋪設管線等油田人力。在川普執政的前三年期間，西維吉尼亞州的人均勞動力成長率居全國各州之最。坐落在克拉克斯堡邊緣的旅館停車場裡停滿了外來勞工的車輛。對於這番榮景，把票投給川普但對他不免仍有點疑慮的煤礦工人大衛・伊佛覺得非常厲害。他跟我說：「我得要承認，老實講，我本來沒想到川普能有這樣的成績，這比我原先想像的厲害太多了。」至少從一九五〇年以降，也就是自有紀錄以來，西維吉尼亞州的勞動參與率始終都在全美吊車尾，但是在二〇二〇年已經超越密西西比，甚至也已經能看到其他幾個州的車尾燈了。歷經多年的挫折後，沒有大學學歷的州民也能找到工作，而且時薪上看三十美元。近年來，西維吉尼亞州在失業率方面也已經降至幾十年來的低點。

但隨著天然氣的蓬勃發展，潛藏於西維吉尼亞州政治文化的一些弱點也逐漸浮現，尤其是大企業菁英階層變得更是大權在握，與一般人之間的權力落差愈來愈大。自由工業惹禍導致停水危機發生後*，我曾跟隨著環保顧問伊文・韓森四處採訪，後來到了二〇一八年他拿下州眾議院席次。因為韓森住在北邊小城摩根敦，州議會大樓則是位於南邊的查爾斯頓，他就這樣開始了南來北往的日子。多年來他始終以外部人士的身分向政府施壓請命，但真正進入政府體系後，他才算是完整見識到有權有勢的能源公司如何用各種方式把手伸進政府內部，並為此驚詫不已。有個例子是州眾議院能源委員會必須針對一部加速核可水力壓裂工程（fracking）的法案進行辯論。他說：「接下來會議主席講的第一句話竟然是：『別忘了明天的午餐是由道明尼能源公司（Dominion）買單喔。』」而這道明尼能源正是會因為這部法案通過而受惠的能源公司之一。接著韓森說：「主席講話的語氣不帶任何諷刺意味，也不覺得自己的話有何不妥或什麼的。**這已經是司空見慣了。**」

議會彷彿已成能源企業的領地，而且跡象無所不在。韓森與幾位負責法律草案中技術性用語的州議會律師見面時，他們為某一個新規定道歉：「他們講的話大概像這樣：『很抱歉，但是我們再也不能像以前那樣從遊說人員那邊直接拿草案來用，草案必須要有您的連署才可以。』我則是說：『民選議員必須在草案上簽名，藉此表達成為連署人的意願，這不是很自然的嗎？結果你們居然要為此道歉？』」韓森對我說：「以前遊說人員可以直接把法案交給他們，然後對他們說：『某某議員和另一位議員說他們願意連署。』過去幾十年來議會都是這樣運作的。」

但是最讓韓森感到挫折的，莫過於煤炭公司仍然深具影響力，因此他們可以避免走向產業的末日。他說：「幾十年前我們就已經知道煤礦產業總會有大幅衰退的一天。早在二〇一〇年，我的公司就已經發布了一份報告，把所有的狀況都講得清清楚楚了。」因為天然氣成本較便宜，煤

---

* 編按：參見本書第十一章。

礦產業逐漸失去競爭力，而且到了二〇一八年年終以前的三年期間，又有五家美國的煤礦公司宣告破產。煤礦產業奄奄一息，於是把州政府當成救命稻草。為求生存，該產業透過遊說人士的操作，成功通過減稅規定，如此一來能讓整個產業每年省下六千萬美元。採煤的莫瑞能源公司（Murray Energy）更是以毫不遮掩的手法介入議事，直接用巴士把大量礦工運往議會大樓，讓旁聽區座無虛席。韓森說：「多位經濟學家說這有助於創造一百個工作機會。問題是，每個工作機會都是用六十萬美元的納稅人血汗錢換來的！而所謂一百個工作，**還只是有可能而已**，搞不好連半個新工作都沒辦法生出來。」煤礦產業成功減稅後，其他產業，包括天然氣、石灰岩、砂岩等製造業也都起而效尤，排隊等著減稅。

韓森認為，會有這種圖利企業的狀況，是因為某些人錯把政府當成自己的行政工具。從更深的層次看來，這情況則是反映出民主的最基本功效已經失能：因為民主的本意應該是透過審議的制度來檢視人民共有的問題，然後決定把公共資產分配於哪些地方，藉此促進公利，讓社會得以繁榮發展。韓森說：「這是我們的確該把錢投資在造橋修路、教師人力等施政作為的時候，如此一來才能引入外來人口。但我們卻反而把錢丟在那些長期來講不會對人民有好處的地方。這只會讓那些人的口袋變得更深，然後任由他們把錢帶走。」

❖

如果真要成功打壓國家機器，達成「小政府」的理念，那就非得對賦稅大砍特砍不可。這是非常重要的一點。川普在競選時就已經承諾他會大大減稅，而紐約州選出來的共和黨籍聯邦眾議員克里斯．柯林斯（Chris Collins）某次也向記者坦承：「我的金主們基本上就是這樣跟我講的：『想辦法給我減稅，否則別再打電話給我！』」

到頭來，這些金主捐的錢可沒白費。二〇一七年聖誕節的前三天，川普為他們送上大禮：他簽署了總值一點五兆美元的減稅案，減稅幅度是美國史上之最。他聲稱這份禮物是送給「在郵件收發室、工廠裡面工作的美國同胞。」但是根據不分黨派的智庫「稅務與經濟政策研究中心」（Institute on Taxation and Economic Policy）的研究，這實在是睜眼說瞎話。平均來講，收入排名在美國最後百分之二十的家戶只減了一百二十美元的稅；但全美排名前百分之一的家戶卻大減了四萬八千美元的稅。根據新的稅制，公司稅大減了百分之十四，而且也讓有錢人更易於迴避遺產稅。新稅制還引入各種減稅規定，其中某些的受益者，具體來講就是營業用房地產產業，還有那些有錢的繼承人們。

在美國收入層級的高低兩端，減稅與因為減稅造成的政府服務縮減，可說造成截然相反的兩種不同結果，而且這剛好反映出「政府是來幫大家的」這句話其實有兩種不同定義。位於芝加哥的保守派智庫「伊利諾政策學院」（Illinois Policy Institute）盛讚川普大減公司稅的舉措足以「吸引各國企業來美國開設總部，藉此創造出高薪的企業工作。」但別忘了，大多數美國人並不會獲得高薪的企業工作機會，因此他們受益的程度可說微乎其微。某些公司，例如家得寶（Home Depot），宣布會發放「最多一千美元」的紅利給員工，但紅利與加薪不同，只是一次性的給付。更何況有許多公司發放紅利，其實只是提早發放而已，並非額外給一筆錢。

遭砍幅度最大的莫過於美國住宅與城市發展部之類的社福單位，而這些單位主要服務的對象都是窮苦民眾。就以該部門為例，川普提出的二〇一八年聯邦政府年度預算將其大砍六十二億，刪減幅度超過五分之一，而刪減預算的影響將會擴及全國各地。芝加哥市所屬的庫克郡準備要刪減各項預算，包括無家者的庇護中心，還砍了八百戶居民的房租補助，而根據這項福利計畫的主事者所言，對於那些仰賴補助的芝加哥人來講，這簡直「彷彿世界末日降臨」。（另有六千戶人家還在排隊等待補助。）後來，川普的住宅與城市發展部部長班．卡森（Ben Carson）於二〇一八年造訪芝加哥，自然是遭到抗議人士大聲咆哮叫罵。有一位女士對他大吼：「都是因為你，有多少我這種人變成無家可歸！」（因為各界撻伐聲浪有愈來愈洶湧之勢，國會只好介入，避免川普政府持續大砍預算。）

但是等到國會介入之際，芝加哥已經變成川普眼中的指標性城市。因為他的造勢大會遭芝加哥人的抗議打斷，所以他再也沒去那裡。但芝加哥在他所描繪的美國社會亂象中，仍具有罪犯與暴徒橫行的象徵性。二〇一七年年初川普曾經在推特上如此發文：「昨天在芝加哥有七人遭槍擊身亡。那裡真是完全失控了。芝加哥需要幫助！」但他所想像的幫助並非幫助創造就業機會，或修繕中小學，又或者是擴建大眾運輸系統。他的建議是派出國民衛隊。川普對政論主持人比爾．歐萊利表示，芝加哥警察「該好好加油了」。而且川普還引述自己與某位「高層警官」（他沒指名道姓）的對話，該位警官表示，要是他在執法時能夠不那麼綁手綁腳，「只要一週」就能夠解決該市暴力橫行的問題。

❖

川普上臺後帶來了哪些改變？美國的每個大城小鎮都有不同的故事。在格林威治，川普的時代幾乎在他上任沒多久就來臨了。大選後才幾週，一位格林威治鎮公所的女性員工向警方報案：嫌犯是鎮民代表會的知名代表克里斯多福．馮．凱塞林（Christopher von Keyserling）。據報案者表示，凱塞林摸了她的下體之後還說：「這個新世界真是太棒了。我以後不用在意自己是否政治正確了。」報案的琳恩．梅森（Lynn Mason）警告凱塞林別再碰她，據稱他竟然回嗆：「到時候我們就是各執一詞，沒有人會相信妳的。」鎮公所接獲報案後與凱塞林聯絡，他說自己只是「稍微捏一下」（這是法庭紀錄上的用詞），琳恩．梅森何必小題大作？結果檢方以程度較輕微的性騷擾罪起訴他。他不肯認罪，所以就等著上法庭。

因為川普上任再加上凱塞林的性騷擾案，當地政壇立刻就有所反應：大量女性出馬競選，並在二〇一七年秋天的選舉後，拿下了鎮民代表會的五十幾個席次。投入選戰的退休律師喬安娜．史溫利（Joanna Swomley）告訴我：「我們真的被嚇到了。」格林威治鎮財務委員會的多數席次也是由民主黨人士取得，可說是有史以來第一遭。而且到了隔年，民主黨也在州議會（包括州參議院與州眾議院）大獲全勝，上一次有這樣的好表現，已經是胡佛總統在白宮當家作主的時候。*

但這股地區性的藍浪終究還是消退了。共和黨在二〇一九年重新奪回鎮財務委員會的多數席次，選出的首席鎮務委員（first selectman，其地位相當於鎮長）是個在當地做生意的康乃狄克州執業律師，而且是川普的支持者。選舉當天喬安娜就嗅到氛圍改變的味道。她說：「當天我舉著支持民主黨的牌子，有個共和黨支持者對我大吼：『喔！我拒絕！』他們不再像二〇一七年時那樣尷尬，那樣沉默。他想要表達的訊息是：『我要當老大了！我很開心！』」

《格林威治時報》專欄作家克萊兒．哈夫特（Claire Tisne Haft）與丈夫和三個孩子住在鎮上，她覺得川普的言行實在太可怕，而且剛開始她以為鄰居們的想法會跟她一樣。某天參加她女兒的舞蹈表演後，她第一次意識到情況可能跟她想的相反。當天另一位母親提起川普時非常興奮，表示她「很想看看他能做出什麼成績」。不久後，克萊兒與丈夫跟幾位朋友一起吃晚餐，大家開始聊起政治，她跟我說：「吃飯吃到一半我們才意識到自己必須轉換一下語調。」

當地的政治文化主流原本是以共和黨的溫和派為代表，但卻漸漸失去主流的地位。克里斯多夫．薛斯（Christopher Shays）曾是十一連霸的眾議員（一九八七到二〇〇九年），他的選區涵蓋格林威治與康州黃金海岸地區。川普執政後，他偶爾還是出現在媒體報導中，但保守派卻譏諷他是個RINO（Republican in name only的縮寫），意思是「名義上的共和黨人」。薛斯對我說：「聽到名嘴西恩．漢內提說我是RINO，我實在很想一拳打斷他的鼻梁。他媽的，我曾經有三十四年都是以共和黨籍的身分當選民代，但漢內提可沒有選過半次啊！」薛斯常跟他議員時代的康州選民以及幕僚聊天，後來他才意識到，為了幫川普辯護，大家講話的習慣有微妙的改變：「有次川普幹了一件很可悲的事，事後我跟某個很熟的傢伙聊天，他的反應是：『沒錯，但他選對了最高法院大法官。』不過，因為我知道他根本不關心大法官人選，我就開始嘲笑他。」薛斯深信，許多美國人跟川普一樣想要減少移民人數，限縮那些提供給窮苦同胞的社福措施，只是沒講出口。他說：「他講出許多人的心聲，他的話獲得許多共鳴。即便如此，我想不會有很多人坦承自己支持他是因為那些話。」

格林威治還沒有多少支持川普的看板，但卻不難發現他的支持者很多。除了首席鎮務委員與加入鎮公所團隊的當地居民，川普支持者還包括格林威治鎮財務委員會主席，以及某位在當州眾議員的死忠川粉。曾投書當地報紙，大罵川普粗魯的莉歐拉．李維也見風轉舵了，對他的「領導能力」讚不絕口，除了引述川普的推文，甚至也採用了他的某些發文風格。像是其中一則貼文就

＊ 譯注：胡佛是共和黨籍，執政期間剛好遇到經濟大蕭條，因此頗不得民心，自然對於共和黨的地方選舉有很大影響。

這樣寫：「美國永遠不會成為一個社會主義國家！我們生而自由，而且永遠都會自由！」最後，川普提名她擔任美國的駐智利大使。

但川普時代所帶來的衝擊比這廣泛許多，絕對不只是像這樣為了求官而發布一些言不由衷的言論。川普愈是把「戰鬥意識」當成他執政的最高指導原則，這種精神就愈是滲透進入美國人的內心深處，以至於改變了許多人如何看待自己與其他人的關係。高登．卡普蘭（Gordon Caplan）是Willkie Farr & Gallagher律師事務所主持律師之一，在格林威治向來能呼風喚雨，但他在二〇一九年年初遭起訴，罪名是以七萬五千美元向大學入學考試（ACT）的考官行賄，要求竄改女兒的成績。這樁大學入學考試的醜聞還有另外五十二位被告，其中有不少人住在加州阿瑟頓（Atherton）與貝沙灣（Bel Air）等首善之區。根據聯邦調查局監聽的電話內容顯示，考試顧問瑞克．辛格（Rick Singer）是這樣跟卡普蘭說的：你女兒永遠不會知道她的家長幫她作弊，「她會認為自己真的很聰明，而且考運很好。」接下來卡普蘭說的這句話堪稱這樁醜聞中最讓難忘的「金句」之一：「坦白講，我才不擔心什麼道德問題。」結果卡普蘭認罪，入獄待了一個月。

醜聞暴發後，克萊兒．哈夫特在《格林威治時報》上的專欄中寫道：此一案件讓「許多類似格林威治之類城鎮的居民都感到很不安」。案發後昭然若揭的是，那些美國最有權、最有錢、學歷最高的人儘管已經給了家人極多優勢了，他們仍然嫌不夠，還想給更多。她感覺到鎮上許多居民都已經對權力運作的機制充滿疑慮，以至於過往的道德觀受到衝擊，不知道未來還有什麼是能相信的。她對我表示：「有個朋友說：『你知道那些小孩的家長能夠捐圖書館給他們就讀的大學嗎？這跟那些製造虛假資料，把小孩的履歷寫得非常亮眼的家長有什麼兩樣？』結果我只能對那位朋友說：『算了吧。還有人用Photoshop把小孩的頭P在照片上哩！』我覺得我們好像在做壞事，內心七上八下，緊張得要死，但壓根就沒有人會注意我們，因為跟那些人做的事相比，我們做的根本就不算壞事啊！」

這些想要把小孩弄進更好學校的美國人不但犯了法，同時也在無意間揭露出一個事實：美國已經陷入非常嚴峻的不平等危機。菁英階層與社會上的其他族群之間存在著天差地遠的鴻溝，以至於家長們也開始驚慌失措起來，唯恐自己的後代不慎失足，掉到並非菁英的那一側。他們的思考方式讓我聯想到川普的支持者：這些人深信，說到底，光是減稅、鬆綁規範、限制移民就足以合理化自己支持川普的行為，至於他如何蔑視女性、少數族群、戰爭英雄，對民主體制與真相不屑一顧，他們大可以睜一隻眼，閉一隻眼。格林威治這種地方的居民向來講求言行舉止得體有禮，且為此自豪。但卡普蘭親口承認自己「不擔心道德問題」，卻反映出人們在自以為沒人會聽見的電話內容中，或在沒人會看見的圈票處裡面，是可以悄悄放棄一些原則的。多年來，許多擁有較多資源的美國人把大量心力、財力投注在躲避末世浩劫上，唯恐自己會被捲入一個「法治社會失效」的世界裡，遇到各種悲慘情境。但是他們大可以把那些東西留給科幻小說家去想像就好。因為，「法治社會失效」是隨時有可能發生的，只要有足夠的人利用自己的權勢規避法治就可能發生。

【第十六章】

鐵錚錚的事實

某個溫和宜人的週四夜晚，幾千位川粉早早就在位於西維吉尼亞州杭廷頓市的大山迪超級活動中心（Big Sandy Superstore Arena）外面排隊。有些人從幾百公里外趕來，結果遇到從俄亥俄河吹過來的一陣暴風雨，他們的身體濕透了，但沒有人逃開躲雨。那是二〇一七年八月，川普入主白宮已經有將近九個月，但他的造勢大會沒停過。這種場合的功能早已從催票的性質昇華為類似宗教聖典：一種確認什麼該相信、什麼不該相信的儀式。

對於臺下群眾以及在臺上賣力演出的川普而言，那天晚上絕對能讓他們樂以忘憂。杭廷頓是個往日榮耀已經消退的城市，自一九六〇年代以來人口已經縮減了三分之一以上，此刻只剩四萬九千人，比格林威治還少。新聞報導還是會提及杭廷頓，但大多是因為類鴉片止痛藥物濫用危機在這裡特別嚴重。這個禮拜的川普特別難受，首先是因為共和黨終於承認，先前向選民保證要撤銷歐記健保其實是一張芭樂票；其次是他的白宮聯絡室主任在與記者吵架的過程中，竟然用不堪入耳的髒話大罵另外兩位白宮高層，接著不得不閃辭走人*；至於川普自己則是慘遭各界嚴厲砲轟，因為他竟然對一群高階警官表示，對於那些被逮捕的人「不用太好」。

但是活動中心似乎可以將上述一切不開心的事阻隔於千里之外。身穿黑西裝、白襯衫、打著條紋藍領帶的總統享受著臺下群眾響亮的歡呼聲中：「川普！川普！川普！」還有「把她（希拉蕊）關起來！」這天晚上他還是使出自己的經典話術，大談「沼澤寄生蟲」還有「假新聞」，以及他將讓「美麗、乾淨的煤炭」再次問世。他說自己已經把「數十萬個」製造業工作帶回美國（當然是睜眼說瞎話），還洋洋灑灑說出許多關於經濟、移民、希拉蕊的論述（當然也都是騙人的）。當晚還上演了一齣宣示效忠的戲碼。川普邀請西維吉尼亞州州長兼首富吉姆·賈斯提斯（Jim Justice）上臺，好讓原本在民主黨陣營的他公開宣布要加入共和黨。他對川普的讚賞好聽到簡直是拍馬屁：「他關心我們西維吉尼亞人。而且最重要的是，你們知道嗎？他不但讓我們、也讓平凡的美國民眾覺得幸福，也為我們的美國人身分感到自豪。」

但這一切都只是前菜而已，川普還沒把當晚的主菜端上：這場聚會的目的是要提醒支持者不要相信媒體、司法部或國會。他奚落當時正在調查「通俄門」的特別檢察官羅伯特·穆勒（Robert Mueller），問臺下群眾：「你們有在西維吉尼亞、在俄亥俄，或是在賓夕法尼亞**看到任何**

* 譯注：這位聯絡室主任是安東尼·史卡拉穆奇（Anthony Scaramucci）。

俄國人嗎？」還說：「今晚**這裡**有任何俄國人嗎？」接著，因為語氣的轉變實在太微妙，大家很容易忽略川普一改先前輕鬆的語調，開始闡述一番陰謀論：「他們嘗試要把你們想要的領導人趕下臺，所以要編出一個貶低我們所有人的假故事，而且最重要的是這也貶低了我們的國家，貶低了我們的憲法。」

從一開始川普就是靠他騙人的話術在政壇颳起旋風，我們因為聽膩了，所以很容易忽略那些話對於他的支持群眾積累了多少影響。圈外人聽了大多不耐煩，只覺得他的話都是天方夜譚般的胡扯。但這就大錯特錯了。自古希臘以來，任何能發揮影響力的政治人物講話時都是真真假假，難辨真偽。川普也發現，他的假話只要別太誇張，大家就會因為他講的真話而死忠追隨他。我們需要在乎他講的那些話嗎？對民眾有什麼影響？將會把我帶往何方？為了要了解川普時代美國政治文化內部所積累的龐大壓力，我想帶著大家回到過去，重溫某個充滿不確定性與爆炸性的歷史時刻。

一八五八年夏天，就在實驗性的美國政體即將顛顛簸簸走向戰爭之際，林肯與他的政敵史蒂芬·道格拉斯（Stephen A. Douglas）在伊利諾州北部針對奴隸制的未來展開第一次辯論，後來又多次交鋒。道格拉斯當時是參議員，而林肯是挑戰者。身材高大的林肯比對手高約三十公分，但身材矮壯、口才辨給的道格拉斯號稱「小巨人」，也不是省油的燈。他們倆正好代表當時分裂，且最後導致內戰暴發的美國民意：道格拉斯向大眾示警，表示林肯將會讓大草原區「充斥黑人，宛如黑夜。」他還提出「人民主權」的概念，顯然會加速奴隸制在西部各個領地（territories）的推行。*而此一願景當然是林肯無法接受的。

從當代政治的標準看來，這總計七次的辯論展現出民主政治的嚴格要求，應該是政治人物都不會認同的。每次辯論時，都是由林肯或道格拉斯先闡述理念一個小時，接著另一人回應一個半小時，然後又由首先發言者講一個半小時。（先前他們倆曾經連續辯論了七小時。）

據某個親臨現場的記者描述，林肯與道格拉斯的對決「是城裡最棒的馬戲表演」。這並非比喻之辭，因為在辯論展開前，現場除了有樂隊表演，還陷入一片杯觥交錯。這類辯論的確算是社交場合，但其政治意義不容小覷。數以千計群眾聚集在臺下凝神傾聽，既不能舒舒服服坐在椅子上，也沒有遮蔭的地方，而且那是個還沒有擴音器的時代。當時有資格投票的主要是有錢的白人男性，但群眾裡不乏婦女、歐洲移民，以及識字不多的西部拓荒者。大家都很想聽辯論內容，所以爬上一片木製平臺，結果因為過重而垮掉。他們會大聲喊叫，鼓勵辯論者（「再好好修理他！」）甚至高舉寫有諢稱的旗幟（「死狗道格拉斯－雄獅林肯」）。

這一對辯論者在伊利諾州巡迴數週之久。林肯缺乏資金，因此以公共馬車與渡船為交通工具。道格拉斯的老婆就是個蓄奴主，他很有錢，因此是搭乘私人火車，每次抵達某個地方還會

* 譯注：「人民主權」（popular sovereignty）的概念是要允許各州決定是否讓奴隸制持續存在。這裡所謂領地是指當時尚未正式加入聯邦的各個地區。

放砲宣告到來，砲管上刻著「人民主權」。有時候，辯論的場面火爆，幾乎吵了起來。某次道格拉斯提出不實指控，說林肯要以陰謀詭計廢除奴隸制，林肯一聽就從座位上跳起來，往道格拉斯衝過去，幸好有某位同僚把他拉住。不過，該次辯論還是能保住說服群眾的主軸。正如林肯所說的：「冷靜、仔細盤算、不會被熱情蒙蔽的理性，這才應該是我們未來要爭取支持與進行辯護的主要憑據。」

林肯認為辯論為他的人文主義精神提供表現舞臺，讓他暢所欲言。他希望自己能成為一個思想前進，但卻又能吸引選票的候選人，借用傳記作者大衛・雷諾斯（David S. Reynolds）的話說來就是「激進但是語調聽來又不會太過激進」。在最後一次辯論時林肯提出他最大膽的評論，劃出涇渭分明的分野：「一個階級認為奴隸制是個錯誤，另一個階級則認為這種制度沒有錯。」他很明確地把奴隸制存廢當成一個道德問題：「這是對與錯這兩個原則的永恆爭鬥，舉世皆然。自亙古以來，這兩個原則就開始針鋒相對，水火不容。」

林肯打輸了參議員之役，但七場辯論期間的表現令他聲名大噪。到了一八六〇年的總統大選，他拿下北方各州，其中包括黑人能夠投票的各州，以及兩人辯論內容集結成文字出版的六個州。林肯與道格拉斯的這七次辯論後成為十九世紀美國政治論述中的顯赫典範：因為大眾密切關注，所以雙方的理念才得以持續激烈交鋒。

但這七次辯論後來也變成了更為殘酷的歷史教訓。儘管兩人在舌戰中盡情展現辯才，卻也無法阻擋美國內戰的發生，也改變不了林肯後來遭暗殺的厄運。美國的政治文化始終脫離不了理性與暴力兩大元素，兩者之間宛如拉鋸戰的爭鬥持續迄今，有時候美國人胸懷大志，會想要用言語說服自己的同胞，但有時候他們則是屈服於原始本能，用強迫的手段逼使同胞接受自己的意見。

❖

史丹佛大學歷史教授卡洛琳・維特爾（Caroline Winterer）在《美國啟蒙》（*American Enlightenments*）一書中表示，美國立國伊始的雄心壯志是要改善「諸王與歷任教宗透過敕命」創立的體系，「揮舞著用人類理性鍛造出來的大刀，用經驗證據、常識、些許的冷言冷語將其磨為利刃，砍掉那些只建立在慣例與特權上，而且已成歷史灰燼的傳統。」

在啟蒙精神的感召下，美國先賢創設文學沙龍、會員制的圖書館以及各類科學團體。開國元勳班傑明・富蘭克林（Benjamin Franklin）率領一群他所謂「聰明睿智之士」創設了一個「以互相惕勵為宗旨的俱樂部」。這就是世人所知曉的共讀社（Junto），社員皆嚴以律己，不斷自我訓練，並以推廣書籍中的知識為己任，至於該俱樂部的最高宗旨莫過於透過他們所謂「理性之眼」（Reason's eye）來看這世界。

到了十九世紀中期，我國的文學人才已經多到如過江之鯽。政治家如亨利・克雷（Henry

Clay）與丹尼爾・韋伯斯特（Daniel Webster）除了是華府政壇要角，也是常會吸引大批民眾前來聆聽的演說家。據某位記者表示：「在我們這個帝國，辯士即國士。」包括瑪格麗特・富勒（Margaret Fuller）、伊莉莎白・皮博迪（Elizabeth Peabody）、佛德里克・道格拉斯（Frederick Douglass）與惠特曼（Walt Whitman）在內，一整個世代的思想家與政治家把自己的激情灌注在許多流芳百世的著作、講詞中，希望藉此改革當時處於草創初期的美利堅共和國，因而孕育出一個後來學者詹姆斯・華倫（James Perrin Warren）所謂「雄辯滔滔的文化」。他們藉著講學運動（lyceum circuit）在大城小鎮巡迴演講，希望藉由這個成人教育計畫為民眾講學，主題從體操到奴隸制所引發的道德危機都有。艾佛瑞德・班恩（Alfred Bunn）於一八五三年從英格蘭到訪美國，表示令他「詫異不已」的是「疲憊不堪的工匠、筋疲力竭的工廠女工」，下班後還要趕往「因為擠滿人而悶熱的演講廳」去聽講。即便當時國家陷入內戰已是勢不可免，演講活動仍持續不輟，因為就像華倫所說的：眾人皆曰，「話語是邁向改革的憑藉」。

然而，在此同時，美國也陷入政治暴力的陰霾中，而遭暴力相向的目標大多是黑人、移民、美國原住民以及廢奴論者（abolitionist）。從一八三〇年代到內戰暴發之際，美國東北部至少暴發過三十五起大型動亂事件。其中一次於一八五七年六月在華府開始，起因是一群天主教移民想去投票，但遭到「大隻佬」（Chunkers）、「硬石」（Rip-Raps）、「狠角色」（Rip-Raps）等三個美國幫派攻擊。

但對於共和國而言最不祥的預兆是，就連國會議員這類權貴人士也會以暴力相向，且頻率愈來愈高。耶魯大學史學教授瓊恩．費里曼（Joanne B. Freeman）在《浴血國會》（*The Field of Blood*）一書中，仔細研究了幾十起先前沒人研究過的國會攻擊案與混戰，先動手的大多是來自南方的議員，因為他們認為反對奴隸制會對他們的財產與權力造成威脅。一八四〇年代期間，來自路易斯安那州的眾議員約翰．道森（John Dawson）威脅要把某位同事「割喉割到斷」，另一位也曾差點遭他槍殺，但在多位國會議員的介入下才幸免於難。據費里曼所述，當時美國的國會殿堂已經淪為職業摔角場：「你一拳，我一拳。連手槍、獵刀都派上用場了。國會議員打群架可說是屢見不鮮，許多同事還特意站到椅子上去看好戲。」打架還不夠看，某個來自南方的國會議員甚至威脅要帶人來攻擊國會山莊。為此，英國外交官們後來覺得眾議院實在太危險，能不去就不去。來自新英格蘭的眾議院員工班傑明．法蘭奇（Benjamin Brown French）原本待人和善，後來也不搭理那些南方議員了，最後甚至隨身攜帶手槍。

我問費里曼教授：崇尚暴力與理性的兩種文化怎能並存？她說，因為兩種文化的動機相同：「在廣大的群眾面前，他們要怎樣證明自己能引領時代風潮？他們要怎樣爭取支持？透過具有侵略性的演講是一種可能性。又或者是可以向自己的選民、州民或聯邦民眾*許下並實現承諾。甚

---

* 譯注：聯邦（Union）是指支持廢奴的北方各州。

至在某段時代裡，他們也會以強凌弱、挑釁攻擊，只為展現出自己是主宰政壇的老大。」

透過費里曼論述的國會暴力史，我們看到某些美國社會的顯貴開始把其他同儕視如讎寇，最後甚至認為對方會對他們的生存造成威脅。一旦政治領袖失去互信基礎，很不幸的是，群眾勢必也會有樣學樣，社會出現裂痕。她在書中寫道：「當時美國的南北兩方無法透過政府找到解決方案，只能訴諸於武力衝突。」

暴力與政治之間持續不斷的緊張關係吸引了史家理查・霍夫士達特的注意，因為他最為人所知的研究主題就是「怒氣沖天的人如何激烈爭鬥」，實例包括反智主義（anti-intellectualism）與他所謂「偏激風格」。一九七〇年，走到生命盡頭的霍夫士達特開始對民主與暴力之間的交匯感到入迷不已。他目睹了現代美國社會的諸多暴力現象，包括各種暗殺事件與暴動。為此他與麥可・華勒斯（Michael Wallace）合作撰述，由華勒斯搜集二千個的暴力案例（大屠殺、叛國行動、私刑復仇等），希望藉此處理他所謂的美國悖論：「儘管美國人對自己所塑造出的美國形象感到自豪，甚至沾沾自喜，但實際上美國歷史傳統中的暴力元素遠比我們願意承認的還多。」

霍夫士達特表示，美國與其他各國截然不同之處在於，政治暴力很少是因為窮苦大眾揭竿而起，更常見的狀況是一般美國民眾之間的大亂鬥，而且先出手的人往往都是地位較高的美國人（許多都是信奉基督教的白人），而受害者則是少數民族、移民、「天主教徒、激進分子、工人以及工運人士」。他特別強調，會發生暴力事件而造成傷害，事先往往有「語言跟意識形態暴力」

為基礎。也令他憂心忡忡的是一個「令人費解的現象：為何美國的左派也開始訴諸於暴力？」由約翰・路易斯（John Lewis）與人一起創辦的民權運動團體「學生非暴力協調委員會」（Student Nonviolent Coordinating Committee）在歷經十年歷史後，於一九六九年選出新的領導階層，同時也去掉組織名號中的「非暴力」一詞。向來走沉穩路線的《紐約書評》（*New York Review of Books*）半月刊竟然也刊登出一張教人製造汽油彈的圖表。霍夫士達特意識到，在電視時代來臨後，在螢幕上看起來效果最好的往往是充滿暴力的言詞與畫面。他寫道，無論左派或右派，美國政壇漸漸發展出某種自我表現的文化，「刻意混淆了政治與表演的分野」。

政治與表演之間的分野逐漸模糊，這充分預示了十幾年後波茲曼將在《娛樂至死》一書中提出的觀察。在波茲曼看來，雷根與孟岱爾*於一九八四年總統大選期間的幾次辯論是可悲的：言詞閃爍、空洞，兩位說謊時都是臉不紅氣不喘，而且在回答時都太過簡單粗略。或許現代人已經司空見慣，覺得沒什麼好大驚小怪的，但他哀嘆雷根講話過於輕鬆詼諧：「他們倆比較不在意把主張講清楚，而是比較在意『塑造』自己的形象，而這本來就是電視最厲害的功能。」波茲曼彷彿有預知未來的本領，因為在三十二年後我們美國果真出現一位出馬競選總統的實境秀主持

* 譯注：孟岱爾（Walter Mondale）曾任卡特總統時期的副總統。一九八四年雷根競選連任時，代表民主黨出馬挑戰雷根。

人——川普。波茲曼甚至已經意識到：「我們會漸漸發現自己難以區分什麼是表演和什麼不是表演。」

❖

儘管我國的歷代先人竭盡全力培養國人的「理性之眼」，但其實他們仍很擔心無知所帶來的永恆禍害。建國後才僅僅三十年的光景，湯瑪斯．傑佛遜就寫道：「可能有任何國家保持文明的狀態，但同時卻又無知且自由嗎？這無論在過去的歷史上，或者在未來，都是不可能的。」但是到了二十一世紀初，每年都有報告指出我們的學生表現落後其他國家的學生，對此美國人卻再也不會感到詫異了。根據二〇〇五年的調查顯示，有三分之二的美國人竟然不能說出所謂「三權分立」是指哪三權。至於有辦法閱讀無礙的高三學生比例，竟然也只是勉強達到三分之一而已。

科技進步不但帶來人類解放自我的潛力，但隨之而來的，卻也包括遭受欺騙與墮落沉淪的可能性。教育哲學家約翰．杜威（John Dewey）於一九三一年透過廣播演講表示：「除非每個人都被訓練成可以不假他人思考、具有獨立判斷與批判的能力，而且能夠看穿各種隱晦狡詐的宣傳話術，並能了解那些有心人士使用話術的動機，否則民主就會是一場鬧劇。」偏偏他這次演講所使用的媒介當時正逐漸淪為厲害的宣傳工具。

杜威深諳人類的弱點在於比較容易吸收新資訊，但卻不太會判斷新資訊是否為謊言。透過某個經典研究我們早已知道這個道理：一群實驗對象在接獲新資訊時也獲得警告，知道其中哪些資訊是假的。即便如此，後來接受測試時還是比較容易記住那些資訊，但忘記哪些是假資訊。過去幾十年來廣告專家都已深諳此道，即便有人試圖以赤裸裸的方式扭曲我們的決定，我們還是容易上當。在某次實驗中，分別於杜克與史丹佛任教的行銷學教授蓋文・費茲西蒙斯（Gavan Fitzsimons）與巴巴・希夫（Baba Shiv）曾告訴受試者：「吃蛋糕也許對健康大有好處。」儘管這只是一句空話，但後來當他們能夠選擇蛋糕或水果時，選擇蛋糕的比率竟然是非受試者的將近兩倍之多。（而且在實驗後受訪時，選擇蛋糕的人都斷然否認自己的選擇有受到那句空話的影響。）

儘管古代政治人物就已經非常善於操弄人心，但是到了現代，操弄術卻變得遠比以前厲害，這一方面當然是因為許多新科技可以用來影響人心，但另一個理由則是在於，如果操弄者得逞了，往往會獲得比古代更多的經濟利益。一九六〇年代晚期，就在自由意志主義者（例如格林威治居民威廉・米登朵夫）因為環保運動、消保運動愈來愈感到憂心忡忡之際，美國產業的高層也各憑創意展開保護產業免於覆亡的殊死戰。菸業於一九六九年面臨更嚴格的管制後，菸草公司Brown & Williamson內部就開始有一則備忘錄流傳於高層之間：「懷疑是我們的產品。如果想要與『鐵錚錚的事實』競爭，最有效的做法莫過於讓民眾腦海浮現懷疑的念頭。此外，我們也可以透過懷疑來製造爭議。」

這種策略是把懷疑當成產品大量輸出，藉此抹煞鐵錚錚的事實，而我們不妨將其視為當時產業界悄悄推動的寧靜革命。後來政界也以這種手法鎖定各種政治目標，藉由智庫、競選獻金、假科學等各種工具，成功假造出混淆人心、啟人疑竇的戲碼。為了要打壓少數族裔、學生、窮苦大眾等比較支持民主黨的選民之投票率，各層級的共和黨議員們紛紛以「反制投票舞弊行為」為名號，呼籲要實施關於身分驗證的更嚴格選舉法規。但實際上根據多項研究指出，從二〇〇〇至二〇一四年之間美國人的投票人次已經高達十億次，選務人員總計卻只查出三十一樁可能是冒名投票的案例。不過這不重要，共和黨人士只要能引發爭議就夠了。某位威斯康辛州共和黨說客於二〇一一年的言論因為一樁選舉獻金案的調查而曝光，他在選舉開票前就寫電子郵件問同僚們：「我們是否需要開始散布『各地皆傳出選舉舞弊行為』的消息？無論最後投票結果如何，這都是有助於我們呼籲重新計票的籌碼。」（到二〇二〇年為止，歷次民調都顯示出，註冊投票的美國選民中有將近一半深信選舉舞弊行為非常廣泛。）

這種對事實不屑一顧的態度漸漸演變成根深柢固的想法。二〇〇四年，某位小布希總統的幕僚（據說是卡爾・羅夫，但他否認了）表示無須理會「那些看重事實的美國人」，因為很少人會像他們那樣肯堅持相信大家都不願面對的事實。這位幕僚對記者羅恩・薩斯坎德（Ron Suskind）表示：「現在我們已經是個帝國了，每當我們有所行動，都能根據我們的需求塑造現實。」

把話術吹噓為事實的做法已經成為政壇主流。比爾・莫耶斯（Bill Moyers）某次演講時哀嘆道：「沒想到我能在這輩子目睹『睜眼說瞎話』成為主流，而且是政壇最大的改變之一。」他認為，末世福音已經成為政治話術的重要元素。蘇珊・傑可比（Susan Jacoby）在她的《美國的非理性時代》（*The Age of American Unreason*）一書中宣稱：「無知、非理性主義、反智主義雜交後生出威力巨大的變種生物，如今在美國肆虐。」事實查核本來是理所當然的思維模式，如今卻遭人質疑。二〇一二年大選期間，歐巴馬陣營批判羅姆尼對於社福體制的說法根本是「睜眼說瞎話」，令人難忘的是，羅姆尼的民調專家尼爾・紐豪斯（Neil Newhouse）竟回說：「本陣營不會讓事實查核者牽著鼻子走。」

就在產業界愈來愈大膽操弄輿論之際，各種傳統資訊來源卻加速走入歷史。二〇一八年二月，西維吉尼亞最具影響力的報紙《查爾斯頓郵報》向法院聲請破產宣告。同年八月，《匹茲堡郵報》（*Pittsburgh Post-Gazette*）宣布，往後不會在週四與週六發報，堪稱地方新聞沒落趨勢的里程碑。這也讓可以透過高速公路與克拉克斯堡連接的匹茲堡成為沒有日報發行的最大美國城市。

❖

當時，克拉克斯堡的《典範電訊報》也陷入絕境。先是西爾斯百貨，接著凱馬特百貨公司也在二〇一八年關閉，而這兩家公司正是報社的最大廣告收入來源。為了秉承父業而買下《典範電訊報》的年輕律師布萊恩·賈維斯對我說：「突然間它們就這樣關門了。跟二〇一二年相較，我們的廣告收入少了超過一半。」

布萊恩突發奇想，買下《賈瑞特共和報》（*Garrett Republican*）與《威斯頓新聞》（*Weston News*）這兩家小報，讓三家報社聯合營運，並開始採用新媒體的語彙。克拉克斯堡的舊辦公室成為他所謂的「創意總部」。坐在創意總部裡桌面堆滿東西的辦公桌旁，他對我說：「我們有九十七個員工、三十八個內容製作人員，一週能產出將近三百篇報導。」他微笑著說：「我才三十六歲欸，所以我會這樣持續撐下去，直到有人想辦法阻止我，或是直到我蒙主寵召。」

要怎樣生出這些報導？這是總編輯約翰·米勒必須煩惱的問題。他激勵記者們完成一項艱巨的任務：每個人某週都要寫出十篇報導。他知道這有多難，但一如往常他就是能為想要推動的事情找到高尚的藉口。他對大家說：「你們不是都想當作家嗎？有什麼比這更好的練習機會？」

但殘酷的事實是，隨著業務量急遽下滑，報社幾乎已經不能像前任總編輯塞德維當家時那樣，透過社論用力痛批山頂採礦這種嚴重汙染環境的工法。曾任市政版主編的茱莉·克萊瑟告訴我：「隨著報社一家家關門大吉，小報變得必須行事謹慎，以免引發爭議。」她還說：「各家報社變得比較不願意挑戰禁忌，不想走極端，也不敢提出問題或進行較為深入的報導。」令茱莉倍感擔憂的是，過往充滿戰鬥力的地方報社一家家倒閉後，民眾別無選擇，只能透過電視獲得消息，甚或是透過那些充滿可疑資訊的網路訊息來源。她對我說：「這實在是個不容任何異議與異見存在的空窗期。世界到底是怎樣運作的？這個問題似乎只有一種解答，沒人會提出另類的看法來挑戰。」她拿三K黨在一九九九年來鎮上辦集會的事件當例子。「時隔二十年，假使三K黨來到克拉克斯堡，我不知道他們的下場會不會跟當年一樣慘。時至今日，大家在蘋果或三星手機上看到什麼後就隨之起舞，因此社會的裂痕也變成比以前更大，更容易暴發爭執。」

曾在愛國者煤礦公司任職的退休礦工大衛．伊佛定居在克拉克斯堡北邊不遠處，多年來他都是訂閱兩家不同的報紙。他說：「我岳母喜歡一家，我喜歡另一家，看完後我們會交換。」即便他不喜歡，他還是很想看看另一家報紙對於各種時事的看法。即便在他岳母去世後，有段時間他還是會看兩種不同的報紙。不過，因為報紙的張數愈變愈少，他終究得要透過電腦上網看新聞。而且他就是把首頁設為MSN.com，這是他從微軟全盛時期留下來的習慣，因為該公司會從各種網路來源擷取新聞報導。他還說：「我以前閱讀的新聞雜誌也遠比現在多。」但其中許多雜誌，像是《新聞週刊》與《美國新聞與世界報導》都幾乎已經不存在了。*

大衛說，最重要的是，他已經不知道該相信哪個新聞來源了。他常在CNN與福斯新聞這兩臺之間切來切去，但總是感到不滿意。他說：「很多新聞報導都充滿政治偏見。」假新聞何其

* 譯注：《新聞週刊》（*Newsweek*）如今只剩網路版；《美國新聞與世界報導》（*U.S. News & World Report*）則是曾經改為網路版，但已於二〇一五年停止營運。

多，要保持警覺實在是累人。他說：「我不得不隨時注意，不斷問我自己：這一則新聞報導的內容是真的嗎？」

❖

在我為了寫這本書而走訪基層的那幾年期間，我最常聽到美國人抒發的情緒，莫過於那種因為不確定該相信誰而引發的防衛心與焦慮感，而且無法紓解。某天因為一個偶然的機會，也輪到我自己陷入疑神疑鬼的心緒。

事情發生在二〇一九年某個週日，我在家裡尋找平常我們用來看電影，用來讓孩子們能在車上乖乖坐好的iPad。當時我兒子歐利三歲，毫不意外是個iPad迷，而且只要把機器弄到手裡，就會為了試著解鎖機器而隨便輸入數字。那天下午我找到iPad時，因為歐利卯起來試了很多遍，次數多到連我也搞不清楚，結果到他放棄時，只見螢幕上出現這兩排字：「無法使用iPad／25,536,442分鐘後再試一次。」意思是，我要大概四十八年後才能把機器解鎖。我用手機把螢幕畫面拍下，發了一則推文詢問大家如何解決這問題，然後就到樓下去吃晚餐了。

接著我就沒再把iPad放在心上，直到加拿大電視臺CTV的新聞部寫電子郵件給我詢問那一臺「被上鎖的iPad」。三分鐘後我又收到另一封電子郵件，這次寄件人是倫敦的《每日郵

（*Daily Mail*）的網路版部門。我沒有理會這兩封郵件。但是馬上我又收到CNN跟《今日美國》（*USA Today*）的來信。有個英國人發訊息慰問我，還把關於我那臺iPad的新聞報導截圖給我看，標題是：「上鎖警報：三歲小兒試圖解鎖未果，iPad被上鎖二千五百萬分鐘，害老爸感到困惑。」（報導旁邊還刊登了幾張梅根*的孕照。）

上網後，我發現那則推文引發熱議，竟然有幾千的人留言回應我。有些人甚至留言罵我，例如：「你為什麼把iPad放在三歲小孩可以拿到的地方？你實在是活該。」其他人的留言則是比較窩心，像是：「顯然你的小孩不屈不撓，韌性十足，感覺未來很適合當研究人員喔。」但最令我感到值得玩味的留言，是一小群網友仔細檢視我貼的那張照片，把它當成札普魯德的影片般來研究**，然後斷定我的推文是居心叵測或者想要騙人，有人留言表示：「這臺iPad並非配備Retina顯示器，而且桌布是來自於第一代iOS系統。你很會騙人嘛！」

我跟留言者聯絡，他是一名叫做卡里德．席耶（Khalid Syed）的巴基斯坦裔教師，很樂意跟我聊聊。他說：「抱歉，我的英文不太流利。」他和朋友們是在CNN上看到報導，但懷疑那是蘋果電腦公司的對手使出的詭計。他猜測，或者是我「想要透過推特成為網紅」。他說：「大家

---

* 譯注：梅根（Meghan Markle）是英國哈利王子的妻子，本為王妃。但因為兩人已退出王室，目前為公爵夫人。

** 譯注：札普魯德（Abraham Zapruder）曾無意間拍攝到甘迺迪總統遇刺過程的影片。

都想錢想瘋了。為了錢，要他們幹什麼都可以。這我見多了。」

未來幾天內我持續收到電子郵件和推特上的留言。我愈看愈覺得這種社會氛圍很像哲學家漢娜・鄂蘭（Hannah Arendt）所謂「特殊的疑神疑鬼心態」（peculiar kind of cynicism），而且社會大眾會普遍抱持這種態度是「因為千真萬確的事實已遭徹頭徹尾的謊言取代」。鄂蘭寫道，為了讓日子能繼續過下去，最後人們只好「全然拒絕相信任何真相」。當初我在寫《野心時代》（*Age of Ambition*）一書時就曾引用過這幾句話，用來說明我在中國度過的日子。沒想到在我回家後，鄂蘭的話竟然還是能派上用場。

先前我跟莫里斯・克拉克聊天時，他總是想要跟我證實各種不同陰謀論。那些理論的可靠程度各自不同。最奇特的一個理論是，他懷疑政府想要實施戒嚴令，而且就是從黑人社群聚居的地區開始。他說，南區的各個住宅區設有一個個交通圓環，但它們的功能並不是用來阻止汽車駕駛開快車，而是一旦部隊進駐住宅區之後，可以利用那些圓環設置「檢查站」。他還說：「還有，高速公路路面為什麼要蓋得那寬？那是為了便於坦克車通行。」

不過，里斯會那樣疑神疑鬼大多是反映出周遭環境對他有多殘酷、讓他有多挫折，而他只是想要找出個合理的解釋。他也懷疑是聯邦政府故意讓槍枝流入黑人社群，好讓他們自相殘殺。「竟然有黑人持有軍方規格的子彈。**我們自己哪有辦法弄到那些子彈？**」他還回想起自己在販毒時，有個年紀比較大的白人毒蟲邀請他進車庫去看看某個木箱裡面有什麼好貨。「裡面什麼東西都有，他媽的連AK—47就有好幾支。軍方的東西也有。我跟他說：『別這樣，我要走了。當我沒看見這些東西啊。』」

後來他開始相信，是政客與警方沆瀣一氣，想故意讓黑人社群凋零衰敗。他心想，要是黑人人口持續外流，想要進行都更就方便多了，對於提升房地產價格也有利。他說：「他們想要把黑人逼走。怎麼辦到呢？只要讓商店一家家關閉就可以了。」他還說：「這再也不是關於黑人或白人的種族問題，而是關於誰有錢或誰沒錢的階級問題。」

最重要的是，他深信川普是透過作票而在二〇一六年的總統大選勝出。他跟我說：「這是一場被操弄的選舉。我有透過電視看開票轉播。電視上展示出美國地圖，他們看得出哪些地方是藍州，是民主黨獲勝。然後電視臺就配合進廣告，等到節目繼續時，紅州就變更多了，然後他們就宣布川普那個王八蛋變成白宮主人！」

❖

在川普的大局裡，就只有一個中心思想：不要理會「那些看重事實的美國人」。他的執政團隊就是想要把「事實皆可驗證」這個概念連根拔除。上任後才不到二十四小時，白宮發言人西恩．史派瑟就指控媒體刻意低估川普就職典禮的觀禮人數。他說那場「就職大典的觀禮人數，是有史以來各種就職大典之最，就是這樣，無可爭議。無論是誰的，或哪一國的就職典禮觀禮人數都沒那麼多。」此話一出，史派瑟當然是飽受各界訕笑撻伐。凱莉安妮．康威在電視上義正詞嚴地幫他的大話辯護，說那就是所謂的「另一個版本的事實」（alternative facts）。這種說法一樣受到各種嘲諷，但他可沒在怕的。某次上電臺受訪時，她說批評她的言論正足以反映出自由派的美國菁英有多高高在上。她說：「美國人會自己查核事實，不假他人之手。大家都知道自己掌握了哪些事實與數據，也知道哪些事實和數據對自己最重要。」

上任不到一個月，川普就已經宣稱媒體是「人民公敵」，而且這四個攻擊的字眼也成為他演說時的標配。等到那年夏天川普前往杭廷頓市上臺進行政治表演時，廣大的川粉已經普遍接受一件事：就算大家都說是事實，只要川普不願接受，他們也不接受。隔年，他的心態更是完全不遮掩，直白表達出來。某次他對群眾表示：「大家只要記得一件事就好。你們在電視上，在書報上所看到的一切，都不是事實。」假使歐威爾（George Orwell）重生，肯定會把這句話寫進他的政治小說裡。（據《華盛頓郵報》統計，等到他任期結束之際，他總共已經說了三萬零五百七十三次假話或誤導大眾的言論。）

不過，像這樣睜眼說瞎話，受到傷害的並不是只有知識這個概念。所謂知識就是被大家共同認定為真的事實，但是我們逐漸發現不是只有此一概念遭他毀壞，此外他也毀了「我們對於世界的看法的確能趨於一致」的概念。人類之所以能免於受到政治荼毒，能對政治有所期待，都是因為某些經驗事實是大家都能接受的，但這概念已經受到川普挑戰。美國人本來已經因為政治人物開了太多芭樂票而分化與幻滅，時時又有人對大家耳提面命，表示政府並非「來幫大家的」，如今川普又來攪亂，簡直是要美國人對政府群起而攻之。川普允許他的支持群眾忽視那些備受權貴與菁英擁護與珍視的事實，此外他還給了群眾一劑足以排遣寂寞的興奮解藥——只要你我都疑神疑鬼，那我們就能團結在一起。

為了遂行統治，他拚命製造疑神疑鬼的社會氛圍，挑釁、刺激群眾、揑造似是而非的訊息，而這都顯示政治已經變成波茲曼所謂「躲貓貓世界」。把這一切說得最清楚的，莫過於川普頭號策士史蒂夫・班農（他曾主持過「布萊巴特新聞網」）對暢銷作家麥可・路易士所說的那一番肺腑之言：「我們就靠三招選上：消滅沼澤寄生蟲、把她（希拉蕊）關起來、築起美墨邊境高牆。這就是憤怒的力量，是憤怒與恐懼把大家逼出來投票。民主黨太弱，真正的對手是媒體。怎麼對付媒體？靠泥巴戰就可以。」

與事實的敵人相較，事實的盟友能投入的資金實在是小巫見大巫。二〇一八年三月，Google誓言在三年內投入三億美元用於「幫助新聞業在這數位時代蓬勃發展」。該公司計畫培訓記者獲得ＡＩ與其他科技技能，也幫助報章雜誌等出版機構強化電子產品。這是非常有價值的倡議計畫，可惜效果甚微，而且這個投資金額甚至少於該公司的每週收益。

在美國人變得愈來愈欠缺社會能動性，也不像以前那樣常常遷移之際，卻進入一個資訊完全自由流通，沒有任何阻礙的時代。各種觀念，無論是好是壞，**如今已經變得更為容易流動**，在全美各地到處廣為傳播，完全不受到過去那種守門人（例如，克拉克斯堡就有約翰·米勒這類人物）的過濾。這些守門人在過去扮演仲裁者的角色，如今早已失去大權，無法像過去那樣為大眾判斷訊息的真假，還有是否重要到值得注意。美國各地市鎮首長、各郡行政長官獲得的票數愈來愈少，但是選民卻對十萬八千里之外的事務採取愈來愈嚴厲與激烈的立場：例如北卡羅來納州的性別友善廁所事件，還有北達科他州設置氣體管線的爭議。

過去半世紀以來的政經情勢轉變實在太驚人，以至於人們早已逐漸對以往的信仰失去信心。美國管理學大師彼得·杜拉克（Peter Drucker）曾於一九六八年預測未來會進入一個「斷層時代」（age of discontinuity）*，因為全球化與科技發展一方面使某些工作消失，另一方面則是創造出各種新富階級。一九九二年，政治哲學家法蘭西斯·福山（Francis Fukuyama，常有人批評他只會對勝利者歌功頌德，但我覺得這評論不見得公允）提出示警：在後冷戰時代，西方人也許會「為了爭鬥而爭鬥」。換言之他們會因為太無聊而爭鬥，因為他們無法想像自己能活在一個沒有爭鬥的世界。而且，如果西方世界大多是承平繁榮的自由民主社會，西方人就會對抗自己所身處的榮景，對抗民主體制。」

上述的宣言帶有些許先知灼見。川普、茶黨與美國步槍協會都是在民眾深感不安之際趁勢而起，只因美國人陷入一種無以名狀的焦慮感，無論是因為他們感覺自己的世界失序的、因為美國不再所向披靡、因為他們認為美國白人淪為少數、因為工業的自動化奪走他們的工作，或因為薪資凍漲。充滿氣勢的語言就此獲得優勢。莎拉・裴琳在茶黨的造勢大會與網路上現身時，每每使用來自於美國獨立革命時代以及槍枝同好圈的各種暗喻，例如她總是說：「重新上膛後往前衝，別撤退！」

到了歐巴馬執政時代的末期，美國人在思想上愈來愈躁動不安。屬於左派的社會主義思想逐漸抬頭，尤其受那些對民主黨感到失望的年輕人青睞。他們眼見金融危機後那些闖禍的銀行家竟能一一全身而退，而他們自己的錢景則是不如以往光明，既無法安身立命，闖出一番天地的機會也銳減。以前歐巴馬常說：「如果敢拚，你們就有機會成功。」但這番承諾看來卻愈來愈沒有實現的可能性。在右派方面，則是本土主義的勢力逐漸抬頭。對於那些經濟困頓或因為種族問題而滿腔怨氣的美國人來講，與其說是他們的思想有所改變，不如說是他們深感自己無依無靠，人生沒有目的、企圖心與歸屬感。他們覺得自己遭高高在上的美國權貴給排擠了，因此難免會想要透過各種陰謀論或迷信來尋求解釋，而他們的迷信已經離譜到令人匪夷所思的地步。

到了二〇一六年十一月，希拉蕊與她的競選團隊已經遭到嚴重妖魔化，即便是那些如同天方夜譚的指控，例如戀童癖、謀殺案與邪教等等，也有人會相信。在Reddit上面的各種論壇（例

* 譯注：也可直譯為「不連續的時代」。

如4chan），網民狂搜希拉蕊競選總部主委約翰・波德斯塔（John Podesta）的帳號外流的電子郵件。就在大家努力尋找其中是否有奸佞情事之際，某些自詡為偵探的網友表示信件中暗藏密碼與隱密訊息：「披薩」可能是兒童色情物品的代號；「義大利麵」可能暗指小男孩；「醬料」則是雜交派對。這些妄想如滾雪球般擴大，在推特上愈來愈受矚目，就連退役陸軍中將麥可・佛林（Michael Flynn，內定的川普政府國家安全顧問）等顯赫人士也注意到。Reddit上的某些言論已經失控，最扯的是竟然還跟一個陰謀論結合在一起：波德斯塔是戀童癖，利用華府披薩店「乒乓彗星」（Comet Ping Pong）的地下室經營童妓事業，而且希拉蕊是合夥人。（但是那間披薩店根本沒地下室啊！）有網友以匿名方式表示：「這件事的共犯在一言一行之間都會以欲言又止、語帶諷刺的方式，半公開地提到涉及未成年人的性事。」

這就是所謂的「披薩門事件」，似乎在選後一個月某個週日下午來到高潮。有位二十八歲青年在YouTube上狂看披薩門事件的影片，深信不疑，因此這天他持槍走進「乒乓彗星」，以搶救童妓為己任。就在眾人奪門而出之際，他用手裡的AR－15步槍朝一個裝滿辦公室設備的櫥櫃瘋狂掃射，以為裡面有入口能通往囚禁童妓的地牢。向警方投降後，他表示自己住在北卡羅來納州鄉間，此番是前來華府進行「自主調查」的。

接下來的兩年內，妄想般的披薩門陰謀論彷彿病原體般持續變種擴大，在發展為各種新的陰謀論之際，原本就不少的陰謀論信眾人數更是持續擴大。最受各方追捧的陰謀論莫過於「匿名者

Q」（QAnon），其源頭是幾則匿名的網路貼文，據悉作者除了是川普的死忠支持者，也是享有所謂「Q級」安全級別的美國政府高官。「匿名者Q」的撰文風格彷彿格言，而且以放長線釣大魚的方式吸引民眾相信，想要把川普拉下臺的是一個崇拜撒旦、嗜吃人肉且有戀童癖的祕密陰謀集團。這些言論原本只出現在非主流的論壇上，接著躍上主流平臺與臉書，最終獲得數千社團、臉書粉專的數以百萬計成員認同。川普也扮演煽風點火的角色，除了推文屢屢提及這個陰謀論，還盛讚相信陰謀論的群眾是「愛國者」。

曾常駐波蘭的美國記者兼作家安．愛波邦（Anne Applebaum）先前就曾提及波蘭政壇也曾遭一波波充滿妄想的陰謀論橫掃，當時她就意識到每次有這類妄想出現，「民眾就又有新的理由不信任政治人物、商界人士與知識分子」，這也足以解釋為何社會菁英受到憎恨。她寫道：「這讓那些相信陰謀論的人不用深入思考複雜現象背後的成因，甚至能對機遇與意外提出解釋，讓他們感到志得意滿，深信自己具有了解真相的某種特殊權力。」

就算再怎麼不了解政治實際上怎樣運作，他們也能夠獲得滿足感，因為幻想的力量非常大。曾任美國參議院祕書長的凱利．莊斯頓（Kelly Johnston）在二〇一八年就成為某個陰謀論的信徒，他深信喬治．索羅斯（George Soros）創辦的開放社會基金會（Open Society Foundations）安排祕密車隊將移民送入美國，而這些移民正是先前川普大打恐懼牌時的最厲害籌碼。離開政界後長期擔任康寶濃湯公司（Campbell Soup Company）政府事務副總裁的莊斯頓在推特上貼出幾張墨西哥移民的照片，然後憑藉妄想寫下這段文字：「你們有看到照片右邊的廂型車嗎？其實，照片沒有拍到的地方還有護送他們往北進入美國的部隊以及軌道車。」（康寶公司後來發布聲明，表示公司與他的言論無關，隨後他就離開康寶了。）

❖

川普愈是沒辦法掌控聯邦政府，就愈需要仰賴社會的各種力量。為他撐腰的包括種族仇恨、白人身分政治，還有害怕遭移民劫掠殘殺的妄想。

科技當然有助於把分散在四面八方的右翼民粹主義陰謀論信眾連結在一起。在經濟景氣蕭條的地區，美國人不但透過科技放大他們的不滿聲量，也凝聚出團結的氣勢，透過互相取暖來證明自己的想法沒錯，藉此確認自己不是唯一的受害者。當下的情勢讓他們形成一個共享熱情、恐懼與文化的社群，但如果美國的先賢先烈地下有知，恐怕也只能大嘆始料未及。在《聯邦黨人文集》（*Federalist*）第十號裡面，詹姆斯．麥迪遜早就提出主張：由於（我國）幅員實在太過廣大，無論哪個族群都難以完全宰制其他人。早期的各種社會運動也會充分利用科技工具。例如，二戰後在南方鄉間萌芽的黑人民權運動就是靠印刷術與廣播媒體在全美國造成迴響，讓北方的民運同志們群起加入，終究對政治人物造成壓力，讓他們不得不有所回應。後來，保守主義陣營也是利用自己的媒體網路、新聞稿、電臺談話性節目與有線電視臺來進行運動。到了川普，保守主義運動又更上層樓，靠的是新世代的科技工具，像是推特、臉書、4chan與Reddit。

看著愈來愈多人沉浸在川普的妄言狂想與陰謀論裡無法自拔，我就愈是聯想到自己多年前在中國的所見所聞：有時候人們為了找到能激勵自己的理念，簡直是病急亂投醫。我曾經在中國報導過尖銳極端的民族主義如何於當地崛起，對於這社會現象的成因，觀察力鞭辟入裡的青年作家兼譯者路寒（Lu Han，音譯）對我說：中國人之所以著迷於民族主義，是因為「中國人從小就都覺得，在精神層面上很少有東西能讓自己提起勁，沒什麼是值得讓自己為其苦幹實幹的東西，也沒有什麼比自己日常生活接觸的生活圈更為重要。」

福山所謂的無聊並非缺乏刺激，而是人會因為生活沒有意義，沒有獲得他人認可，所以感到無聊。二〇一九年，一個政治學研究團隊透過觀察網路上資訊流動的情形而發現，有一群隱性的美國選民透過社群媒體而迅速擴充其影響力。團隊的學者包括麥可・彼得森（Michael Bang Petersen）、凱文・阿瑟諾（Kevin Arceneaux）與馬提亞斯・歐斯蒙森（Mathias Osmundsen）把這些社群媒體使用者稱為「位於社會邊緣的地位追求者」（marginalized status-seekers），他們一般都是認為自己應該有更好工作的男性，極度厭惡菁英與政治名人對他們的忽略與鄙視。因為沒有太多其他方式可以選擇，研究團隊把他們的手法稱為「最後一搏的策略」。他們竭盡全力蒐羅各種最為誇張荒謬與具有煽動性的資訊，在社群媒體上予以放大，其中包括「陰謀論、假新聞、政治醜聞的討論，還有負面選舉。」

他們沒有可以拿來傳播的思想，他們散布謠言也不是因為自己真心相信那些言論。該團隊表示，「他們只是想要藉此讓天下大亂」。網路上會瘋傳「出生地懷疑論」、「披薩門」陰謀論，還有艾利克斯·瓊斯妄稱桑迪胡克小學槍擊案*是用來加強槍枝管制的一場戲，都是由那個族群在背後推動。他們透過問卷提出充滿末世主義色彩的問題：「當我想起我們的政治與社會體制，我會不禁想說，『乾脆把那些體制都毀掉好了』」，結果令他們感到詫異的是，竟然有百分之四十的填答者表示同意。該研究團隊暫時並未把這些「想要同歸於盡的動機」，詮釋為有些美國人已經準備好「與警方決一死戰，或者從事其他形式的暴力活動。」他們認為，透過這個研究我們可以看出「那些人獨自（並孤單地）坐在電腦前回答問卷，或者瀏覽各種社群媒體平臺時，心裡有哪些想法，還有會做出哪些舉動。」

美國會陷入當前的困局，理由之一在於政黨只會激化社會分裂，而不是求同存異，找出一個彼此都能接受的妥協方案。理想上，政黨的存在就是要把大家團結在一起，幫助消弭各種因為種族、宗教、職業差異而衍生的歧見，藉此提供另一種集體的身分認同。但美國的政黨卻反其道而行，只讓歧見更為複雜與擴大。自從參議員麥康奈在二〇一四年推出上面寫著「煤炭，槍枝，自由。」的汽車保險桿貼紙後，美國的黨派之別已在五年內變得比以往更為明顯了。最近在造勢大會上熱銷的T恤寫有這樣的標語：「我挺川普。我愛自由。我喝啤酒。我會用板手。我保護家人。我不是吃素的，我有槍。如果你不喜歡我，**那就滾！**」

華府基金會「促進自由基金會」（Fund for Peace）研究了二〇〇八至二〇一八年之間各國在政治上的「凝聚力」，指標包括黨派之別的深化程度、對國安部隊的信任度，以及民怨有多強烈。研究結果顯示，美國是「凝聚力」下降最多的一國。同樣在此研究中出現的還包括利比亞、馬利與巴林等國家。政治學教授納森・卡爾摩（Nathan Kalmoe）與莉莉安娜・梅森（Lilliana Mason）於二〇一八年共同發表的一篇論文指出，兩大黨都有相當比例的成員認為，只要另一黨的成員「去死」，那麼美國就會變得更好，認為對方該死一死的共和黨與民主黨支持者的比例，分別為百分之十五與百分之二十。

政黨交戰的文化並非只有槍枝與非主流陰謀論這兩大要素。此類交戰文化是某個主流精神變種而來：因為零和競賽而衍生的生存心態，只有贏者全拿，而輸家則是一無所有。無論是社會上的哪個族群，只要愈覺得自己淪為弱勢，就會愈想要展現出有力的姿態。就像史學教授瓊恩・費里曼關於南北戰爭前美國的暴力亂象，當時美國人漸漸深信再也無法遵循過往的種種規範。費里曼對我說，因為當時美國的民主制凋零，主導地位就遭暴力取代：「歷經幾次社會危機後，當下美國有大量民眾感覺遭到忽視、無人代言，多年來飽受痛苦煎熬。他們意識到人口結構與文化氛

＊編按：二〇一二年桑迪胡克小學發生槍擊案，造成二十名學童與六名教職員喪命。

圍逐漸改變，對自己愈來愈不利。這些訴求經過民主的語彙包裝後表現出來，對於群眾真的會很有吸引力。」

美國的左派認為這是一場你死我活的爭鬥，因此表現也非常激烈。川普進入政壇後的幾年內，自視為義勇隊的極左派人士團結在Antifa*這個鬆散的名號下，承繼歐洲無政府主義的傳統，採取針鋒相對的行動策略。Antifa一詞自一九三〇年代即已問世，是德國左派與納粹在街頭近身搏鬥期間的產物；到了一九八〇年代，英國的龐克文化陣營試圖剪除陣營內部支持種族主義、極端民族主義的成員，雙方展開街頭幫派式的暴力爭鬥。在美國，Antifa的成員往往身穿黑衣，臉戴面罩或以花紋手帕蒙面，每逢有抗議川普與白人民族主義的活動便會參雜在群眾中現身。某些成員認為自己有「防禦性自衛」的權利，因此會採用暴力手段。在川普就職當日，Antifa獲得更廣泛的注意，因為白人民族主義者理查·史班塞站在街角接受電視訪問時，遭到身穿黑衣、頭戴面罩的抗議人士以一記左鉤拳爆擊右臉。包括共和黨在內的各界評論都認為Antifa反映出過於激烈且會製造紛亂的左派路線，剛好足以證明警方有正當理由以鐵腕執法。

二〇一八年秋天，政治暴力亂象上升到另一個層次。在東西兩岸都出現街頭鬥毆的事件，當事雙方之一是自稱「驕傲男孩」（Proud Boys）的「西方沙文主義」暴力團體，另一方則為Antifa或者「黑人的命也是命」運動之成員。波特蘭與紐約市街頭陷入混戰之際，都有警方出面阻止，而川普的盟友們則是藉機把他們對暴力事件的譴責擴展到芝加哥以外，而且歸咎於川普陣營的政敵。川普的司法部長傑夫・塞申斯（Jeff Sessions）表示：「如果你們希望發生更多槍擊案、更多人命損失，那麼大可以聽從美國公民自由聯盟**、Antifa、黑人的命也是命，還有其他藐視社會治安的團體。」

生死之爭的語彙已經充斥於美國人的政治日常，以至於大家開始感到不痛不癢。二〇一七年，一群白人至上主義者在夏洛特斯維爾（Charlottesville）高唱「你們不會取代我們」（You will not replace us!）的口號；一年多後，主流的保守主義時事評論員們開始與其唱和。例如，塔克・卡爾森（Tucker Carlson）就在二〇一八年十二月對觀眾表示：「他們傳達的訊息就好像，閉嘴，你們的時代過去了。我們要取代你們。」安・庫爾特則是在福斯新聞網上表示：「你們不能槍殺美國人。你們可以槍殺入侵者。」二〇一九年八月三日，在極右派論壇8chan上面出現一則網友派崔克・克魯修斯（Patrick Crusius）的貼文，他把上述理念結合起來，自稱要「保衛美國免於入侵，讓美國人的文化與種族免於遭到取代。」幾分鐘後他走進沃爾瑪的德州艾爾帕索市（El Paso）分店瘋狂掃射，槍殺了二十三人。

二〇一八年十月，美國在一週內可說是噩耗頻傳：路易斯維爾有個槍手在雜貨店槍殺兩位年

---

* 譯注：亦即「反法西斯」，是anti-fascist一詞的簡稱，亦可音譯為「安提法」。

** 編按：ACLU，全稱為American Civil Liberties Union。

長黑人，然後對身邊一個白人目擊者說：「白人不會殺白人。」匹茲堡則是有某家猶太會堂遭一位槍手血洗，罹難者高達十一人，是美國史上攻擊猶太人事件中死傷最慘重的。接著在佛州，某位以廂型車為家的男子把土製炸彈寄給十幾人，收件者包括索羅斯、歐巴馬與拜登。（他的車裡貼滿川普的標語，但記者後來發現在二〇〇九年將其房屋贖回拍賣的銀行，正是由川普的財政部長史蒂芬・梅努欽〔Steven Mnuchin〕擔任董事長與大股東。）

就在全美血腥事件頻傳的這七天內，即便川普好像也意識到自己打開了潘朵拉的盒子，就連他也控制不住自己所點燃的怒火。某天晚間他來到伊利諾州南部鄉間小城墨菲斯伯勒（Murphysboro）參加一場造勢活動時，對群眾表示：「如果大家不介意，我想把火力調降一點——一點點就好了。」但是為時已晚了。臺下群眾大吼回應：「不要！」

【第十七章】
抗體

西維吉尼亞州的環運人士凱蒂・勞爾對我說：「我受夠了，我不想再從外部跟政府請願了！人民必須自主自治！」

自由工業化學物質外洩事件揭露政府已經失能，四年後一個呼籲西維吉尼亞人找回往日榮光的激進運動發展了起來。原本該州的環境不適合推動進步路線的政治運動，但就像當地社運人士所說的，當時當地社會「瀰漫著革命精神」。二〇一八年二月二十二日，超過二萬二千位該州學校教職員、校車駕駛刻意曠職，展開將近三十年來第一次全州學校罷工。西維吉尼亞州教師的薪資在美國各州教師裡面排名倒數（第四十八名），而且已經整整四年沒有加薪了。很多老師其實都是一領到薪資支票就只能花個精光，如果真的不敷支出就只能趁沒有上課時兼差。

在配偶、孩子的陪伴之下，數以千計教師一邊高喊口號、一邊從各扇大門走進上有金色穹頂的州議會大樓裡。根據一八七七年以來的工鬥傳統，他們身穿紅色T恤、把紅色大手帕紮成領巾來戴。（想當年，就是西維吉尼亞的鐵路工開了美國罷工史的第一槍。）接著美國史上幾場最具代表性的勞權抗爭活動都曾出現這樣的「紅脖子勞工」（rednecks，這個詞是後來才偏離正軌，演變成「思想帶有偏見的窮困白人」的代名詞）。參與工會的勞工比例從一九七八年的百分之三十八下滑為二〇一八年的百分之十三，因此「紅脖子勞工」的精神於這幾十年間也在西維吉尼亞州逐漸煙消雲散；不過，這年的教師大罷工可說是新時代的開端。罷工行動持續了九天，最後為他們贏得百分之五的加薪額度，也激勵了類似罷工行動於其他共和黨主政的州展開，包括亞利桑那、肯塔基與奧克拉荷馬等州。其他產業也跟進罷工，因此到了二〇一八年年底之際，罷工的勞工人數累積到雷根執政時代以來的新高點。

但二〇一八年革命精神的外溢效應早已擴散到勞運界之外。當時，各種跡象才剛開始露出端倪，但我們漸漸已可看出川普執政年代所形塑出的道德氛圍，是如何刺激美國各界群眾群起反抗既存體制，對美國社會各角落的種族歧視、厭女、經濟剝削等問題展開大反撲。二〇一七年秋天，十幾位女性首先發難，挺身而出泣訴她們曾遭好萊塢製片哈維・溫斯坦（Harvey Weinstein）性侵或性騷擾，自此引發全球的 #MeToo 運動風潮，許多位高權重的男性紛紛中槍倒地。為這股怒火添柴加炭的不僅是幾十年來許多族群遭到忽略，聲音被打壓，還有川普始終逃避責任，不肯對自己多年來屢屢踰矩犯錯的情事認錯。這其中包括先前已有錄音帶揭露他承認曾經對許多女性伸出鹹豬手，還有二十六位女性出面指控他的種種不當行徑。

到了二〇一八年春天，登記參選眾議員的女性人數已經破了多項紀錄，但更驚人的現實反映在「艾蜜莉的名單」（Emily's List，一個透過支持特定候選人來實踐支持墮胎訴求的超級政治行動委員會）提供的數據。這個團體統計了曾經為了選舉而與其接觸求助的女性人數，即便最後並未真正參選也算在內。二〇一六年，人數總計九百二十名；但是到了二〇一八年，數字暴增為三萬四千人。

對川普政權的反撲不只顯示人民想要對排除異己、大打恐懼牌、霸道者當家的政治文化說不，更是要向當時的白宮主人宣戰，因為他企圖讓聯邦政府自廢武功。這表示民間有一股聲音：運作完善的政府的確能夠成為促進社會團結的凝聚力。如果用生物現象的隱喻來說明這種來自美國社會各界的反對聲浪，我們不妨說是政體如身體，一旦身體生了病就會出現各種抗體，群起反抗各種有如毒素般的不良政治文化，像是「我會好好思考，為此禱告」的空話、白人至上主義、民主的墮落以及疑神疑鬼的社會氛圍。

這一次，社會大眾拒絕把經濟、政治、人身安全或環境的問題分開看待，而是要求政府承認這些問題環環相扣，是阻礙進步的元凶。在西維吉尼亞，各種抗議活動不是只反映出地方性，顯然也深受其他各地社會運動的影響，像是占領華爾街運動，還有伯尼・桑德斯爭取獲民主黨提名為總統候選人的競選活動。老師們手拿標語，上面寫著「我們要一體適用的勞工健保——不要公司福利」。讓他們挺身抗議的是導致美國社會愈來愈無以為繼的各種經濟、政治不平等問題。

前不久，麥道威爾郡的沃爾瑪才剛結束營業，不但導致本來就極為稀缺的當地工作機會消失，也意味著該郡民眾失去了原有的食物供應商，一萬一千人的三餐問題亟待解決。

❖

透過教師罷工事件，凱蒂與其他社運人士彷彿看見一線曙光，覺得機會來了。她跟我說：「種種跡象讓我們意識到，過去我們夢想的一切好像並非全無可能。」多年來，凱蒂透過請願來實現各種訴求，因此必須進行各種連署工作，向議員施壓，但卻也漸漸開始感到洩氣。因為有太多外部勢力把手伸進民意機構，導致這年頭沒錢就沒人傾聽社運人士的聲音。以要求提高用水品質的活動為例，最高主管機關是公共服務委員會（Public Service Commission），但在會中任職的袞袞諸公卻大多曾在工業界擔任高層主管。她說：「明明是該好好管束的人，諸位委員卻跟他們好來好去。對我來講，這好像敲響一記警鐘。我們受夠了到議會大樓去一一登門拜訪。我們想要直接占領那裡。」

即便教師罷工行動尚未告一段落，凱蒂就已經開始與另一位頗有成效的社運同志史蒂芬·史密斯（Stephen Smith）擘劃政治大局，而且史蒂芬正考慮著是否要在二〇二〇年角逐州長大位。畢業自哈佛的史蒂芬是土生土長的西維吉尼亞州人，才三十八歲，返鄉後從事扶弱濟貧的工作。

他身材高䠷、在鏡頭前非常上相，且又口若懸河，常讓人聯想到在德州挑戰泰德・克魯茲參議員席次的民主黨眾議員貝托・歐洛克（Beto O'Rourke）。史蒂芬帶領的非營利組織曾經成功促使該州議會提高最低薪資，並要求州政府擴大辦理在學校提供早餐的計畫。但是他跟凱蒂一樣，對於西維吉尼亞州政界根深柢固的貪汙亂象，以及只顧宣傳不願做事的問題愈來愈感到挫折無力。他跟我說：「當我們的政府沒有好好做事，那我們就只能自己挽起袖子來亡羊補牢。沒有任何公司、政黨或政客會幫我們解決問題。只有一般民眾會挺身而出，而且從以前到現在都是如此。」

❖

西維吉尼亞州現任州長吉姆・賈斯提斯總是讓左派的社運人士感到特別躍躍欲試，因為他從父親手裡繼承煤礦事業後又將觸角擴及房地產與飯店業，從政前已經是個億萬富翁。賈斯提斯因為川普而從民主黨叛逃到共和黨，而且各界除了對他撻伐不斷，還列舉出他們倆的各種相似之處。例如，《查爾斯頓郵報》披露：「賈斯提斯的幾家煤廠屢屢遭人檢舉違反汙染防治與工安法規，而他的各家公司的未付稅款更是數以百萬計。」

二〇一八年十一月，史蒂芬正式投入選戰，由凱蒂擔任競選總幹事。但除了與現任州長打對臺以外，他們還有一些計畫是比較沒有那麼顯眼的。這組競選團隊的終極目標是扮演桶箍角色，糾集各路候選人成立一個他們所謂「西維吉尼亞等不及」（West Virginia Can't Wait）的陣營，爭取各級民代職務。為了向「紅脖子」精神致敬，他們在整個州跑行程期間都把紅手帕紮成領巾來戴，並且結交想要競選市議員、地方法官與郡行政長官職務的各路人馬，形成共識，希望能共創一個他們所謂「人民做主的政府」。他們每到一個地方就會到鎮公所舉辦與民眾對話的活動（最後總共辦了二百多場），回收了幾千份選民填寫的問卷，讓他們能夠以此為基礎來發展出政見。在鎮公所辦活動時，他們最有效的一招就是玩大風吹的遊戲。史蒂芬找來六位自動自發的民眾出來玩遊戲，然後挑選其中兩位，由他們各自占住兩張椅子，而剩下的兩張椅子就由其餘四位民眾去搶占，但幾乎沒有人會停下來問一個問題：為什麼那兩個人可以獨占四張椅子，其餘四人卻只有兩張椅子可坐？史蒂芬說，這不就是美國的現狀嗎？這個遊戲讓我不禁想起川普好友卡爾·艾康（Carl Icahn，是個惡意併購專家）對幫他寫傳記的作家說過的一句話：「我不相信這世界上有『公平』這回事存在。那只是人類發明出來的概念，後來成為約定俗成的智慧。」

「西維吉尼亞等不及」的社運人士都是進步理念的擁護者，他們支持單一保險人制度、大學免學費等理念，也認為該根絕無家者的社會問題，但卻都避免使用「進步」一詞，因為怕鄉下的選民對這個字眼有疑慮。過去三、四十年來保守主義不斷批判政府只會幫倒忙，造成了根深柢固的影響。這些社運人士自創標籤，宣稱自己反對「老友互利」（good old boys）的政治文化，因為就是這種用人唯親的體制讓公司與投資人，可以利用西維吉尼亞的土地與人民來賺錢，但卻沒有給予公平的回報。從政策的角度說來，他們提的政見之一是要針對該州的林地課稅，因為過去一百多年來那些土地都是由全國性的幾間鐵路公司所有，但營收卻完全沒有回饋給州民。

這些思想左傾的年輕社運人士在各州之間奔波拜票，除了直接與民眾對談，也會晤各地大老，但完全不知道大家的接受度如何。到了人口只有二千六百七十六人的該州南部小城辛頓（Hinton），就在他們等待當地一位警官接見時，接待人員用帶有疑慮的神情看著他們。與警官會晤時，史蒂芬用常提出的問題開場：「假使你是州長，首先你要做什麼事？」這問題彷彿讓警官的眼睛為之一亮，開始述說種種政治腐敗以及大企業將手伸進政界的問題。讓他感到最納悶的是：「為什麼我們要活在一個讓說客掌控一切的世界裡？」接下來他們暢談一個小時，聊的都是要拱史蒂芬和凱蒂自己跳出來選，以及他們該出來選的原因，像是金權政治的弊病，還有權力不對等的問題。

凱蒂當然知道她跟那位辛頓的警官，不可能在每個議題上都有相同看法。「我們大概還有其他一千多個政見是他應該不會同意的。」但令她印象深刻的是，想要把更多意見不同的人聚集在一起，組成一個聯盟，其實是有可能的，因為此刻大家都對民主體制的失衡深感挫折。她說：「我們不會說：『這傢伙要同意我們的所有政見，否則他就不是我們的人！』現在的情況沒那麼簡單。我認為，左派陣營所想像的是，非得要讓所有人在所有議題上都達成共識，否則就沒辦法促成進步。但我自己可不這麼想。我的想法是，為了促成進步，就必須針對我們想要推進的議題組成同盟，並且在這同盟中求同存異，然後排除萬難，繼續往前走。」

幾個月就這樣過去，他們也找到了群眾基礎。許多初試啼聲的候選人加入他們的陣營，其中有十幾位老師與其他學校工作者，他們都是因為罷工行動而萌發參政的想法。加入此一陣營的前提是，所有候選人都得要承諾：不得接受企業的政治獻金、不得拒絕辯論、必須支持罷工。史蒂芬說：「原本我們以為只要能聚集二十或二十五個人來聯合競選，就已經是個奇蹟了。沒想到一年後，陣營的成員竟然高達九十三人。」

這個運動非常顯眼，另外一個理由在於，西維吉尼亞是全美國人口老化速度最快的州之一，但他們卻都是如此年輕。史蒂芬說：「陣營成員中有超過一半年約四十或更年輕。」這就是所謂的千禧世代美國人，他們在一九八一到一九九六年之間出生，年齡層分布甚廣，但卻同樣呼籲公平正義，而這正反映出他們對於美國社會基本經濟體制的運作有多不滿。美國在二〇〇八年金融海嘯受經濟景氣遭逢重創，人生因此遭逢巨變的，就包括當時年紀還很輕的千禧世代。如今，在接近中年之際，他們的經濟狀況無法與先前的幾個世代相比，不但財產與房地產更少，連帶也造成他們的結婚比例下降，生的孩子也比較少。例如，在二〇一六年，一般千禧世代成員家戶的平均財產淨值是九萬二千美元，與二〇〇一年X世代的財產相較（如果不考慮通貨膨脹因素的話），少了百分之四十。*

最後，史蒂芬獲得的個人捐款筆數打破西維吉尼亞州州長選舉史的紀錄。當他們把捐款人名冊上傳到州務卿辦公室的網站時，網站竟然因為資料太多而癱瘓。在民眾對政治無感與絕望程度高居全國之冠的地方，他們竟然募得二千四百四十九筆個人的小額捐款。而現任州長賈斯提斯的小額捐款筆數呢？十三筆。

❖

川普政府只要推出新的戲碼，就會在華府以外的美國社會造成各種迴響，公私兩端皆是如此。二〇一八年秋天，川普提名布雷特・卡瓦諾（Brett Kavanaugh）法官就任大法官，結果他卻遭心理學教授克莉絲汀・福特（Christine Blasey Ford）指控曾於三十六年前性侵她，不過卡瓦諾否認了。福特教授受到許多人要取她性命的威脅，但還是去參議院司法委員會作證。她在會上表示：「我今天會出席並不是因為我想出席，而是因為我感到非常驚恐。」福特的證詞啟發了全世界許多女性。許多民眾打電話到C-SPAN電視臺的叩應節目上**，痛訴自己曾於幾十年前遭性侵或性騷擾，除了分享自己的心境與遭遇，也痛罵那些侵犯他們的人。在社群媒體上，從迦納、法

* 編按：X世代指的是出生於一九六〇年代至一九七〇年代的人。下一個世代就是千禧世代，也就是Y世代。

** 譯注：專注於報導公共事務的美國非營利電視臺。

國到香港，社會大眾在觀看福特於聽證會上的證詞後，都在貼文上稱讚她非常勇敢。

類似故事也發生在西維吉尼亞州。查爾斯頓市的藝術家杰美・米勒（Jamie Miller）育有四位子女，儘管都已成年，她還是決定把自己曾於十幾歲時遭性侵的不幸遭遇告訴他們。性侵事件後她曾懷孕，但是動了墮胎手術。杰美後來表示：「我從來沒有跟別人提過這件事。」儘管卡瓦諾的任命案後來還是通過了，但她說福特教授的證詞令她覺醒。

杰美決定去西維吉尼亞州的婦女保健中心（Women's Health Center）當志工，因為整個州只有那裡提供墮胎手術。這工作可不輕鬆，因為她必須陪伴要墮胎的婦女穿越抗議人潮，其中一位表現最激烈的抗議人士是野心勃勃的政客德瑞克・伊凡斯（Derrick Evans）。他甚至暗示自己有帶槍。他對記者表示，就算他的美國憲法第二修正案權利遭剝奪，他還是享有第二修正案的權利。*他專門在臉書上直播與他人發生衝突的事件，為此吸引了四萬多位臉友追蹤。他在影片中對某位要墮胎的婦女咆哮：「從保健中心出來後妳還是媽媽，只不過妳的小孩死掉了！」恐嚇杰美這件事讓伊凡斯特別來勁，他在臉書上的影片稱呼杰美是「女巫」和「胎兒殺手」。有位支持他的臉友在他的臉書上寫道：「如果你做掉她，我們應該也可以說這是墮胎，所以沒有罪吧！」

最後，在福特教授的感召之下，杰美把伊凡斯告上法院。法官判給她一紙禁制令，命令未來的一年半期間伊凡斯不能到保健中心外面去抗議。但伊凡斯卻也因為這項判決在支持群眾中獲得更高的人氣與知名度，於是在二〇一九年六月宣布角逐州眾議院席次。為他背書的政治行動委員會都是財大勢大，例如州警協會（State Troopers Association）。杰美投書該協會，以自己的人身保護令佐證伊凡斯不適合從政，協會不該為他背書。杰美回憶道：「但我的信好像石沉大海。」結果，伊凡斯順利於二〇二〇年十一月順利當選州眾議院議員。

川普上臺促使許多美國人重新檢視過去那些幾乎被當成理所當然的社會現實。二〇一八年夏天時，人們養成了分享新聞短片的習慣，但短片內容卻反映出一個屢見不鮮的模式：表面上看來是展現韌性與慷慨等人性特質的暖心故事，但只要仔細一想，卻反映出美國的政治體制已經病入膏肓。例如堪薩斯市婦女安潔拉·休斯（Angela Hughes）的故事：她生了一個早產的小孩，但公司並沒有給她育嬰假，所以同事們就把自己的休假捐給她。這個故事在推特上廣為流傳，但某位英國記者卻一句話突破盲腸：「身為一個外國人，我覺得很奇怪。在英國，法令規定勞工每年至少能夠放二十八天有薪假，而且育嬰假更是法令明文規定的勞工權利。」患有第一型糖尿病的六歲病童伊恩·克里斯汀生（Ian Christensen）的故事，是另一個例子：他住在密西根，為了買一隻能夠察覺血糖劇烈變化，讓他免於危險的狗而推銷南瓜。記者亞當·強森（Adam H. Johnson）說這個故事「純粹只是灑狗血，反映出我們的健保制度已經爛到極點，但卻還有那麼多人按讚。」還有人用不無嘲諷的語氣評論道：「對啊，我們也是可以像他那樣咬緊牙關苦幹實幹，然後就能

＊ 譯注：第一修正案與言論自由有關；第二修正案規定民眾有攜帶武器的自由。

享受最基本的生活條件了！」

❖

作用必有反作用力。二〇一八年十一月，川普政權迎來激烈的變天局勢：民主黨成為眾議院多數黨，席次增加四十一席，堪稱一九七四年以來最強烈的一波藍色海嘯。國會的新科議員中不乏深具影響力的進步人士，他們不只讓共和黨議員感到壓力，就連民主黨的大老級議員也受其影響。紐約市新科眾議員雅麗珊卓．歐加修－寇蒂茲（Alexandria Ocasio-Cortez）的政治傾向是民主社會主義（Democratic Socialism），生日比柏林圍牆倒塌的日期[*]早不到一個月，在當時是史上最年輕的女性國會議員。勝選幾天後，她成為美國青年主導的「旭日運動」（Sunrise Movement）的支持者，為了對抗氣候變遷而到眾議院準議長裴洛西的辦公室外靜坐抗議。

這個思想前進的世代反映出美國青年已經開始質疑美國如何看待自己的主流論述。在他們看來，美國的體制已經無法阻擋社會不平等、氣候變遷、寡頭統治與政治護航等問題。他們推進各種進步政見，包括讓大學生畢業時不用背債、全民納入健保、綠色新政（Green New Deal）等等，而收入超過千萬美元者採行百分之七十的邊際稅率（marginal tax rate）則是歐加修－寇蒂茲的政見之一。

幾週內，二〇二〇年的總統大選就要開跑，因為川普偏袒富人階級，這讓思想前進的候選人們趁勢而起，主張要發動改革，從根本上造成美國社會的變遷。麻州選出的聯邦參議員伊莉莎白·華倫（Elizabeth Warren）宣布投入總統大選時表示，並非川普「造成如今的亂象，應該說美國早就已經走偏了，他只是最近顯現的最極端症狀。」華倫參議員倡議許多改變，其中之一是要修法，讓大企業的董事會成員有百分之四十必須由勞工選出。她還呼籲，財產淨值超過五千萬以上的美國富人必須每年繳納百分之二的稅。桑德斯也以老將之姿再度出馬競選總統，他則是呼籲讓遺產稅稅率恢復到一九七〇年代的水準，包括超過三千五百萬的資產必須繳納百分之四十五的稅額，而如果是億萬富翁的話，最多必須繳納百分之七十七。

川普總統高調展現財閥治國的執政風格，帶著美國走回以往那種白人男性說了算的時代，但這卻也刺激了民心思變，大家想要透過政治的手法來解決不平等問題。在過去的時代，民眾往往把國內巨富當成美國的奇觀，甚至對於少數人而言，那些人物更是驅使著他們力爭上游的榜樣。但如今美國的社會氛圍已經不是如此。常見的民調已經證實了ＮＢＣ新聞**與《華爾街日報》的一項調查結果：「眼看著政治體制似乎只為有錢有權的圈內人服務」，百分之七十的美國人都感

* 譯注：一九八九年十一月九日。

** 編按：國家廣播公司，以下內文簡稱ＮＢＣ。

到憤怒。

社運人士舉辦充滿諷刺意味的格林威治旅行團，名叫「無恥有錢人的生活方式」（Lifestyles of the Rich and Shameless），帶著大家搭乘遊覽巴士欣賞當地諸位金融家的住家（其實往往只能看到外圍的高牆）。他們在外面留下超大張的「稅單」，活動主辦人表示是因為他們「把美國經濟搞爛」而抽稅。在此時，康乃狄克州則是因為十七億美元的預算赤字而考慮砍掉四千個州政府的工作。旅行團的最後一站來到克里夫·艾斯尼斯的辦公室外面。他是信奉自由意志主義的避險基金經理人，他認為學童辯論的題目應該是：什麼才是比較好的避險基金策略？抗議人士帶來一隻抽著雪茄的巨大充氣豬公，放在他的辦公室外。

❖

在民眾普遍感到憤怒之際，不少商界高層主張資本主義若不改革將無以為繼，包括格林威治的某些顯赫人士也抱持同樣的看法。因為創辦名為「橋水」（Bridgewater）的避險基金而積攢出約略一百八十億美元身家的雷·達里歐（Ray Dalio）是鎮上首富，他把收入不平等的現象稱為「美國的迫切危機」。某個州立公園旁一處靜僻的莊園裡，坐落著他那棟充滿現代感的複合式辦公樓房。進去他的辦公室後，我們坐在玻璃牆面旁，往外可以眺望一泓清池，鳥兒在池裡的蘆葦叢中飛進飛出。

又高又瘦的達里歐年近七十，留著稍長的白髮，看得出是臉部表情強烈且豐富的人。他坦承自己富有的友人與鄰居們大多還沒有看出不平等問題有多廣泛和嚴重。他說：「有些美國人就是看不到目前社會底層有多貧窮、多悲慘，他們大多沒有意識到問題的嚴重性，因為有錢人就是無法直接接觸到那個社會層面啊！我住在格林威治，開車沒多遠就能抵達布里吉波等城市的窮困地區，但富人與窮困底層之間彷彿有無法跨越的鴻溝，生活經驗也是天差地遠。」他說他算是覺醒了，但不是因為民眾抗議事件頻傳或因為川普的財閥治國風格，而是因為他老婆芭芭拉。先前她曾在康乃狄克州幾家低收入戶學童去的公立學校當志工，也會捐錢。他說：「要不是我老婆會密切接觸布里吉波的居民，我們也不會跟那個階層有互動。理由很簡單，格林威治人哪會去待在布里吉波？搞不好連去都不會去啊。」

達里歐表示他不同意那種「把億萬富豪都抹黑」的政治話術，但這並不令人意外。他說：「把任何一個社會群體妖魔化都是不對的。大多數億萬富豪都是好人，他們跟許多人一樣辛勤工作，只是運氣比較好，遇到能夠賺比較多錢的機會。他們大多不是邪惡的吸血鬼，而且也會按照法治社會所訂下的遊戲規則去做事。如果有人不喜歡他們做的那些事，那就跟立法的人好好談一談嘛！我認為立法當局應該對富人跟企業徵收更多稅金，如此一來才有足夠資源能夠幫助那些不該挨餓的人。不過，這也只是我的想法而已。」

我們訪談時間愈久，我愈是感覺到達里歐的措辭很小心，不想讓自己聽起來像在抱怨。儘管格林威治有不少億萬富豪已經覺醒，發現到不平等問題的事態有多嚴重，但其中許多人仍然避談責任，不想討論金融業與經濟不平等問題的關係有多密切。且當然還有某些投資人貪得無厭的行徑，包括榨乾夕陽產業的剩餘價值、用彷彿「露天採礦」的手法利用地方新聞產業*，還有利用破產法院當工具，剝奪勞工既有的養老金與健保給付福利。在格林威治舉辦的一場大型會議上，避險基金經理人保羅．瓊斯呼籲聽眾要意識到勞工的確受到了不公平的待遇，但他還是急著向大家保證：「那絕對不是因為我們這些好人幹了什麼壞事，而是天有不測風雲，當然會有些人倒楣。」主管格林威治鎮民政事務的艾倫．巴瑞（Alan Barry）告訴我，他的確讚賞鎮上不少富人能針對不平等問題公開表達憂慮，但不能接受「天有不測風雲」這種論調。「在各種既定政策一起造成今天的亂象後，你們才轉身對大家說：『哇嗚，資本主義失控了！』你們有沒有搞錯呀？」

大體而言，這些億萬富翁雖然普遍遭受美國人怨懟，但他們一般卻不太會去深究問題的根源。格林威治最大莊園的主人湯瑪斯．彼得菲告訴我：「會有這種收入不平等的狀況出現，都是因為科技迅速發展變遷，突然間造成生產力大增，結果生產物品與提供服務所需的人力減少，自然有些人也就失去工作機會。」他說，有個解方就是全民普發現金，而他開始倡議把政府提供的所有福利措施停掉，改為讓所有人都能拿到一筆基本收入：「與其對商業發展設下諸多限制，不如直接把錢發給民眾，所需的成本低多了。」彼得菲的身價據說高達一百四十億美元，我問他：

如果美國政府有辦法讓他們無法累積巨富，那麼是否收入不平等的問題一開始就不會變得那麼嚴重？他的回答是：「喔，那我可能早就失去動機，不會那麼拚命工作了。說真的，其實我也是歷經好幾次幾乎破產的危機。假如我有更簡單的脫身方式，我可能會選擇放下一切，乾脆就別那麼努力了。」訪談進行不久前，他才剛把格林威治的莊園賣掉，遷居並未徵收所得稅的佛州。

不過，就在桑德斯、華倫與其他人的倡議愈來愈受矚目之際，某些地位顯赫的投資人也意識到美國來到了一個轉捩點：如果他們的產業持續忽視社會的不公不義，以及權力失衡的問題，遲早會遭受嚴厲懲罰。二〇一八年期中選舉後不久，行事低調但深具影響力的波士頓投資人賽斯·卡拉曼（Seth Klarman）對我說：「我想，如果商界高層想要開始好好善待自己的員工、客戶與自己生活周遭的所有人，現在還沒到為時已晚的地步。」但如果他們還是不肯呢？他說：「那就會有人挺身而出，幫他們做那些事。」

卡拉曼是Baupost基金（資產總值高達二百七十億美元）的總裁兼執行長，偶爾有人會以「波士頓的奇蹟」之美名稱呼他，並且覺得他與股神華倫·巴菲特（Warren Buffett）頗有相似之處。追捧他的人把他的書《安全邊際》（*Margin of Safety*）視為收藏品，就連頁邊有折角的二手書

---

* 譯注：本書第三章曾提及，某些報社陷入困境時，為了避免關門而把自己賣給大企業，但大企業卻會透過減少記者人力和出售未使用的空間來節省支出。《華盛頓郵報》的專欄作家瑪格麗特·蘇利文把這手法稱為「露天採礦」。

在亞馬遜網站也能賣一千多美元。多年來他都是新英格蘭地區最大咖的共和黨金主，但自從川普竄升成為該黨的領頭羊以後，卡拉曼卻開始到處放砲，批評川普對美國的民主體制而言是重大威脅。二〇一八年期中選舉期間，他全力金援民主黨候選人，也捐了不少錢給各個致力於維護法治體制的組織。卡拉曼知道有些人嘲笑他這種行徑彷彿「髮夾彎」。但他不介意，還說：「我覺得啊，今天美國會有這麼嚴重的問題，理由之一就是那些人不知道與時俱進，像老狗一樣學不了新把戲。」

他能如此坦白，實在是非常特別。很奇特的一個現象是，無論是美國的右派或左派都有相似的看法：二十一世紀初會發生那些事情並非失序，因為資本主義社會運作的方式本來就是那樣。許多左派的人甚至認為，哪裡曾經有大眾共蒙其利的美國資本主義黃金時代？有那種幻想的人，無非是忽視了社會上有多少人遭到噤聲。至於保守派人士，原本就把資本主義視為創造性破壞的過程，不平等問題從來沒有斷過，因此該把這問題當成必要之惡。但在商界已經打滾幾十年的卡拉曼卻願意直言不諱地承認，**過去的種種標準早已蕩然無存**。他跟我說：「身為投資人，我深信自己所身處的世界已經變得愈來愈短視近利。」他說，某些投資人不耐久等，動不動就要求暫時調整相關規定，但這種形同作弊的行徑卻讓社會大眾蒙受其害。他質疑道：「他們為何不調整結構？他們為什麼不進行資產分拆的處理？他們為什麼不回購股票？」

卡拉曼告訴我：「他們承受不了玩遊戲的壓力，所以就改變遊戲。」這讓我聯想到，奇普·

史柯隆當初一頭栽進避險基金的世界以後，必須要看著ＳＡＣ資本顧問公司的同事們，有樣學樣。同事們因為先入行，已經取得優勢，而他如果想要成功，就必須跟他們競爭，所以才會鋌而走險。某次在哈佛商學院演講時，卡拉曼強調，商界已經太過傾向於密爾頓．傅利曼的主張，只求將股東利益最大化，但卻完全不考慮會帶來其他什麼後果。他問臺下聽眾：「真的有人相信做生意的人只需要對股東負責嗎？不用理會顧客與員工？可以完全無視於身邊的人群或國家社會，甚或我們這個星球嗎？」他認為過去商界的種種行徑已經帶來許多傷害，因此呼籲同儕們應該承擔更大的善後責任。他說：「難道以後我們要繼續選擇遵從『將利潤最大化』的理念，然後盡可能付最微薄的薪水給員工，並且把他們操到半死不活？我們到底是要選擇合宜的人性化工作環境，抑或是任由環境持續惡化？我們要選擇的是良善的利潤，還是卑鄙的利潤？」

無論是批判華府或不負責任的奸商行徑，卡拉曼有個共同的論旨：美國的政治文化與商業文化已經變成為求勝利而不計任何代價。他說：「若我們把自由企業的經營與民主體制的運行比擬為玩遊戲，如今有太多人正在破壞遊戲規則，除了不尊重其他玩家，甚至還蔑視遊戲本身。麥康奈就是個不尊重遊戲的傢伙。川普更是視遊戲規則如無物。世界上有很多事情是我們做得到的，但是難道這就意味我們應該去做嗎？絕對不是啊。」

❖

儘管川普時代令人民痛苦萬分，卻也讓大家看清一件事：許多華府人士的狼子野心遭血淋淋地呈現在世人面前，尤其是那些「鄉愿的德國佬」，儘管他們也不喜歡白宮主人川普，但卻甘願在他身後隨之起舞。此外，過去常有人說決斷力比專業更重要，還說大刀闊斧砍預算能讓政府更為強大，但事實證明這兩種說法都是過度簡化的傳說。也許，最重要的是川普讓美國人如同大夢初醒，意識到「選舉那天不差我這票」的想法並不恰當。川普也在無意之間證明諾貝爾和平獎得主魯特的話有多睿智：「人若不想辦法參與統治，就會被統治。」從許多能夠體察的面向看來，許多美國人都因為川普而感到尷尬，進而採取行動。根據蓋洛普民調顯示，二〇〇三年，百分之七十的美國人都說他們對於自己身為美國人「深感自豪」；但是到了二〇一八年，只剩百分之四十七的美國人還有同樣的感覺，也是史上第一次比例降到百分之五十以下。川普的所作所為不但讓美國社會產生大量抗體，也讓華府政壇大地震，以至於許多已經凍結二、三十年的議題也開始解凍，儘管某些改變是因為可怕壓力而促成的。

二〇一八年二月，佛州帕克蘭市（Parkland）瑪嬌瑞·史東曼·道格拉斯紀念中學（Marjory Stoneman Douglas High School）遭遇劫難：一個曾經練過打靶，公開聲稱痛恨墨西哥人、猶太人、移民的該校輟學生頭戴「ＭＡＧＡ帽」*，持械入校大開殺戒。這起槍擊事件造成十七死、十七傷，超越科倫拜中學槍擊案而成為美國史上死亡人數最多的中學槍擊案。幾小時內各界就可以看出此次槍擊案在政界餘波盪漾，而且震撼度是過往歷次類似案件所無法比擬的。這所中學的學生與芝加哥那些被迫日日與暴力為伍的學生不同，他們大多來自相當富裕且社會關係良好的家庭。浩劫餘生的學生們充分利用社群媒體，強迫國人好好了解他們所遭遇的恐怖經歷。該校學生大衛．霍格（David Hogg）躲在漆黑的教室裡，拿起手機冷靜地拍片發聲，對美國的政治文化提出控訴：「我呼籲大家為了解救人命挺身而出，為了孩子的性命挺身而出。」

許多政客當然還是以「好好思考，為此禱告」的廢話回應，但遭到學生羞辱。案發幾天後，電視臺轉播了一場市民大會，除了有倖存學生與罹難者的家長與會，參議員馬可．魯比歐也親臨現場。眾所皆知的是，魯比歐堪稱所有國會議員裡面最能言善道的。即便他才二十幾歲，還是個地方官員時，就已經在這方面展現出驚人天分，甚至有位同僚曾說：「馬可．魯比歐一開口，年輕女性為他傾倒，年長女性為他昏厥，就連馬桶也自己沖起水來。」但如今魯比歐面對的是十七歲高二學生卡麥隆．凱斯基（Cameron Kasky）非常簡單的提問：「未來你會拒絕美國步槍協會的政治獻金嗎？」過去曾獲得該協會A+等級評價的魯比歐用常見的招數閃躲問題，他回答道：「只要幫助我的人同意我的訴求，我就不會拒絕他們的幫助……但現在是他們接受了我的訴求，而我沒有接受他們的訴求。」結果魯比歐遭與會群眾狂噓，凱斯基再次追問，隨後又再問一次。魯比歐被問得實在是逃無可逃，臉上出現痛苦難堪的表情，只能複述同樣的陳腔濫調。

---

* 譯注：就是上面印有「讓美國再度偉大」標語的帽子。

我在華府家中看著這一幕，我意識到民眾對魯比歐的惱怒反映出美國各界對於華府政壇人士的虛偽深感絕望，包括他們那種閃閃躲躲的姿態，還有一問三不知的態度。當天那個人真是魯比歐嗎？實在令人懷疑。他看起來就像是個電腦生成的仿生人，因為接受的指令有誤，所以只會說廢話與假話，然後臉部不斷抽搐。還記得某次平凡無奇的訪談中他被問到一個問題：假使你有機會邀請某人一起喝個啤酒，無論那個人物是死是活，你最想邀請的是誰？他想了一下，好像在腦海中翻閱人名檢索卡，然後用嚴肅的口吻說：「馬拉拉」（Malala）。他指的是曾於二〇一四年因為倡議巴基斯坦女性應享有教育權而榮獲諾貝爾和平獎的該國年輕社運人士。這是個嚴肅無比的答案，唯一美中不足之處在於，魯比歐到底在想什麼？他居然想要拿啤酒給謹守穆斯林清規的馬拉拉喝，更何況她還是個未成年少女？

才幾分鐘的工夫，幾位帕克蘭市的學生就在電視轉播畫面上生動地揭露魯比歐身為政治人物，卻沒有中心思想的真相，比任何老練的訪問者都還要厲害。案發後幾個月內，各地學生發起一系列抗議行動，其規模在越戰以降由年輕人領導的示威活動中名列前茅。就其核心而言，這可說是年輕一代美國人提出的嚴重質疑：這些後生小子乘勢而起，以嚴厲的姿態質問上一代為什麼沒有能力好好處理槍枝暴力的問題，就像他們在處理氣候變遷問題時也是一樣笨拙。就這樣，同學們加入了一個愈來愈得心應手的政治運動陣營，大家齊心倡議槍枝管制措施，而領軍人物除了前紐約市市長麥可．彭博（Michael Bloomberg）以外，還有曾在演講時遭槍擊的前亞利桑那州眾議員蓋比・吉佛茲（Gabby Giffords）。到了二〇一八年年底，各州所實施的槍枝管制措施數量是先前的三倍多。期中選舉期間，各個槍枝管制倡議團體的政治獻金金額加起來已經超過美國步槍協會，而且到了選舉結果出爐時，至少有八個獲得該協會A以上評價的現任議員以些微選票的差距落敗。

到了二〇一九年年初，有關槍枝管制的政治文化已經有所改變，只是必須近距離觀察才能發現。民主黨成為多數黨之後，眾議院通過強制法規，無論購槍者是誰都必須先進行身分背景調查，這是過去二十五年來首度獲得通過的重大槍枝管制法案。儘管大家都知道這個案子無法在那一年獲得參議院通過，但E・J・迪昂（E. J. Dionne）在《華盛頓郵報》上的專欄寫道：「這昭示了槍枝說客權力式微的年代已經到來。」在外患頻傳的同時，美國步槍協會也是內憂不止，出現了濫用公款與管理不善的疑雲。根據外洩的稅務申報紀錄顯示，該協會執行長韋恩・拉皮耶（Wayne LaPierre）在比佛利山莊的時尚精品店Zegna花了二萬五千美元，事後卻向協會申報費用，另外還有二十五萬美元的費用是他前往巴哈馬群島、佛州與義大利等地方的個人機票錢與禮車服務費用。這些資料引來紐約州州檢察長詹樂霞（Letitia James）矚目，因此針對該協會享有的稅金豁免權利展開深入調查。

隨著外部壓力增強，在愈來愈急迫的情況下，美國步槍協會也屢屢向外界懇求金援。自從去參加過該協會的年會後，我就持續收到請求捐款的電子郵件，其中一封的開頭如此寫道：「伊文，我們需要你大力支持！」如果我再繳交一次三十五元的會費，我就可以選擇一個免費的美國步槍協會授權商品，包括各種獵刀，還有一個迷彩色的旅行包。

到了冬天，隨著民主黨成為眾議院多數黨，步槍協會也以更加急迫的語氣發出訊息。二〇一九年二月，我收到的一則以「搶救自由！……搶救荷包！……絕對超值！」為標題的訊息，內容如此寫道：「裴洛西與她領導的眾議院多數黨強推禁絕槍枝的政策，不止要禁絕槍枝，還會要求槍枝擁有者要註冊。憤怒的媒體菁英，要求管制槍枝的言論滿天飛，把那些暴力罪犯與瘋子的行徑怪在你頭上，並且歸咎於你的自由。」

像這樣的訊息我每週都會收到。另一則訊息是這樣開頭的：「最後機會！」接著又說：「特惠將在七十二小時內結束！」但說什麼最後機會根本就是騙人的，因為每週我都收到同樣訊息。到了三月，因為詹樂霞檢察長對執行長拉皮耶提起公訴，該協會發送到我帳號裡的訊息變得語氣更為直截了當，讓人感覺該組織正處於生死存亡之際。不過，這次他們創造出一個新的敵人，要求會員讓自己的戰鬥意識覺醒，對最近的這個目標發動政治攻擊：

痛恨槍枝的各州檢察長正聯手對美國步槍協會展開法律戰，想要利用各種訴訟來淹沒我們……同時讓你噤聲……無庸贅言的是，這是一場我們非贏不可的法律戰。如果我們沒有正面迎擊這些威脅，我們的敵人就會摧毀步槍協會，讓美國憲法第二修正案灰飛煙滅，並且從根本上改變美國——永永遠遠地改變。如今急迫的情況前所未見，如果想要守住陣地，用盡所有氣力反擊，你、我，還有五百多萬的美國步槍協會會員就必須同心協力。

❖

寫書這幾年我走遍全美各地，發現槍枝是一種足以把不同經驗的美國人串聯在一起的奇特物件。大家無論在思想或經驗上的差異有多大，生活都可能與槍枝有所關聯。對於槍枝的態度不同，就會衍生出各自有別的政治認同，而且不同態度的人內心都可能因為槍枝而感到痛苦焦慮。愛之者有，恨之者也不在少數，但就是不可能忽略槍枝。回美國定居的時間愈久，似乎我也對屢屢發生的大規模槍擊屠殺案感到司空見慣了，因此也愈容易忘記先進國家的人民把這視為美國社會的怪象。二〇一九年，厄運再度於降臨美國：某個週末在代頓（Dayton）*與艾爾帕索兩個城市又發生槍擊案，總計奪走三十一條人命，因此就像美國國務院會對國人發出旅遊警示那樣，日本政府也針對美國發出警示。駐密西根州日本領事館提醒國民：美國是個「槍枝氾濫的社會」，「無論到哪裡」都有可能遇上槍戰。

* 譯注：位於俄亥俄州。

芝加哥被冠上槍枝暴力肆虐的汙名後，許多市民深感無力。某些基本的事實的確沒有錯，但似乎有很多外地人很喜歡誇大渲染這些亂象。賈莫・柯爾（Jahmal Cole）是芝加哥南區的一位社區工作者，他看著某位郊區電視臺的攝影師在南區找取景的街區。明明有一座新的社區公園以及某家辦學績效良好的小學，但攝影師視若無睹，偏偏只拍那些門窗被木板封起來的房舍、一堆堆垃圾，還有群聚終日、無所事事的年輕人。當天晚上他在電視上看到攝影師的最後成品，深感挫折，因為他感覺那些影像實在是過度簡化，容易讓人誤會。他心想：那是「帶有特定觀點，拍出來恐嚇民眾的影片」，不過透過影片的確也呈現出某些芝加哥的問題，而他就是以解決那些問題為己任。

那年夏天某個午後，賈莫帶著八歲女兒卡慕兒（Khammur）去某個有遊樂設施的場地玩。一如往常，他沒有去他們家附近的場地，而是前往更安全的地區。這天他去的場地位於海德公園，他的偶像歐巴馬曾在那個地區工作過。就在卡慕兒在攀爬架上遊玩之際，賈莫聽見砰一聲，接著是砰砰兩聲。他一把抓住女兒，帶著她一起撲倒在地，身體緊緊貼著地上的木屑堆。不久後四周回歸平靜。他們沒有受傷，但這種經驗總令他感到傷心難過，因為他自己是過來人，知道那種回憶會在卡慕兒的小小心靈中揮之不去很長一段時間。他翻過身子，把一些木屑丟到空中，假裝剛剛的動作是自己在跟女兒玩。

三十六歲的賈莫身高大約一百九十公分，虎背熊腰，拳若鐵鎚。據其自述，大學時代他曾是籃球校隊的板凳球員，而且此後始終保持運動員的生活型態，幾乎每天都會跑個五公里，跑過許多人們只敢開車路過的地區。這是一種故意為之，想要把生活正常化的姿態，因為賈莫希望自己的女兒卡慕兒與甘迺荻（Kennedy）能夠過比他小時候更為穩定的生活。他的父親李歐納（Leonard）曾於海軍服役，後來染上毒癮，讓整個家庭陷入一陣混亂。賈莫的母親葛洛莉雅（Gloria）信奉的教派是耶和華見證人（Jehovah's Witness），而且會帶他去做禮拜，因此他從小就向牧師們看齊，講話很有抑揚頓挫，充滿自信。他父親對教會沒有興趣，但並沒有阻止他去做禮拜，而賈莫對我說：「就是因為從小就去教堂，我跟白人講話時才不會那麼害怕。」

成長過程中，賈莫大多是跟父親待在一起，儘管他的工作時有時無，但卻很樂意沉浸於黑人的文學與藝術，尤其是那些關於黑人為自由而爭鬥的作品。他們騎著腳踏車經過一間間廉價公寓與汽車旅館，李歐納的工作是在牆上張貼傳單與海報，賈莫說：「他的動作感覺好像是在西斯汀教堂（Sistine Chapel）裡工作那樣謹慎。」李歐納每週給他三十美元零用錢，但是到了月底沒錢買晚餐時，李歐納又會跟他借回去。

性格堅韌的賈莫拒絕選擇沒有希望的人生。接受生涯規劃諮詢時，高中輔導老師勸他繼續讀專科習得一技之長，或是去陸軍當兵，但他偏偏隨便撕下大學升學指南的某一頁，申請了其中幾間學校。賈莫去了位於內布拉斯加州小城韋恩的韋恩州立學院（Wayne State College）。學校不大，但卻是他的人生轉捩點。他加入籃球隊，儘管上場機會不多，加入球隊卻讓他有機會四處旅行，而且也因為行程緊湊而讓他學會怎樣管理時間。他對我說：「我們的籃球隊總教練教會我一個道理，『如果你只是準時到，那就是遲到了』。」

據賈莫自述，畢業後他打過一些零工，但是參加太多派對。不過歐巴馬在二〇〇八年勝選後讓他內心受到觸動，他說：「我開始讀他寫的書。」賈莫喜歡歐巴馬競選團隊善用社群媒體的方式，而他有能力讓不同種族與階級的成員都擁戴他，也令賈莫感到印象深刻。賈莫說：「假使金恩博士活在今天這個世界，那麼他創辦的南方基督教領袖會議（Southern Christian Leadership Conference）應該是個臉書的粉專吧。」

二〇〇九年，賈莫到某家證券行打零工，負責搬箱子與掃地，地點就在瑞克．桑特利發表茶黨演說的地點附近。他總是提早上工，工作態度讓老闆們印象深刻，因此原本幾天的零工變成正式職缺，讓他去ＩＴ部門工作。不過賈莫覺得沒有歸屬感，因為那辦公室裡幾乎都是白人男性，而且都是上過貴族學校的菁英。他說：「他們都是世家子弟，駕駛帆船跟打曲棍球是他們日常生活的一部分，只有我一個跟他們格格不入。」但是賈莫非常景仰證券行的創辦人威爾．霍伯（Will Hobert），他是個低調的明尼蘇達人。賈莫說：「他是白人，他老婆也是白人。他們是住在北區的有錢人，但是從外表卻看不出來，因為她穿得比我還差。」賈莫上班不久後，霍伯把汽車鑰匙丟給他，要他去家裡幫忙拿一臺電腦到辦公室來。從來沒有人這樣信任賈莫，這次經驗讓他非常感動。

霍伯派賈莫去接受微軟電腦系統的管理員訓練。但結果不太好。賈莫說：「我沒有通過測驗。回公司後我簡直不知道怎樣面對老闆。我大概是跟他說：『嘿，我知道接受訓練要花很多錢，不過我以前完全不懂那些啊。』他則是大概對我說：『沒關係，那你可以進步嗎？』我說：『我會去買一些單字卡，要我老婆幫我一起複習。再讓我去受訓一次吧。』他又花了一萬美元，結果，我又沒過。但我大概是只差五分就及格吧，所以他又讓我去一次。結果我合格了。」

接下來四年他在證券行當了四年的微軟系統管理員。但是到了二〇一三年，他把注意力轉移到其他地方。先前他在閒暇時間就開始去當志工，在庫克郡擔任少年罪犯的導師。令他感到驚詫不已的是，那些少年竟然一輩子都沒去過芝加哥市中心，儘管那裡距離他們的住處只有一趟公車之遙。「有個孩子說：『我都在二十一街混。』另一個說：『我是在羅斯蘭（Roseland）。』我好像是對他們說：『你們怎麼都沒說過芝加哥市呢？』他們說：『因為市中心沒有黑人啊。』」

因為來自類似的背景，因此他知道孩子們深受種族隔離的荼毒，也不覺得自己有可能離開自己的環境，進入另一個世界。他想到要發起一個社區組織。他說：「我本來想把那個組織稱為『改變你的觀點』（Changing Your Perspective），但那幾個字印在T恤上實在是不怎麼酷，所以我想出了『我的街區，我的地區，我的城市』（My Block, My Hood, My City）這個名字。」城裡面開始有人把他的組織簡稱為M3。他辭職後，老闆同意成為他的第一個金主。

❖

賈莫打電話給各家公司行號與職業場所，詢問是否能讓他帶一些少男少女去參觀，或者像他所說的，「去探索世界」。只要對他們來講是全新體驗，幾乎什麼地方都可以。所以他就帶大家去參觀了一間脊醫師（chiropractor）診所、一座廢棄物處理場，去上一次水肺潛水課。他還帶他們去一間無家者庇護中心當志工，主要是為了讓他們覺得「有些人實在是窮到能讓他們感覺自己是中產階級」。

在規模逐漸擴張後，他開始覺得自己的計畫很像是個「迷你市政廳」。他開始規劃不同性質的參觀行程，像是由當地孩子們帶路，帶著芝加哥的警察在各個黑人住宅區參觀。他告訴我：「他們會說：『嘿，這裡是當年金恩博士在北勞恩戴爾區（North Lawndale）的住家。那裡是他演講的地方。我自己則是住在這個街區。還有這個地方賣的潛艇堡是全芝加哥市最好吃的。』很多警察根本不了解自己的管區，直到他們開始當警察，而且這活動讓孩子們有機會跟警察自在聊天，不用擔心被逮捕。在參加活動前，他們都沒有這種能力。」賈莫說，他所規劃的一切都是為了讓他們鍛鍊他所謂「同理心的肌肉」（the muscle of empathy）。

二〇一九年某個炎熱的夏天午後，我搭上一輛開起來顛顛簸簸的黃色校車，跟著賈莫和十幾個孩子一起去某間調味料工廠參觀，我和賈莫坐在後排的座位。那是ＬＬＣ精選調味料（Select

Brands LLC，自詡為「漫波燒烤醬的製造商」）的工廠。我們周遭的孩子們都戴著無線耳機，一臉心不甘情不願的模樣，癱坐在座位上。他們與賈莫認識的理由各自不同，但主要都是因為不習慣一般的學校生活，有些遭退學、有些未婚懷孕，也有些是因為覺得學校不安全而選擇輟學。

車子開上高速公路，然後就停了下來。眼前只見無數紅色車尾燈亮著，因為前方發生事故，所以大家不得不停下來。這下來不及赴約了，賈莫只好隨機應變，今天的參觀地點改為某家餐廳，讓孩子們嚐嚐看未曾體驗的滋味。他讓大家自己選，看是要吃印度菜、泰國菜或者壽司。他們決定要去吃炙燒壽司。

我們走進餐廳，有個服務生過來說明有哪些選擇：「本餐廳有雞肉、牛排、鮭魚或鮪魚。」服務生左手邊有個少年揚起眉毛，用有點擔心的語氣問道：「是要吃生的嗎？」他們心裡還想著先前關於壽司的討論。服務生回答道：「不是生的，是熟的。廚師會在你們面前料理。」

吃晚餐時賈莫告訴我，他把大部分心力放在那些學者們所謂「與一般人生脫節的」少男少女身上，讓他們能盡量接受教育或開始工作，以免誤入歧途，永遠找不到回歸社會的路。近年來，跟槍枝暴力一樣，青少年與社會脫節的問題也愈來愈嚴重，尤其是在金融危機導致美國經濟變成一灘死水以後。二〇〇七到二〇一〇年之間，脫節青少年的人數成長了百分之十五，人數變成將近六百萬，意思是有七分之一的青少年可能誤入歧途，而且在非裔美國人的族群裡，比例更高。

將近四分之一的芝加哥黑人青少年符合「與社會脫節」的條件，是這種問題最嚴重的美國大都市之一。在西區與南區，超過一半黑人青少年都沒有工作，鎮日遊手好閒。他說：「我會到城裡的各家學校去詢問：『我能幫上什麼忙？有哪些學生是逃學或輟學的？』」他的社區計畫不求促進大學錄取率或者高中畢業率，而是把焦點擺在其他指標上。他說：「我能提高孩子們的自信心嗎？能提高他們對別人的信任度嗎？能促進他們與人互相幫助嗎？能讓他們用慷慨的態度對待他人嗎？每當我跟那些孩子們說我要做某件事，我一定會到場。這對他們來講有重大意義。在他們的人生中，實在有太多人來來去去，沒有留下來陪伴他們。」

賈莫對未來感到樂觀。跟全國其他許多地方一樣，芝加哥的政治情勢也在改變中。因為拉寬．麥克唐納槍擊案與後續爭議的發生，城裡的政治氛圍不一樣了。二〇一八年秋天，就在槍殺麥克唐納的警察出庭受審的不久前，市長伊曼紐爾就出人意料地宣布自己不會尋求連任了。他的政治敏感度非常敏銳，所以意識到自己在芝加哥的政治生涯已經劃下句點。

結果想要挑戰市長大位的候選人竟然多達十二人，但大概沒有幾個人會看好首次出馬參選公職的羅莉．萊富特（Lori Lightfoot）律師。她的專長是企業法規，曾任聯邦檢察官。不過，就在競選活動進行的過程中，萊富特剛好趕上席捲全美國的政治趨勢，乘勢而起。芝加哥政壇向來是白人男性圈內人士的天下，但萊富特卻與此傳統截然有別：她不但將成為該市首位非裔女性市長，也會讓芝加哥成為市長是出櫃同志的最大美國城市。到了二〇一九年一月，舊時代過去的跡象變得更為明晰：有史以來任期最長的市議會議員艾德華．柏克（Edward M. Burke）因為勒索取財未遂而遭起訴。他的罪名包括索賄，還有逼迫商家雇用他的律師事務所。在聯邦調查局的竊聽錄音帶上，我們可以聽見柏克痛罵一批拒絕給錢的房地產開發商，還說「叫他們去死一死吧！」

柏克的惡形惡狀讓市長選舉成為一場公民投票，促使市民挺身而出，除了以選票對貪瀆的老白男政治世代說不以外，也要設法解決該市嚴重的機會與人身安全不均等問題，就像萊富特以簡潔語氣所說的：大家已經受不了那些「老套的廢話」。她的競選陣營充滿草根氣質，規模不大，但始終強調一個簡簡單單的訊息：她打從骨子裡就是個檢察官，因此可以讓老舊生鏽的政治機器不要再陷入「貪瀆的無限循環中」，「把陽光帶進來」。

二〇一九年四月，萊富特以壓倒性票數獲勝，而且令人驚訝的是在芝加哥市的所有五十個行政區都贏得半數以上選票。在宣布勝選的講臺上，她與妻子和十歲女兒攜手現身，微笑著說：「今晚有很多小男生和小女生都在各地看著我們。他們看到的是一個新時代的開始，只是這新時代跟過去有點不同。」她知道市民普遍感到挫折，而且最主要的原因是大家覺得自己的人生彷彿被困住，停滯不前。她說：「我們有能力把芝加哥打造成一個無論住在哪個地區，都能擺脫過去命運的地方，而且我們也會做到。」

但新市長與芝加哥市民的蜜月期很短。美國的政治氛圍彷彿隨時都會爆炸，沒有人會預期前頭是一條順利的康莊大道。那年秋天，從西維吉尼亞州掀起的「紅脖子」罷工浪潮來到密西根湖畔，席捲芝加哥市。該市教師離開工作崗位，頭戴紅色羊毛帽、身穿紅外套上街抗議，大聲放送靈魂歌后艾瑞莎·富蘭克林（Aretha Franklin）的名曲。「喔，自由！耶，自由！」歌聲響徹雲霄。接下來雙方的協商人員展開為期十一天的談判，內容包括班級人數、支援服務與薪資等各種勞動條件，學生只能待在家裡，家長必須設法兼顧家庭照顧責任與工作。十月三十一日，談判結果終於出爐，結束了三十年以來時間最長的芝加哥教師罷工行動。雙方都不滿意，但家長們倒是歡欣鼓舞。有兩個孩子的婦女妲美妮克·杜克斯（Dominique Dukes）對一位地方記者表示：「我這輩子沒遇過這麼糟糕的事。希望沒有下次了！」

各種新聞、醜聞、壞消息在美國迅速地紛至沓來，感覺實在是沒完沒了，不可思議，到了二〇一九年年底簡直讓人對一切都已感到麻木。在十二月，川普遭到彈劾，而這只是美國史上第三次有總統遭彈劾的紀錄。事由是他竟要求烏克蘭政府「幫我們一個小忙」，看能不能挖出一些料來抹黑競選對手拜登。但最後結局果然不出大家意料之外：共和黨掌握優勢的參議院很快就放了他一馬。美國人只能聳聳肩，因為唯有這樣才能讓日子繼續過下去。九死一生的川普變得更為大膽，彈劾案讓他的偏執症狀升級到另一個層次。入主白宮之初，他平均每週發出六十三則推文。但是到了二〇一九年年底，他竟能在一週內發出二百五十則推文。在這個尼爾·波茲曼於幾十年就預測到的所謂「躲貓貓世界」裡，一切都變得如此「煽情、支離破碎、沒有人情味」，而且所有事物都是轉瞬即逝，因此無法獲得應有的矚目。

就這樣，在除夕夜有一則不太引人注目的短文出現在世界各地的媒體上：中國武漢市衛生健康委員會發現多起原因不明的肺炎病例，而且數量有逐漸增多之勢。此次疫情還沒獲得正式命名，但卻已經像野火燎原般擴散開來。

【第十八章】無臉的族群

二〇二〇年一月二十二日在瑞士達沃斯*，川普第一次於訪談時接受關於新冠肺炎的提問。他用平靜而有自信的語氣回答：「那是某個人從中國入境美國後引起的，已經在我們的掌控之中，不會有事的。」

但接下來幾週新冠病毒疫情從中國往義大利、伊朗延燒，川普總統的態度變得愈來愈輕蔑。他在白宮對記者表示：「有一天，病毒會像奇蹟一樣消失。」對於民主黨批評他對疫情毫不在意，他也展開反擊，在二月二十八日的造勢大會上表示：「這是他們的新騙術，到目前為止還沒有美國人因為新冠病毒而去世。」結果隔天早上就發布了第一個死亡病例，接著才不到一個月，每天都有一千多個美國人在與死神搏鬥。

宛如「翡翠之城」的白宮儘管誇誇其談，聲稱病毒有奇蹟似的解方，但實際上卻沒有能力應對，完全沒有做好準備。更令人驚訝的是白宮以外的美國社會。這次新冠病毒大流行揭露出我們的體制早已年久失修，除了經濟現實的殘酷面，還有全面性種族歧視帶來的不對等問題，還有一個在政治文化荼毒之下，連針對鐵錚錚的事實也頻頻提出質疑的族群，他們對自己相信的政治人物溫順無比，且凡事都不深入了解。我們的公家機關因為多年來遭到「小政府」思想陣營的攻擊，預算老是被大砍特砍，許多重要職務懸缺未補，因此在疫情期間顯得力不從心。拂逆上意的人都被川普流放到火雞牧場了，接手職務的人都只是一些聽命行事的無能之輩，偏偏他們卻對歐巴馬政府事先準備好的「抗疫手冊」嗤之以鼻，寧願自己即興發揮。美國是全世界最富強的大國，但卻連防疫用口罩數量與醫療人力都不夠。哈佛大學某間實驗室開發出篩檢試劑，並成功送往奈及利亞、獅子山共和國與塞內加爾，但聯邦政府卻要晚些日子才能取得。

矽谷工程師亞隆．歐仁—派恩斯（Yaron Oren-Pines）沒有醫療用品供應商身分，也沒拿過政府採購合約，在三月二十七日用推特發訊息給川普，表示：「我們可以提供加護病房用的呼吸器，包括侵入性與非侵入性的。請找人聯絡我，**要快一點！**」在白宮的敦促之下，聯邦緊急事務管理署把他引介給紐約州政府，簽下一紙供應一千四百五十個呼吸器的合約。由於價格是一般市價的三倍，他拿到六千九百萬美元。但最後並未提供任何呼吸器。

這時，美國經濟已一落千丈，不少民眾已經開始不耐煩了。曾經以一次電視發言掀起茶黨運

---

* 譯注：達沃斯（Davos）是世界經濟論壇（World Economic Forum）舉辦的地點。

動的芝加哥財經記者桑特利對疫情的評論是：「如果讓所有美國人都染上病毒，搞不好情況會比較好。」他是在CNBC電視臺的節目上發表這番言論，身邊圍繞著許多交易員，他接著說：「那麼疫情在一個月內就會結束了，因為死亡率可能不會繼續往上升。」他說，如今疫情讓一切都慢了下來，「導致美國對全球與國內經濟都造成嚴重損害」。假使真的這樣做，在開發出疫苗以前，各級醫院都會被擠爆、千百萬美國人會因病罹難，因此這次桑特利運氣就沒那麼好了，沒有人吃他那一套。電視臺的電話被觀眾打爆，要求開除他，於是隔天早上他只能在電視上承認自己的說法「很蠢」。

但此時白宮團隊是根據幾十年來反聯邦政府的意識形態打造出來，無法好好對付新冠病毒。能獲青睞的團隊成員都是因為他們認為聯邦政府只會幫倒忙，因為他們對川普唯命是從，偏偏他們所效命的總統對「專家」這個概念，不屑一顧。（所以他才會說：「喔，我們需要一位專家欸！」）在川普與其幕僚眼中，這次疫情並非嚴重公衛危機，而是一個必須設法處理的公關問題。他指派女婿庫許納專責處理供應鏈崩潰的問題，但偏偏庫許納沒有醫藥背景，未曾面對過大規模災難，就連政府採購程序也不懂，因此按照自己的特色召集一個任務小組，成員都跟他一樣年輕、自信，但卻毫無專業素養。他說他會「導入企業經營手法」來解決問題。這個小組因此獲得了「瘦削西裝男」（slim suits）的諢稱。

接下來的一個月裡，他們成功解決了呼吸器短缺的問題，但這一點成就沒什麼好自豪的。因為他們也買到事實證明根本沒有用的一百萬個新冠病毒試劑，最荒謬的是供貨的公司竟然在發票上拼錯自家公司名稱。一樣很糟的是，與他們交好的人竟能優先取得抗疫用品。例如，根據一位吹哨者的爆料，常在福斯新聞網上吹捧川普的主持人珍．皮羅（Jeanine Pirro）「不斷打電話與寫電子郵件，最後終於讓跟她關係良好的某家醫院拿到十萬個口罩。」隨著死亡人數不斷攀升，庫許納開始把問題歸咎於各州州長，甚至宣稱「聯邦政府的功能本來就不是用來解決美國的所有問題」。

美國在抗疫表現上的失敗，雖然反映出相關單位無能的事實，但我想最核心的問題應該不只如此。過去美國社會對於菁英階層有太過美好的想像，如今也該幻滅了。如同《紐約時報》的報導，庫許納跟他岳父一樣，對於病毒有「較強烈的偏見」，而且「比起公衛問題的真實面，他更在意社會觀感」。透過他們共有的觀點，我們可以看見一個社會現象。川普與庫許納都是來自於「前百分之一」的美國社會，兩人皆為富貴世家的繼承人，而且在他們的人生經驗中，就算犯錯也不用負責。富貴顯赫如他們，怎能了解許多美國人所享受的安全屏障其實彷彿薄膜？只要偶然間有重大災難發生，他們的世界就有崩垮之虞。

在我看來，他們的心態正足以反映出美國許多鍍金世家成員的內心世界。隨著疫情在三月擴大，從舊金山飛往紐西蘭的飛機每一班都是人滿為患，直到紐國政府宣布封閉邊境。結果，比較有辦法的美國人只能選擇飛往國內的鄉間地區，像是加州的索諾瑪（Sonoma）與納帕（Napa），或是康乃狄克州、紐約州的長島和哈德遜河谷地區（Hudson Valley）。這讓我聯想到賈莫·柯爾在帶著孩子們四處去參觀的路上常對他們說的話：「住在郊區的人也會被雨淋啊！」*這句話的確有點道理，但是在他想像不到的地方，有些美國人卻有辦法靠自身財富免於災厄，只是這些人少之又少。

❖

紐約市撐不過二〇二〇年春天就已癱瘓，四周郊區也備受衝擊。據悉，康乃狄克州史丹福市（Stamford）一座火葬場發生火災，起因竟是短時間內燒了太多屍體，不堪負荷，以致電線走火。過去二、三十年來美國人在政治上做出許多選擇，如今在疫情暴發之際，要面對後果了。格林威治相對安全，居民深感幸運，但他們也覺得這是個自己無力應對的問題。許多居民意識到美國大眾開始對疫情以外更廣泛層面的許多問題感到驚慌不安，牧師艾德·霍斯特曼是其中之一。他說：「我們覺得自己應該是可以撐得下去，但是撐不下去的人實在太多了，我們能為他們做些什麼呢？」

即便在「黃金海岸」地區，疫情都揭露出經濟基礎開始出現裂縫。格林威治鎮公所的員工全員出動，算是勉強有辦法為每週大概七百戶人家提供緊急送餐服務。主管格林威治鎮民政事務的艾倫・巴瑞告訴我：「格林威治反映出美國有兩個截然不同的社會。有錢人和窮苦人家是完全分隔開來的，老死不相往來。」

疫情迫使鎮上的政治區隔浮上檯面。為了提供公共服務，加稅其實在所難免，但多年來共和黨人士卻死命抵抗。事到如今，當地民主黨人士實已忍無可忍。在溫和派共和黨人士普瑞斯考特・布希當家的時代，他曾表示：「如果有必要的話能夠勇於提高稅率，讓政府有足夠的歲入。」但這句話對於如今的保守派來講卻彷彿詛咒。到了四月，支持共和黨的鎮公所官員提議刪減當地公立學校的三百萬預算，讓許多家長氣到跳腳。他們發起遵守社交距離規範的示威活動，開著車子在鎮上繞來繞去，除了不斷按喇叭，還舉牌抗議，上面寫著「教科書比預算重要」，還有「刪減教育預算，國家完蛋」。當地社運人士喬安娜・史溫利表示：「那些人的主張講白了就是在說：『我會照顧自己。你們也把自己照顧好。我不想繳納更多稅金。**我不想把錢分給他們**。』」

跟其他許多美國人一樣，某些格林威治鎮民開始對社交距離的相關規範感到深惡痛絕。在鎮上的海灘與公園都關閉後，鎮民代表會主持人（普瑞斯考特・布希也當過）湯瑪斯・伯恩（Thomas Byrne）對當地媒體表示：「我一輩子沒見過政府用這種方式嚴厲侵犯人民的自由」，而且他還說：「我不明白，為什麼還沒有人上街發動革命？」

＊ 譯注：在美國的文化中，郊區居民往往較為富有。

不過，並不是每個人都有能耐守住自己過往的原則。就在股市沉淪之際，投資人克里夫·艾斯尼斯也開始重新考慮是否要接受政府資助。他在推特上發文表示：「有些經濟建議儘管讓我內心沉痛不已，但恐怕不得不接受。我想我從來沒這麼說過，但我們的確需要政府的金援。無論是個人或者小型（甚或大型）企業，都需要經濟紓困方案。」他也知道自己會遭受偽善的抨擊，因此還先打了預防針：「是的，我已經不配自稱純正的自由意志主義者。不過，我可以接受。」

到了三月，川普終於簽署了一項紓困法案，但其中減稅的部分卻主要是讓避險基金與房地產事業受惠，等於全美國最有錢的四萬三千位納稅人平均可以減稅一百七十萬美元，而財政部光是在第一年總計就會損失大約九百億稅收。從各家避險基金於二〇二〇年的表現看來，儘管國家經濟崩盤、失業率創下各種歷史紀錄，但美國最頂尖的二十五位基金經理人仍然賺了三百二十億美元，是十年來的最佳表現。根據線上雜誌《投資法人》（*Institutional Investor*）的報導，以色列·英格蘭德（奇普·史柯隆的前老闆）仍然狂賺三十八億美元。報導寫道：「這件事看起來也許觀感不佳，但終究是事實。」

不久後，抗議群眾又回到格林威治來了，但這次他們使用的道具比那隻抽雪茄的巨大充氣豬公更猛。這個車隊自稱要進行「錢袋與屍袋」的抗議遊行，把車開到鎮上幾位顯赫投資人的家門口，把弄成像屍袋一樣的垃圾袋丟在那裡。此次活動是由服務業員工國際工會（Service Employees International Union）發起，工會成員包括工友、護理之家監護工、日托中心員工與其他類別勞工。根據該工會表示，康乃狄克州已經有六位工友、十一名地方護佐人員死於新冠肺炎感染。他們想要幫上述服務業勞工爭取更多個人保護設備，也要擴大健保給付範圍，對於因公殉職的勞工，更要加速為遺屬提供喪葬補助。他們鎖定的目標格林威治鎮住宅之一，屋主是支持川普並且反對歐記健保的福斯新聞網政論家貝西・麥考伊（Betsy McCaughey）。有個路過女士大罵那些抗議人士是「社會主義者」，某位警員因此介入維持秩序，唯恐出亂子。該工會康乃狄克州分會的執行理事瑞克・梅利塔（Rick Melita）向《格林威治時報》表示，美國社會只會要求服務業員工「趕快返回工作崗位，忍一忍就過去了，如果出事那也沒辦法。」他想要問大家：「為了維持股市的道瓊指數，到底本會還要犧牲幾個會員，我們才能夠開始感到憤怒？」

關於財富與公平等重要議題的討論本來已經延燒美國各地，如今在疫情的推動之下，討論熱度似乎更高了，主要的問題包括：在美國這個已經四分五裂的國家，人們該如何重新定義何謂公眾利益？美國人要到何時才願意伸出援手？伸出援手幫誰？還有哪些人是我們可以忽略不管的？在面對這些問題的過程中，政府該扮演什麼角色？

所有鎮民之中，最有理由思考這些問題的莫過於格林威治鎮財務委員會的主委麥可・梅森（Michael Mason）。他這職務聽起來枯燥乏味，但卻手握大權，有能力決定大家怎樣過日常生活。關於特殊教育、濟貧措施與英語作為第二外語的教學（the teaching of English as a second language）該花多少錢，相關討論都由梅森主持。梅森身材高大，留著一頭旁分的銀髮，與人討論預算與民政庶務時都是誠懇認真。他父親在二戰期間是飛行員，他的兩位兄長則是越戰老兵。梅森是土生土長的格林威治人，在家族經營的飛航事業任職，曾經當過消防志工，後來成為私人噴射機公司百萬航空（Million Air）的分公司老闆。

還有，他可能是鎮上最早的川普支持者。他去川普大廈參加川普宣布競選總統的大會。他跟我說：「我算是川普的家族友人。」他參加紐約州查帕瓜村（Chappaqua）某個成員都是獵人的保育俱樂部，在那裡認識川普的大兒子唐諾・川普二世，還有小兒子艾瑞克・川普（Eric Trump）。他們也邀請梅森去參加黨代表大會，以防有人跳出來挑戰川普時需要黨員票。梅森說：「我不會因為政治壓力就屈服。」後來在大選之夜與就職日，他也參加了川普家舉辦的私人慶祝會。

梅森也知道，他所謂川普總統的「文化」迄今仍然讓許多格林威治鎮民很感冒。但他說：「他在過去三年來推出的政策也獲得更多關注，甚或更多支持。」據他預測，疫情帶來的創傷終究會讓某些選民相信川普畢竟是對的，贊成刪減移民名額，並且把製造業的工作機會帶回國內。「他的種種政策都展現出他想要改善邊境管制與移民問題。我想，這就是如今許多美國人擔心的問題。」

歷經各種討論後，我們最後談起了一個無可迴避的問題：你怎麼能夠說服自己支持川普這種歧視女性且對移民充滿惡意的人？還有他要求邊境巡邏隊把偷渡者跟隨行幼兒分開的做法，是否太過不人道？還有，他說海地與非洲國家是「鳥不生蛋，狗不拉屎的國家」（"shithole" countries）是否恰當？梅森平靜傾聽我的問題，接著說：「我管不了那麼多。我只在意自己擔心的問題，就是我與家人的健康與安全，還有我們是否有足夠的錢可以用。」我繼續追問，但他沒有退卻。他說：「因為職責所在，我連晚上睡覺都在擔心怎要幫這小鎮六千位居民的財政事務把關。我在意他們。」

美國的政治怎會走到這個地步，讓川普當上總統，而且美國社會逐漸失去共同目標？在探究這問題的根源時，我們很容易聚焦在勞工階級的絕望，還有他們如何因為科技、全球化、移民與貿易等問題而坐困愁城。不過這樣的觀點其實忽略了問題也該歸咎於那些袖手旁觀的治理階級成員。就是他們把一些立場極端的人物拱上大位，完全無視於民眾怎樣受到那些人霸凌，以至於美國政壇迄今已經毫無品格可言，而且在這個過程中導致政府的一些基本職能遭到弱化。是他們為求一己之私而操弄了民主體制，但卻不願負責，出面收拾如今的殘破局面。他們用高牆自絕於美國社會，自顧自地仍然過著優雅的生活。

❖

隨著死亡人數不斷攀升，川普的影響還是遍及美國各地的政治圈。在高層三年來持續對忠誠度有所要求的情況下，全國的低階官員只懂得看臉色辦事，不會自行判斷該做什麼（或不做什麼）才能抑制疫情擴散。賈斯提斯州長戴上「讓美國再度偉大」帽子，並且改投共和黨陣營後，川普的某些政治幕僚也加入了他競選連任州長的團隊。就在各州各地紛紛要求餐廳與酒吧暫停營業之際，賈斯提斯說他「還不會」走到那一步。他說：「拜託喔！想去雜貨店購物就去吧！如果你們想去Bob Evans餐廳用餐，那就去啊！」同一天稍後，川普改弦更張，建議大家避免十人以上的群聚活動，結果賈斯提斯也跟著做出相同建議。他說，「為了遵從總統所建議的準則」，州政府可能明天就會要求酒吧與餐廳暫停營業。

賈斯提斯的競選對手史蒂芬・史密斯是在雪倫多亞河谷（Shenandoah Valley）拜票時第一次遇到選民不跟他握手。他們問道：「我們可以這麼做就好嗎？」然後跟他揮揮手，或者改用碰碰手肘的方式問候他。史帝芬說，到了隔天晚上，他發現開始有人在餐檯旁邊監看著，確保大家都是用器具取餐，沒有用手。

西維吉尼亞疫情的嚴峻程度更勝於其他地方，因為除了居民平均年齡更高，抽菸率、心臟病與糖尿病盛行率也都居高不下。據凱澤家族基金會（Kaiser Family Foundation）發布的研究估計，有百分之五十一的該州州民是染疫的高風險族群，比華府的高風險族群高出二十個百分點。

各種不同形式的競選活動都停擺了。全國各地的候選人不得不放棄參與活動，而各州也把初選活動延後舉行。史密斯與他的競選總幹事凱蒂・勞爾也束手無策。後來他們意識到他們為「西維吉尼亞等不及」運動而建立的網絡可以改為用來抗疫。就在賈斯提斯還在等川普下令之際，他們已經創建一個用於提供各種資訊的網站，例如要去哪裡考試才能成為選舉志工，該如何投票，還有誰有資格獲得紓困金支票。史密斯告訴我：「西維吉尼亞人很擅長面對危機，這是被現實生活逼出來的一項技能啊！」

對於「西維吉尼亞人擅長面對危機」的聲譽，有些人深感自豪。（有一件新冠疫情期間流行起來的T恤上面有標語寫著：「西維吉尼亞州，自一八六三年起就已自我隔離。」*）有些人四處炫耀這樣的求生韌性，但史密斯大感不妥，因為這種說法容易讓人忽略了體制失能的問題。回首當地的歷史，他說：「（二〇一六年）那次洪災發生後，有兩批人馬做出回應。一方面是州政府，拿到一億四千七百萬美元的聯邦政府補助，但是到了四年後其中大部分都還沒花完。」紓困與重建速度的延緩多年來受到各界不斷嚴厲批判。「在此同時，還有另一批人馬在做事，由各個當地團體、教會與志工帶頭。這種由民間發起的災後重建活動幫忙重建的家園不但數量更多，速度也更快。」

儘管疫情對史蒂芬的選情肯定造成一定程度的影響，但無論如何他認為疫情還是證明了促使

* 譯注：在此自我隔離（self-isolating）有雙重意涵：一方面是指西維吉尼亞州地大人稀，聚落之間的距離都很遠（該州比臺灣大二萬六千多平方公里，人口卻只有臺灣的不到十分之一）；另一方面則是指實施社交距離的政策。

他出來選舉的那些問題的確存在。像是美國人的存款、享有的健康照護保障、面對經濟危機來臨時的應變能力都有程度不同的差別，也因此大家要面臨的風險也各自不同，而且可能天差地遠。他跟我說：「這不只是財富或收入不平等的問題，也是痛苦程度的不平等。手頭擁有一切的人承受最小程度的痛苦，手頭一無所有的人卻承受最大程度的痛苦。」

賈斯提斯跟川普一樣，只要自己的說法被科學發現打臉，就會惱羞成怒。二〇二〇年六月，公衛官員發布報告顯示，某些地方的感染率比先前州長所宣稱的稍高。受到挫折之餘他逼走了該州的公衛首長凱西．史蘭普（Cathy Slemp）醫生。但她並沒有安安靜靜離開，被開除後她針對西維吉尼亞州公衛體系遭弱化的種種問題提出示警，包括刪減預算、縮減投資，還有設備遲遲未獲修復的狀況。公衛人員竟然還在用傳真機蒐集實驗室報告，然後拿到報告後徒手把資料輸入早已過時、偶爾用到一半會當機的老舊電腦。史蘭普醫生向記者們表示：「我就這樣比喻吧。我們現有的設備就像姑婆的Pinto老轎車，但如果真要把公衛工作做好，實際上我們需要的卻是法拉利跑車。」*

根據美聯社與公衛新聞網站「凱澤公衛新聞」（Kaiser Health News）的分析顯示，二〇一〇至二〇一八年之間，西維吉尼亞州的公衛預算遭削減了百分之二十七。此外，全職公衛員工人數自二〇〇七年以來則是減少了百分之二十九，而且據史蘭普醫生所言，疫情開始後情況甚至變得更為嚴峻，因為另有百分之二十到二十五之間的公衛保健工作處於懸缺不補的狀態。

有些醫護人員竟然要使用一個N95口罩好幾天之久，因此醫療院所懇求政府提供更多個人保護設備。醫護人員感染率持續攀升，而查爾斯頓地區醫學中心（Charleston Area Medical Center）的執行長竟然說有些護士會生病，是因為他們回到家就懶得戴口罩了。這是把體制失靈的問題歸咎於個人責任的一種話術，把個人行為當成擋箭牌，為醫療體系的問題找藉口。此話一出，引起醫護人員大反彈，而護理人員更是進行大規模抗議。他們站在該醫學中心外面舉牌抗議，牌上標語包括：「我們從英雄變成狗熊」，還有「我們的危險津貼呢？」**

❖

疫情暴發後，幾乎馬上就讓美國人的經濟差距持續拉大。在頭兩個月，美國的就業率掉到一九七五年以來的新低。而且因為餐館、飯店與娛樂場所都關門了，受到最大衝擊的莫過於拉美裔族群與年輕人。薪資水準落在後百分之二十五的工作裡面，幾乎有一千一百萬個人工作不保；相

* 譯注：這兩種車都是義大利製造。

** 譯注：危險津貼（hazard pay）是美國聯邦政府發放給第一線工作人員的津貼，且不限於醫護人員，另外如清潔工、保全人員、交通人員都能領取。

較之下，排名前百分之二十五的工作裡，工作不保的人數只有不到三分之一。但這只是疫情初期的損失。到了六月，儘管股市大漲、經濟景氣復甦，但這都只是對於高收入族群而言。經濟階層後半段的美國勞工仍有幾乎八成處於無業的狀態。

在西維吉尼亞州，原本欣欣向榮的天然氣經濟景氣也因疫情告終。在川普上任後的頭三年內，西維吉尼亞州新增了三萬七千個工作，但在疫情開始後的六個月內，這些工作都消失了。緊接著，整個州另有三萬個工作沒了。有些工作是可以透過視訊會議軟體 Zoom 來完成，但挖掘管線這種事可不行。二〇一九年仍在鑽探的天然氣井有百分之七十五都在接下來的十二個月內停工了。到了二〇二〇年秋天，該州失業率飆升為百分之八點六，已經逼近金融海嘯期間的高點。* 西維吉尼亞州的成年人只有不到一半仍保有工作。全國來講，沒有大學、專科學歷的美國人的勞動參與率降到歷史低點，而西維吉尼亞州的勞工中有百分之八十都沒有四年制大學學歷。

在政治立場方面，多年來美國人本已愈來愈不團結，如今因為疫情更是變成如同一盤散沙。在某些地方，許多人曲解了自由的定義，竟然強烈抵抗起社交距離的規範。無視政府發布的緊急命令，有些宗教領袖持續主持教堂的各種儀式。跟過往的危機不同，政府並未呼籲國民從軍或者加入工廠的工作行列，而是請大家在家中就地進行隔離，但是在某些人看來，政府的任何建議都值得存疑。二十一世紀的頭二十年以來，政府的公信力已經蕩然無存。作家喬治・派克（George Packer）在《大西洋月刊》撰文寫道：二〇〇一年發生九一一事件時，「居住在鄉間的美國人並沒有把紐約市當成外國移民與自由派人士的熔爐，不覺得紐約人遇到劫難純粹是活該。他們覺得紐約是座偉大的城市，為所有美國人承受打擊。大批消防人員千里迢迢從印第安納州趕赴紐約市的事發地點。全民的反應是同感哀悼，而且一起動員。」

但這次可沒有。九一一事件後的二十年之間，美國社會陷入嚴重對立，以致無法同心同德，尤其是對於領袖與他們領導的體制深感不屑，覺得他們是把美國人拖入伊拉克戰爭泥淖與經濟蕭條的元凶。年長的勞工債臺高築，年輕人則是錯失了多年的掙錢黃金時期，往後怎樣也補不回來。美國人想要找出到底是誰害大家這麼痛苦，結果分裂成各種敵對陣營：共和黨人與民主黨人、都市居民與鄉間居民，還有白人、黑人、拉丁裔與亞裔美國人。宗教上則是區分基督徒、穆斯林與猶太人。此外，最重要的是有大學學歷與沒有大學學歷的人，在這菁英統治的社會中，前者是贏家，後者則是輸在起跑點上。

從世界史看來，每次只要有疫情暴發，就會為社會的仇恨情緒加油點火。中世紀歐洲的猶太人曾因腺鼠疫而慘遭大屠殺。就這次看來，則是因為疫情來自於中國而讓種族歧視者與反移民人士更敢大聲放砲。多年前曾帶我去他家與幾位川普支持者見面的白人民族主義者賈德・泰勒透過YouTube影片對觀眾宣告：「事實上，我們會對外國移民感到恐懼，都是出於本能，而且合情合

---

* 譯注：指二〇〇七至二〇〇八年的全球金融危機。

理。無論哪裡都有人因為本能而拒絕某些會讓我們生病的人事物。像是糞堆、腐爛的肉、身上有地方化膿的人。我們會有這種以免疫為目的的行為模式，理由之一是我們害怕那些行為、外觀奇怪的人可能是疾病帶原者，而這種恐懼完全是出於本能的。」接下來的一年內，針對亞裔美國人犯下的種族仇恨案件數量飆升。

自古以來，恐懼始終是一門好生意。二〇二〇年三月十八日，川普自稱他因為疫情而成為「戰時總統」；兩天後，槍枝產業的銷售又開出紅盤，創下一些紀錄。很多誇大不實，只能帶來內心慰藉的說法其實挺荒謬的，但偏偏許多緊張兮兮的美國人就是吃這套。四月間，一群州民聚集在州議會大樓外面抗議，以「重新開放西維吉尼亞」為訴求。跟其他州的類似抗議活動不同，他們頗為平靜，但是傳達的訊息卻讓人感覺到愈來愈絕望。州眾議院議員馬歇爾・威爾遜（Marshall Wilson）出面對群眾喊話，表示他也痛恨餐廳與許多商家處於歇業的狀態。威爾遜並不否認疫情的存在，因為他老婆就是在醫院工作，但他厭惡州長實施的種種限制性措施。威爾遜對群眾表示：「我懇請大家為了自己的自由挺身而出。看來是我們該展現出一點公民不服從精神（civil disobedience）的時候了。所以，你們想去做禮拜、想去上班、無論想做什麼事，就去做吧。」

從他身邊高舉的示威牌子與旗幟看來，有些人的立場比他還強硬。有個男人舉牌抗議，牌子上面的標語是「終結流行病陰謀！你們的謊言被拆穿了！」＊還有「我寧願在危險中享受自由，也不願在安逸中成為奴隸！」一位身穿星條旗襯衫的孩子也來舉牌抗議，標語寫著「自由不可或缺！」有個婦女的抗議文字引用「匿名者Q」的標語「WWG1WGA」，意思是「我們一一挺身，全部一起奮戰！」（**Where We Go One, We Go All.**）當抗議群眾看到州長出現在遠處，更是怒火中燒。有個男人對他大聲咆哮：「你的專家不是醫藥專家，是共產主義與控制社會的專家！」另一個男人則是大喊：「你可以照常辦公，為什麼我們不行？讓我們回去工作吧！」

❖

廣大弱勢族群因為疫情而普遍變得更慘，而且如果我們近距離仔細觀察，會發現某些案例充分展現出現代美國社會的深層病灶。位於愛荷華州滑鐵盧市（Waterloo）的豬肉屠宰場是由泰森食品（Tyson Foods）經營，將近三千位員工擠在廠內從事屠宰豬隻的工作。曾有員工抱怨管理階層並未執行最基本的安全防護準則，結果才幾個禮拜光景，就有一千多位員工染疫。跟西維吉尼亞州的護理人員一樣，公司也是把疫情歸咎於豬肉包裝工沒有在下班後做好防護措施。到了泰森食品同意暫時關廠時，已經有五位員工因染疫而去世。在控告公司的訴訟中，有位死者的兒子控訴工廠經理竟然親自開起賭盤，「只有主管與經理級員工能夠下注，只要猜中最後有多少個工

＊ 譯注：「流行病陰謀」（plandemic）是某種陰謀論，認為疫情是有心人士製造出來的。

作人員會被驗出染上新冠病毒，就能拿走所有賭金。」（公司僅表示「此等行徑難免令人感到不悅」，承諾會進行調查。）

突然間，千百萬位居住在城市裡的美國人發現自己得要靠別人才能過活，而他們所仰仗的第一線工作人員在喧囂的日常生活中，往往都是遭到忽略的。這些人包括雜貨店店員、倉庫員工、郵差、技工、公車司機、監獄警衛，更別說還有護理人員、消防人員、警察、教師、日托中心員工。在以往，他們常被比喻為「無臉的族群」（faceless）*，如今卻真的因為戴上口罩與防護面罩導致臉部真的隱沒。如果沒有他們堅守崗位，美國恐怕已經全面停擺。

這次疫情似乎完全對準了低收入戶地區的要害，肆虐的程度更勝於其他地方。近年來，因為房租飆升、薪資凍漲，許多家戶不得不擠進比較小的房子裡。美國有將近四百萬戶家庭住在過度擁擠，因此難以落實社交距離措施的家中，而且往往都是數代同堂的居住情況。窮苦人家即便沒有待在家中，他們的生活日常仍都是在比一般地方更為擁擠的空間中度過，像是人滿為患的急診室（未加保民眾常去那裡就醫），或者看守所與監獄（窮苦人家的成員遭拘留其中的機率較高，前往探視親友的機率也更高）。此外，大家的心理健康因為經濟不確定性帶來的壓力而崩垮，其中窮苦人家更容易罹患糖尿病、高血壓以及心肺疾病，而這些都使他們成為染疫的高危險群。

疫情暴發前的三年期間，超過二百萬美國人失去了健保的保護傘，而不只一樣研究指出，這造成「一萬個原本不會去世的人病逝」。根據蓋洛普民調公司於二〇一九年進行的調查，每四個美國人裡面就有一個出現延遲納保的情況，因為醫療保費實在太高，而且是蓋洛普公司三十年前開始進行這項調查以來最高的程度。為了繳納醫療費用而上網求助的人數多到驚人，近年來有八百多萬美國人透過GoFundMe與其他募資平臺求助，只為繳納各項醫療支出，不過能夠成功募集所需資金的人只有百分之十。疫情暴發後，更多人因為遭解雇而失去醫療保險保護，而且還有疫苗研究人員提出示警，如果有錢人更為大量地獲取疫苗，那麼美國社會就會處於「免疫不平等」的狀態。

川普透過言論塑造出疫情趨緩的幻覺，因此他的行政團隊不得不避免採取可能會戳破其謊言的措施。先前歷次災難發生期間，例如卡崔娜颶風與桑迪颶風，歷任總統都授權聯邦緊急事務管理署為窮苦人家支付殯葬費，因為有些人實在窮到無法讓家人入土為安。（每一筆殯葬費平均來講只要二萬七千美元。）但是隨著疫情擴散，至少有三十個州與領地**請求聯邦政府給予喪葬費的協助，但卻遭白宮拒絕。在絕望之餘，有些家庭只能上GoFundMe求助，但也有一些家庭只能選擇撒手不理。即便在紐約市暴發疫情後的幾個月期間，仍有數以百計的屍體無人認領，停屍於一輛輛冷凍卡車裡，因為他們得以倖存的家人繳納不出安葬費用。

* 譯注：意思是這類人員來來去去，臉和名字都很難被記住，因此faceless也有「無名」的含意。

** 譯注：波多黎各與關島等地方目前都是美國的領地，也就是並未正式納為美國的一州。

每天我們親眼目睹無數美國人受苦受難，但華府高層的種種行徑仍是荒謬到無法以人類的智慧來理解。最荒謬且最令人難忘的是，原本該以救苦救難為職責的川普總統，竟然會在白宮的講臺後面高談闊論，指出如果為民眾注射消毒劑或許能夠收到防疫效果。在一眾面露驚恐神情的記者與臉部表情木然的幕僚面前，川普說：「一分鐘就能解決問題，只要一分鐘。我們是不是有辦法把消毒劑注射到人體裡面，**然後達成大清理的療效？**」* 一週後，儘管疫情暴發才幾個月，罹難的美國人人數已經超過越戰在十四年內造成的美國人命損失。**

在這至暗時刻，有時候我發現美國政治失能的慘況讓我不忍卒睹。在我那安靜的辦公室裡，我沉浸在茫茫書海中，盡可能讓自己遠離政治的紛亂與喧囂。我在自己所做的那些自然世界研究中流連忘返。我仔細研究那些歷經千百萬年的火燒、水淹、冰河結凍後而生成的奇岩怪石，看著它們如何被用來搭建成格林威治那些豪宅外圍的一堵堵高牆。我想，我不過是要透過這樣的閱讀來提醒自己，有些事情要拉長時間，用歷史的眼光來看，因為自然界的確存在著所謂的地質時間，而有些大自然的力量更是人力無法左右的。在我辦公桌最上層的抽屜裡，存放著一些自己最珍愛的字句，作者是美國農夫作家溫德爾．貝瑞（Wendell Berry）。他寫道，在他腳下的大地，他找到韌性的根源，那是一種會不斷轉變的記憶：

轉變為傳奇，傳奇轉變為歌曲，

歌曲轉變為聖物。這地方豐饒無比，
這地方的人民與鳥兒，
將會充滿健康與智慧且內蘊聖光。
這並非命中的天堂，
有多辛苦就有多少可能性。

美國人所承受的苦難愈多，總統大選的論述就愈是脫離了原本的政治語彙，進入另一個語域轉化為各種撫慰苦難、強化連結的話語，重申「我將再起」的韌性。前副總統拜登成為初選的領先者，因為他享有高知名度，但顯然無法鼓動選民的激情（在年輕的民主黨選民間尤其如此），所以選情並非十拿九穩。他是個已經年近八旬的老白男，在華府政壇已經打滾了將近半世紀。讓他顯得有點不合時宜的是，在宣布參選不久前，他曾承認自己過去在政治場合中有與人進行肢體接觸的老毛病：尤其是在他人耳邊講悄悄話，或無論是男是女都跟對方以額頭輕碰。如他所說，這的確讓某些女性感到「不舒服」，因此他表示自己會「更加注意」。

* 譯注：川普後來改口表示他只是在開玩笑。

** 譯注：越戰陣亡美軍人數大概是五萬八千多人。

有一段時間他的選情看來已經完全無望，當時他在愛荷華州黨團會議只拿到第四名，新罕布夏州的黨團會議更是尷尬，以第五名告終。不過等到初選選戰來到南卡羅來納州，拜登彷彿脫胎換骨，主因是他的人生經歷成為寶貴資產。在南卡，民主黨初選的選民中有百分之六十是非裔美國人，而就是在南卡的查爾斯頓，二○一五年有九名黑人教友在教堂禱告時遭一名白人至上主義者殘忍槍殺。黑人選民實在不願冒險讓川普連任，不想繼續忍受他四年。該州地位最崇高的美國黑人國會議員詹姆斯・克萊本（James Clyburn）向來被當地民主黨人士視為大老，他在為拜登背書時，講的話蘊含著特別強烈的情緒能量：「我對我的女兒和她們的未來感到擔憂，我也為我的孫子和孫子們的未來感到擔憂。」他站在拜登身邊說：「我們都認識喬。但更重要的是，喬也都認識我們。」

南卡的初選結果出爐後，拜登比第二名的桑德斯多拿了百分之二十九的選票，幾天內幾位表現比較平庸的對手都宣布退出初選，改為支持他。到了超級星期二（三月三日），他成功獲得提名。接著，二○二○年的總統大選活動在超級星期二過後幾乎立刻就完全停擺了，美國人也因為疫情失控而陷入一片恐慌之中。連拜登也取消所有活動，回到他位在德拉瓦州的自宅避難，接下來的八個月競選期間幾乎所有活動都是以非實體的方式進行。

就在川普深陷於憤怒情緒與虛妄狂想之際，拜登雖說單調無聊，卻因為形成強烈對比而受益。我去拜登自宅訪問他，當時距離投票日已經不到一百天，他已經成為總統大選開始有民調以來，挑戰現任總統的候選人裡面領先幅度最大的一位，但他的神情仍然是非常肅穆。我們都戴著口罩，分別坐在房間的兩端，令我印象極其深刻的是他屢屢提及小羅斯福總統如何解救美國人脫離經濟大蕭條。「我目前的處境有點像老羅斯福。」話一出口連他自己也覺得有點訝異：「我並不是往自己臉上貼金，拿我自己來比擬小羅斯福。真的，不是那樣的，不是『拜登說他自己就像小羅斯福』。」不是，在他心目中，他與小羅斯福之所以相似，是因為他們所遭遇的危機需要類似的解方。他接著表示：「問題的解方完全不涉及意識形態。如果仔細想想，我們就會發現小羅斯福的作為都與意識形態無關，而是完全務實的。我跟他面臨的同樣問題是如何避免美國完全沉淪，而且還要重新站起來。他聚焦在那些能夠創造工作機會的事務上面，盡可能把更多人納入保護傘下，也盡可能把社會安全的保護傘做大。除了保護人民財產、基礎建設的安全以外，也要讓個人享有免於受到各種外在威脅的安全。從社會安全到他為了因應第二次世界大戰而做的一切，都是連貫的。」

批評拜登的人可能往往想像不到他會這樣心懷高遠志向，但透過上述談話他其實已經隱隱約約預示接下來幾個月逐漸明確化的想法：身為總統除了直面當下的危機以外，也要處理潛在的不平等問題，矯正不均衡的體制，讓經濟體系不要只是對有錢有權的人展現寬恕的一面。他告訴我：「聯邦政府已經幫美國的大企業買單，**讓他們脫困兩次了**。我們不得不這麼說：『嘿！大家看看，讓他們脫困以後，我們有過得比較好嗎？』」

二〇二〇年的種種磨難讓川普的另一缺陷曝光。沒有人認為他會以充滿同理心的榜樣立足於政壇。關於川普有多冷漠的故事實在多不勝數。對川普有如老師一樣的羅伊．康恩（Roy Cohn）於一九八〇年代感染愛滋病之後，遭他列為拒絕往來戶，以至於康恩說：「唐諾那個傢伙冷若冰霜，就連尿都是冰的。」曾任公關顧問的艾倫．馬可仕（Alan Marcus）則回憶道，有個生意夥伴去世後，旁人勸川普打電話慰問遺屬，他竟然說：「有必要嗎？人都死了。」對於最死忠的川粉而言，冷漠的性格反而是一種德行，有些人甚至在自家或船上掛著寫有川普姓名的旗幟，下面還有一行標語寫著「感情豐富的人都是他媽的小孬孬」（Fuck Your Feelings）。不過，在川普總統任內的言行中，最能清楚刻劃出這個人極其缺乏同理心的，莫過於他就是把疫情造成的苦難視為無物。在評論許多人因為疫情而殉難時，川普只是淡淡地說了一句：「死了就死了啊。」

政治人物若是真有能力同感他人的遭遇，那就不會只是表面上看來擔心掛懷。根據林肯總統私人祕書約翰．尼可萊（John Nicolay）之女海倫．尼可萊（Helen Nicolay）在林肯的傳記中表示：「林肯的卓越政治判斷力源自於他的同理心……這讓他有能力預測他的對手下一步可能會做什麼，而且預測的準確度幾乎令人感到不可思議。」拜登雖是政治人物，但因為他的人生也充滿磨難，所以深知民間疾苦。一九七二年，他的第一任妻子奈莉亞．杭特（Neilia Hunter）與他們的小女嬰娜歐蜜因為車禍而不幸離世；到了二〇一五年，輪到他的長子因為腦瘤而撒手人寰，幾乎讓他決定退隱政壇。隨著疫情如利刃砍向美國社會，留下深深的傷口之際，拜登能夠說出那種傷痛。在某次以線上方式進行的鎮民大會中，他說：「到處都有人在垂死掙扎，其中不乏各位的朋友與同事，就連我們的家人、朋友、鄰居也不例外。但這時候川普卻因為自己的威信受損而大發雷霆。我們何曾聽過他發自內心對受傷的廣大美國群眾表達同情？我們何曾看過他有可能了解大家歷經這一切磨難後要復原有多困難？而且不只是要擺脫經濟困境，還要抹去身心兩端的傷痕，他懂嗎？」

❖

疫情暴發才六個月，就創造出美國現代史上程度最嚴重的景氣衰退。失業問題成為廣大少數族裔勞工不可承受之重。非裔美國人無論是男是女，還有小學孩童的母親、沒有大學學歷的美國人受到衝擊最大，進入美國史上最長的失業期。但除了他們之外，其他美國人也沒好過到哪裡去。到了秋天，新冠病毒疫情在芝加哥對拉美裔族群造成最嚴重傷害。五個郵遞區號不同的拉美裔地區出現最多新增病例的狀況。根據各項研究顯示，罹難者的親屬都深信他們是在工作場所遭到感染，或者是家人去工作後把病毒帶回家。

疫情對於社區工作者賈莫．柯爾而言是個待解決的問題。在全城因為疫情而封閉的狀態下，怎樣帶著孩子們到各處去參觀？他的解方是，把孩子們動員起來，為老人與身障人士準備抗疫用品包，裡面有乾洗手、消毒劑、盥洗用品與食物。當地商店的乾洗手都被掃光後，他知道市中心某家銀行會為顧客與員工提供乾洗手，於是他便登門造訪，希望對方能夠捐贈出來。那間銀行同意了，所以他又去其他地方試試看。他說：「我去加油站問，也去了Office Depot。」＊他的義舉變得廣為人知，於是開始有老人和各種團體致電求助。

後來學生暫時沒辦法出門參加參觀活動，他就讓大家成為打電話的小隊。他說：「我一時興起就成立了一個叫做『老少連線』（Youth-Senior Connect）的計畫。我打電話問拉許醫院（Rush Hospital）：『嘿，你們能幫忙訓練我的學生，讓他們打電話給老人家噓寒問暖嗎？』」醫院同意了，於是賈莫以時薪十五美元雇了七十五個學生，每週工作十二小時，打電話給鄰里的老人家、幫他們運送補給品，或者把他們轉介給醫生與社工人員。「學生如果看來有成為醫療照護人員的潛力，就可以去拉許醫院實習。」黑人主持天后歐普拉注意到這樣的事蹟打電話過去，賈莫馬上被圈粉。她捐了五十萬美元，還稱讚賈莫居然想得出「老少連線」這種非常適合行銷的名字。

三月某個週六，賈莫的外祖母露西兒．邁爾斯（Lucille Myers）從位於郊區的住所打電話給他。她覺得人不太舒服，但情況並非太嚴重，而且她很感激自己還有可以打電話求助的對象。她跟孫子說：「拜託你送一個抗疫包過來給我，另一個給我那九十一歲的鄰居。」賈莫那天下午把抗疫包帶過去，他與外祖母彼此揮揮手，待在房間的兩端隔空閒話家常。那天晚上，露西兒就去世了。在她的死亡證明書上面，醫生所填寫的死因是肺炎。

到了晚春，與白人居民相較，芝加哥黑人居民染疫後的死亡率高達四倍。如何理解這樣的公衛現象？理由之一與病史有關，而且是普遍性的社會問題所致。因為經濟情況與社會地位的不對等，黑人居民之間在疫情暴發前就有更高的慢性病比例。與白人相較，黑人的高血壓比例高百分之四十九，糖尿病比例更是高百分之六十六。另外一個理由則是抗疫資源的稀缺。他們能夠接受檢測的速度遠比白人慢。在疫情最開始的那幾個月裡，伊利諾州的新冠肺炎死亡病例有百分之三十七都是黑人，但是死者裡面只有三成接受過州政府的檢測。以莫里斯．克拉克位於南區的老家附近為例，距離最近的零售檢測地點位在三、四十公里外。（這是個舉國皆然的問題。就全國各郡而言，若與居民主要為白人的郡相較，主要為黑人的各郡有將近六倍的新冠肺炎死亡率。）

除此之外，某些黑人居民對於政府所提供的健康指引仍心存疑慮，而這與美國歷史有關。因為美國史上最聲名狼藉的科學實驗醜聞之一，就是塔斯基吉梅毒實驗（Tuskegee Syphilis Study）。在一九三二至一九七二年間，聯邦政府曾對數以百計參與實驗的阿拉巴馬州黑人說謊，承諾給予醫療照護，但實際上卻只是提供安慰劑與進行診斷測試。透過這些參與者，這項計畫想要研究的是如果梅毒病人未獲治療，對人體會有何影響。此一醜聞的遺緒後來被稱為「塔斯基吉效應」，導致這些受試者與其家人於隨後幾十年間痛苦不堪。

疫情暴發後，各種假消息在黑人與白人社群中迅速散布開來。在影片與社群媒體上，人稱

---

* 譯注：一間販售辦公用品的商家。

「鑽石與絲綢」（Diamond and Silk），來自北卡的川粉二人組以黑人政論網紅的身分散播各種陰謀論，主張新冠肺炎是「人為」的疫情，還說恐怕是「聯邦政府在幕後搞的隱密小動作」。與其他自詡為博學家的極右派人士一樣，向群眾灌輸一個概念：廣大民眾是透過5G技術而受到感染，唯一的目的就是要讓「空蕩蕩的」醫院床位住滿病人，而真名為羅雪兒・李察森（Rochelle Richardson）的「絲綢」甚至提出質疑：世界衛生組織搞不好有個「開關」，可以隨時「把這病毒放出來跟關起來」。

三月十六日，芝加哥就出現了第一個新冠肺炎死亡病例，是一位名叫派翠西亞・佛瑞森（Patricia Frieson）的退休護士，家住奧本葛瑞宣（Auburn Gresham）。她跟那個地區許多居民一樣有氣喘病。九天後，她的姐妹也死於新冠肺炎。那天下午莫里斯打電話給我，說他住在皮奧里亞，就在母親的住處附近。

他說：「我們盡可能遠離人群。」自從離開芝加哥以後，他的生活過得挺穩定，在一些房屋的工地工作。他說，「賺的錢不多」，但「至少還過得去」。事實上，他說他很高興自己能夠離開大都市，因為各個住宅區實在是人滿為患，惡劣的居住條件造成病毒肆虐。不過理由不只如此，他說：「好不容易我的人生重新上了軌道。我不能跟以前那樣很容易就取得毒品，也不能像過往那樣到處都弄得到槍枝。」因為在房屋工地工作，他甚至開始想像自己或許能夠存到足夠的錢買房子。他說：「買一間乾淨整齊，但是有待修繕的小房子就好，這是我的目標。」不過他也不敢有太高的期待。「在一個好地方買間破破爛爛的房子，總好過在一個破破爛爛的地方買間漂亮的房子。」

疫情暴發後，莫里斯甚至很高興自己有理由可以蹲在家裡。他的兩個兒子傑洛麥亞和凱勒伯本來大多跟母親住在芝加哥，如今南下來皮奧里亞跟他一起住。莫里斯從當鋪買了一臺遊戲機給他們當禮物。他說：「我把冰箱裝滿了雞塊和他們喜歡的各種食物，我們好好相聚了一小段時間。真想念他們啊！」

跟他聊天時，我還是能聽到他老調重彈。根據他的陰謀論，政府要求民眾在家防疫的命令是威權主義的詭計，無非就是想接管黑人同胞居住的地方。他說：「他們想要把我們掌控在手裡。」他不想去做新冠病毒篩檢，因為他不知道政府會拿他的資料做什麼。他很擔心整個國家都落入聯邦政府手裡。他說：「如果疫情真的要大爆炸，應該也會是在芝加哥爆炸。」

到了五月底，莫里斯住的地方漸漸解封。他用嘲諷又誇張的口氣說：「政府只開放了一間餐廳欸！」那是五月二十九日，他的日子過得焦頭爛額。一方面是他因為疫情而失業。他們的工地都在大樓裡，而大樓住戶不想要有建築工人進進出出，老闆只能暫時讓他回家吃自己。在此同時，他母親突然小中風，到急診室去就醫。醫生說是因為他母親的心律調節器故障了。他的兩個兒子快進入青春期，他也怕他們倆變成問題少年。為了讓他們被嚇到不敢做壞事，他問我能不能幫他弄到當年警方幫他拍的檔案照。他說：「我要把那照片貼在牆壁上，跟他們說我是真的有混過江湖。讓他們知道我待過的地方，還有今天為什麼會是這副鬼德行。任誰都不想去那裡的。」

我們一邊聊，莫里斯一邊也看著電視。他說：「我常常看新聞。」他正在看哥倫比亞電視臺（CBS），新聞正報導著明尼亞波里斯愈來愈嚴重的抗議風潮。過去七十二小時內，一支影片開始四處瘋傳，影片中只見某個明尼亞波里斯警察把膝蓋壓在黑人男子喬治・佛洛伊德（George Floyd）的脖子上。畫面非常殘忍，四十六歲的佛洛伊德求警方饒他一命，還大聲哭喊著「媽媽！」*那個警察用力壓制他整整九分二十九秒，把左手輕鬆地擺在大腿上（因為戴著黑手套，穿著黑褲子，所以看來就像手插在口袋裡），直到佛洛伊德整個人趴倒在人行道上，失去生命跡象。這馬上就成為極具代表性的畫面。即便美國黑人男性遭殘殺或攻擊的影片在過去可說是屢見不鮮，但佛洛伊德的個案充分顯示出他與警察之間處於極為不平等的狀態，無論就力量、權力或享有的自由都是，因此看來令人感到不寒而慄。

我跟莫里斯是透過電話對談，當時我在開車。就在新聞標題變得愈來愈誇張之際，他開始把新聞轉述給我聽。他說：「那個條子正面臨謀殺罪名指控。」明尼蘇達州州長下令國民衛隊進駐明尼亞波里斯，而司法部則是表示要調查佛洛伊德的命案。莫里斯看著電視螢幕上的畫面，對於抗議活動的規模感到不可思議。他說：「有間市警局分局被燒掉了，抗議活動持續擴大。」

---

* 譯注：其實佛洛伊德的母親早已去世，這只是他出於本能的呼喊。

【第十九章】把拔，我們會去坐牢嗎？

抗議群眾來到白宮大門口時，川普總統遁入地下碉堡，那裡堪稱世上最為與世隔絕的居所。事後有人嘲笑他是個懦夫，他當然要有所回應，所以謊稱自己是到地下碉堡去「巡視」。

透過喬治．佛洛伊德的慘案，以及事後在全國各地引發的怒火，我們可以清清楚楚看出二十一世紀美國人住在充滿各種隔閡的社會，因為種族、階級、權力、意識形態界線的區隔而過著迥然有別的生活。儘管許多白人看到佛洛伊德死去的畫面也是震驚詫異，但對於許多美國黑人來講，更強烈的情緒是納悶：為什麼要過那麼久，美國同胞們才會相信他們的籲求的確有道理？答案就在種族隔離。即便金恩博士的〈我有一個夢〉（I Have a Dream）演講已經過去六十年，第一位美國黑人總統的誕生也是十二年前的往事了，但還是有百分之七十五的美國白人大多只與白人密切交往，而其餘族群也大多沒有白人好友。

抗議如野火燎原之際，儘管我們不知是好是壞，種族之間的距離突然間就縮小了。不只數以百萬計的美國白人與黑人肩並肩上街遊行，他們也一起以極近的距離與警察部隊面對面周旋。在芝加哥展開大遊行的第一晚，賈莫．柯爾就加入了一支往市中心邁進的遊行隊伍，結果跟一群鎮暴部隊站得如此接近，讓他在驚訝之餘發現自己能夠清楚看到他們手臂上的刺青。

警方放出催淚瓦斯來驅散抗議人群，賈莫踉蹌了一下，扭傷膝蓋，蹣跚逃離現場。他看著群眾時而往前衝，時而後退，讓他聯想到彷彿啞劇的戰爭場景，警民之間一次充滿暴力的遭遇。他質問警方：「如果你是個穿戴全副鎮暴裝備的警察，頂著頭盔、手拿已經多次用於鎮暴而滿是刮痕的老舊警棍，你怎麼能夠對手無寸鐵的民眾下得了重手？這樣對待民眾的方式，會讓現場的年輕人有何感想？我想他們會覺得：『這就是武力衝突』。」

衝突的張力果真在隔天來到最高點，多輛警車遭焚毀，芝加哥到處有商店遭到洗劫，包括一家勞力士名錶店和一家Family Dollar連鎖雜貨店。無論是在美國的哪個地方，抗議活動本來極少演變成打家劫舍的罪行。非營利研究單位「武裝衝突地點與事件資料計畫」（ACLED）專精分析數據，該計畫分析了大量抗議活動與警民雙方互動的情況，發現約略只有百分之七的「黑人的命也是命」運動涉及打家劫舍或其他暴力事件。不過，商家遭放火焚燒與毀壞的畫面立刻就散布開來。這也促使芝加哥市政府採取一些比較誇張的手段。到了隔天清晨市長下令升起吊橋，說是為了要阻止抗議群眾湧入北區那些比較富裕的地方。

種族在地理位置上的隔離要怎樣證明？最有說服力的鐵證莫過於那些吊橋一座座升起的畫

面。賈莫告訴我：「拜託，我們實在受夠了！我們曾為崔馮．馬丁穿上帽T抗議，為斐蘭多單膝下跪抗議，為了抗議艾瑞克的死而屏氣*，為拉寬走上街頭，但我們真是受夠了。夠了就是夠了，你懂我的意思嗎？我們完全有道理感到憤怒！」

根據《華盛頓郵報》的分析，二〇二〇年之所以發生這麼多抗議事件，問題的根源在於美國黑人若是與白人相較，在和警方互動的過程中死去的機率高達兩倍。不過這場社會運動很快就發生強大的外溢效應，民眾所要抗議的已經是各種各樣的種族歧視與社會不平等問題，包括健康、居住、教育、就業、財富等實際面向，還有更為抽象的美國社會價值，例如安全、尊嚴、機會，以及成為更生人之後重新站起來的機會。這場運動所遵循的傳統由來已久，早在一百多年前就有許多美國的社運前輩前仆後繼，為了爭取種族平等而努力。曾經是一介逃奴，後來力爭上游成為社會改革領袖的黑人作家佛德里克．道格拉斯曾於一八五七年向美國人示警：「若無抗爭，就不會進步。」他還說：「有些人崇尚自由，但卻反對用激烈手段去爭取，那豈不是想要不勞而獲？別忘了，要怎麼收穫就要怎麼栽。沒有雷電哪來大雨？沒有洶湧怒濤，如何成就汪洋大海？」

---

* 譯注：崔馮．馬丁曾於本書第四章提及，是遭平民槍殺；斐蘭多．卡斯提爾（Philando Castile）則是跟喬治．佛洛伊德同為明尼蘇達州人，也一樣遭警察殺害。艾瑞克．嘉納（Eric Garner）則是因為警方執法過當而遭緊勒脖子到窒息死去的紐約黑人市民。

❖

在喬治・佛洛伊德生前的四十六年歲月裡，非裔美國人族群曾經受益於黑人與白人之間各種社會差距的縮減。預期壽命本來是黑人比白人少七年，後來縮減為三年半；黑人中產階級人數上升，高中畢業的比例也達到黑白相當的地步。但是，過去幾十年間因為更深的社會隔閡持續加大，先前進步的成果也就都遭到抵銷了。平均來講，黑人家戶的財產若與白人家戶相較，只有不到十分之一，而且雙方在自宅擁有率方面的差距甚至變得比五十年前更大。種族隔離為何會演變成無法解決的結構性問題，理由就在於有優勢的人會愈來愈有優勢，弱勢者也會愈來愈弱勢，如此的趨勢當然會讓數以百萬計美國黑人始終處於赤貧的狀態，除非有人能夠挺身而出，做出某些改變。

因為群眾透過抗議來抗議種族隔離，追求公平正義，連帶的也讓賈莫在南區悄悄營運的小型社區組織突然間受到重視。在到處懇求捐款多年後，主動想要捐款的請求如潮水般湧來，許多企業高層向他伸出援手。他告訴我：「過去兩週以來與我聯絡的企業，數量已經超過先前多年的總和。他們大概都是跟我說：『嘿，能請你過來跟我們的高層談談嗎？』」年初時他只希望能夠募集到一百萬美元，結果到了年底，他實際上募到了一千多萬。他很高興能夠接受那麼多捐款，但他心知肚明，企業都是經過一番算計後才會把錢拿出來。他說：「說真的，我也搞不清楚這些企業是真的那麼在意公平正義才捐錢，或者只是不希望經營被打斷。走進那些大公司的時候，我怎麼可能知道他們的動機是什麼？不過我有一種感覺：現在輪到我來挑戰他們了。每一家公司都問我：『我們要怎樣才能做出改變呢？』在我看來，只要他們開始雇用黑人當管理人員，或者拔擢黑人員工為管理人員就可以。甚至可以找黑人當董事會成員。」

不過賈莫也意識到，就算那些企業高層再怎麼立意良善，恐怕也無法了解芝加哥市黑人社群過的生活有多麼慘澹悲戚。當初他進行社區工作就是為了改善種族隔離的問題，但美國社會從上到下實在是有太多人都視而不見那些問題。賈莫說：「那些副總裁還有執行長，他們來自聯合航空（United Airlines）與摩根大通集團等各種大企業，總是對我說：『唉呀，你可以好好培養他們的軟實力，讓我們可以雇用他們啊！』我則是回答：『拜託，那些小孩根本連市中心長什麼樣都不知道，他們甚至沒看過人招手叫計程車咧！他們也不知道要怎樣使用那種沒有按鈕的新款電梯。還有，就連記帳卡（debit card）要怎麼用也不知道。』你們知道有多少參加參觀行程的孩子沒看過特斯拉轎車嗎？又有多少連密西根湖畔都沒去過？」他對我說：「我無法解決芝加哥的種族隔離問題，但我至少能夠播下希望的種子。」

為什麼沒有人願意挺身做一些有實際效果的小事呢？賈莫覺得是因為美國政界的局勢實在太過紛亂。他對我說：「現在啊，好像大家都知道川普的閣員有哪些人，但出門遇到自己的鄰居卻都不認識。跟以前相比，我們的社會真是有點退步了。」每當有公司打電話給他，他總是只要對方捐點小錢，例如足夠支付參觀行程的小額捐款就好。他說：「每家學校只需要二萬五千元，這筆錢足夠讓我帶一個學校的學生出去十趟，每趟十八人。現在等候名單上有三十六間學校。」

他還沒有準備好以抗議人士的身分從政，但是在他住的那個地區，他常常勸誡大家：光是示威抗議並不夠，要更進一步。他說：「我想大家必須好好了解的問題是：改變到底是怎樣發生的？我問他們：『你們是不是連自己選區的市議員都不認識？你們是不是連自己選區的州眾議員都不熟悉？』我接著開玩笑說，如果你們今年夏天偷了一雙鞋，我希望等十一月大選來臨，你們能夠穿著那雙鞋去投票。」

❖

在全國各地，為少數族裔美國人爭取公義的運動與當地人的觀感都有所扞格，而且有時候會偏往難以預估的方向。這種運動勉強也算是在克拉克斯堡發動了起來，時間是六月十七日晨間，地點是在哈里遜郡政府（Harrison County Commission）的常會上。三位該郡行政長官在郡政府大樓裡以木板為牆壁的會議室裡開會，帶有墊子的座椅擺在一座講臺上，桌上擺著寫有他們名字的銅質名牌。行政會議的主席朗恩．華森（Ron Watson）白髮皤皤，是個警官轉職的公職人員，他以一如往常的姿態主持會議，舉止有禮且正式。但是對於這場會議來講，跟以往比較不同的是有許多民眾與會，有人到場，也有人以線上方式參與。

與會民眾想要表達意見的事項是，當地最有名的地標是否需要移除？此一地標是南軍名將「石牆」傑克森將軍的高大青銅雕像。將軍於一八二四年生於這銅像附近的故居，一八六三年於戰鬥中受傷後病故，而如同銅像下方基座上的碑文寫道：他是「為了自己深信不疑的正義理念而戰死」。自一九五三年以來，已有無數旅客來瞻仰這座傑克森將軍騎馬的銅像，而這年剛好也是「布朗訴托彼卡教育局案」（Brown v. Board of Education）[*]鬧上最高法院那年。銅像是在南方邦聯女性後代聯合會（United Daughters of the Confederacy）的請命之下製作，落成典禮開始前還有樂隊演奏南方名曲〈狄克西〉（Dixie）。

用於紀念南方邦聯歷史人物的類似紀念銅像在全美各地甚多，在佛洛伊德慘死後的三週內，掀起了一波要移除它們的風潮，而且成功達成目標的地方也不在少數。例如印第安納波利斯市（Indianapolis）就移除了一座由三K黨興建的南軍士兵紀念碑；在喬治亞州小城迪凱特（Decatur）的市政廣場上也有一座為了紀念「南方精神不死」（Lost Cause）[**]的九公尺高方尖碑遭移除。克

---

* 譯注：堪薩斯州托彼卡（Topeka）黑人學童為了爭取就學權益而控告當地教育局的案子，原告是學童父親奧利佛．布朗（Oliver Brown）。

** 譯注：Lost Cause是個美國史論述的專有名詞，認為當年南軍雖然戰敗，但他們是為一個正當的理念而戰。

拉克斯堡這場會議要討論的問題在於，要不要把銅像歸還給南方邦聯女性後代聯合會？開場時華森先清清喉嚨，朗讀了當地一位居民用電子郵件發出的陳情信，其立場是堅決反對「左翼激進分子……在全國各地亂搞。」

接下來的踴躍發言都是在捍衛銅像。曾在西維吉尼亞州高速公路部門工作過的賴瑞．史塔基（Larry Starkey）表示：「我曾經瞻仰那座銅像上百萬次。從小，每次我爸來郡政府大樓辦事就會把我扛上肩膀，讓我好好看一下銅像。」有些發言的居民甚至拿出一些歷史細節來佐證，例如某位男士表示：「那些黑奴是別人送給他們夫妻倆的。」也有其他人用直白的方式對未來表達憂慮，例如當地校車司機羅伯特．福瑞修（Robert Freshour）就把拆除銅像的運動比擬為「沒事拿斧頭去砍好好的樹」。最後他對當天在場都是白人的同胞們表示：「每砍一次，裂縫就愈大。該是好人覺醒的時候了。如果投錯票，換錯黨，那麼現在的情況可以說只是小菜一碟，更可怕的事情還在後面。」

反對的意見講了好一陣子，才有人開始論述贊成的意見。最後，中學老師蓋博．洛茲（Gabe Rhodes）提議把銅像遷移到近兩公里外的墓園裡。他說：「把銅像遷走可以讓哈里遜郡往前走，讓我們有機會讓一個全新的哈里遜郡問世，一個準備好進行重建，而且可以容納所有人的地方。」也有其他人同意，但顯然他們只是少數人。那天早上大概有三、四十人發言，但表示「石牆」傑克森的銅像不該繼續存在的，只有不到三分之一。

最後輪到行政長官們講話了。大衛．辛克（David Hinkle）是個當地律師，他跟往常開會時一樣，特地穿戴著顏色比較鮮豔的西裝、領帶。拿掉閱讀時才會戴上的眼鏡，他說：「都什麼時代了，怎麼還能讓大家過來看到一個不贊成全民自由的歷史人物？」不過最後贊成移除銅像的只有辛克一票，輸給另外兩票。如果居民還是想要移走銅像，那光是再開一次會並不夠。

❖

那天並未出席聽證會的人裡面，有個便是曾任當地美國有色人種促進會分會會長的吉姆．葛里芬。吉姆曾經對克拉克斯堡寄予厚望，就算他不進行運作甚至帶人走上街頭，也能移除銅像。多年來他要去郡政府大樓繳稅時都會走路經過那銅像，而且總是讓他看了就感到深惡痛絕。不過他未曾感覺到自己有機會改變這個現狀，直到這時。第一次投票沒過時，他看到自己能介入的機會。他告訴我：「該是讓大家選邊站的時候了，沒有什麼比時機更重要。」

吉姆聯絡了郡政府，詢問是否能邀他去聽證會上發言。兩星期後會議再度召開，他獲邀坐在證人席上。對於自己要說些什麼，發言時要穿什麼衣服，他非常認真思考了一番。最後他選了一件上面寫著金恩博士名言的紫色T恤：「想要做對的事情，沒有什麼時間點是錯的。」吉姆是以西維吉尼亞州黑人文化節主席的身分去發言，一起出席的是該團體的年輕成員安潔莉卡．史考特

（Anjellica Scott），聲明由他們倆輪流朗讀，最開始是一段來自《詩篇》（*Psalm*）的話：「看哪！兄弟在一個屋簷下和睦相處，多麼美好，多麼愉悅！」

吉姆把眼鏡帶在鼻頭上，把話講得很直白：「任由南方邦聯時代的紀念銅像豎立在公共空間裡，就等於是頌揚白人至上主義，並且紀念一個對我們國家離心離德的政府，而且那個政府的中心思想就是讓奴隸制永久存在，甚至擴大發展。」他提出一個折衷方案：銅像應該「留下，但必須遷移」（當地某家博物館已經說要收留銅像）。吉姆用一句當地格言結束發言，與西維吉尼亞州的座右銘（*montani semper liberi*，意思是「山區居民永遠是自由的」）相呼應：「如果你們准許遷移銅像，那麼就能讓有色人種同胞相信，*montani semper liberi*這句座右銘也適用於他們身上。」

行政長官們同意繼續針對銅像去留的問題「深思熟慮一番」。兩天後我與吉姆談話時他顯得士氣高昂。他說：「我覺得態勢很樂觀。如今國內的風向已經在改變了，我們覺得我們很有機會成功。」就在他去作證的那天，維吉尼亞州里奇蒙（內戰期間南方邦聯的首都）市政府已經拆掉了「石牆」傑克森在馬背上的銅像。而且，跟第一次有所不同的是，這次聽證會上只有一位克拉克斯堡居民站起來為銅像辯護。吉姆用很自豪的語氣說：「那個（為銅像辯護的）傢伙的言論剛好印證了外地人還沒有來過以前對西維吉尼亞州的普遍刻板印象，就是『落後』。會議室裡面大家都看著他，覺得他是個怪人。」

在克拉克斯堡為公平正義的理念打拚了幾十年，他早就領悟到一個道理：在西維吉尼亞州這種地方如果要設法推動歷史前進，與其費盡氣力去說服那些與他勢不兩立的對手，不如設法讓原本覺得事不關己的人動起來，那些人就是他所謂「從不出門的自由派人士」。他說：「有很多克拉克斯堡居民覺得銅像應該遷走，但他們只是在客廳裡面這樣想一想而已。他們不會走出自家，在公開的場合說出自己的想法。」多年來吉姆講話時總是得要閃閃躲躲、再三斟酌。如今他雖沒有明講，但內心士氣高昂，因為終於可以幫那些三緘其口的鄰居們說話了，而且不是以一個喜歡說教的局外人身分發言。他終於感覺到自己跟所有西維吉尼亞人都是同胞，呼籲大家應該為自己塑造出最好的形象。

接下來一整個月，關於各地銅像去留的爭議引起全國人民的矚目，就連川普也趁勢把這個議題拿來大做文章，鼓舞支持群眾。在那已有超過十三萬美國人因為新冠肺炎死去，而且死亡人數持續攀升的時間點，這的確是分散注意力的完美招數。除此之外，此一議題也讓川普能在演講時大打恐懼牌，把拆毀銅像的意象與縱火燒車、打家劫舍的畫面拼湊在一起。七月四日他在總統山（Mount Rushmore）對全國人民講話，以示警的語氣表示：「有個毫不留情的運動正試圖抹去我們的歷史、詆毀我們的英雄、消滅我們的價值、洗腦我們的孩子。」吉姆．葛瑞芬與川普的姿態截然不同：前者是想要讓美國成為有容乃大的社會，讓自己所屬的少數族群融入；後者不但想讓美國社會變得更為閉鎖，還在演講的結語塑造出美國即將毀滅的警語：「在山壁上四位前總統的見證下，今晚我率領美國人在二百四十四年後再度宣告，我們絕對不會受到暴政統治——我們絕對不會失去尊嚴，也絕對不會因為邪惡壞人恐嚇而退卻。」

八月十五日，或許是因為受到川普影響，哈里遜郡政府再度召開會議，與上次吉姆現身時相較，風向已有改變。居民一個接一個站起來捍衛銅像，總計有十個人發言。可以聽出他們的言論受到川普的語彙影響，語氣充滿陰鬱、偏激的情緒，甚至以受害者自居。當地居民史考特·斯維格（Scott Swagger）甚至提出質疑：怎能讓這個問題再度列入議程來討論？他說：「我是不懂議事規則啦，但感覺有點可疑。」

吉姆·葛瑞芬再次出席作證。這次他訴諸於市民同胞的同理心，鼓勵他們試著透過他的觀點去看那座銅像。他說：「我真的覺得那些銅像是衝著我們黑人來的，好像就是在對我們說：**我們看著你**。」我也第一次聽到他吐露心聲，知道他試著站在克拉克斯堡黑白兩個族群中間，但這為他帶來莫大壓力。他說：「我甚至遭人嘲笑，他們說：『那位奴隸主的銅像緊盯著你，你還能夠好好地頌揚黑人的傳統嗎？』但我相信自己就算經過時被盯著也沒關係，因為我有信仰當後盾。」他引述金恩博士的雋語：「要做對的事情，現在就是對的時機。」

但這場聽證會卻已淪為一場殘酷的鬧劇。吉姆發言時竟然有個透過Zoom與會的人打斷他，用一首歌詞滿是「黑鬼」兩字的饒舌歌曲淹沒吉姆的聲音。另一個人則是拿著幾張裸女照在鏡頭面前晃來晃去。最後，郡行政長官辛克再度要求針對是否移除銅像而投票。他說：「既然克拉克斯堡以一個能包容所有人的城市自詡，也對這種稱號引以為傲，四處宣揚，那就該是我們實現此一理念的時候了。」

但他的兩位同僚們不為所動。主席華森一邊看著小小會議室裡的所有人，一邊說：「有人附議嗎？」一陣沉默過後，他再問一遍：「有人附議嗎？」會議室還是一片寂靜。他說：「此項動議因為沒有人附議而不成案。」接著他便低頭看著議程說：「好的，我們繼續下一案。」

❖

這場敗仗讓吉姆．葛瑞芬深受打擊。事後他對我說：「我真的以為他們會把銅像撤掉。從頭到尾我都被耍了。」吉姆對於家鄉的政治文化感到悲哀，他說：「整個州跟整個郡都已經徹底轉紅——我是說，**徹徹底底轉紅**。我想他們覺得這個時候還沒有必要做出改變。因為控制權在他們手上。」他不只是感到大失所望，而且因為自己的樂觀覺得丟臉。某些年輕一代的黑人社運人士本來就常批判老一輩的黑人太容易息事寧人。經過這次挫敗，他知道他們更會堅信，沒有經過對立衝突的試煉，就無法促進社會進步。儘管吉姆擁有亮眼的民權抗爭參與經驗，但是在那些年輕黑人看來，也可以說是他向來太過有耐心，用溫溫吞吞的姿態回應白人的殘忍手段，所以才能撐那麼久。畢竟，不是就曾有人用酸言酸語批評金恩牧師，說他就是因為老是穿西裝、打領帶，形象太過溫和才遭暗殺？

吉姆告訴我：「他們說我是恐龍。他們說，你的手法絕對不會有效。」但總是讓吉姆感到自豪的，就是他向來能在西維吉尼亞州社會黑白兩端遊走的能耐。他深信，進步是有可能的，但要耐心等待時機。他說：「我跟那些年輕人說，這沒你們想的那麼簡單。你們需要重新調整腳步。」

吉姆與其他當地社運人士在等待另一個機會，或許等到郡行政長官換人的時候就可以。但他不敢對當地居民寄予厚望，因為市民同胞實在是沒有多少可以引以為傲的東西，所以他們比以往更加守舊，老是把過往的歷史掛在嘴邊。吉姆說：「老是有人說，『我的曾曾祖父以自己是南方邦聯戰士的身分自豪』。那你也應該感到自豪嗎？」要他們拋棄那一座銅像，等於逼他們面對最為不忍卒睹的現實，承認他們深愛的祖先其實有道德瑕疵。他說：「在目前，的確有些人捫心自問：既然我的曾曾祖父背叛了美國，那還值得為他感到驕傲嗎？不過，我想還有很多人沒有這樣去反省。」

訪談時我感覺到吉姆的聲音變得比往常更小，也更嘶啞，看來筋疲力竭了。幾十年來有兩種情緒始終拉扯著他：一方面西維吉尼亞人的身分令他自豪，但對於故鄉的種族歧視問題也暗暗感到憤怒。他說：「這裡是我的家鄉，我一輩子都住在這裡。」就算很多居民想要抹除掉黑人的歷史，他可不會認命。他接著表示：「西維吉尼亞州的非裔美國人對美國歷史有很大貢獻，但卻有很多人都不知道，所以我們才會想要試著教育大眾。」

他這種不屈不撓的使命感讓我印象深刻。我問他是否曾考慮過要離開西維吉尼亞。他用堅定的語氣回答我：「從來沒有。我才不會放棄自己的家鄉，我必須留在這裡。」不過，他對於西維吉尼亞的愛總是夾雜著一絲帶有擔憂的現實考量。他說：「我知道自己不能離州際公路太遠。如果我住到遠離州際公路的那些小鎮或小地方，那就是等於要自力更生了。這個州的生活方式一直都是這樣，而且從來沒有改善過。」

❖

選戰在全國各地熱鬧開打，每天好像都會發生一些事情來測試美國這個民主國家是否挺得住，不會爆炸。各地抗議事件頻傳後，這下美國的槍枝產業真是名副其實「意外撿到槍了」。在支持擁槍權益的社運人士裡，柯里恩．諾瓦（Colion Noir）可說是少數的黑人，他在推特上發文：「美國社會可能在一夜之間就崩垮。不管那些抗議活動的初衷再怎樣高貴，總是會被有心人士利用，想要趁機用暴力毀掉我們的社會。想要保護自己的安全，就必須做好準備。沒有人會出手解救你，所以你只能做好準備，解救自己！」

「黑人的命也是命」運動在聖路易市引發一對夫妻的恐懼，導致他們從家中衝出來對著遊行隊伍揮舞槍枝。那情景簡直就像是電影中的畫面：丈夫馬克．麥克洛斯基（Mark McCloskey）是個專門處理人身傷害案件的六十幾歲白人律師，他身穿卡其褲、粉紅色Polo衫，打赤腳站著，手握AR－15步槍；他老婆派翠西亞則是穿著七分褲和黑白橫紋T恤，拿著銀色手槍，手指靠在扳機上。隔天當地電視臺播出麥克洛斯基受訪的影片，他毫不掩飾自己內心實在是恐懼莫名：「我真的覺得那就像巴士底監獄事件的翻版，我們有可能小命不保，房子被燒了，但我們卻什麼也做不了。我老婆對於槍枝完全不了解，但她知道自己被嚇壞了，所以拿起了手槍。」

他想要澄清的是，其實他承接的案子大多是以警方為被告。他說：「我不是那種反對『黑人的命也是命』運動的極端人士，但這個組織卻是由恐怖分子和馬克思主義者掌控。我當然想要對抗他們。」事發後幾週內，麥克洛斯基成為保守派陣營的名人。共和黨全國大會的開幕之夜活動上，播放他們夫妻倆在自宅前拍的影片，兩人露出一副不怕死、不怕難的表情，只見派翠西亞對著鏡頭說：「千萬不要放下戒心。無論你住在哪裡，只要美國落入激進民主黨人的手裡，你的家人就不會有安全可言。」（後來，馬克．麥克洛斯基甚至宣布要參加參議員選舉。）

非常湊巧的是，就在麥克洛斯基夫婦在自家門口與抗議人士對峙的影片開始瘋傳的那天，莫里斯剛好打電話給他，他住在聖路易市北邊只有兩個多小時車程的皮奧里亞。莫里斯很激動，他說：「齁，我剛剛遇到一件被種族歧視的鳥事。」他跟兩個兒子去沃爾瑪買電視，但是紙箱太大，回家時計程車載不下。他在停車場看到有一輛卡車寫著「託運」，心想可以給卡車司機一點錢，幫他把電視載回家。莫里斯要兒子們乖乖待在人行道上，走過去問那卡車司機：「抱歉，請問一下。」沒想到那傢伙說：「離我的卡車遠一點。」莫里斯還以為自己聽錯了，接著說：「什麼？」卡車司機說：「離我的卡車遠一點！」莫里斯回說：「等一下。拜託，我是要問你能不能幫我運貨，不是來跟你要錢。」那傢伙還是說：「黑鬼，哪邊涼快哪邊去啦！」最後莫里斯大概是跟他說：「你他媽有病喔？」然後司機就報警了。

那傢伙看到停車場裡有警車，開過去跟警察報案。先前莫里斯要進賣場時就有看到警車，兒子們還跟警察叔叔們揮揮手。結果現在警察卻把他叫過去，問他的名字，要他出示身分證件。其中一個警察說：「只是要確認一下有沒有問題。」莫里斯的大兒子傑洛麥亞年僅五歲，他看著警察把爸爸的名字記錄下來，於是抬頭看著問道：「把拔，我們會去坐牢嗎？」

莫里斯試著把語調放輕鬆，「幹麼坐牢？就因為要那傢伙幫我們運東西回家嗎？」不過，傑洛麥亞還是很緊張。他又問了一次：「他們會去坐牢嗎？」莫里斯說：「不會啦！難道有人報警，我們就一定會去坐牢嗎？我們會先去法院，讓法官先辦個聽證會。警察不能直接過來把你抓進去坐牢。」

他們離開警車後，一路上莫里斯試著安撫兒子，「你也知道，上帝會保佑我們。」但事實上傑洛麥亞的問題讓他感到很絕望。他帶兒子回家，自己走到外面去醒醒腦袋，他跟我說：「真他媽的糟糕！我的朋友各種人種都有，亞裔、非裔、白人、波多黎各人。我也認識一些品行不怎樣的人啊，不過這傢伙真是個王八蛋！」莫里斯不禁覺得這次經驗印證了他對於美國政治的看法：「情況變得更糟了。那些大人物也在鼓動種族歧視，還有川普那個狗娘養的，他不是能夠解決這種問題嗎？他是總統欸！我們都聽他的話，但他卻把情況弄得更糟，自己在那邊煽風點火。」

那天莫里斯的聲音聽起來充滿絕望，是我認識他四年以來未曾聽過的。對於過去犯下的許多錯，他向來都是直言不諱。無論是犯法、傷害他人或者搞到自己前途渺茫，他很少把錯怪在別人頭上。不過讓我最為震驚的是，為什麼美國幾乎沒有讓他有機會在人生旅程中獲得一點善意？我不禁想起莫里斯這輩子如果曾經有人幫他一把，或許在很多時間點就會走上不同的道路。當年他會誤入歧途，就是因為沒有人導正他。要是有人能幫忙出車資，讓他去摩根公園中學就讀呢？或是讓他在入獄後能夠接受一點心理治療呢？或者是讓他能夠透過更生人輔導計畫找到工作呢？抑或是市政府能夠雇用失業勞工來幫忙整修他家附近的公共空間，讓他的兒子們有地方能去呢？任誰都想得出這些事情，執行的難度也都不高。令人難過的是，偏偏就是這些簡簡單單的事情能夠改變他的人生。

莫里斯的人生旅程可說是處處受限，阻礙他走上正途的因素包括世世代代擺脫不掉的貧窮、充滿種族歧視的體制、不如他人的教育品質，還有美國政府對於毒品、刑罰問題的惡劣處理方式。他成長於一個長期以來沒有投資流入的地區，而且鄰里居民坐牢有如家常便飯。有錢人可以免罪，窮人卻總是受到重罰，這可說是直擊二十一世紀美國政治文化的一記致命傷。川普甚至覺得能夠獲得免罪是很得意的事，這也成為他政治路線的要素。最有名的例子是，他竟然會說：「我大可以在第五大道上開槍打人，但卻不會失去任何一張選票，好嗎？」*相較之下，莫里斯這輩子卻有四分之一的歲月在牢裡度過，而且餘生都得要背負罪犯的汙名。讓美國人向來引以為傲的是我們有強大的再創造天分（就像開國先賢潘恩所言：「我們有能力讓這世界從頭來過」），但偏偏卻不給莫里斯這種人應有的機會去再創人生。

❖

跟莫里斯暢談他的人生以及他的家族在美國歷史上所走過的道路，常讓我想起自己的家族，尤其是我那位當年差點橫屍芝加哥街頭的外曾祖父艾伯特。艾伯特與莫里斯除了都是芝加哥人，從小住在兩個相距只有三、四公里的地方，分別成長於二十世紀初與二十世紀末的他們可說沒多少共同點。不過，自從我去查過外曾祖父的檔案資料，有機會把那兩顆子彈握在手裡以後，讓我一直感到好奇的問題是：開槍的那個人後來怎麼了？於是我深入研究，透過剪報、各種紀錄與多次訪談後發現，原來當年的情況跟如今竟然是天差地遠，而這倒是遠遠超出我一開始的預期。

當年開槍的十六歲少年威廉・沃伊考斯基在感化院待了四年，於一九〇九年獲釋。但他的前

---

* 譯注：這句話的原文是I could stand in the middle of Fifth Avenue and shoot somebody, and I wouldn't lose any voters, OK?據說是他在愛荷華州某一場造勢大會上的發言，但事後川普不願證實。

科紀錄並未在此劃下句點，這只是開端而已。五年後，他跟兩個共犯搶劫一間酒吧，其中一人在搶劫過程中槍殺了某位南北戰爭老兵。在隨後的幾個月裡，威廉因為芝加哥新聞界灑狗血式的刑案報導而聲名狼藉。有個朋友被捕後向《芝加哥論壇報》自吹自擂，說他跟威廉「在芝加哥犯下許多搶案，可能有一百起之多」，但這與事實不符。後來威廉又回去監獄蹲了三年牢。再次出獄時已經是一九一四年，最後他又捲入一連串搶案，他與另外兩人被警方稱為「富蘭克林公園三人幫」*，於是又回到喬利業監獄（Joliet Prison），這次坐了九年牢。

威廉於一九二三年出獄後改過自新，這時他已三十四歲。他改掉「沃伊考斯基」這個姓氏，開始改稱自己威廉·維耶特（William Viete）。他說他自己是德裔美國人，後來如果有人跟他要出生證明，他一律謊稱證明已經於一八七一年的芝加哥大火（Great Chicago Fire）中焚毀。**一九三○年，他跟一個已經有兩個兒子的女人結婚，他們生了一個女兒。他跟妻子寶琳（Pauline）有段時間常搬家，待過克里夫蘭、希博伊根市（Sheboygan）與福特市（Ford City），後來在匹茲堡定居，他在當地鋼鐵廠找到工程師的工作。他跟妻子買了一間兩層磚造樓房，坪數不大。在家族合照裡他身穿三件式西裝、白襯衫，打著條紋領帶。他的額頭又高又白，鼻形看來厚重，臉上掛著一抹淺淺的微笑。一九五○年二月二日，威廉因為心臟病發而在辦公室去世。

威廉的家人對於他的過去與他改過自新後的人生有何看法？這是常讓我感到好奇的問題。某天我打電話給威廉的孫女李安娜·朗恩·阿尤布（Leanna Lang Ayoob）。聽到我提起威廉，李安娜很興奮，她說：「我們都叫他老爹。他口才很好，個性細心幹練。從穿著與談吐看來，他就像是個見多識廣的人。」吃晚飯時，他會鼓勵孩子們吃飯跟大人一樣守規矩，還要邊吃飯邊聊天。李安娜說：「他會拿起叉子，教我正確使用方式。他的禮數非常周到。」不過，每次提其他早年的人生經歷，他總是刻意語帶含糊。她說：「沒有人跟我們說任何事情。那段歷史幾乎是一片空白。」

我把我知道的往事告訴她。我說威廉曾因為槍傷我外曾祖父而去坐牢，然後把我多年來蒐集到的檔案資料給她看，包括他的服刑紀錄、各種公開檔案、他所犯下各樁刑案的剪報資料。她仔細看過後跟我說：「這實在是超乎我的想像。從他的言行舉止看來，任誰都會覺得他來自一個富裕的家庭啊。」

接著李安娜想起了某件事。跟一般小孩一樣，當年她也曾偶然聽見大人的談話，無意間發現威廉可能有一段黑歷史。有一位阿姨曾經提及外祖母去監獄探視威廉。在李安娜幼小的心靈中，為了要理解那一句話，她給自己的解釋是比較體面的。她說：「當年我以為他只是去牢裡待了一年而已，因為當時他是個會計師，結果公司出了一些問題，他為了保護大家而自己去坐牢。」她笑了一下，接著說：「但顯然真相不是那樣啊。」

* 譯注：富蘭克林公園（Franklin Park）是芝加哥市的一個地區。

** 譯注：其實威廉出生於一八八九年，時間根本對不起來。

我也訪問了威廉的其他遺族，發現沒有人對他早年的經歷有一丁點了解。他的後代子孫都過著相當不錯的人生，他女兒嫁給了密蘇里州哥倫比亞市商會的會長；孫子則是進入美國林業局（U.S. Forest Service）服務，成為高階官員；他有個曾孫曾任內華達州參議員哈利．瑞德（Harry Reid）的幕僚，後來轉業成為華府的遊說人員。

儘管威廉．沃伊考斯基早年前科累累，但終究能夠重返社會，找到好工作，而這也成為驅使他的人生繼續往前的原動力，讓他獲得莫里斯．克拉克未曾享受過的財富、穩定生活以及尊嚴。從關於更生人的各種研究看來，許多研究人員都發現他們出獄後如果想要重啟人生，很關鍵的決定性因素就在於是否能夠找到安穩的住所與工作。莫里斯．克拉克兩者皆無，但相較之下美國社會卻給了許多權貴人士機會，讓他們能東山再起。

二〇〇七至二〇〇八年金融危機發生後的那幾年內，美國各家規模最大的銀行輕鬆獲得赦免，所付出的罰款與和解金總計不到三千億美元，而且其中一大部分還能納入免稅額裡。沒有任何一位銀行高層因為闖下大禍而入獄，也沒有任何一家銀行被吊銷經營執照或公司登記證。此外，到了二〇一七年，也就是金融危機已經過去九年後，聯邦政府對於白領犯罪的起訴數量甚至降到了二十年間的新低點。

我去格林威治拜訪奇普．史柯隆，我們在他家暢談他出獄後的生活。他已經出獄返家三年了。他說：「整個商界都不太歡迎我啊！」接著奇普跟莫里斯．克拉克一樣，也用了那三個字來概括自己現在的身分：「現在我是個重刑犯，像是被烙了一個罪惡的印記在身上，無法抹滅。」他的鄉村俱樂部會籍已遭取消，就連兒子的足球隊也不讓他當球隊經理。

在某些其他方面，奇普當然算是很幸運的。妻子雪柔還是敞開雙臂接受他，讓他回到那間位於山頂的房子。孩子也接受了父親去坐牢的事實，跟父親一樣對於人類遭到監禁後需要付出哪些代價有了迫切的新體驗。先前他們曾全家一起出遊，到阿拉巴馬州的蒙哥馬利市參加種族歷史博物館（Legacy Museum）的開幕式，到館內去了解那一段美國人曾經會蓄奴、動用私刑與歧視少數民族的歷史。最重要的是，即便奇普因為必須繳納罰款與賠償金而損失了數千萬元，但還是有足夠的錢能夠回去做他的老本行：投資。而且這次的生意夥伴是他在監獄裡認識的新朋友。

他的獄友是與歌手Jay-Z一起創辦Roc-A-Fella唱片公司的卡林・柏克（Kareem "Biggs" Burke）。柏克綽號比格斯，他是因為分銷一百多公斤的大麻而遭判刑入獄。奇普與比格斯在獄中成為好友，等到出獄後他們創辦了一個基督教團體來關懷更生人，也在健康照護以及時尚產業進行多項投資。如今奇普的工作跟以往的避險基金投資業務可說是相差十萬八千里。東窗事發後，他重新檢視自己的人生，開始關注起一些不公不義的種族問題。他說：「那一段失敗的人生讓我學會不要隨意評斷別人。我學到的種種教訓讓我知道要怎樣用同理心去善待他人，不要因為他們的膚色、背景不同就有差別待遇，也不要在意他們的想法和過去的所作所為。」

某天晚上我跟奇普一起待在他的書房。房間裡有好幾個靠牆的書櫃，火爐邊擺著幾張沉重的椅子。電話響了，結果是某個訪客從車道盡頭石牆上的對講機打內線電話進來。奇普想要用中控鍵盤打開大門，按了幾個鈕，但是都打不開。他兒子從隔壁房間打內線電話過來問他：「老爸，你開門了嗎？」

奇普對著鍵盤皺眉說：「還在試。」

他兒子聽到有點火，用普通青少年的不耐聲音說：「要用第四號線路啦！」

奇普又開始研究中控鍵盤，繼續按了幾個按鈕。他苦笑著對我說：「當初是我決定要安裝這個系統的，沒想到會這樣。」這件事彷彿暗喻著他當下的人生處境。在這當下，他暫時被困在自己的莊園裡，無法讓外面的世界接近他。而那一扇大門就好像是他過去那段人生的遺跡。想當年，他認為能對他的未來造成最嚴重威脅的那些事物，都在石牆外。

❖

某些格林威治居民高分貝支持「黑人的命也是命」運動。艾德・霍斯特曼牧師數次發出公開聲明以及影片表達支持。在艾德看來，這是一次試煉。小時候他住在紐約州北部鄉間，爸媽對於種族的態度非常保守。他說：「我老爸可不是那種會把金恩牧師當成偉人的傢伙。」不過那時年紀還小的艾德非常喜歡當地的卡爾曼・蘇約克牧師（Kalman Sulyok）。蘇約克牧師當年是以匈牙利難民的身分來到美國，艾德說：「他是那種走過煉獄然後又活過來的人，熱中於社會正義問題。」主日學的老師是牧師娘凱薩琳，在她安排之下，課程內容非常激進。艾德表示：「因為在主日學常常練習，那些流行於一九六〇年代的抗議歌曲我可都是朗朗上口。」最後，文化衝突在家裡暴發了。艾德的父親是個不動產仲介，當時有個黑人家庭前來向他諮詢，但是他父親勸他們不要搬到鎮上來。艾德說：「我心裡確信父親覺得我們那個小鎮是個很開明的地方，沒想到他居然說：『你們也知道，這裡大概不是你們會想要搬過來生活的地方。』結果啊，卡爾曼．蘇約克牧師就過來我們家跟我爸理論一番。」「黑人的命也是命」運動如火如荼進行之際，艾德把這個小故事跟會眾分享，並且要大家好好思考一下：「在我們圓丘地區教會附近長大的孩子，假使到了三十或六十年後回憶起這段時光，他們是不是能夠很驕傲地說：『我就是在那裡學到世人應該彼此相愛的。』」

奇普因為入獄後的生活而驚覺美國社會在刑事正義方面存在著種族不平等的問題。於是他參加了當地一個大約有二百人參與的「黑人的命也是命」抗議活動。他甚至覺得參加人數太少，有點懊惱，因為附近有個小城叫做新迦南（New Canaan），儘管人數不到格林威治的三分之一，卻吸引了二千人參加。遊行隊伍沿著格林威治鎮上商店林立的大街前進，如果有人想要發言，帶頭的幾位領隊就把大聲公遞給他們。輪到奇普發言時，他把口罩拿掉，對遊行群眾表示自己是帶著贖罪的心情來參加遊行。他說：「我這輩子有段時日也是社會問題的根源，倒不是說我這個人喜歡歧視少數民族，而是因為我對種族問題視而不見，沒有參與解決問題。」他表示自己先前曾在牢裡待過四年，他還說：「在裡面我認識很多膚色與講話方式都跟我不同的人，他們都來自其他地方。我之所以沒有繼續墮落沉淪，都是因為我認識了那些朋友。」大家對他報以如雷掌聲。他接著說：「我會參加這次遊行，是要鼓勵所有跟我一樣膚色的兄弟姐妹們，我們都不是少數族群的成員，我們應該覺醒了。過去，我在不知情、不經意的狀況下壓迫過別人，我對我做過那些事情深感抱歉！」

遊行隊伍沿著鎮上的商店街格林威治大道（Greenwich Avenue）往下走，沿路陽光灑在咖啡店的戶外座位上，許多顧客正在吃飯。有些人揮手致意，表達支持，有些人則是無動於衷，也有些人表現出敵意。有個慢跑的人經過時大吼大叫：「所有人的命都是命！」奇普看著另一個男人大聲呼喊：「他（喬治．佛洛伊德）活該！」

面對這些反應，奇普覺得很難過。遊行結束後他說：「現在，那些人都毫不掩飾了，他們的真面目可不是很討喜啊！這到底是什麼心態？或許是白人覺得唯我獨尊，也可以說是一種優越感，抑或是大企業人士的自戀情節。或者三者皆有。但無論是哪一種心態，都無助於團結美國社會。那些人想要傳達的訊息是：『我們是我們，他們是他們。』如此一來，社會就分裂成『我們跟他們了』。」

但是會去參加川普的造勢大會，跟會去對格林威治反種族歧視遊行民眾咆哮，在心態上似乎又有點不同。奇普認為，對遊行民眾咆哮的那些人，「說到底就是為了錢」。他說：「這不是說格林威治人裡面沒有真正的種族歧視者，而是說在他們眼裡，舉目所及的人都只是工具而已。對他們來講人只有兩種：能幫他們賺錢的人，跟不能幫他們賺錢的人。」

儘管奇普知道現況就是這麼惡劣，但他還是能保持樂觀。他說：「我如果看不出他們的醜態，就不能糾正他們啊！」他的孩子們那一代很投入「黑人的命也是命」運動，這讓他感到士氣大振。他說：「他們天生就會去追求公平正義。他們願意去探索更深層的意義與本質，知道什麼東西是重要的，不會糾結在枝微末節。講白一點，他們就是比較勇敢。」

後來，奇普也開始使用「那些鄉愿的德國佬」這個比喻，只是他的意思跟哈佛大學法學教授勞倫斯·雷席格不太一樣。奇普談的問題不是關乎政治倫理，而是專門指某些白人對於大批非裔美國人遭到囚禁的問題視若無睹，若無其事地接受現狀。他說：「想當年那麼多令人髮指的事發生在猶太人身上，但卻有那麼多德國人還是正常度日。美國的問題可說是你我都有責任。不過，除此之外美國人也都需要承認自己必須痛改前非。」

包括奇普在內，這段時間的許多抗議活動讓他們覺醒了，讓他們接受過去的確存在著把大家區隔的種種藩籬，以至於看不到我們身上其實各有各的苦。到了二〇二〇年九月十三日*，我們

---

* 譯注：應該是九月，而且不是第一週：https://www.scientificamerican.com/article/the-us-has-an-empathy-deficit/

發現「同理心」（empathy）名列Google搜尋的熱門關鍵詞，除了搜尋次數暴增，次數還創下這個詞在Google搜尋引擎留下紀錄以來的最高點。

儘管如此，還是有很多人覺得抗議活動讓他們倍感壓力，但另一方面卻也有不少人把這當成政治籌碼或商業契機。這一年六月，美國人購買槍枝的數量增加了，而且比美國史上的任何一個月都還要多，估計有三百九十萬枝。競選活動進行到最後幾個月期間，川普的修辭策略有了一點改變，而且極具說服力。先前在二〇一六年參選，與二〇一八年幫忙助選時，他都是用語言刺激支持群眾腦海裡出現移民打家劫舍以及「移民車隊」大量入侵南方邊界的畫面。但是到了二〇二〇年，因為爭取族群正義的抗議活動大增，他把論述的重點轉移，改為以「法治」對抗「暴民治國」，要把「煽動者、打家劫舍者」揪出來。換言之，敵人不是來自外部，而是來自美國社會的內部。

在政治對立如此強烈的氛圍中，川普彷彿眾矢之的，如此一來會不會讓黃金海岸地區那些有錢人不像過往那樣熱烈支持他？我拿這問題詢問吉姆．坎貝爾，因為他不但是格林威治鎮的共和黨委員會的主席，而且獨具慧眼，早早就看出川普的潛力。他說，恰恰相反，「有人在二〇一六年投了川普一票，然後這次會變成不投票給他嗎？至少就我所知沒有。我想在格林威治，他還是可以拿到一些選票的。」

【第二十章】

怒火蔓延

時間來到二〇二〇年盛夏，雖然一波溫度特高的熱浪侵襲加州，但因為其他地方的美國人有太多事情需要承受，以至於無暇注意。八月十六日，加州死亡谷（Death Valley）測到的溫度為華氏一百三十度（大約攝氏五十四度），太空總署聲稱這「可能是有可靠溫度紀錄以來在地球上測到的最高溫」。這讓人感到苦惱，但又不太意外，總之這個夏天將會創下有史以來北半球最高溫的紀錄。

接下來的幾個小時內，因為熱帶風暴過後而形成的濃厚、潮濕氣流從東太平洋掃過來，撲往舊金山北邊的山區。當這一大片濕氣碰上熱浪邊緣，結果就暴發出科學家所謂「持續不斷的閃電電擊」（lightning siege）怪象，不斷有雷電從空中往下釋放。此時灣區（Bay Area）仍在黎明前，因為不斷有閃電出現，在漆黑的空中大放光明，景象令人震驚，而根據附近民宅居民的描述，好像有龐大的能量在空中震動著，給人一種好像特斯拉線圈（Tesla coil）正在逼近的感覺。

深山裡，大批紅杉（redwood）遭閃電劈裂，幾間房屋遭電擊起火。據估計，到黎明之際已經打了六百次閃電，而此時消防術語中所謂「野地」又燒了起來。接下來兩週內，野火從門多西諾國家森林保護區（Mendocino National Forest）的偏遠地點往外延燒，最後匯集成有史以來第一次出現的野火煉獄，也就是加州史上規模最大的野火火災。這就是後來所謂的「八月大規模野火」（August Complex），延燒的規模竟然是兩年前牛仔葛倫・凱爾用鐵鎚引發那場野火的兩倍以上，持續延燒到十月，已經有一百多萬公頃的加州土地遭大火吞噬，延燒的面積打破過去歷年的紀錄。在黃昏到破曉之際，野火持續延燒四十公里之遠。高溫與大風形成所謂的「火龍捲風」，而這種把濃煙、灰燼捲成龐大漩渦的自然現象先前在美國史上可說是偶爾才會出現。到了二〇二〇年秋天，「火龍捲風」卻是每一兩週就會出現一次。高大的羽狀濃煙被捲到十多公里高的空中，超過一般商務客機的飛行高度。

多年前當我從中國返鄉時，我曾覺得美國的空氣實在太舒適了，品質比中國好太多。但是因為陣陣野火在二〇二〇年秋季延燒，在全世界空氣品質最糟的十個城市裡面，變成美國竟有四個城市名列其中。在那段時間裡，西岸地區總是煙霧瀰漫，煙幕沿著太平洋上空延伸一千多公里之遠。野火的季節出現在這時候的美國實在非常適切，因為美國選戰也是打得風風火火，可說是史上最為激烈的一次。

選戰活動到了最後幾週，川普的言行舉止已經徹底脫離現實了。所有右派網站上面妄想幻象、妖魔鬼怪都成為他演講時的材料。他去喬治亞州為眾議員候選人瑪喬麗・葛林（Marjorie Taylor Greene）站臺。她宣稱「匿名者Q」透過其爆料網絡揭露了「崇拜撒旦且有戀童癖的全球陰謀集團」，而川普則是稱她為「共和黨的未來之星」以及「貨真價實的贏家」。

川普也幫一位反對戴口罩的德州醫生助選。這位醫生兼邪教牧師宣稱女性會得婦科疾病是因為在夢中與「惡魔」性交，而且深信聯邦政府是受到許多「彷彿爬蟲類的」外星人控制。（由於受到川普關注，她批評戴口罩的影片在臉書上獲得一千三百萬次觀賞人次以後才遭到移除。）不過，川普總統也發現愈來愈難迴避那些關於疫情的無可爭議事實。他邀請大批盟友到白宮玫瑰園（Rose Garden）去參加最高法院大法官候選人艾美・巴瑞特（Amy Coney Barrett）的提名儀式，與會者大多沒戴口罩。與會群眾熙熙攘攘，互相擁抱甚至親吻臉頰。這實在是讓幾個月以來都無法擁抱親朋好友，甚至無法與他們見面的美國人看得瞠目結舌。

不到四十八小時後，川普就確診新冠肺炎。根據醫生提供的官方說法，他的「病況並不嚴重」，但事實上病情卻是急速惡化，許多官員擔心他幾乎已經病到非得接受插管治療不可的地步。他能夠康復實際上是多虧了某種實驗性的「多株抗體雞尾酒療法」在關鍵時刻介入，但這種待遇是一般美國人無法享受的。幾天後他擺脫了新冠肺炎的危機，馬上設法向美國民眾傳達一個訊息：新冠肺炎並未影響他的工作。他發布了幾張自己在簽署文件的照片，但那些文件卻都是空白的。

到了這週週末，至少有八個去過白宮玫瑰花園的與會者確診新冠肺炎，其中有幾位是川普的顧問與盟友。結果，白宮的所有新冠肺炎病例居然比紐西蘭全國上下還要多。

因為川普的想法與美國的實際情況差距太大，就連他的政治前途也開始動搖。全國已經陷入一種過去幾個世代以來從所未見的饑饉狀態。羅德島州竟然有四分之一人口表示他們沒辦法吃飽或者沒有足夠食物餵飽家人，嚴重程度可說是經濟大蕭條時代以來僅見。「我們的表現很棒，疫情已經接近尾聲」，川普在十月如此說道，但就在他誇誇其談的這天，威斯康辛州（根據民調顯示，這是他非贏不可的州之一）卻創下單日最多新冠肺炎病例的紀錄，有四千多人確診。州政府不得不在密爾瓦基市郊外開設一間臨時醫院，地點在威斯康辛州立市集公園（Wisconsin State Fair Park）。大選日之前不到三週，有個全國性的民調請民眾以一個詞來形容兩位候選人。最多人用「誠實」來形容拜登，而形容川普時出現頻率最高的詞則是「無能」。

❖

各種治國無方的問題愈是惹火川普，他的言行舉止就愈是充滿暴怒。喬治．佛洛伊德遇害後抗議活動在全國各州延燒，川普在某次電話會議上對州長們表示：「你們必須壓制遊行民眾。你們的表現大部分都太軟弱。」

他把抗議人士形容為「人渣」、「惡棍」與「叛國賊」，並且把「微光之戰」的語彙納入他的話術中，威脅要派出一波為數龐大的聯邦探員「湧入」各個黑人人口居多的城市，包括芝加哥。國防部長馬克．艾斯培（Mark Esper）呼籲政府必須主宰「戰場」，而川普隨即派出配備接近軍隊等級的聯邦探員部隊進入奧勒岡州的波特蘭市（他說「那裡的情況比阿富汗還惡劣」），強行帶走抗議人士，把他們帶上沒有機關標誌的車輛上。

某些川普的支持者開始幻想著美國受到大批Antifa成員入侵，還有政府官員與社會上的權貴階層裡應外合，意圖顛覆國家，此外一些崇拜撒旦、有戀童癖的億萬富翁也想要遂行陰謀。他們開始覺得反對川普的人已經沒有救，沒有教化的可能。到了八月，宣揚擁槍理念的社運人士柯里恩．諾瓦上傳了一支名為〈為什麼剛剛開始擁槍的美國人必須擔心拜登當上總統？〉（Why New Gun Owners Should Fear a Joe Biden Presidency）的影片。他在影片中對觀眾表示：「一旦拜登上臺，他們就會針對持有手槍的人下手。這種手法並非前所未見，當年希特勒在德國就是這樣。」

就在選戰逼近之際，充滿政治意味的暴力言語像鬼魂糾纏著美國社會，隨處可見。成員常常製作一些充滿諷刺意味的謎因、身穿夏威夷花襯衫的極右派團體「布加洛男孩」（Boogaloo Bois）說他們已經為內戰開打做好準備；槍枝販售量再次打破先前的紀錄。在臉書上，右翼好戰分子公開交換假訊息，滿嘴謊言，並且提醒彼此要把槍枝彈藥囤好囤滿。八月有一場抗議警方濫用槍枝的遊行在威斯康辛州的克諾夏市（Kenosha）舉行，竟有好戰的右派分子在一個名為「全民武裝，保衛生命與財產的安全」的粉專上呼籲大家帶著武器去鬧場。臉書接獲四百五十五位用戶投訴，但卻沒有關閉那個粉專。結果在八月二十五日遊行當天，有兩人遭槍擊身亡。（事後，臉書執行長馬克・祖克柏〔Mark Zuckerberg〕表示該公司犯了一個「營運上的錯誤」。）一位叫做凱爾・瑞騰浩斯（Kyle Rittenhouse）的伊利諾州青少年遭起訴，因為他涉嫌槍殺兩人、槍傷一人，結果竟然成為右派陣營的英雄偶像。雖然保釋金額高達二百萬美元，但支持者還是募資成功，讓凱爾・瑞騰浩斯得以在十一月獲釋，保外等待受審。他的粉絲持續販售上面印有「釋放凱爾」字樣的商品。

透過抗議活動與展示武力的照片，我們可以看出美國人已經習慣於某種屬於川普時代的奇特服飾美學，迷彩服、身體護具、戰術手套與耳機變成標配。穿戴上述服裝與配件的人到底是諸如「誓言守護者」（Oath Keepers）等民兵組織的成員，抑或是衣服上面沒有單位徽章的聯邦探員，又或者是反對口罩政策的抗議人士。在川普公開煽動之下，川粉除了保持戰鬥意識，也想像著各種暗黑的陰謀論。在接受福斯新聞網主持人蘿拉・殷格拉漢的訪問時，川普說控制拜登的「都是一些你我沒有聽過的人物」，都是一些「穿著黑衣服的藏鏡人」。

殷格拉漢追問：「這是什麼意思。聽起來有點陰謀論的味道。」

川普回答她：「不是。那些人的名字都是你我沒聽過的。他們是混街頭的。街頭都是由他們控制。根據我方某位人士提供的消息指出，本週末他在某個城市登機後發現乘客幾乎都是那些身穿黑色制服的惡棍，除了制服還有一些裝備什麼的。他們搭乘同一臺飛機。」

八月二十九日，對川普最忠心耿耿的右派媒體「第一美國新聞網」（One America News Network，簡稱OANN）播放了一段名為〈被圍攻的美國：企圖推翻川普總統的陰謀〉（America Under Siege: The Attempt to Overthrow President Trump）的報導，主張「一群資金不虞匱乏的無政府主義者主導此次政變，試圖將川普總統拉下馬。」

共和黨的國會大老們抱著川普的大腿，希望能夠讓「少數人統治多數人」的規則持續下去，由他們這個成員平均來講比一般美國人更老、白人更多的政黨來主導。他們火速通過一位保守派大法官提名人的任命案，繼而提出數十件用來阻礙投票或計票的訴訟案，並且不承認一項人口普查結果，因為這次調查將會顯示出那些背景多元化且傾向民主黨的地區呈現人口增加的趨勢。透過這一切厚顏無恥的作為我們也可以看出，就連共和黨也知道，如果沒有他們這樣大動作介入選舉，川普將會因為失去民心而無法連任。此時德州高速公路上發生一件事：一輛拜登競選團隊的巴士遭到車隊包圍，差點被逼車逼到離開公路，而車隊裡的卡車與轎車上都掛有支持川普的標語。事後川普以推文盛讚這件事：「這些愛國者的作為完全沒有錯。」而向來懂得趁勢追擊的魯比歐更是錦上添花，在一場川普的造勢大會上稱呼他們為「偉大的愛國者」，還說：「我們都喜歡他們的表現，但有件事他們不知道：這在我們佛羅里達可說是家常便飯啊！」

於史丹佛大學胡佛研究所（Hoover Institution）任職的政治學者賴瑞・戴蒙（Larry Diamond）

曾在伊拉克擔任過聯盟臨時行政當局的顧問，他告訴我：「對於這種現象只有一種解釋：除了比較顯著的少數例子以外，共和黨已經變成一個只會在嘴上說尊重民主的政黨。怎樣阻止他們？答案很簡單。唯一的解決之道就是那些比較有良知的共和黨籍眾議員、參議員、州長大聲說出真心話。如果他們只顧自己的仕途，棄民主體制與民主風範於不顧，那美國就只能繼續沉淪。」

研究政治暴力的人甚多，但幾乎沒有人覺得暴力在選後會有消退的跡象。許多地位顯赫的政治學家組成團隊於九月進行研究，發現一個令他們不安的事實：不少美國民眾認為「自己所支持的政黨只要是為了達到政治上的目標，就有充分理由可以」遂行暴力。好幾個研究都指出至少有六分之一的美國人有這種想法，比例是三年前的兩倍。參與上述研究計畫的戴蒙告訴我：「比例增加的幅度實在是很大，不只是數字令人感到不安，數字背後反映的事實也是。想想看這些人武裝自己的程度有多高，還有他們囤了多少部隊等級的武器跟護具，還有可以裝大量子彈的彈匣。美國歷史上從來沒有出現過這種情況，所以我想目前是過去幾十年來情況最為危急的年代。」

在什麼情況的刺激之下，語言暴力才會升級為真正動粗，對他人暴力相向？多年來，學界比較了各種各樣的案例，像是德國與義大利的學生抗議運動、一九六八年民主黨全國大會在芝加哥舉行時發生在會議場地外的暴動，還有一九八〇年代以降的歷次香港民主運動。結論是，多項研究都發現類似運動會升級為暴力相向，往往是因為參與群眾感覺到政府鎮壓（無論是真的有鎮壓手段或只是出於他們的想像），此時甚至有旁觀者會加入抗議陣營，與同胞一起抵抗他們所認定的威權政府。

川普鼓動他的追隨者把他的政敵都當成暴君。十月八日，聯邦政府與密西根州政府當局起訴六個人，罪名是意圖綁架該州州長葛瑞琴·惠特梅爾（Gretchen Whitmer）。在此之前，惠特梅爾就已經屢屢遭川普砲轟；後來在持槍抗議群眾群聚在密西根州首府抗議之際，川普用民兵頭子的口吻發出推文高呼：「解放密西根！」還稱讚他們是「善良老百姓」。遭起訴的幾個綁架未遂犯應該是在網路上相識，而且他們都有參與極右派團體「布加洛男孩」的朋友。首先是在六月十八日，他們都去密西根首府蘭辛市（Lansing）參與了支持擁槍權的造勢活動，接著就聊起了要攻擊蘭辛。他們會聚在一起進行戰術行動訓練，並且嘗試自製炸彈。遭起訴六人裡的首腦亞當·福克斯（Adam Fox）對其他人表示：「弟兄們，我就是想要把這世界炸掉……我他媽再也不在乎了。我受夠了這個世界。」

賴瑞·戴蒙曾於幾十個國家研究過民主體制的運作方式，有個會導致暴力活動發生的模式是令他深感不安的：「我發現在許多案例中，人們會先突破正常規範的界線，做出不被接受的行為，接著就惡向膽邊生，遂行更大膽、更令人髮指的政治暴力活動。就拿以色列總理伊扎克·拉賓（Yitzhak Rabin）為例子好了，在他遇刺身亡前幾個月國內的氛圍就已是動盪不安。跟現在的美國一樣，當時許多以色列人講話愈來愈暴力，常規也出現鬆動的現象。就是這種每況愈下的情境讓那個極右派暴力分子覺得他真的採取暴力行動也沒關係，甚至認為這在道德上是有必要的，所以他們就暗殺了拉賓。」

在與拜登辯論時，川普拒絕譴責白人至上主義者和種族仇恨團體，甚至還向極右派團體「驕傲男孩」喊話，要他們「後退一步，但做好準備」，這讓他們士氣大振。「驕傲男孩」的幹部喬伊・比格斯（Joe Biggs）在社群媒體平臺Parler上發文表示：「基本上川普就是說，給他們好看！」

華府的大選日是個寒冷的晴天，高空只掛著一些稀疏的雲朵。我老婆貝沙娜和我一起開車去維吉尼亞州小鎮克里夫頓（Clifton）觀察選情，與投完票或正要進去投票的選民聊天。令我感到震驚的是，比起跟我聊候選人（不然還有什麼好聊的？），他們更想跟我抱怨美國政治文化的敗壞。他們不約而同都表示自己最厭倦的莫過於仇恨思想與黨同伐異的風格當道，還有極右與極左成為主流。

還有許多人悲嘆社群媒體與傳統媒體都已經變成旁門左道。肯恩・史班納（Ken Spenard）與妻子金思莉（Kinley）是一對年輕夫妻，投票後根據長久以來的傳統，夫妻倆並未追問對方投給誰：不過我終究還是知道丈夫投給川普，老婆投給拜登。我跟他們聊了很久，肯恩的話題始終在網路的影響上打轉，他認為對社會最具傷害性的莫過於誰都能匿名發言。肯恩表示：「我有個朋友說，啊抱歉，這會有點粗魯：『如果做人太機車，是會被人爆揍的喔。』我們以前小時候就是這樣。等到被揍得很慘，好幾次都有人把你打趴在學校的操場上，你才會學乖，心想：『好吧，或許我不該這樣。』但現在沒有這種事了。」金思莉則說，如果談話的對象是鄰居或泛泛之交，她和肯恩雖然沒有明講，但已經不會談政治了。她說：「因為不想得罪他們，變得老死不相往來啊！我們身邊有很多人的想法開始變得更極端。這很奇怪，因為大家都才三十幾歲，我們倆就心想：『拜託，你們才幾歲，怎麼想法會變得那麼極端！』為什麼有人會覺得這是個非黑即白的世界？有時候是非對錯並沒有那麼明確啊！」

二〇二〇年選戰結果出爐後，雙方的勝負差距並沒有那麼接近。因為有幾個州票數咬得很緊，要花幾天時間好好驗票算票，不過最後拜登大贏川普差不多七百零五萬票，而且選舉人票的差距更大，是三百零六票對二百三十二票。在選舉人票方面，這次的差距幾乎跟二〇一六年一樣，只不過那次川普得以自誇「大獲全勝」，這次卻是全面潰敗。

不過，選舉結果也反映出很嚴峻的狀況。儘管拜登自詡為一道強大的防線，讓美國可以免於再次沉淪於刑期四年的煉獄中，但並不是所有人都買單。由於還是有七千四百多萬人把票投給川普與他所代表的價值，那就表示美國還無法擺脫他，而美國社會的裂痕仍是大到難以弭平。雖說他過去四年來的表現之差可說是有目共睹，但仍是有大量川粉對他不離不棄。

選前吉姆．坎貝爾就在我面前大膽預測，川普在格林威治還是可以拿到不少票。他是對的。儘管整個鎮的總票數還是民主黨占優勢，但是川普在二〇二〇年拿到的選票竟然比四年前還高。看來，他們並不覺得過去四年川普有何表現令人失望，所以還是把自己的鐵票投給他。因為坎貝爾在前不久在附近的小城西港市（Westport）買了新家，我就去找他。他在新家對我說：「我可以把他的各項政績列出來啊，很多欸。」對於川普做的事，他可說是如數家珍：「鬆綁法令管制、減稅」，避免軍隊在海外開戰，「為了維護我們的邊境紀律而硬起來」，提名了幾位保守派法官，還有「因為他，我們終於有正確的伊朗與中東政策」。不過，坎貝爾喜歡川普的地方不只是政策，說到底還是行事風格。他說：「我一直很喜歡川普那種願意挺身戰鬥的心態，一路走來，直到大選日他都是那樣。」

從格林威治的選舉結果看來，最挺川普的是第十選區的選民，也就是我土生土長的「金三角地區」，這裡也是普瑞斯考特・布希生前呼風喚雨的地方。二〇一六年以降，很多人都主張川普的勝選反映出希拉蕊有多不受歡迎。不過，在二〇二〇年選舉過後，這個理論再也站不住腳了。當了四年總統後，川普在「金三角地區」的領先優勢持續擴大。四年前，他的選票只在這個地區贏了兩個百分點；四年後，差距擴大為十三個百分點。

❖

拜登宣布勝選那一晚，我們夫妻倆帶著兩個孩子到白宮附近的街區，想要看看民眾的反應。我們去了五個月前川普曾經去站在外面，手拿聖經擺拍的聖約翰教堂（St. John's Church）。當時為了讓他好好拍照，警方還用催淚瓦斯驅散「黑人的命也是命」的抗議人士。這天晚上的氛圍是歡欣鼓舞的，許多樂手在街頭打鼓、演奏小號或者伸縮號，大家都雀躍不已，因為未來四年的白宮主人雖說仍是白人，但他挑選了一個帶有印度血統的黑人女性當副手*，而且他們倆誓言將會透過政策來迎擊無所不在的種族歧視問題以及極度不平等的社會結構，也會好好處理許多美國人無法獲得妥善醫療照護的慘況。

我們目睹的街頭景象反映出民眾的情緒有多熱烈激昂，他們內心一則以歡喜，一則以不屑，所以才會有超過一億五千萬名美國選民被刺激到出來投票，創下一百二十年來的最高投票率。**即便有人是因為喜愛自己的候選人才出來投票，但「賭爛票」恐怕也不少，不過無論如何這種高投票率都有助於改善美國民主的體質。不過，任誰只要仔細想想，就會覺得美國的民主體制實在是很詭異。拜登贏了川普七百萬票，這票數比麻薩諸塞州或印第安納州的人口數都還要多，但是根據令人費解的選舉人團制度，如果他在某些選舉人票比較高的州只要輸個五萬票，那選舉結果就逆轉了。***在其他國家的人民看來，這種制度簡直就像神權政治一樣不可思議。英國《金融時

---

* 譯注：賀錦麗（Kamala Harris）副總統的母親是來自印度，十九歲到美國讀書並定居的生物學家。

** 編按：這年的投票率是百分之六十六點六，比四年前高了六點五個百分點。

*** 譯注：因為選舉人團的制度是贏者全拿，候選人只要在某個州的票贏過另一個候選人，就能拿下該州所有選舉人票。因此，人口愈多，選舉人票就愈多，所以即便在這種州只以些微選票輸掉，還是會失去大量的選舉人票。

報》就曾把選舉人團制度比喻為「危害人體的闌尾，每逢選舉就會多流一點膽汁出來。」*

那天晚上我們待得愈久，我愈是覺得那種歡慶的氣息中也蘊含著怒意。川普能夠入主白宮本來就反映出美國的民怨有多深厚，而他在位期間又把民怨放大，導致敵意彷彿回聲般於他四周繚繞不去。在群眾中有人把大大的川普頭像接在一根棍子尾端，高高舉起。抬頭一望就會看到那顆頭彷彿鬼頭般在人群上方跳來跳去，搖搖晃晃。無論從哪個角度看來，我們都是個沉浸在痛苦中無法自拔的國家：毀壞的美國社會如荒原一片，真不知需要多久時間才能完全復原。川普會上臺是因為某些根深柢固問題造成的，但如今就算他下臺了，也無法解決那些問題，迫使美國人必須面對一個始終擺脫不了的歷史問題：我們能夠提出更好的方法，解救國家免於水深火熱之中嗎？

左派社運陣營的處境尷尬，必須面臨一個選擇：過去四年那些以鄉間地區為主的州因為支持川普而筋疲力竭，與其餘的美國社會充滿隔閡，可是難道美國人真的要任由那些州繼續荒廢下去，然後又被另一個像川普那樣的煽動家牽著鼻子走嗎？或者美國人可以齊心協力，幫助那些州的同胞們擺脫絕望的處境？這次選舉跳出來幫人抬轎的西維吉尼亞州環保人士凱蒂·勞爾告訴我：「選舉結果出爐後，我看有一則貼文寫道：『我希望那些在餐廳裡的南方鄉巴佬一邊吃飯一邊哭。』但我心想：『為什麼？**為什麼希望別人哭呢？**為什麼有人的願望會是那樣呢？』」她接著表示：「正在美國進行的文化戰爭裡面，有個面向就是都市與鄉村之爭，爭論的是我們到底該不該『完全忽略某某地方』？我們到底該不該乾脆別跟『那種人』費盡唇舌？或者該不該做其他任何意味著他們完全沒有價值的事情？我就是覺得這沒辦法把我們帶往一個更好的方向啊！」

從二〇二〇年大選結果看來，凱蒂與她的「西維吉尼亞等不及」陣營同志們有失也有得。在民主黨黨內初選的階段，史蒂芬．史密斯以些微之差輸給律師班．沙朗格（Ben Salango）。接著在州長選舉中，現任的賈斯提斯以超過兩倍的票數擊潰了沙朗格。因為沙朗格是個打滾多年的政治人物，史帝芬可說是雖敗猶榮，而且他與凱蒂都清楚意識到這場選舉前景看好的一面：除了小額捐款的筆數打破紀錄之外，同一陣營的候選人竟有高達十一位當選，從議員到各地教育委員會成員都有。一週內，又有十八人宣布將在兩年後以「西維吉尼亞等不及」陣營成員的身分參加選舉。儘管距離他們夢想的「全民政府」美夢還有漫漫長路，但這些年輕社運人士已經證明從政者的確可以拒絕接受企業捐款，在寇氏兄弟這類大亨、「煤礦之友」與其他利益團體稱霸的西維吉尼亞州參選，並且保持一定的競爭力。

史蒂芬與凱蒂真是讓我跌破眼鏡，他們竟能設法完成美國現代政治史上最難能可貴的成就：能夠讓支持川普的選民、把票投給拜登的人，彼此攜手合作，追求共同目標。他們的方法是把政見聚焦在地方問題上，例如有民眾吃不飽、住屋短缺、失業救濟金延遲給付等問題，如此一來也

＊ 譯注：這個比喻有雙重涵義。闌尾是人體可有可無的器官（儘管這仍有爭議），所以不如割去，就像選舉人團制度大可廢除一樣；膽汁（bile）也有發脾氣的意思，因此每次選舉都會有人因為選舉人團制度而氣急敗壞。

喚回了一些本來已經中毒太深，總是從種族角度來看待政治問題的美國人。我問史蒂芬：「西維吉尼亞等不及」陣營的成員們對這次總統大選的結果有何看法，他說：「最驚人的地方在於，抱歉，原諒我的粗話——他們根本鳥都不鳥啊。」他大笑了一下才接著說：「當然啦，也是有人跟其他地方的選民一樣好像上癮似地緊盯著總統大選，但一般而言大家都覺得聯邦政府對我們和家人沒什麼貢獻已經那麼久了，因此我們已經打算另外開闢一個對話空間了。」史蒂芬不是那種天真的政治人物，他也知道川普在西維吉尼亞州拿到比四年前還要多的選票，但從歷史紀錄看來，阿帕拉契山地區的選民本來就會傾向於那些願意傾聽他們心聲的候選人。儘管史蒂芬競選州長的任務算是失敗了，但他很有耐心。他說：「我感覺到美國人正在決定自己要往哪個方向走去。這可是非常罕見的事啊！」

❖

連任失利後，幾天內川普的情緒愈來愈不穩，彷彿荒原上的李爾王。*他和律師團隊發表各式各樣的謬論，說什麼內華達州的官員故意操弄投票機，允許千名有問題的人投票；還有密西根州與賓州計算給拜登的選票裡面有很多投票者早就已經死了；以及投票機器遭委內瑞拉社會主義人士涉入的陰謀竄改，把川普的幾百萬張選票都刪掉了。他在社群媒體上直播一場長達四十六分鐘的演說，宣稱：「我們怎麼可以讓別人偷走這場選舉！」他已經完全置白宮的政務於不顧了，一整天大部分的時間都把自己關在家裡或是待在高爾夫球場上瘋狂發送推文：「**我們大獲全勝！**」他的幕僚大都已經沒去上班，即便新冠肺炎疫情持續肆虐，讓美國跨過另一個可怕的門檻：在十二月九日，每天的死亡人數已經超過整個九一一事件中的罹難者人數。**

川普的說法一一遭到國土安全部，遭到他自己的司法部長打臉，還有幾十樁選舉官司也都被法院駁回。選後一個月川普主動提出的大大小小官司已經至少被八十六位法官駁回，而且他們的立場在政治光譜上從左到右都有，甚至有些是他自己任命的法官。儘管如此他還是持續在白宮的橢圓形辦公室（Oval Office）裡會晤騙子、偏執狂、三流律師，都是些彷彿從費里尼（Federico Fellini）那些光怪陸離電影作品中走出來的人物。這次選舉最令人難忘的時刻也許是選後那場記者會。記者會原本以為是在費城的四季酒店（Four Seasons Hotel）召開，沒想到世界各地媒體卻被川普的競選團隊找去一個很奇怪的地點，一間名為「四季綜合造景」（Four Seasons Total Landscaping），位於情趣用品店與火葬場之間的小公司。令人感到川普大勢已去的最生動畫面

---

* 譯注：李爾王（Lear）是莎翁名劇裡面的悲劇人物，是一位喪失權位的國王。

** 譯注：二〇二〇年十二月九日，單日死亡人數為三千一百二十四人，超越九一一事件造成的二千九百七十七人罹難紀錄。

在幾天後發生於他的律師魯迪・朱利安尼（Rudy Giuliani）身上，這位特立獨行的前紐約市市長痛罵前委內瑞拉總統查維茲（Hugo Chávez）、喬治・索羅斯等人，以及柯林頓基金會（Clinton Foundation）偷走大選之際，他的臉頰側邊卻有一條細細的黑色液體從鬢角流下。（到底是染髮劑或化妝品，沒人知道。）

這一切實在太荒謬，以至於任誰都很容易忽略一個令人不安的事實：這件事背後有好幾個共和黨大老幫忙撐腰，他們不但為川普的謊言背書，還持續幫他扯謊。眾議院少數黨領袖凱文・麥卡錫（Kevin McCarthy）是該院地位最高的共和黨議員，他在十一月六日於電視上表示：「這次選舉的贏家是川普總統。所以，如果你正在看電視，請不要保持沉默。不要對這件事默不作聲。」幾天後，德州共和黨眾議員高梅特在華府對群眾演講時，也鼓勵大家好好考慮是否該像埃及人於七年前「發動革命」那樣，來一場美國版的革命運動。他說「二〇一三年全埃及都有人走上街頭，三分之一的埃及人」挺身而出，罷黜了「歐巴馬的朋友兼穆斯林兄弟。如果埃及人能夠辦到，那麼想想看我們能做到什麼程度。」川普發動的法律戰在各個法庭陸續失敗，很長一段時間以後副總統麥克・彭斯（Mike Pence）還是遇到群眾高喊：「再做四年！」而他也跟著此等癡心妄想起舞：「我們會持續奮戰下去，直到每一張應得的選票都記到我們名下！」

這看來原本只是一場荒謬劇，沒想到川普的支持群眾卻當真，很快就演變成企圖推翻選舉結果的行動劇。川普在一月二日打了那通惡名昭彰的電話給喬治亞州的州務卿布萊德・拉芬斯伯格

（Brad Raffensperger），以軟硬兼施的語氣威脅他：「想辦法幫我弄到一萬一千七百八十票」，但是遭到拒絕。通話內容於隔天曝光後，馬上變成醜聞，而且如果是在美國史上的任何一個時刻，兩黨肯定都會眾口一聲，要求總統辭職下臺。不過，共和黨還是幫川普護航，凱文·麥卡錫甚至說：「川普總統始終非常擔憂這次選舉的正當性。」

全國各地都有人因為聽信川普的謊言而輕言訴諸暴力，革命之歌在各地放送，大家變得更為不加掩飾。在奧克拉荷馬州，克里夫蘭郡共和黨委員會的主席戴夫·史鮑丁（Dave Spaulding）對於「不可接受暴力行徑」的主張可說是嗤之以鼻，他在臉書上發文表示：「那你們是把美國革命當成狗屎嗎？他媽的一場扮家家酒遊戲嗎？當年美國人是拋頭顱灑熱血的，而且絕對有充分的理由！」

如果川普真的有打算要推翻選舉結果，那麼最後的機會就是在一月六日，那天彭斯會以參議院議長的身分監督參眾兩院針對選舉結果進行最後的確認。從川普成為總統候選人之初，他就很懂得訴諸於群眾，所以才會把南卡羅來納州參議員林賽·葛蘭姆的電話號碼公諸於世。如今到了這最後時刻，他仍舊是使出一樣的把戲，想要靠群眾的力量讓政敵屈服。於是他在推文上寫道：「一月六日，在華府會有大型抗議活動。大家一定都要來，而且一定要盡情使壞！」

❖

一月六日早上，民主黨人原本有充分理由可以慶祝一下下。歷經第二輪選舉後，喬治亞州剛剛才在前一晚寫下歷史：強·奧索夫（Jon Ossoff）將會就任該州有史以來的第一位猶太裔聯邦參議員，而且才三十三歲的他更是參議院中年紀最輕的成員。（但對於美國的年輕世代來講，這件事只能給他們一絲安慰，因為一九八〇年以後出生的參議員人數仍是少得可憐，就連名叫查克（Chuck）的參議員人數都還比較多。）

喬治亞州另一位打贏選戰的候選人是拉斐爾·華諾克（Raphael Warnock）牧師，而他能夠成為該州第一位美國黑人參議員，都要歸功於史黛西·艾布蘭（Stacey Abrams）等人極力爭取與確保黑人公民的投票權。此外，喬治亞州的選舉結果出爐後，更是證明美國人普遍挺身而出對川普說不。如今他成為輸掉白宮、眾議院與參議院的「三輸總統」，上次留下此等悽慘紀錄的已經是將近九十年前的胡佛總統。不過這些勝績只是暫時讓美國的激進政治達到顛峰，接下來這天發生的一切卻讓人清楚看出，激進政治的未來仍有重重險阻。

這場號稱「搶救美國」（Save America Rally）的造勢活動於早上十點展開，地點位於白宮南側的外面，當時正是參眾兩院議員要開始確認拜登當選美國總統的時刻。這群不戴口罩的群眾中有不願服輸的川粉，但也有受盡苦難後不願繼續忍耐的美國人。他們在會場上立起一個木製絞刑架。最開始上臺講話的人包括羅傑·史東（他曾幫李伊·漢利動員格林威治的共和黨勢力，後來也名列川普的特赦名單中），以及阿拉巴馬州共和黨籍聯邦眾議員莫·布魯克斯（Mo Brooks），他在臺上表示，這天是愛國者們「大展拳腳」的時刻。最後川普親自上臺宣稱：「如果大家不使盡全力戰鬥，那美國就沒救了。」他要大家前進國會山莊，「以和平的方式讓愛國者的聲音響徹雲霄」，而在演講過程中他屢屢使用「戰鬥」一詞，達二十幾次之多。他說：「我會在那裡與你們同在。」但事實上他只是轉身回去白宮，透過電視螢幕看著歷史的鬧劇上演。

到了下午一點十分，抗議人士開始與國會山莊警察纏鬥，其中有不少民眾身穿防彈背心，戴著頭盔與防毒面具。歷經敗選、經濟蕭條、被迫戴上口罩與封城等種種挫敗，他們把積怨化為暴怒。有個男人憤怒高喊：「為什麼我沒有工作！不是說好大家都能『追求幸福』嗎？」*才幾分鐘的光景，各個安檢哨站的警察就寡不敵眾，數以千計抗議人士如浪潮般往國會山莊挺進。他們搶走警方架起的金屬路障，拿來當樓梯，從國會大廈的底部往上爬。他們手持旗杆、滅火器與偷來的鎮暴盾牌，打破窗戶，把門砸開，就這樣湧入大廈內部。透過監視影片我們可以看到國會山莊警官尤金·古德曼（Eugene Goodman）孤身犯難，把暴徒引開，在這千鈞一髮之際讓待在參議院議場裡的國會議員們有時間可以逃走。抗議群眾用充滿威脅的語氣高聲大喊：「彭斯在哪裡？」為什麼他們想把怒氣發在彭斯副總統身上？因為他們誤以為光憑副總統一人就能夠擋下國會，阻

* 譯注：一七七六年七月四日美國〈獨立宣言〉裡面提及國人該享有「不可剝奪的權利，包括能確保生命無虞、享受自由權、追求幸福」（unalienable Rights, that among these are Life, Liberty and the pursuit of Happiness）。

止議員確認拜登當選。在他們幻滅後，怒不可遏的人群在各個走廊上、廳堂裡搜捕彭斯，高喊「吊死麥克．彭斯」，赤裸裸地展現出他們想要殺人洩憤的心情。

激憤的群眾在國會山莊四處暴衝，忙著跟大廈裡的雕像拍照，還有亂翻參議員、眾議員的辦公桌。他們洗劫抽屜，對著攝影記者們揮舞著自己的戰利品。某個男人頭戴頂端有個絨球的川普毛線帽，咧著嘴得意笑著，扛著一座上面刻有眾議院議長印記的木製雕刻小講臺。還有人四處在牆壁上塗抹糞便。麥康奈的幕僚們聽到有個婦人在門外禱告：「祈求上帝讓國會的妖魔鬼怪早日退散。」事後，某個國會警察說他不斷遭人用種族歧視的言語辱罵，「一整天下來高達十五次」。有些暴徒甚至本身就是警察，他們那天沒有當班而是加入國會騷亂行動，進去時就亮出自己的警徽，另外也不乏一些極右派名人，以「攻占首都」之姿進行網路直播。其中有一個人正是獲選為西維吉尼亞州眾議院議員的反墮胎人士德瑞克．伊凡斯。在自拍的影片中，伊凡斯戴著頭盔，高聲吶喊川普的姓名，腳步遍及國會山莊的各個角落。（後來他遭到逮捕，也隨即辭去州眾議員的職務。）

三點整不久後我抵達國會山莊山腳下，抬頭一看，只見群眾從國會大廈北面的幾扇門進進出出。他們與警方發生衝突，而警民雙方就這樣互相用胡椒水噴灑對方。抗議人士手持旗杆敲打警察的頭部，而警方實在是寡不敵眾。警察只能選擇避開，於是另一波暴徒就這樣衝入大廈，嘴裡還高喊著：「叛國！叛國！」

混戰的過程中，又有另一波催淚瓦斯往四處蔓延，來自達拉斯，已經當上祖母的莎朗．克拉恩（Sharon Krahn）在一旁非常滿意欣賞著。她對我說：「該是讓這些優雅的上流人士感到害怕的時候了。他們的工作輕輕鬆鬆，而且他們哪一個不是把個人的收穫擺在第一位，將責任感視為無物？也許他們每個人從政的初衷是好的，但你也知道，權力使人腐化。看看我們的政府就可以印證這個道理。」

她披著一條彩色格紋圍巾，頭戴上面布滿金屬亮片的灰色羊毛帽。我問她：難道暴力不會讓情況失控嗎？克拉恩說：「這是誰的大廈？這是『我們人民』的大廈。如果他們做得不好，難道我們這些老闆不該教訓他們嗎？」她對著參議院的方向點點頭，那裡的參議員們都已經疏散到安全地點了。她說：「我們對你們的工作表現不滿意！」她強調眼前的景象與她眼中那些敵人的所作所為截然不同：那些「Antifa與『黑人的命也是命』運動人士……漫無目標，只想毀掉一切，讓國家進入無政府狀態。」

我穿越人群，走向國會山莊東面的那一片宏偉階梯，那裡就是林肯總統於一八六一年進行就職演說的地方。他呼籲美國人應該珍視「彼此之間的情感連結」，「召喚記憶的神祕和弦」。（豈料，六週後美國還是陷入了內戰。）距離當時已經一百六十年，如今他宣誓就職的階梯上卻遭至少數百個（甚或數千個）沒有人領導的烏合之眾占領，他們揮舞著支持川普還有南方邦聯的大旗。我看到一位身穿白襯衫、打著川普風格紅色領帶的禿頭男子，他拿著大聲公站在樓梯頂端吶喊：「我們的世界毀了！我們的體制毀了！」我看著階梯底部有個男人身穿迷彩服、帶著駐伊拉克美軍使用的那種戰術頭盔。他對著那個禿頭男大聲咆哮：「你他媽以為自己是老幾？」一輛經常停駐在樓梯底部待命的黑色特警隊裝甲車如今已經人去車空，在一片人海中看來孤零零的。一群人爬上車頂與引擎蓋上，在擋風玻璃上插了一個標語，上面寫著：「裴洛西是撒旦！」

❖

時間一分一秒逼近晚間六點，也就是華府市長妙麗・鮑賽（Muriel Bowser）已宣布要開始執行宵禁的時間點。此時一輛白色警用廂型車由一輛警用機車開道，試圖分開東面階梯下方的群眾，但抗議人群卻往廂型車撲過去，對著車子拳打腳踢，直到廂型車駕駛放棄分開人群。拿著大聲公那傢伙還在大聲咆哮：「我們不會允許新世界秩序降臨……如果你真的無罪，那就沒有什麼好擔心的。」

有個正要離開國會山莊屬於參議院那一頭的傢伙看起來很興奮。我對他自我介紹，結果他說：「《紐約客》？你們這些王八蛋都是人民公敵。看我不把你的頭打爛。」他甚至試圖召集群眾，對大家高喊：「這裡帶著藍色口罩的傢伙！他是人民公敵！」不過每個人心裡有各自的盤算，都忙著自己的事，沒人有空理他。

此時距離美國颳起川普旋風已經五年了，會發生這種美國民主體制遭到武力攻擊的憾事，一方面讓人覺得震驚，但另一方面似乎也無可避免。打從我在二〇一三年返國，到華府定居後就持續深入了解美國的政治危機，如今可說是親眼目睹了危機的高潮。八年前，我就是在同樣的地方遇到那些來自芬蘭的旅客問我：為何聯邦政府會關門停擺？當時我無法回答他們。後來我又眼看著美國人選出一個不承認「公眾利益」概念的總統；到如今，他們一邊對著我讚揚那位總統，一邊稱頌著南方聯邦旗幟所代表的叛國精神，手裡拿的咖啡杯上面竟然裝飾著納粹標誌。其他美國人則是在鍍金的黃金海岸地區偏安一隅，對各種警告充耳未聞。如今國會山莊會陷入彷彿煉獄般的場景，只能說是因為美國政壇犯了猜忌、非理性以及欺瞞等三項大罪。多年來，國會議員們以選票擋下各種提倡槍枝管制的法案，他們成為美國步槍協會的喉舌，無視於美國家長們的請命，任由孩子們從小就得要學會高唱歌詞教他們「趕快趕快去鎖門」的兒歌，接著在成年後持續面對槍枝的威脅。到最後，國會的袞袞諸公算是自取其咎，在這恐怖的騷亂群眾找上門之際，民代們在自己的貼身護衛簇擁下，從祕密通道疏散到安全地點。有些議員甚至把衣領上的國會議員別針拿掉，以免成為騷亂群眾瞄準的對象。

抗議群眾在外面騷亂湧動之際，我問已經當上祖母的達拉斯婦女莎朗．克拉恩：妳真的認為川普的勝選是被人用作弊手法弄掉的嗎？她說：「絕對是，毫無疑問。」我問，為什麼？她一邊把手指頭扳下來，一邊舉出各個理由：「電視上的票數變來變去、選票數比選民多的情況比比皆是、還有一箱箱的空白選票，還有最充分的理由恐怕是為什麼拒絕驗票？如果這真是一次公平的選舉，選舉從頭到尾都充滿正當性，那就不要責備我們啊！就像國稅局如果來稽查我的帳簿，我也不會擔心。」

我問她：妳有哪些新聞來源？她說：「我會知道那麼多，只是因為我懂得深入了解。所以我再也不看主流媒體了。我喜歡C-SPAN電視臺是因為我想看轉播畫面，然後憑著我的判斷來決定自己看到了些什麼。我還訂閱了《大紀元時報》*，我還會看《紐約客》雜誌與《大西洋月刊》。我會讀《華爾街日報》，也會收聽NPR**的節目。」她還說：「我不會看CNN，也不會看福斯新聞網，因為對這兩家媒體我已經完全沒有敬意。我討厭它們。」

莎朗有個十七歲的女兒安娜莉（Annalee），她戴著一頂支持川普的羊毛帽，一邊用手機傳訊息，一邊走過來告訴我們她聽到什麼消息：「他們在國會大廈裡面發現不只一個爆裂物。我姐剛剛傳訊息給我。」她母親莎朗不太相信：「我想他們只是想要嚇嚇大家，要我們趕快離開這裡。」但事實上，發現汽油彈的地點是在國會山莊附近的一輛車子裡，發現土製鋼管炸彈的地點則是民主黨全國委員會以及共和黨全國委員會的辦公室。

大概一個小時後，已經過了下午四點，騷亂群眾得知了川普錄製影片後發布出來的消息。兩位從密蘇里州小城塞內加（Seneca）搭機過來的女士聚在一起用手機看影片。其中一位是槍枝用品店老闆莎拉·克拉克（Sara Clark），她的店販售客製化的AK—47衝鋒槍；另一位是她的朋友史黛西．鄧巴（Stacie Dunbar），在醫院裡面當祕書。儘管史黛西的手機螢幕已經碎裂，他們還是用手機看著川普的影片。在這匆匆錄製的影片中，看來川普是在白宮玫瑰園中對騷亂群眾喊話：「我們的大選被人偷走了。這次我們大獲全勝，大家都知道這件事，尤其是我們的對手陣營。不過你們現在得要回家了，因為我們必須維持和平。我們必須維持法治。」

我問她們：妳們覺得怎樣？

莎拉說：「我不知道欸。就算把一切都毀掉，對我們也沒有任何好處。不過我們沒有輸。我們不該投降。」

我又問她們：有什麼是妳們能確定的嗎？莎拉用我的問題問她朋友。史黛西說：「老實講，我沒有任何想法。我現在腦袋一片空白。他背棄了我們！聽起來好像他自己已經放棄了。我們的總統欸！聽起來他已經放棄了。他怎麼可以放棄？」

我問：為什麼妳會這麼想？

莎拉一邊說一邊把手指向騷亂的人群：「因為他不希望我們這麼做。」

史黛西補上一句：「他不想要傷害任何人。他的意思是這樣。」她已經說到眼眶含淚。她

---

* 譯注：這裡是指英文版，也就是 *Epoch Times*。

** 譯注：指全國公共廣播電臺，是非營利性質的電視臺。

說：「我會這麼做都是為了孩子們。我有個兒子在海軍服役，而川普為美國軍人所做的事情，比先前任何總統都還要多。」

我問她們：說實話，妳們來這裡是希望能做到什麼事？

莎拉苦笑著說：「想要把選舉贏回來！讓他再做四年總統！」

真的嗎？

她說：「對，我是說真的！」

史黛西說：「我希望彭斯能夠做對的事，但他沒有辦到。」

隨著夜幕降臨，警方連續丟出一顆又一顆閃光彈，藉此驅逐占據在國會大廈陽臺與臺階上的騷亂群眾。有個戴著白色「讓美國再度偉大」帽子的粗壯男子站在斑馬線上，看著人群開始移動。他很高興。他說：「他們捎來非常明確的訊息，這樣就夠了。」他轉身離開，接著又補了一句話：「當然，如果有一天我們回到這裡，一定會帶著民兵部隊。」

【第二十一章】

看看這片大地！

結果總共有七個美國人因為國會山莊騷亂與其餘波死去。不過，那混亂的場面到底有多激烈？一直要到事後，透過倖存者敘述的細節，各界才有辦法窺其全貌。某位警察因為多次遭電擊槍擊中，以至於心臟病發。另一位警察則是遭旗杆打中眼睛，導致一眼失明。在暴動民眾如潮水湧入門裡之際，其中一位女性在跌倒後遭踩死，沒人來得及救她。但這次暴亂的許多悲劇中，最具強烈象徵性意義的，莫過於三十五歲退役女軍人艾許麗．巴比特（Ashli Babbitt）之死。肩披支持川普旗幟的她想要從破掉的窗戶爬進議長廊廳，結果遭一位警察擊中脖子身亡。

過去二十年來，艾許麗的人生際遇與美國的命運緊緊相繫。她在二〇〇二年自高中畢業，跟希尼．穆勒一樣選擇投身軍旅，希望能藉此報效國家。她加入空軍部隊，獲派到全世界各地的美國空軍基地去當大門衛兵。她曾被派駐阿富汗、伊拉克與阿拉伯聯合大公國。在為這場「微光之戰」略盡棉薄之力十四年後，她在二〇一六年退役，回到自己成長的地方，在鄰居大多為勞工的聖地牙哥市一處郊區定居。不過她沒辦法融入社會。她曾短暫在某間核電廠當過警衛，然後成為一家小型游泳池用品公司的股東，但開始債臺高築。

就在被債務逼到走投無路之際，她把愈來愈多心力投注在政治上。她的社群媒體帳號上充滿歌頌「匿名者Q」與川普，以及詆毀移民、民主黨，批判毒品氾濫問題的貼文。艾許麗去世後，她的兄弟告訴記者們：「想像一下，如果你們把大半輩子都貢獻給國家，但卻沒有人傾聽你們的聲音，難道不會心裡充滿怨恨，無法接受嗎？」

很詭異的是，只要仔細看看那天參與國會山莊騷亂的民眾，就會發現艾許麗．巴比特的人生很具有代表性。在警方逮捕了一百多人之後，有些共通點就露出端倪了。根據美國步槍協會的分析，他們有百分之二十曾於部隊服役。而且根據《華盛頓郵報》的調查，將近百分之六十曾經遇上財務問題，例如破產、欠債未還、有欠繳的稅款。

但我自己則是發現那天下午與我相遇的許多人另有一個共同點，而且讓我在事後思考了好幾天：他們除了對於「黑人的命也是命」運動以及Antifa心懷恐懼，也誤以為某些民主黨人士的確是崇拜撒旦的戀童癖，以為疫情是由某些有心人士操控出來的，而且願意與我聊聊的人裡面有不少都是第一次去華府。因此他們的行動簡直跟入侵外國國土沒有兩樣。

川普引發的暴亂為何會失敗？因為到處都有人反抗他，包括幾位拒絕法治精神遭到侵犯的法官、不願配合行動的喬治亞州州務卿，還有國會警官尤金．古德曼那不可思議的英勇表現。每次當我有空停下來思考那次政變行動到底進行到什麼程度，我心裡常會浮現南北戰爭期間林肯總統麾下國務卿威廉．西華德（William Seward）說的那句話：「每次共和國亟需解救時，我們總是有足夠的英勇之士共赴國難；有時候人數可能才剛剛好，但已足矣。」

美國的民主到底曾經幾度瀕臨崩潰邊緣？次數可能多到超乎大家的想像。而且就在危機過後，漫天硝煙散去之際，因為大家餘悸猶存，總會感覺民主好像真的遭毀滅了。推特與臉書很快就把川普的帳號關閉，禁止他的活動。對川普最忠心耿耿的國會議員林賽．葛蘭姆參議員疲憊地表示：「我不跟了。」某次在發言席上對議員同僚講話時，他宣布：「夠了，真是受夠了。」不過，這種兩黨共同譴責暴行的時刻幾乎是一開始就結束了。幾天內，就在民主黨仍在準備發動第二度彈劾川普之際，共和黨高層示意要為他說話，而葛蘭姆隨即乖乖聽命行事。他們的理由是，勝選的考量重於一切。到了二月他對福斯新聞網表示：「如果想讓共和黨打贏選戰……我們就必須與川普總統同心協力。沒有他，我們就沒有勝算。」

同樣的心態也反映在多年來我訪問的那些川普支持者身上，他們分別來自康乃狄克、西維吉尼亞、愛荷華、新罕布夏等各州。國會騷亂事件過後我又跟他們聊了一下，發現所有人都對川普不離不棄。我問格林威治鎮的居民愛德華．達達基斯是否後悔投票給川普，他說：「我們內心深處當然都有個完美的候選人存在，但事實上那種人從來不會出馬競選，所以我們被迫要在兩個爛蘋果裡面挑個比較不爛的。所以你實際上要問的不是我有沒有後悔把票投給川普，而是我現在是否覺得當初該把票投給希拉蕊。答案是否定的。如果希拉蕊當選，對美國來講會是災難。」這番話跟我們四年前的對話好像沒有太大差別。

我的問題愈深入，人們就愈是拒絕承認錯誤。事實上，如果真的有任何改變發生的話，我知道都是先在內心世界出現變化，大家不會說出口。在這方面，從不掩飾自己對川普深惡痛絕的圓丘地區教會牧師艾德．霍斯特曼倒是挺樂觀。他說：「過去長久以來，各種挑起民怨，讓大家想要復仇、想要怪罪他人的話術已經成為我們能聽見的唯一聲音。」但是在國會騷亂發生幾週後，他感覺到格林威治的氣氛的確出現了微妙的改變。他說：「大家變得遠比以前願意暢所欲言，大聲表達意見，變得願意更清楚地討論那些真能讓國家強大起來的核心價值。」

二〇二〇年歷經各種苦難過後，美國人仍是一盤散沙。過去的裂痕實在太大，那些好鬥的人太過固執己見，想要和解可沒那麼容易。不過，歷經川普執政這四年，還有新冠肺炎疫情過後，美國人不得不比以往幾年內更明確地承認，不平等、老死不相往來、不進行社會參與的問題真的存在，而且讓我們付出沉痛代價。當年自搭機返鄉那一刻起就在我腦海中揮之不去的那些問題，如今我的美國同胞也要開始去認真思考了：在美國，誰值得我們所擁有的一切（無論是好是壞）？我們所有人對於自己的人生能掌控到什麼程度？我們的各種共同選擇如何讓美國社會走到這個地步？無論透過什麼方式，美國人已經漸漸發現大家的命運與各自的居住地密切相關，因此住在「金三角」地區、住在「泥城」、住在「山間珠玉」等地方，就意味著會有截然不同的命運。我們的學校、收入、機會，還有我們服膺的價值都取決於自己住在哪裡，除此之外也決定了我們會有什麼想法與想像，而且最重要的是決定了我們會害怕些什麼。

❖

二千位川普支持者試圖暴力推翻選舉結果的整整一週後，他在一月十三日成為美國史上首位遭到彈劾兩次的總統，罪名是「煽動叛亂」（incitement of insurrection）。被彈劾、被告他也無所謂，任期的最後一段日子裡他大多在向川粉募款。結果他募集到二百多萬美元，號稱是「法律訴訟基金」，想必能拿來補貼他離職後的生活費。讓他頗為忙碌的另一件事是他最喜歡的：規避處罰的特權。他利用總統職權特赦許多朋友與盟友，包括他的前幕僚史蒂夫・班農（被控詐欺罪）、幾個對他忠心耿耿的手下（因為在「通俄門」事件中認罪）、兩個貪贓枉法的眾議院盟友，包括克里斯・柯林斯（被控內線交易罪）與鄧肯・杭特（Duncan Hunter，把競選資金拿去當治裝費，但謊稱是用來買禮物送傷殘老兵）。這次特赦是川普的最後免罪之舉，而大批罪人獲得赦免簡直像在嘲諷「個人責任」的概念，而且也赤裸裸展現出美國的懲罰與寬恕體制有多麼不公平。

對於其他寄希望於川普的民眾而言，他達成的實績可說是幾乎等於零。四年前他曾到西維吉尼亞州去，並答應讓採煤的礦工們因為工作而「忙到暈頭轉向」，但到了他卸任之際，當地礦業的員工人數卻比四年前還「少了」六千四百個。但是，對於西維吉尼亞來講，因為川普選輸了，他的任期卻能以奇特的方式落幕，為當地帶來前景看好的潛力：因為民主、共和兩黨在參議院突然變成五十席對五十席的局面，民主黨少數保守派議員之一，也就是西維吉尼亞州選出的資深議員喬伊・曼欽變成掌握了關鍵一票。如果民主黨想要曼欽合作，他大可提出要求，幫他的州爭取一些迫切需要的軟硬體建設經費，像是擴充寬頻網路的覆蓋區域，或者勞動人力職訓等等。正因如此，曼欽也被國會山莊的同事們戲稱為「閣下」。

不過在這當下，此一潛力對於克拉克斯堡沒有太大意義。自從二〇二〇年三月十三日，聯邦政府宣布全國進入緊急狀態後，《典範電訊報》的新聞編輯室幾乎可說已是人去樓空。主編約翰・米勒竭盡心力，希望還是能正面看待情勢。進入緊急狀態將近一年後，某天他對我說：「我這個人生性極度樂觀，而且我也還能保持樂觀的心態。不過有時候我還是會自己問自己：**這疫情真的會有結束的一天嗎？**」

在克拉克斯堡這種小鎮，因為大家彼此相熟，所以當死亡降臨時，會讓人感到特別痛苦。新冠肺炎的死亡病例在全國各地暴增，人數已經多到變成抽象的數字，容易讓人感到麻木。但對於米勒來講可沒那麼好過。當他把最近有哪些死者寫進新聞報導時，那些人不只是數字而已，而是他認識的人。例如唐諾・韋伯斯特（Donald Webster），自從他成為高中籃球校隊超級巨星以及高三學生會會長以來，大家都習慣以綽號「唐老鴨」（Duck）稱呼他。他除了是越戰老兵，後來還以極具壓倒性的選票在當地公職人員選舉中勝出，這事蹟甚至吸引CNN到當地進行報導。米勒告訴我：「唐老鴨在醫院靠呼吸器撐了二十五天。因為他非常堅強，一心一意想要打敗新冠肺炎，所以遺屬甚至不忍心在訃聞裡面提及死因。」換個角度來講，他的確是贏了這一仗，因為他擺脫了新冠肺炎。只是，肺炎讓他的心臟嚴重受損，奪走他的性命。

米勒能夠做的，就只是一如往常，把那些數字放在心裡，把報紙寫好編好之後印出來。他說：「整個哈里遜郡有四千八百個病例，每天有五百人接受疫苗注射。」他的記者們都是在家辦公，但他不忍心讓新聞編輯室陷入完全的黑暗中，所以每天早上他還是跟少數幾位同事一樣照常來辦公室工作，大家都戴著口罩——即便身邊幾乎沒人。他說：「我想要試著維繫這家報社的凝聚力。」

米勒也被捲入當地的政治紛爭中。他說：「我們這裡有人因為川普沒贏而心情低落，也有人因為拜登當選而興奮不已。我沒蓋你，我的朋友裡面兩種人都有。這局面實在令人不忍心看下去，因為他們在選前都是朋友啊。但是選舉讓他們因為不同意見而激烈爭吵，內心充滿積怨。」

礙於疫情，大家沒有辦法當面把事情談開，所以讓狀況變得更糟。他跟我說：「的確有方式可以讓大家聯繫在一起，像是兩三千人一起進球場看球。有些事的確可以療癒傷痕，但現在我們辦不到。如果沒有辦法透過實體活動而聚在一起，就很難讓大家的心緊密相繫。以往建立起來的關係就會開始崩解。」

❖

國會山莊騷亂事件落幕的整整兩週後，拜登在一月二十日上任，這天川普早早就離開華府，因為他不想參加繼任者的就職大典。跟他總統任內的所有作為一樣，他的離去也是這樣倉促而沒有章法的即興演出，為他喝采的人大多是他的孩子們。先前在騷亂期間遭暴徒追捕的彭斯副總統也沒有去就職大典觀禮。

宣誓就職當晚，拜登與他的副手賀錦麗（Kamala Harris）都由配偶陪伴參加了一場在國家廣場（National Mall）舉辦的新冠肺炎死者追悼會。來自底特律的護士洛麗・凱伊（Lori Marie Key）高歌〈奇異恩典〉，而另一首名曲〈哈利路亞〉則是由福音歌手幽蘭達・亞當斯（Yolanda Adams）獻唱。廣場旁的倒影水池（Reflecting Pool）被四百盞燈圍繞，用以紀念四十萬因新冠肺炎罹難的美國同胞，這個數字已經與二戰期間捐軀的美軍將士人數相當。拜登說：「唯有記住他們，我們才能療傷止痛。」這讓我想起我收藏在抽屜裡的那首詩：「記憶轉變為傳奇，傳奇轉變為歌曲／歌曲轉變為聖物。」

在拜登就任為史上第四十六位總統以前，他走了一段漫漫長路。六十年前，同為愛爾蘭裔天主教徒的甘迺迪在政壇獨領風騷，促使當時仍是個德拉瓦州少年的拜登視甘迺迪為偶像，並且去學校圖書館好好研究了《國會指南》（*Congressional Directory*），因為他有了聽來很不可思議的企圖心：跟自己的偶像一樣成為國會風雲人物。他的結論呢？要先讀過法學院。不過，在就職演說中拜登的語氣是戒慎恐懼的，較無勝選的喜悅：「民主實在寶貴無比，這是我們再次學到的教訓。我的朋友們，這一刻是民主獲勝了。」他特別強調「這一刻」，是因為美國仍未完全脫險，還處於他所謂「禍害不斷的寒冬」。他的言辭一點也不委婉，而是赤裸裸地說出自己眼前有哪些難關要度過，包括「白人至上主義、國內恐怖主義」，還有「地球本身為了生存而發出的呼喊」。

他引用了聖奧古斯丁（St. Augustine）對於人類的定義：「共同喜愛某些人、事、物的芸芸眾生。」他還列出人類共同追求的某些基本價值：「機會、安全、自由、尊嚴、尊敬、榮譽。沒錯，還有真相。」如果是在先前，他的一番話或許可以提醒我們，美國社會就是靠這一連串的價值維繫在一起的。不過，在就職的當下，他所訴說的價值卻已經遭逢嚴重的挑戰，抑或是淪為空洞的口號。若美國人真的享有機會與自由，那麼莫里斯・克拉克的兒子傑洛麥亞為何會居住在充滿拘禁風險的環境中，以至於才六、七歲的他竟然會問：「把拔，我們會被關進看守所嗎？」我們這早已失能的體制到底有何榮譽可言，怎會容許避險基金公司因為冒險投資失敗就任意砍掉阿帕拉契山地區退休礦工的健保福利？美國社會對於真相的重視為何會一落千丈，以至於會有奇普．史柯隆與高登．卡普蘭*這種高高在上的人士竟然這麼不潔身自愛，就連自己已經快要萬劫不復也沒注意到，到頭來落得身敗名裂的下場？

拜登一再提醒國人，美國社會還是有可能透過他所謂的「團結之道」而凝聚在一起，「我們大可以不必把彼此視為敵手，而是互相以芳鄰自居。我們可以用充滿尊嚴與尊敬的方式互動。團結力量大，我們大可以不再喧鬧咆哮，先把溫度降下來。因為，如果不能團結，就沒有和平可言，這社會會只剩下苦難與怒火。」

不過，如果說拜登的就職致詞中的確有個最重要的主張，那就是他深信美國社會還是蘊含著改變的可能性。他說：「在這個一月天，充塞我靈魂的唯一想法就是讓美國團結、凝聚美國人，讓我們的國族能匯聚為一體。所以，我呼籲所有同胞支持我的理念。」這句話明白地訴諸於一個大家都認可的美國理念：孤掌難鳴，沒有任何總統可以自己改變政治文化。想要修補這片大地，所有同胞都必須承擔起責任。他說：「讓我們再次傾聽彼此的話語。讓我們聽到彼此的話，看見彼此的臉，也尊重彼此。政治不一定要充滿怒火，不一定要讓所經之處都化為灰燼。」

❖

拜登以撲滅這股怒火為己任，就此展開任期，而他直接要面對的任務就是，仔細進行政治評估，找出實現理想之道。前一年還在為總統大選而拚盡全力之際，他的諮詢對象是北卡小城戈爾茲伯勒（Goldsboro）綠葉基督教會（Greenleaf Christian Church）的牧師威廉・巴柏博士（William Barber）。巴柏牧師如今是新一波民權抗爭運動的代表性人物，也是拜登的同道中人，一心一意想要促進美國團結，但卻是誓死反對為了追求這個理念而進行政治交易。據巴柏牧師回憶，在他們商談的過程中，他對拜登表示：「奠立美國憲法的基礎並非息事寧人，而是確保公平正義。」

我打電話給巴柏牧師，他對我表示：「在我遵循的傳統中，希望與樂觀有所不同。唯有消滅了絕望的根源，才能帶給人們希望。這個國家之所以會四分五裂，川普也許扮演了推波助瀾的角色，但群眾之所以會跟隨他，是因為多年來的遭遇所致，也被灌輸了很多有毒思想。」在巴柏看來，美國社會之所以會不團結，不只是因為民眾彼此粗暴相向或遭話術煽動，而是因為有太多人蒙受冤屈、遭剝奪一切，過著慘無人道的生活。牧師表示：「我曾說過：『即便在新冠肺炎疫情暴發前，就有百分之四十三的美國人是窮苦人家或財產不多。之所以哀鴻遍野，是因為他們不能接受健康照護、沒有薪水，或無法請病假。種族歧視更是讓廣大群眾怨聲載道。』」

二〇一七年年底，巴柏牧師與人共同發起「為窮苦大眾請命」（Poor People's Campaign）的運動，其名稱直接承襲於金恩牧師於一九六八年帶頭的民權運動，當時的運動精神就是要在全美

* 譯注：高登・卡普蘭曾出現於本書第十五章，原本是在格林威治呼風喚雨的律師，因為幫女兒考試作弊而認罪入獄。

「發動價值觀的革命」。巴柏所追求的是「把全國的窮苦民眾與受到衝擊的社群結合在一起」，訴求的對象包括有色人種族群以及為數不少的貧苦白人，共同追求更高的薪資、健保改採單一保險人制度，還要保障所有人的投票權。例如在喬治亞州，百分之四十五的民眾（是所有人，不只黑人）處於貧窮或財產不多的狀態；一百九十萬喬治亞人的薪資不足以維持生計；一百四十萬喬治亞人未能享受健康照護。美國的窮苦人口有三分之一住在南方；白人的窮苦人口也有三分之一住在南方。巴柏牧師在與拜登懇談時，建議他應該：「用你的政策來面對那些問題。」為了幫人民爭取薪資、醫療照護與解決種族歧視問題，他也敦促拜登與他的顧問必須做好政治鬥爭的準備，如此才能爭取到更多美國人在更長的時間裡團結一致。巴柏跟我說：「這不能只是口惠而實不至。政治人物必須要深入了解民情，苦民所苦。」

❖

國會山莊騷亂事件落幕的三十八天後，拜登已經上任二十四天，共和黨參議員們二度幫助川普脫困，第二次彈劾案還是沒能在參議院通過。共和黨有七位議員投下同意票，但因為需要有三分之二的議員通過，票數還是遠遠不夠。投票結果暴露出美國的生鏽民主機器出現另一個破洞：投下反對票的三十四位共和黨參議員其實只代表了百分之十四點五美國人口的民意。何以至此？

因為許多人口早已遠離鄉村地區，遷居城市，但我們的憲法仍未改變，一樣是每個州有兩位參議員名額。美國參議院早已成為世界上代表性最有問題的民意機關之一，表現只比阿根廷、玻利維亞與多明尼加共和國好，而問題就出在上述參議員席次與人口數脫鉤的選舉制度。

等到程序走完後，我們發現共和黨大老麥康奈一如往常操弄了制度，再度透過以下三方面展現他對民主精神有多不屑：首先，他以多數黨領袖身分拒絕提早召集會議，以至於川普離任後才進行投票；其次，他認為川普已經離任，沒有彈劾它的必要；第三，國會騷亂事件讓共和黨的許多金主惴惴不安，因此麥康奈在議場裡面批判川普必須為這件事擔負「實際上與道德上的責任」，而這顯然只是為了讓金主們能夠重回共和黨懷抱。

我仔細觀察了美國某些最有權勢的人物，發現他們的決策都有些不斷重複的模式，包括華府的麥康奈、西維吉尼亞州的賈斯提斯，還有格林威治的漢利都是如此。例如，都沒辦法想像自己的所作所為會帶來什麼悲劇。換言之他們盡情享受各種頂級優勢，包括財富、機會，過著安全無虞、犯錯也能獲得赦免的人生，以至於不了解自己出於政治算計的所作所為會帶來哪些傷害，像是提拔一位具有種族歧視思想的候選人、否認病毒疫情的嚴重性，或是砍掉某個州的公衛預算。他們跟川普的女婿庫許納一樣，深信所有的警告都是危言聳聽；他們也跟億萬富翁湯瑪斯．彼得菲一樣，都想規避更高稅額與更嚴格的政府規範，就算讓國家承擔各種風險也在所不惜。

此外，他們的思考都還有另一習慣：明明美國人有過於強大的能力足以用來傷害自己，但他們卻視而不見。整個美國社會如今已經培養出各種厲害的工具，可以用來累積財富、發射子彈、散布訊息，其功能如此強大，除了足以改變美國的政治生態，繼而也醞釀出各種政治效應。AR－15步槍能造成的傷害遠遠超過滑膛槍；避險基金能鑄下的大錯遠遠超過維多利亞時代的銀行；而在這個數位時代，臉書假訊息的毀滅性影響更是無遠弗屆，讓極右派團體約翰·伯奇協會（John Birch Society）的小手冊無法望其項背。在矽谷工程技術的加持下，假訊息在有心人手裡可以把謊言傳播到社會的各個角落，而且深植人心。這些我們開發出來的工具若有差異，是在種類上，而非程度上的差異，而三者的加乘效果已經把美國推向一個瀕臨崩潰的暴發點。

❖

「禍害不斷的寒冬」帶來政治與實際上的各種災禍，到了最後一兩個月，美國社會從上到下都已經清楚意識到我們有多脆弱。某些人本來就知道川普掌權與疫情肆虐都會讓日子變苦，只是沒想到會那麼苦，而美國的問題之多遠遠超出他們預期。但也有人因此發現過去忽略的強大之處。不過，無論是好是壞，所有人都大受影響。

二〇二一年二月三日，泰奈莎·巴納待在她工作的芝加哥南區某家小學，把教室與周遭好好打掃一番，等待孩子們回到教室來上課，結束數個月的線上教學時期。晚上她跟某個表親去了一趟傢俱店，但是在回家路上就感覺到一陣頭昏眼花。泰奈莎在車上就開始渾身顫抖，於是叫表親把車內溫度調高。不過溫度本來就已經調到最高了。等到泰奈莎回到家裡，她直接一頭倒在床上，連脫掉外套、靴子、帽子的力氣也沒有了。到了她幫自己測體溫時，發現體溫已經高達三十八點五度。

篩檢後證實壞消息：她得了新冠肺炎。跟當地許多人一樣，因為原本就有慢性病（她有糖尿病、氣喘），她屬於高風險族群。醫生們要求她監測自己呼吸的狀況。診斷結果讓她驚恐莫名，因為幾個月前她親眼看到某個親戚最後不得不戴上呼吸器，這下她的腦海也開始浮現自己躺在病床上，渾身都是各種管線的畫面。讓情況更糟的是，在醫生跟她說要購買哪些藥以後，她意識到並沒有安全的路線可供她的孩子們走到藥局。最近的沃爾格林藥局在兩公里外，要到那裡就得經過某個幫派的地盤，幫派成員都不是善類。泰奈莎打電話給當地媽媽互助會的會長，也就是治療師荻爾卓・科爾戴克。好面子的泰奈莎原本無論如何在外人面前都會讓自己看起來很堅強，但這次她竟然邊講電話邊哭，她說：「我好害怕。我不想要去住院治療。」

在歷經一輩子遭隔離的經驗後，檢疫隔離堪稱這類經驗的最高峰。居住環境讓她在成年後面臨多重疾病的更高風險，而在這什麼都沒有，彷彿荒漠的貧困住宅區裡，她變成了一個單親媽媽，無論孩子要去哪裡都充滿危險，讓她擔驚受怕。不過，確診新冠肺炎因為生活所需，迫使泰奈莎看到她的人生還有自己過去忽略的一個面向。就政治而言，她隸屬於自己所謂「被遺忘的一族」；但是在她自己所創造的世界裡，可不是那麼一回事。當確診的消息傳開後，她的電話響個不停，來電者有叔伯姑姨、表親堂親，還有學生家長，同社區的鄰居，以及同一個教會的教友。即便對街雜貨店店員都開始傳訊息給她，確認她沒事。在家中自我隔離期間，有一次她在Zoom上面接受我的訪談，開始有幾個媽媽互助會的成員打電話過來，問她為什麼還沒有上線。她的臉上露出一抹微笑，對我說：「就算我只是遲到個一分鐘，還沒在線上露面，就會有人用各種方式傳文字訊息給我：『嘿，怎麼啦，妳還好嗎？』我實在是好開心。」

自我隔離十天後，經過醫生診斷，泰奈莎終於可以解封，開始到外面世界去活動。檢疫隔離結束四天後，她告訴我：「我覺得狀況還可以。」她頓了一下，想想自己的評估是否適當，接著又把分數往上調高一點。她放膽地說：「我覺得自己的狀況很不錯。」踏上眼前的復原之路，泰奈莎仍需戰戰兢兢，而且沒有多少錢可以幫助她更快恢復健康。不過她有身邊的朋友，暫時這樣就夠了。她說：「背後有人支持我，為我禱告，打電話給我，傳訊息給我，看我過得怎樣。這的確有助於我督促自己好起來，因為我總是這樣對自己說：嘿，可不能讓他們失望啊！身邊有很多人正看著我呢！我可以跟他們說我過得好不好。」她覺得，這種想法簡直可以算是人生智慧了。「我現在的人生差不多就是這樣。」

聽著她侃侃而談，我腦海裡浮現了黑人社會學家杜博依斯（W. E. B. Du Bois）晚年對一群年輕社運人士公開致詞時所講的一席話：「看看這片大地！你們從來沒有孤孤單單。」當時是一九四六年，他已走過了畢生與不公不義對抗的七十幾載歲月。「讓人覺得似乎已經戰敗的事情太多了。像是各家報紙都忽視我們的時候，或是南方白人使盡全力剝奪我們身為公民應有的權利，不願讓我們享受人類應有的待遇，又或者是他們因為我們的勞動而財源廣進，因為我們的犧牲而累積財富，因為貶低我們才有可能建立起國家與文明。大家別忘了，即便我們必須承受這一切，即便在白人主宰的美國南方我們還是有許許多多的盟友。」

泰奈莎從來沒有容許自己遭到遺忘，以前是這樣，現在也是如此。她這輩子第一次開始考慮要搬家。過去這四十二年來，她唯一住過的地方就是帕克威花園，但是早在新冠肺炎疫情開始肆虐的前幾個月，她就開始盤算著自己有沒有辦法遷居比較靠近市中心的地區。她曾跟著荻爾卓・科爾戴克和當地其他媽媽們一起去參觀過幾個地方，這才開始意識到：這偌大的城裡，其實還有很多地方是她沒親眼看過的。她們去過歌劇院、動物園，也曾在郊外的草皮上聆聽過一場夏日音樂會。有些地方她實在是沒興趣，像是她不懂在雨中的植物園裡看那些蟲鳥花草什麼的有什麼魅力；但其他地方卻讓她有別開生面之感。最令她讚嘆的莫過於芝加哥藝術學院（Art Institute of Chicago）。多年來她不是沒有經過那裡，但總是只從外面遠觀，讓她有一種全然陌生的感受。如今，她想要讓自己獲得更多美的體驗。

她告訴我：「隨著年歲漸長，我只想要耳根子清靜點。爭論、咒罵、抱怨、吵架什麼的，我都不喜歡。我只想去安安靜靜的地方。我想大概只有森林裡啦！」說著說著她就笑了。她說，只要那森林裡沒有蟲子，不會下雨就好，而且最好在第三十五街以南。我問她打算什麼時候搬走，她說那是個她正在努力的目標。她說：「一切都是上帝的旨意，就看祂什麼時候讓我的財務穩定一點，到時候就可以準備走了。」她看著日曆，意識到明天就是她住在自家公寓滿十八年的日子。她說：「不過，我感覺到自己在這裡該做的事情還沒完成。因為啊，等到搬走了，我想我就不會回來了。」

關於二〇二〇年一月六日大選當天的事件，除了透過採訪獲得第一手資料，以及自己的觀察，我還參考了以下各種媒體報導：Emmanuel Felton, "Black Police Officers Describe the Racist Attacks They Faced as They Protected the Capitol," *BuzzFeed News* (January 9, 2021)；Edward Luce, "A Bitter US Election That Resolves Little," *Financial Times* (November 4, 2020)；Cassandra Sweetman, "Cleveland County GOP Chair's Facebook Post Condones Violence Morning of Capitol Riot," KFOR (January 12, 2021)。

第二十一章　看看這片大地！

一月六日國會山莊騷亂事件的經過，我參考了許多證人、倖存者的說法，其中包括多位警察、騷亂參與者、記者還有國會的員工與議員。艾許麗．巴比特人生經歷的新聞報導，可以參考：Ellen Barry, Nicholas Bogel-Burroughs, and Dave Philipps, "Woman Killed in Capitol Embraced Trump and QAnon," *The New York Times* (January 7, 2021)。騷亂參與者中有極高比例是退伍軍人這個事實，我參閱的新聞報導是：Tom Dreisbach and Meg Anderson, "Nearly 1 in 5 Defendants in Capitol Riot Cases Served in the Military," *All Things Considered* (January 21, 2021)；退伍軍人屢屢遇到經濟問題的模式，可以參閱這則新聞報導：Todd C. Frankel, "A Majority of the People Arrested for Capitol Riot Had a History of Financial Trouble," *The Washington Post* (February 10, 2021)。

川普執政四年過後在西維吉尼亞州所留下的遺緒，在經濟問題方面我所參考的報導是：Heather Long and Andrew Van Dam, "West Virginia's Surprising Boom, and Bust, Tells the Story of Trump's Promise to Help the 'Forgotten Man,'" *The Washington Post* (October 30, 2020)；Emily Badger, "West Virginia Has Everyone's Attention. What Does It Really Need?," *The New York Times* (February 8, 2021)。關於未來在政治方面的挑戰，感謝威廉．巴柏牧師在拜登總統就職大典忙碌不已的那週仍願意撥冗接受我訪談，而我一開始則是透過我在《紐約客》的同事傑拉尼．柯布（Jelani Cobb）幫我居間聯繫。

關於美國參議院以及參議員的代表性在人口上有極大差距這件事，我所參考的是艾利克斯．陶薩諾維奇（Alex Tausanovitch）的作品，他是華府智庫「美國進步中心」在競選財務與選舉制度改革方面的負責人。另外我也參考的作品是：Jacob S. Hacker and Paul Pierson, *Winner-Take-All Politics: How Washington Made the Rich Richer—and Turned Its Back on the Middle Class* (New York: Simon & Schuster, 2010)。

美國史上透過體制遂行的種族歧視、種族隔離與隔閡已經透過大量新聞報導與學術研究而廣為人知，我特別感謝以下作品：Daniel Cox, Juhem Navarro-Rivera, and Robert P. Jones, "Race, Religion, and Political Affiliation of Americans' Core Social Networks," Public Religion Research Institute (August 3, 2016)；Melvin Oliver and Thomas Shapiro, *Black Wealth/White Wealth: A New Perspective on Racial Inequality* (Abingdon, UK: Routledge, 2006)；Olorunnipa and Witte, "Born with Two Strikes"（這篇報導從數據的角度分析了喬治・佛洛伊德的四十六年人生的生活背景，非常具有說服力）。

關於「石牆」傑克森將軍銅像的去留，位於克拉克斯堡的哈里遜郡政府曾召開了聽證會，感謝該郡在我請求聽證會錄影帶時給予回應。此外，我很感激戴夫・米斯提許提供的錄音檔，還有一些與會者與我分享他們的回憶。其他細節我則是參考了《典範電訊報》的報導。

在描繪威廉・沃伊考斯基（後來改名為威廉・維耶特）的人生時，我很幸運受到他的後人慷慨幫助我，並與我分享了他們的回憶、照片與家族史的細節，其中幾位人士包括：Leanna Lang Ayoob, Lois Lang, Tony Dorrell, Terri Ogden, and Michael Ogden。

第二十章　怒火蔓延

二〇二〇年，美國的野火屢創歷史紀錄，許多政府單位的科學家都提出了說明，而我的參考資料包括："Northern Hemisphere Just Had Its Hottest Summer on Record," NOAA (September 14, 2020)；Tom DiLiberto, "Over a Million Acres Burned in California in Second Half of August 2020," NOAA (August 26, 2020)。關於許多證人對於野火損害程度以及延燒範圍的說明，我參考了許多媒體的報導，包括哥倫比亞電視臺以及新聞網站Palo Alto Online等等。

關於川普於總統任期最後幾個月期間的種種作為，包括他對新冠肺炎疫情的診斷、他所提倡的許多偽科學理論，以及他想要推翻選舉結果的種種企圖，我參考了不少媒體報導，包括：Rosalind S. Helderman and Elise Viebeck, "'The Last Wall': How Dozens of Judges Across the Political Spectrum Rejected Trump's Efforts to Overturn the Election," *The Washington Post* (December 12, 2020)；Stephen Wertheim, "How Trump Brought Home the Endless War," *The New Yorker* (October 1, 2020)。關於臉書如何處理用戶上傳的暴力文字與圖像，可以參考以下這則報導：Ryan Mac, "A Kenosha Militia Facebook Event Asking Attendees to Bring Weapons Was Reported 455 Times," *BuzzFeed News* (August 28, 2020)。

我很感謝許多格林威治居民與我討論疫情的政治意涵，除了要求保持匿名的受訪者之外，受訪人士包括：Fred Camillo, Michael Mason, Edward Dadakis, Joanna Swomley, and others who asked to remain anonymous。此外，我要特別在此致謝的一篇報導是：Ken Borsuk, “Camillo and Byrne Trade Barbs over Coronavirus Restrictions in Greenwich,” *Greenwich Time* (April 21, 2020)。高收入納稅人因為減稅政策而獲利，實際數字的根據來自於：Joint Committee on Taxation of the U.S. Congress and released by members of the Senate, including Sheldon Whitehouse, on April 14, 2020；在這方面，我參考的報導是：Jeff Stein, “Tax Change in Coronavirus Package Overwhelmingly Benefits Millionaires, Congressional Body Finds,” *The Washington Post* (April 14, 2020)。關於避險基金產業在二〇二〇年的業績表現，可以參閱：Stephen Taub, “The 20th Annual Rich List, the Definitive Ranking of What Hedge Fund Managers Earned in 2020,” *Institutional Investor* (February 22, 2021)。關於這一場在格林威治進行的新冠疫情抗議活動，可以參閱： Robert Marchant, “‘Money Bags and Body Bags’ Protest Rolls Through Affluent Greenwich Neighborhoods,” *Greenwich Time* (May 21, 2020).

關於西維吉尼亞州公衛首長凱西．史蘭普醫生被迫去職的事件，請參閱：Michelle R. Smith and Anthony Izaguirre, “Exclusive: Ex-WVa Health Chief Says Cuts Hurt Virus Response,” Associated Press (July 10, 2020)。關於發生在西維吉尼亞州議會大廈的抗議活動，請參閱：Rick Steelhammer, “Protesters Seek Immediate Reopening of State,” *Charleston Gazette-Mail* (April 27, 2020)。

我與拜登的對話取材於我在二〇二〇年與他進行的訪談，地點是他位於德拉瓦州的自宅，完整的內容尚未出版。關於歷任總統如何利用同理心的討論，我參考的是這篇非常敏銳的論文：Colleen J. Shogan, “The Contemporary Presidency: The Political Utility of Empathy in Presidential Leadership,” *Presidential Studies Quarterly* 39, no. 4 (December 2009)。

第十九章　把拔，我們會去坐牢嗎？

訪談期間，賈莫．柯爾、吉姆．葛瑞芬、莫里斯．克拉克、奇普．史柯隆與艾德．霍斯特曼都分享他們在二〇二〇年與「黑人的命也是命」相遇的經驗。關於喬治．佛洛伊德事件在芝加哥造成影響的始末與官方的回應，我參考的是該市總監察長（Inspector General）提出的報告：“Chicago’s Response to George Floyd Protests and Unrest”；另外，我也參考了各家媒體的報導以及社運陣營的主張。

How to Recognize Injustice Hidden in Plain Sight (2019)。

第十八章　無臉的族群

川普第一次在受訪時提及新冠病毒是他在二〇二〇年一月二十二日接受CNBC電視臺訪問時，請參閱該則報導："Trump Says He Trusts China's Xi on Coronavirus and the US Has It 'Totally Under Control'"。關於疫情暴發後川普政權採取了哪些行動，對於疫情的態度，我參考的是各種政府文件與法律文書、吹哨者的說法、媒體報導，包括： Yasmeen Abutaleb, Ashley Parker, Josh Dawsey, and Philip Rucker, "The Inside Story of How Trump's Denial, Mismanagement and Magical Thinking Led to the Pandemic's Dark Winter," *The Washington Post* (December 19, 2020)；Peter Baker and Maggie Haberman, "The President as Bystander: Trump Struggles to Unify a Nation on Edge," *The New York Times* (March 12, 2020)。關於紐約州政府採購呼吸器未果的事件，請參閱：Ken Bensinger and Rosalind Adams, "New York Is Still Owed Millions from the Man It Paid $69 Million After He Tweeted at Trump," *BuzzFeed News* (October 12, 2020)。

關於貧窮與疫情之間的清楚關聯，我參考的是：Keeanga-Yamahtta Taylor, "Reality Has Endorsed Bernie Sanders," *The New Yorker* (March 30, 2020)。關於白人民族主義者對於疫情有何看法，可以參閱以下兩則報導：Hannah Gais, "Hate Groups and Racist Pundits Spew COVID-19 Misinformation on Social Media Despite Companies' Pledges to Combat It," Southern Poverty Law Center (April 17, 2020)；George Packer, "We Are Living in a Failed State," *The Atlantic* (June 2020)。關於居住空間過度擁擠對於健康產生的影響，請參閱：Claudia D. Solari, "America's Housing Is Getting More Crowded. How Will That Affect Children?," Urban Institute (April 24, 2019)；Christopher Ingraham, "A Stunning Indictment of the U.S. Health-Care System, in One Chart," *The Washington Post* (December 10, 2019)。利用募資平臺GoFundMe來籌措醫療費的案例，請參閱：Susan Cahn and Mollie Hertel, "Millions of Americans Donate Through Crowdfunding Sites to Help Others Pay for Medical Bills," NORC at the University of Chicago (November 16, 2009)。

非常感謝莫里斯・克拉克與賈莫・柯爾在疫情危急之際仍在芝加哥與皮奧里亞接受我的訪談。關於黑人社群的死亡率可以參閱：Aaron Ross Coleman, "Retail Covid-19 Testing Is a Massive Failure for Black Communities," *Vox* (April 28, 2020)。這則報導的分析基礎，是芝加哥市政府提供的官方數據，可以透過新冠肺炎疫情每日儀表板（COVID Daily Dashboard）取得。

第十七章　抗體

感謝本書行文中提及的受訪者，我才能針對西維吉尼亞州教師罷工行動的細節與政治意涵進行論述，提出我的觀點；我也參考了幾篇已經出版的作品，包括：Charles Keeney, "A Culture of Resistance: The 2018 West Virginia Teachers' Strike in Historical Perspective," *Lapham's Quarterly* (March 30, 2018)；David Dayen, "The New Uprising on a Country Road," *The American Prospect* (September 30, 2019)。

關於克莉絲汀．福特出席國會聽證會之後造成的影響，我的參考資料是：Haley Sweetland Edwards, "How Christine Blasey Ford's Testimony Changed America," *Time* (October 4, 2018)。我感謝杰美．米勒接受訪問，與我分享她多次和德瑞克．伊凡斯交手的經驗，其他細節則是可以在法院的判決文件以及西維吉尼亞州各家媒體的報導中找到，此外我還參考了一篇新聞網站的文章：Ruth Bashinsky, "For Women Who Say Derrick Evans Harassed Them, West Virginia Lawmaker's Capitol Assault Arrest Is No Surprise," *Inside Edition* (January 29, 2021)。

關於某些金融產業成員在思想上的轉變，我很感激賽斯．卡拉曼能接受我採訪，此外我也參考了他二〇一八年十二月一日在哈佛商學院的演講內容，演講題目是："Hard Choices: The Importance of Thoughtful Deliberation—and Its Implications for the Future of Capitalism"。感謝雷．達里歐慨然把寶貴時間留給我，數度接受我訪問。他也用幾篇文章來闡述自己對於不平等問題的擔憂，例如出版於二〇一九年四月的這篇："Why and How Capitalism Needs to Be Reformed"。

有關華府政界對於槍枝文化逐漸改觀的現象，我參考的文獻包括：Danny Hakim, "At the N.R.A., a Cash Machine Sputtering," *The New York Times* (May 14, 2019)；E. J. Dionne Jr., "Opinion: It's the Beginning of the End for the Gun Lobby's Power," *The Washington Post* (December 16, 2018)；Scott Smith, "Shootings Prompt Other Countries to Warn About Travel to US," Associated Press (August 8, 2019)；Mike Spies, "Secrecy, Self-Dealing, and Greed at the N.R.A.," *The New Yorker* (April 17, 2019)；Maggie Astor and Karl Russell, "After Parkland, a New Surge in State Gun Control Laws," *The New York Times* (December 14, 2018)。

感謝專欄作家奧西塔．恩瓦內武（Osita Nwanevu）提醒我注意賈莫．柯爾進行的社區工作，也感謝賈莫邀請我去芝加哥參與他安排的幾次參觀行程。感謝賈莫把前老闆威爾．霍伯介紹給我後，霍伯能在四次專訪期間耐心回答我的問題。此外，賈莫也把他的社區工作經驗分享在幾本自費出版的書裡面，請參閱：*Exposure Is Key: Solving Violence by Exposing Teens to Opportunities* (2017)；*It's Not Regular:*

(May 16, 2019)；Gavan J. Fitzsimons and Baba Shiv, "Nonconscious and Contaminative Effects of Hypothetical Questions on Subsequent Decision Making," *Journal of Consumer Research* 28, no. 2 (2001)；"The Success of the Voter Fraud Myth," *The New York Times* (September 19, 2016)。關於小布希總統的幕僚表示無須理會「那些看重事實的美國人」，原始出處是：Ron Suskind, "Faith, Certainty and the Presidency of George W. Bush," *The New York Times Magazine* (October 17, 2004)。

關於「事實」這個觀念在川普時代如何遭受踐踏，我的資料來源除了勞苦功高的《華盛頓郵報》事實查核團隊（Glenn Kessler與Salvador Rizzo是其中兩位成員），還包括：Kellyanne Conway's Interview with Mark Simone of New York's 710 WOR Radio (January 2018)；Michael Lewis, "Has Anyone Seen the President?," Bloomberg (February 9, 2018)；Andy Kroll, "John Podesta Is Ready to Talk About Pizzagate,'" *Rolling Stone* (December 9, 2018)。關於川普於二〇一七年八月在杭廷頓市那場造勢大會的寶貴報導，我參考的是：Jenna Johnson, "Why Is Trump Rallying in West Virginia's Huntington? Because He's Mostly Popular There," *The Washington Post* (August 3, 2017)；David Smith, "Why Trump Still Needs the Love of the Crowd: 'This Is Like Medicine to Him,'" *The Guardian* (August 6, 2017)。

關於政治意義的追尋以及政治虛無主義的影響，各家論述很多，包括：Francis Fukuyama, *The End of History and the Last Man* (New York: Free Press, 1992)；Thomas B. Edsall, "The Trump Voters Whose 'Need for Chaos' Obliterates Everything Else," *The New York Times* (September 4, 2019)；Anne Applebaum, "A Warning from Europe: The Worst Is Yet to Come," *The Atlantic* (October 2018)；Damon Linker, "How Right-Wing Populism Overcame Distance," *The Week* (December 1, 2020)；James Madison, *Federalist* No. 10: "The Same Subject Continued: The Union as a Safeguard Against Domestic Faction and Insurrection," *New York Daily Advertiser* (November 22, 1787)；Michael Bang Petersen, Mathias Osmundsen, and Kevin Arceneaux, "The 'Need for Chaos' and Motivations to Share Hostile Political Rumors," PsyArXiv (September 1, 2018)。

關於政治凝聚力的問題，我參考的幾篇研究包括：J. J. Messner et al., "Fragile States Index 2018—Annual Report," by the Fund for Peace；Nathan P. Kalmoe and Lilliana Mason, "Most Americans Reject Partisan Violence, but There Is Still Cause for Concern," Voter Study Group (May 7, 2020)。關於保守主義主流論述中暴力修辭的例子，我參考的是：Jeremy W. Peters et al., "How the El Paso Killer Echoed the Incendiary Words of Conservative Media Stars," *The New York Times* (August 11, 2019)。

以至於他記不得第四任國家安全顧問的名字：Mark Landler and Helene Cooper, "Bolton Walked Back Syria Statement. His Disdain for Debate Helped Produce It," *The New York Times* (January 7, 2019)。

第十六章　鐵錚錚的事實

為了了解政治暴力、歸屬感、非理性之間的交互關聯，我有幸受教於多位專家，包括：Danielle Allen, Larry Diamond, Joanne Freeman, Nathan Kalmoe, Lilly Mason, Robert Putnam, Shaylyn Romney Garrett, Jennifer Ratner-Rosenhagen, and Theda Skocpol。儘管這本書已經出版了五十年，但其內容與觀點還是值得廣為人知與研究：Richard Hofstadter and Michael Wallace, *American Violence: A Documentary History* (New York: Knopf, 1970)。

關於林肯和道格拉斯之間的幾次精采辯論，我感謝桃樂絲・維肯登（Dorothy Wickenden）幫助我在當年的歷史脈絡與目前的現狀之間建立關聯，也感謝她與我分享專書的部分內容：Dorothy Wickenden, *The Agitators: Three Friends Who Fought for Abolition and Women's Rights* (New York: Scribner, 2021)。感謝吉兒・萊波爾（Jill Lepore）多次與我對談，我也參考了她的專書：Jill Lepore, *These Truths: A History of the United States* (New York: W. W. Norton, 2018)。關於林肯，我很高興自己在寫書的前不久就有一本精采的文化史專書可以參考：David S. Reynolds, *Abe: Abraham Lincoln in His Times* (New York: Penguin Press, 2020)。關於南北戰爭前的美國國會，我參考的是：Joanne B. Freeman, *The Field of Blood*。

為了闡述美國先賢透過求知活動而展現出的理性精神與好奇心，我參考的著作包括：Caroline Winterer, *American Enlightenments: Pursuing Happiness in the Age of Reason* (New Haven, CT: Yale University Press, 2018)；Jennifer Ratner-Rosenhagen, *The Ideas That Made America: A Brief History* (New York: Oxford University Press, 2019)；James Perrin Warren, *Culture of Eloquence: Oratory and Reform in Antebellum America* (University Park: Penn State University Press, 2004)。

關於行銷、話術與假資訊的問題，我參考的資料包括：Naomi Oreskes and Erik Conway, *Merchants of Doubt: How a Handful of Scientists Obscured the Truth on Issues from Tobacco Smoke to Climate Change* (New York: Bloomsbury Press, 2010)；Cailin O'Connor and James Owen Weatherall, *The Misinformation Age: How False Beliefs Spread* (New Haven, CT: Yale University Press, 2018)；Susan Jacoby, *The Age of American Unreason in a Culture of Lies* (New York: Vintage, 2018)；Jason Stanley and David Beaver, "Beware of 'Snakes,' 'Invaders' and Other Fighting Words," *The New York Times*

Families Funding the 2016 Presidential Election," *New York Times* (October 10, 2015)。

為了了解大選日前後幾天發生在格林伍德山的騷亂與警民對峙事件，我參考的報導包括：Christine Schmidt, "Life, and a Death, in Mount Greenwood," *South Side Weekly* (November 16, 2016)；Jason Meisner et al., "Police Shooting Exposes Racial Tensions in Mostly White Mount Greenwood," *Chicago Tribune* (November 12, 2016)；Ben Austen, "Violence and Division on Chicago's South Side," *New York Times* (December 10, 2016)。

第十五章　徹底自力更生

二〇一六年我因為搭機時與隔壁乘客聊天才開始了解美國上層社會人士的許多次文化；隨後的幾個月內我又針對此一族群的習性與想法與許多大企業執行長與投資人進行訪談，受訪人士包括史蒂夫．霍夫曼、提姆．張（Tim Chang）、賈斯汀．簡（Justin Kan）。在東岸的部分，洛伯．強森（Rob Johnson）在這方面更是讓我受益良多，也讓我了解怎樣從社會學的更廣泛角度去看待此一議題。

關於烏托邦與反烏托邦（dystopia）思想的歷史，我獲得史家理查．懷特（Richard White）的許多建議，閱讀他的大量著作也對我很有幫助。其他參考資料包括：Christopher Jennings, *Paradise Now: The Story of American Utopianism* (New York: Random House, 2016)；Fred Turner, *From Counterculture to Cyberculture: Stewart Brand, the Whole Earth Network, and the Rise of Digital Utopianism* (Chicago: University of Chicago Press, 2006)。

「解構國家的行政機器」這個相關概念在政治領域上的實現，我是透過多次訪談才能有更深入了解，受訪者有些是高舉此一大纛的人物（例如史蒂夫．班農），也不乏痛批這個概念的人（例如我在行文中提及的諸位）。關於美國歷史上想要限制公務機關行政作為的種種企圖，我所參閱的作品是： Landon R. Y. Storrs, *The Second Red Scare and the Unmaking of the New Deal Left* (Princeton, NJ: Princeton University Press, 2013)。

事實證明，非營利組織「公共服務夥伴關係」的麥克斯．史提爾與其同事們是我了解公務機關運作方式與許多技術性細節的不可或缺諮詢對象。無論是有意或無意，川普政權讓聯邦政府機關自廢武功的事蹟在新聞報導中實在是屢見不鮮，我實在無法在此一一詳述。那些事蹟的細節實在是太過豐富，有時候只會出現在不太受到矚目的報導中。例如，《紐約時報》就有一篇提供大量訊息的報導，以一句話來說明川普更換國家安全顧問太過頻繁（三年內竟有四位上任），等相關面向的研究者，或者是槍枝的反對者，其中包括理查·費爾德曼、大衛·海門威（David Hemenway）、史蒂芬·泰瑞特（Stephen Teret）。

美國社會學領域中關於槍枝的研究文獻可說是汗牛充棟，我最常參考的包括：Tom Diaz, *Making a Killing: The Business of Guns in America* (New York: New Press, 1999)；Pamela Haag, *The Gunning of America: Business and the Making of American Gun Culture* (New York: Basic Books, 2016)；Adam Winkler, *Gunfight: The Battle over the Right to Bear Arms in America* (New York: W. W. Norton, 2011)；Jennifer Carlson, *Citizen-Protectors: The Everyday Politics of Guns in an Age of Decline* (New York: Oxford University Press, 2015)；Dan Baum, *Gun Guys: A Road Trip* (New York: Knopf, 2013)。

在政治文化中，大打恐懼牌的行徑可說是古今皆然，令我獲益良多的書籍是：Martha Nussbaum, *The Monarchy of Fear: A Philosopher Looks at Our Political Crisis* (New York: Simon & Schuster, 2018)。尼克森總統的話引自：William Safire, *Before the Fall: An Inside View of the Pre-Watergate White House* (New York: Doubleday, 1975)；數據公司「劍橋分析」高層關於恐懼的評論，引自："Revealed: Trump's Election Consultants Filmed Saying They Use Bribes and Sex Workers to Entrap Politicians," *Channel 4* (March 19, 2018)。

關於自我防衛的假消息引自：Michael R. Weisser, *The Myth of the Armed Citizen* (Ware, MA: TeeTee Press, 2015)。學校為了教學童在大規模槍擊事件時自保而編的那首兒歌是由喬琪·科恩（Georgy Cohen）注意到，拍照後在推特上流傳。關於槍枝走私的路徑，我引用的資料是：Chelsea Parsons and Eugenio Weigend, "America Under Fire: An Analysis of Gun Violence in the United States and the Link to Weak Gun Laws," Center for American Progress (October 2016)。其他可能相關的資料可以在《聯邦菸酒槍砲及爆裂物管理局追蹤資料報告，二〇一〇至二〇一五年》（*Bureau of Alcohol, Tobacco, Firearms and Explosives, Firearms Trace Data (2010–2015)*）。大規模槍擊案發生頻率的分析是由哈佛大學公衛學院與東北大學幾位學者（Amy P. Cohen、Deborah Azrael、Matthew Miller）一起做的研究，請參閱這則報導："Rate of Mass Shootings Has Tripled Since 2011, Harvard Research Shows" *Mother Jones* (October 15, 2014)。

很多資料來源都顯示川普刻意鼓動群眾的戰鬥意識，從他一九九〇年接受《花花公子》雜誌的訪問開始，到二〇一六年總統大選前不久他接受基督教廣播網（Christian Broadcasting Network）的訪談內容都是。關於總統大選選票上幾位候選人獲得的政治獻金中，有高達一半是來自於一百五十八個美國家庭這件事，請參閱這則報導：Nicholas Confessore, Sarah Cohen, and Karen Yourish, "The

感謝WBEZ電臺記者娜塔莉・摩爾接受我訪問，並讓我透過她的報導了解拉寬・麥克唐納命案的深層涵義，還有非裔美國人族群與芝加哥警方之間充滿爭議與衝突的歷史。此外，我參考的珍貴資料還包括：Christy Gutowski and Jeremy Gorner, "The Complicated, Short Life of Laquan McDonald," *Chicago Tribune* (December 11, 2015)；"16 Shots," a podcast by WBEZ Chicago and the *Chicago Tribune*。

關於芝加哥的暴力與種族隔離問題，我受益於學界研究與民間的報導，包括："Gun Violence in Chicago, 2016," University of Chicago Crime Lab (January 2017)；Sarah Karp and Becky Vevea, in "How Chicago School Construction Furthers Race and Class Segregation," WBEZ (July 7, 2016)。

各種政治分析往往把非裔美國人選民的投票行為視為鐵板一塊，而關於二〇一六年總統大選的許多預測就是犯下這種錯誤。不過，也有一些評論者的預測非常有眼光，還有其他人則是指出了一些選情的關鍵轉捩點。例如塔納哈希・科茨在受訪時就指出了希拉蕊的訴求有哪些弱點，請參閱：Bomani Jones, "The Playboy Interview with Ta-Nehisi Coates," *Playboy* (June 22, 2016)。其他充滿洞見的報導包括：Perry Bacon Jr., "Huge Split Between Older and Younger Blacks in the Democratic Primary," NBC News (May 28, 2016)；Philip Bump, "Donald Trump's Risky Plan to Use the Internet to Suppress Hillary Clinton's Turnout," *The Washington Post* (October 27, 2016)；Philip Bump, "Mostly Black Neighborhoods Voted More Republican in 2016 Than in 2012," *The Washington Post* (September 25, 2017)；Bernard Fraga, "Why Did Trump Win? More Whites—and Fewer Blacks—Actually Voted," *The Washington Post* (May 8, 2017)。

我對於二〇一六年六月西維吉尼亞州洪災的敘述，是參考以下報導：Ken Ward Jr., "State Flood Protection Plan 'Sitting Dusty on a Shelf,'" *Charleston Gazette-Mail* (July 3, 2016)；Brittany Patterson, "After Deadly Floods, West Virginia Created a Resiliency Office. It's Barely Functioning," *Ohio Valley Resource* (January 27, 2020)；Elaina Plott, "The Billionaire and the Flood," *Washingtonian* (May 7, 2017)。

第十四章　戰鬥意識

無論在書中或在接受我訪談時，麥克・懷瑟都清楚闡述了槍枝在種族政治、黨派政治與恐懼政治中扮演的文化角色如今已經演變到什麼地步。感謝他慨然撥冗受訪，並以專業知識幫助我。去路易斯維爾參加美國步槍大會年會以及事後我總計訪問幾十位相關人士，他們都是現代槍枝產業在政治、行銷、健康問題

Ben Schreckinger, "'Oh, No': The Day Trump Learned to Tweet," *Politico* (December 20, 2018)。

關於川普是怎樣成為共和黨的領頭羊，我受益於許多人的回憶，例如：傑佛瑞．桑能菲爾德（耶魯管理學院教授）；吉姆．坎貝爾（前格林威治鎮共和黨委員會主席）。我還參閱了以下著作：H. L. Mencken, "In Defense of Women," originally published in 1918, republished by Project Gutenberg (August 26, 2008)；關於羅傑．史東的思想我是參閱：Jeffrey Toobin, in "The Dirty Trickster," *The New Yorker* (May 23, 2008)。 安．庫爾特說的話是引自於：Robert Draper, "How Donald Trump Set Off a Civil War Within the Right-Wing Media," *The New York Times* (September 29, 2016)。川普的赤裸裸自白（「是他們造就了我」）是引自於這一篇訪談報導：Robert Costa, "Listening to Donald Trump Swear and Talk Politics on His Private Plane," *The Washington Post* (July 12, 2015)。

對於移民問題的態度之演變過程，我參考的是各種地方性與全國性的報導，例如：Ruy Teixeira et al., "Building an All-In Nation," Center for American Progress (October 22, 2013)；Claire Potter, "'As Iowan as Cornfields': How Immigration Changed One Small Town," ABC News (August 12, 2019)；Bret Hayworth, "Steve King Anti-immigration Tweet Comes Under Fire," *Sioux City Journal* (June 13, 2018)；Janet Adamy and Paul Overberg, "Places Most Unsettled by Rapid Demographic Change Are Drawn to Donald Trump," *The Wall Street Journal* (November 1, 2016)；Bradley Jones, "In Republicans' Views of a Border Wall, Proximity to Mexico Matters," Pew Research Center (March 8, 2017)。

關於川普政權的悠久種族歧視史，我參考的是：David Remnick, "What Toni Morrison Understood About Hate," *The New Yorker* (August 19, 2019)。其他原始參考資料包括：Thomas Jefferson, *Notes on the State of Virginia* (Richmond, 1853), 149–52, 155；Tim Naftali, "Ronald Reagan's Long-Hidden Racist Conversation with Richard Nixon," *The Atlantic* (July 30, 2019)。

第十三章　把政治機器砍掉重練

政黨結構的弱化與失信於民的問題，對於右派與左派都一樣。關於共和黨傳統路線的沒落，請參閱這本重要著作：Jane Mayer, *Dark Money: The Hidden History of the Billionaires Behind the Rise of the Radical Right* (New York: Doubleday, 2016)。芝加哥市政府與伊利諾州政府債臺高築的問題，當地不少媒體都有詳細報導，例如《芝加哥論壇報》與《芝加哥太陽時報》。

(New York: Nation Books, 2003)。

造訪查爾斯頓去了解馬鹿河汙染事件時，我很感謝有機會訪問這一章裡面提及的多位人物，還有其他要求匿名的政府員工。讓我特別有收穫的受訪者包括：Ken Ward Jr.；Maya Nye（President of People Concerned About Chemical Safety，她的父親曾是化工大廠聯合碳化的員工）。關於環境汙染史的細節，我參考的是這部紀錄片：Mimi Pickering and Anne Lewis Johnson, *Chemical Valley* (1991)。在我查閱的舊報導裡面，特別讓我注意的是一九四三年在《星期六晚郵報》（*The Saturday Evening Post*）上面有一則報導將查爾斯頓的化工產業稱為「奇蹟谷」（magic valley）。關於官方提出的正式報告與政府有關單位的處理方式，我參閱的是："COMPLAINT INVESTIGATION FORM Complaint Number: Department of Environmental Protection CH-2010–0261"。

西維吉尼亞人對於煤炭、環境與氣候變遷的態度很複雜。感謝凱蒂・勞爾接受我訪問，我也參考了她的大作，例如：Katey Lauer, "Making Sense of Crisis: The West Virginia Floods," *Appalachian Voices* (July 6, 2016)。民意調查的資料來自於：Jennifer Marlon et al., "Estimated % of Adults Who Think Global Warming Is Happening," Yale Climate Opinion Maps (August 7, 2018)。關於利益團體在歷史上扮演的角色，我參考的是：Richard A. Brisbin Jr., Robert Jay Dilger, and Allan S. Hammock, *West Virginia Politics and Government* (Lincoln: University of Nebraska Press, 2009)。

第十二章　喚醒了沉睡中的人們

早在大多數美國人還沒有意識到白人民族主義崛起時，以下諸位作家就已經分別為不同團體進行了調查，提供精準資訊。感謝他們慨然幫助我，而他們已經出版的作品對我也很有幫助，足以展現極右派覺醒過程與現狀之全貌，請參閱：Devin Burghart and Leonard Zeskind（Institute for Research and Education on Human Rights）；Heidi Beirich, Keegan Hankes, et al.（Southern Poverty Law Center）；Mark Pitcavage（Anti-Defamation League）。

川普執掌白宮大位以前的人生經歷已經有很多人報導過，我在本書並未深入探討，除非是與我的論述相關之處。感謝我有機會看到這本書的初稿，書中針對許多學界與社會各界的說法進行分析：Sam Popkin, *Crackup: The Republican Implosion and the Future of Presidential Politics* (New York: Oxford University Press, 2021)。其他相關細節，我所參考的是：Karen Tumulty's "How Donald Trump Came Up with 'Make America Great Again,'" *The Washington Post* (January 18, 2017)；

Approximation," United States Department of Agriculture Forest Service (December 2005)。

關於華爾街對於產煤鄉野的關注以及後果，我參考的資料包括：Patrick Rucker, "How Big Coal Summoned Wall Street and Faced a Whirlwind," Reuters (August 5, 2016)；Mike Elk, "In the Coal Fields, a Novel Way to Get Rid of Pensions Is Born," *In These Times* (December 31, 2012)。關於礦業公司想要取消礦工退休金與醫療福利的問題，艾立克．麥吉利斯曾屢屢撰文報導："The Incredible Disappearing Health Benefits," *The New Republic* (February 19, 2013)；"Bankruptcy Lawyers Strip Cash from Coal Miners' Health Insurance," ProPublica (October 1, 2015)；"Dealmakers Drop a Plan to Divert Millions from the Health Insurance of Retired Coal Miners," ProPublica (October 8, 2015)。關於「不良資產投資」的文化，我參考的資料包括：A. Scott Carson, "Vulture Investors, Predators of the 90s: An Ethical Examination," *Journal of Business Ethics* 17, no. 5 (April 1998)；Tiffany Kary et al., "Hated by Many, Distressed Debt Brawler Isn't About to Back Down," Bloomberg (June 4, 2018)。史蒂夫．科恩出售豪宅一事頗受關注，請參閱：Michelle Celarier, "The Reckoning on Round Hill Road," *Institutional Investor* (June 5, 2017)。愛國者煤礦所引發的種種爭端，請參考以下媒體的報導：*St. Louis Business Journal*, *The Wall Street Journal*, ProPublica, and the *Charleston Gazette-Mail*。

關於美國民眾遭逢經濟困頓、地位下降、受到階級歧視的問題，我參考的各種論述包括：Jonathan Cobb, *The Hidden Injuries of Class* (New York: W. W. Norton, 1993)；Williams, *White Working Class*；Sarah Smarsh, "Poor Teeth," *Aeon* (October 23, 2014)；Colleen Flaherty, "(More) Bias in Science Hiring," *Inside Higher Ed* (June 7, 2019)；Lauren A. Rivera and András Tilcsik, "Class Advantage, Commitment Penalty: The Gendered Effect of Social Class Signals in an Elite Labor Market," *American Sociological Review* (October 12, 2016)。

第十一章　「自由」的味道

西維吉尼亞州的政治版圖由藍轉紅的過程已經有人從很多不同角度論述過了，請參閱：Karl Rove, *Courage and Consequence: My Life as a Conservative in the Fight* (New York: Threshold Editions, 2010)；Tom Hamburger, "A Coal-Fired Crusade Helped Bring Crucial Victory to Candidate Bush," *The Wall Street Journal* (June 13, 2001)；Frank Bruni, "Gore Unveils $125 Billion Energy Plan," *The New York Times* (June 28, 2000)。這位來自西維吉尼亞的作家為故鄉進行的分析尤為精闢：Michael Tomasky, "The South Creeps North," in *These United States*, ed. John Leonard

報導：Ken Dixon, "Foley Paid $673 in Taxes in 2013," *Greenwich Time* (October 17, 2014)。

關於普瑞斯考特．布希與其後代所組成的政治世家，我得益於以下這幾本傳記：Mickey Herskowitz, *Duty, Honor, Country: The Life and Legacy of Prescott Bush* (Nashville: Routledge Hill Press, 2003)；Jon Meacham, *Destiny and Power: The American Odyssey of George Herbert Walker Bush* (New York: Random House, 2015)；and Jacob Weisberg, *The Bush Tragedy* (New York: Random House, 2008)。關於李伊．艾瓦特的遺緒，可以參考這部傳記電影：*Boogie Man: The Lee Atwater Story* (2008)；也可以參考這篇文章：Beth Schwartzapfel and Bill Keller, "Willie Horton Revisited," The Marshall Project (May 13, 2015)。

關於查理．布雷克、保羅．馬納福特、羅傑．史東的崛起、他們形塑出的政治文化以及影響，我參考的是：Franklin Foer "Paul Manafort, American Hustler," *The Atlantic* (March 2018)；Manuel Roig-Franzia, "The Swamp Builders," *Washington Post* (November 29, 2018)。

史蒂夫．班農與派崔克．凱德曾於二〇一七年受邀參與大衛．霍洛維茲自由中心（David Horowitz Freedom Center）舉辦的年度「身心復原週末」活動（Restoration Weekend），一起擔任講者。該次活動是在該年的十一月十六日至十九日假佛州棕櫚灘的浪花飯店（Breakers Hotel）。

第十章　沒膽量的王八蛋

關於「山頂採礦」這種採礦活動在西維吉尼亞州如何進行、其商業利益、與政界的關係等議題，最出力報導的莫過於前《查爾斯頓郵報》的記者肯恩．渥德二世，後來他轉戰獨立新聞網站「山州聚光燈」（Mountain State Spotlight）。我很感激有機會在多年期間數次採訪他，並且參考他的新聞報導。對於山頂採礦會對環境造成的傷害，許多人都已著墨甚多，無論是學術論著或一般民眾會讀的文章：M. A. Palmer et al., "Mountaintop Mining Consequences," *Science* 327, no. 5962 (2010)；Melissa M. Ahern et al., "The Association Between Mountaintop Mining and Birth Defects Among Live Births in Central Appalachia, 1996–2003," *Environmental Research* 111, no. 6 (August 2011)；Shirley L. Stewart-Burns, *Bringing Down the Mountains: The Impact of Mountaintop Removal Surface Coal Mining on Southern West Virginia Communities, 1970—2004* (Morgantown: West Virginia University, 2007)；John McQuaid, "Mining the Mountains," *Smithsonian Magazine* (January 2009)；Steven A. Simon et al., "Ecological Zones in the Southern Appalachians: First

關於九一一事件後美國民眾的態度與美國文化的發展，我參考的資料包括：Roberto Gonzalez, Hugh Gusterson, and Gustaaf Houtman, *Militarization: A Reader* (Durham, NC: Duke University Press, 2019)；Ted Galen Carpenter, "The Creeping Militarization of American Culture," a commentary for the Cato Institute；Al Gore, *The Assault on Reason* (New York: Penguin Press, 2007)；Phil Klay, *Missionaries* (New York: Penguin Press, 2020)；Jason De León, "The Border Wall Is a Metaphor," *New American Story Project* (no date)。

第九章　以錢謀權

記者簡．梅耶爾以精采報導揭露李伊．漢利、勞勃．默瑟與派崔克．凱德如何共謀並成功地將川普推上共和黨總統候選人的位子，請參閱：Jane Mayer, "Trump's Money Man," The New Yorker (March 27, 2017)。愛莉．漢利、威廉．米登朵夫二世、羅傑．史東與其他幾位接受我訪談，與我分享共和黨政治文化在格林威治的發展。關於米登朵夫二世政治生涯的經驗，也可以參閱他寫的兩本回憶錄：*A Glorious Disaster: Barry Goldwater's Presidential Campaign and the Origins of the Conservative Movement* (New York: Basic Books, 2006)；*Potomac Fever: A Memoir of Politics and Public Service* (Annapolis: Naval Institute Press, 2011)。關於自由派經濟學家約翰．高伯瑞對保守主義的嘲諷，請參閱他的演講："Wealth and Poverty," National Policy Committee on Pockets of Poverty (December 13, 1963)。洛爾．威克是在一九九一年於耶魯大學演講時提出他的諸多評論，內容由約翰．甘迺迪總統圖書館暨博物館記錄。

關於大企業出手干預政治的新興趨勢以及其後果，我要感謝瑞克．伯爾斯坦在他的書出版以前就透過節錄的內容與我分享他的洞見：Rick Perlstein, *Reaganland: America's Right Turn 1976–1980* (New York: Simon & Schuster, 2020)。關於某些金主與他們的慈善事業，感謝「競選活動法律研究中心」（Campaign Legal Center）的布蘭妲．費雪（Brendan Fischer）與我分享她的精采意見。我參考的另一本著作是：Kim Phillips-Fein, *Invisible Hands: The Making of the Conservative Movement from the New Deal to Reagan* (New York: W. W. Norton, 2009)。

關於財富管理、賦稅與股票政策，感謝達特茅斯學院的經濟社會學教授布魯克．哈靈頓以她的專業與我分享不少看法，我也參考了她寫的書：*Capital Without Borders: Wealth Managers and the One Percent* (Cambridge, MA: Harvard University Press, 2016)。此外，我參考的書還包括：Steven Pearlstein, *Can American Capitalism Survive?*；Jane Mayer, *Dark Money*；Jacob S. Hacker and Paul Pierson, *Winner-Take-All Politics*。關於湯瑪斯．佛利的稅金與資產，我參考了這篇

「牛仔」與「篷車車隊」這個暗喻式的對比，我是引自以下這本書：Robert D. Putnam and Shaylyn Romney Garrett, *The Upswing: How America Came Together a Century Ago and How We Can Do It Again* (New York: Simon & Schuster, 2020)。感謝兩位作者接受我採訪，並在訪談過程中透露他們對於這本書出版後美國社會的種種發展有何看法。

關於保守派政治顧問法蘭克・藍茲在那一場共和黨大型會議上提出的建言，我參考的是克里斯・穆迪（Chris Moody）為新聞網站*Yahoo News*所進行的報導。史家珍妮佛・伯恩斯在一篇文章中詳述了小說家艾茵・蘭德的生平與影響：Jennifer Burns, "Ayn Rand's Long Journey to the Heart of American Politics," *The New Republic* (August 14, 2012)；關於二〇一二年CNN電視臺為共和黨總統大選初選舉辦辯論會上發生的那件事，我參閱的是：Samuel L. Popkin, *Crackup: The Republican Implosion and the Future of Presidential Politics* (Oxford: Oxford University Press, 2021)。關於戰爭的政治脈絡，我參考的文章是：Elliot Ackerman reflected on the political context of war in "Why Bringing Back the Draft Could End America's Forever Wars," *Time* (October 10, 2019)；關於占領華爾街運動的起源，我得益於以下這篇報導：Ruth Milkman, Stephanie Luce, and Penny Lewis, "Occupy After Occupy," *Jacobin* (June 2014)。關於戰時死傷人數以及死傷者的出身，我是以美國國防部提出的數字為根據，並參考了《華爾街日報》的分析：Michael M. Phillips, "Brothers in Arms: The Tragedy in Small-Town America," in *Wall Street Journal* (September 22, 2017)。

第八章　把自己灌醉

關於史維格父子檔、克里斯多福・哈特、陶德・阿莫斯與希尼・希尼的生平，我的敘述主要是參考各種法院文件、證人向警方陳述的證詞、退伍軍人事務部紀錄的摘文以及訪談紀錄。感謝下列多位親友與我分享他們哀痛莫名的經歷：Minnie Swiger、Herman Lubbe、Linda Riggs、Taylor Durst、Janice Chance。我也很感激以下幾位的協助或配合：Sam Harrold、Brian Jarvis、John Miller、Sidney Muller。

關於阿富汗南部桑金戰役死傷的情況與種種事件，我參考的資料包括：Dawood Azami, "Why Sangin's Fall to the Taliban Matters," BBC World Service (March 23, 2017)；Taimoor Shah and Rod Nordland, "Taliban Take an Afghan District, Sangin, That Many Marines Died to Keep," *New York Times* (March 23, 2017)；"Into the Breach: How Sangin Will Enter the Annals of Marine History," *Military Times* (May 12, 2014)。

關於芝加哥住屋的歧視現象、居民遭高利率房貸掠奪還有次級房貸等問題，我參考的資料包括：Connie Bruck, "Angelo's Ashes," *The New Yorker* (June 22, 2009)；Whet Moser, "The *Chicago Reporter* and Lisa Madigan Nail Bank of America on Racial Bias in Countrywide Lending," *Chicago Magazine* (December 22, 2011)；Shawn Tully, "Meet the 23,000% Stock," *Fortune* (September 15, 2003)；Ta-Nehisi Coates, "The Case for Reparations," *The Atlantic* (June 2014)。

在次級房貸大行其道期間，格林威治的某些居民於其中扮演的角色以及他們的生活風格，我參考的書籍與報導包括：Bethany McLean and Joe Nocera, *All The Devils Are Here: The Hidden History of the Financial Crisis* (New York: Portfolio, 2010)；Gretchen Morgenson, "Mr. Vranos Has a Deal for You," *The New York Times* (July 22, 2007)；Susanne Craig, "Lawmakers Lay Into Lehman CEO," *The Wall Street Journal* (October 7, 2008)；"Ex-Citi CEO Defends 'Dancing' Quote to U.S. Panel," Reuters (April 8, 2012)；Hilary Lewis, "Booted Citi CEO Prince Can't Sell Greenwich Mansion," *Business Insider* (June 18, 2008)。

我在這章裡面對於茶黨的描述，得益於社會學家西妲・史卡區波（Theda Skocpol）本人與她和凡妮莎・威廉森合著的專書：Theda Skocpol and Vanessa Williamson, *The Tea Party and the Remaking of Republican Conservatism* (New York: Oxford University Press, 2012)；感謝記者簡・梅耶爾以其新聞專業幫助我，她寫的《美國金權》（*Dark Money*）一書也很有幫助。此外，以下著作也讓我能更深入了解更多細節：Samuel L. Popkin, *Crackup: The Republican Implosion and the Future of Presidential Politics* (Oxford: Oxford University Press, 2021)；David Remnick, "Day of the Dittohead," *The Washington Post* (February 20, 1994)；Joan C. Williams, *White Working Class: Overcoming Class Cluelessness in America* (Boston: Harvard Business Review Press, 2017)；Suzanne Mettler, *The Submerged State* (Chicago: University of Chicago Press, 2011)。

歐巴馬就任總統後出現許多充滿種族歧視意味的陰謀論，且右翼武裝團體紛紛崛起。關於這現象，我的參考資料包括：Philip Klinkner, "The Causes and Consequences of 'Birtherism,'" paper presented at the 2014 Annual Meeting of the Western Political Science Association；Ta-Nehisi Coates, "My President Was Black," *The Atlantic* (January/February 2017)；Ron Nixon, "Homeland Security Looked Past Antigovernment Movement, Ex-Analyst Says," *The New York Times* (January 8, 2016)；"Militia Movement Rhetoric Elevated to National Level," Southern Poverty Law Center (October 3, 2019)。

美國的歷史始終在個人與群體之間擺盪不定，這現象的相關細節，還有過度集中的現象，請參閱："Crime in Chicago: What Does the Research Tell Us? IPR Experts Offer Insights and Potential Solutions to City's Violent Crime" (May 28, 2018)。

關於低收入地區居民健康狀況不佳的問題，我參考的資料包括：Jeremy Deaton and Gloria Oladipo, "Mapping the Disparities That Bred an Unequal Pandemic," Bloomberg CityLab (September 30, 2020)；Robert J. Sampson, *Great American City: Chicago and the Enduring Neighborhood Effect* (Chicago: University of Chicago Press, 2013)。關於拉傑．柴蒂的研究，我是參考這篇媒體報導對其研究的概述：Ben Steverman, "Harvard's Chetty Finds Economic Carnage in Wealthiest ZIP Codes," Bloomberg (September 24, 2020)。

關於芝加哥中小學與種族隔離的歷史，我參考了許多不同資料來源：Natalie Y. Moore, *The South Side: A Portrait of Chicago and American Segregation* (New York: St. Martin's Press, 2016)；Steve Bogira, "School Desegregation: Is the Solution to the Public-Schools Mess as Simple as Black and White?," *The Reader* (January 28, 1988)；Mary Mitchell, "Déjà vu Sunday for Mount Greenwood Seven," *Chicago Sun Times* (July 15, 2008)；Isabel Wilkerson, "The Tallest Fence: Feelings on Race in a White Neighborhood," *The New York Times* (June 21, 1992)；Christine Schmidt, "Life, and a Death, in Mount Greenwood," *South Side Weekly* (November 16, 2016)；"Schools in Chicago Are Called the Worst by Education Chief," Associated Press (November 8, 1987)；letter to the editor from the Fenger High School Local School Council, *Chicago Sun-Times* (September 20, 1991)；Maribeth Vander Weele, "Classroom Chaos Seen as Possibly the Worst Ever," *Chicago Sun-Times* (October 1, 1991)。

第七章　你們這些人

透過莫里斯．克拉克與威廉．沃伊考斯基的服刑紀錄可以看見他們陸續被移監到哪些地方，而我也透過與莫里斯的歷次訪談得知他的經驗。

關於服刑人口的資料以及系統性的種族歧視，令我受益良多的資料來源包括：Devah Pager, "The Mark of a Criminal Record." *American Journal of Sociology,* 108(5):937-975, 2003；James Forman Jr., *Locking Up Our Own: Crime and Punishment in Black America* (New York: Farrar, Straus and Giroux, 2017)；Elizabeth Hinton, *From the War on Poverty to the War on Crime* (Cambridge, MA: Harvard University Press, 2017)；Toluse Olorunnipa and Griff Witte, "Born with Two Strikes," *The Washington Post* (October 8, 2020)。

一時，我參考的媒體報導包括：Michael Allen and Mitchell Pacell, "Martin Frankel May Have Fled with $10 Million of Diamonds," *The Wall Street Journal* (July 8, 1999)；Alison Leigh Cowan, "Onetime Fugitive Gets 17 Years for Looting Insurers," *The New York Times* (December 11, 2004)。關於社會學家艾德溫・蘇德蘭的貢獻，我所參考的是美國社會學學會（American Sociological Association）發布的一篇文章："Edwin H. Sutherland" (June 16, 2009)。許多財經媒體都報導了為何會有多位基金經理人成為馬多夫騙局的從犯，而手提包製造商佛德列克・柏克的犯罪經過我是參閱這篇報導：David Glovin, "Bourke to Report to Prison 15 Years After Oil Deal Soured," Bloomberg (May 6, 2013)。「惡棍丘路」是房地產部落客克里斯多福・方騰（Christopher Fountain）創造出來的。

許多格林威治居民屢屢淪為金融罪犯，影響所及與此一事實的涵義，我參考了以下這幾則報導：David Rafferty, "Greenwich, Gateway to White-Collar Crime," *Greenwich Time* (August 9, 2013)；John Bogle, "There Were Once Things One Just Didn't Do," *The New York Times* (March 15, 2012)；Andrew Ross Sorkin, "On Wall St., a Culture of Greed Won't Let Go," *The New York Times* (July 15, 2013)；Greg Smith, "Why I Am Leaving Goldman Sachs," *The New York Times* (March 14, 2012)。另外我也參考了司法部官網發布的文章："Goldman Sachs Agrees to Pay More Than $5 Billion in Connection with Its Sale of Residential Mortgage Backed Securities," Department of Justice (April 11, 2016)。

第六章　所有人都這麼做（之二）

在與莫里斯・克拉克相識的五年期間，我已經訪談過他無數次，他也總是很有耐心回答我問題。他跟我分享先祖在阿拉巴馬州的經驗，還有他輟學以前、加入「黑幫門徒」之後、出庭受審以及入獄，最後當上父親的種種人生體驗。在查找他的法庭文件與先祖歷史的過程中，「族譜姐妹花」幫了我大忙。

本來我對於芝加哥的幫派史與犯罪活動不太了解，所幸我有機會訪問西北大學社會學教授安德魯・帕帕克里斯托斯，並閱讀他的作品，尤其是與「黑幫門徒」相關的部分。此外我還參考了這本書：George W. Knox, Gregg W. Etter, and Carter F. Smith, *Gangs and Organized Crime* (New York: Routledge, 2018)。關於G-ville與Killa Ward這兩個小幫派的報導，我參考的是以下兩篇報導：Jeremy Gorner, "Gang Factions Lead to Spike in City Violence," *Chicago Tribune* (October 3, 2012), and "Man Arrested in 2013 Killing Tied to Gang War That Left Tyshawn Lee Dead," *Chicago Tribune* (April 6, 2016)。感謝艾佛芮妲・柯布為了我而回憶起她那一段痛苦的人生經驗。感謝幾位西北大學的學者已經研究出槍擊案在芝加哥某些地區

幾樁相關民事訴訟，我最早參考了法庭文件中對於種種事件與交易的詳述，後來又透過訪談史柯隆與其他人掌握更多資訊。此外我也很感謝彭博社、MarketWatch、路透社、《華爾街日報》與《浮華世界》雜誌（*Vanity Fair*）等媒體的報導，包括《浮華世界》上的長文：Chris Pomorski, "A Hedge Fund Ex-Con Finds It's Hard Coming Home to Greenwich," *Vanity Fair* (July 2, 2019)。

關於格林威治進入大興土木的時代，還有建商馬克・馬里亞尼那種建築風格的崛起，請參閱這篇好文：Nick Paumgarten, "A Greenwich of the Mind," *The New Yorker* (August 26, 2008)；避險基金經理人克里夫・艾斯尼斯是某次上臺接受泰勒・柯文（Tyler Cowen）訪問時分享了他在避險基金鼎盛時期的養育子女經驗，後來這次訪談內容除了被放在Podcast上播出，也放在部落格平臺*Medium*上面："Cliff Asness on Marvel v. DC," *Conversations with Tyler*, November 18, 2015。關於俄國商人瓦勒里・科根掀起的爭議，深入報導請參閱：Michael Idov, "Xanadu, CT," *New York* (May 22, 2009)。

我對於「股東資本主義」崛起的論述主要得益於這篇頗有創見的文章：Milton Friedman, "A Friedman Doctrine—The Social Responsibility of Business Is to Increase Its Profits," *The New York Times* (September 13, 1970)。其他參考資料則是：Michael C. Jensen and William H. Meckling, "Theory of the Firm: Managerial Behavior, Agency Costs and Ownership Structure," *Journal of Financial Economics* 3, no. 4 (October 1, 1976)；Nicholas Lemann, *Transaction Man: The Rise of the Deal and the Decline of the American Dream* (New York: Farrar, Straus and Giroux, 2019)。

關於合夥經營與回購股票機制的改變，我參考的是以下幾篇好文：John Carney, "Why Wall Street Abandoned Partnerships," CNBC (November 3, 2010)；William Lazonick and Ken Jacobson, "End Stock Buybacks, Save the Economy," *The New York Times* (August 23, 2018)；William Lazonick, "Stock Buybacks: From Retain-and-Reinvest to Downsize-and-Distribute," Brookings Institution (2015)；"Prepared Remarks of Federal Trade Commissioner Rohit Chopra," Forum on Small Business Financing (May 8, 2019)；Rana Foroohar, "American Capitalism's Great Crisis," *Time* (March 12, 2016)。通用汽車公司總裁查爾斯・威爾遜在參議院提出的證詞可以在網路上找到，請參閱：HathiTrust Digital Library。

尤金・索提斯教授慨然接受我幾次訪問，我也參考了他的著作：Eugene Soltes, *Why They Do It: Inside the Mind of the White-Collar Criminal* (New York: Public Affairs, 2016)。關於蕭伯納提出的觀察，我是引自於他一本書的自序：George Bernard Shaw, *In English Prisons Under Local Government* (London: Longmans, Green, 1922), vii–lxxiii。關於隱身鄰里間的大騙子馬丁・法蘭柯，他的案子可說是轟動

留下的遺緒，絕對不可錯過的一本書是：Adam Cohen and Elizabeth Taylor, *American Pharaoh: Mayor Richard J. Daley—His Battle for Chicago and the Nation* (New York: Little, Brown, 2000)。蘇珊・戴維斯的作品讓我找到關於海德公園與肯伍德（Kenwood）這兩個芝加哥地區的生動描繪：Susan O'Connor Davis, *Chicago's Historic Hyde Park* (Chicago: University of Chicago Press, 2013)；藉由這本書，我進一步發現更早期的某些參考資料：Edna Ferber, *The Girls* (Garden City, NY: Doubleday, Page & Company, 1921)；Le Corbusier, *When the Cathedrals Were White* (New York: McGraw-Hill, 1964)。關於芝加哥的基礎建設，我參考的是：Kevin M. Kruse, "What Does a Traffic Jam in Atlanta Have to Do with Segregation? Quite a Lot," *The New York Times* (August 14, 2019)；關於芝加哥的現狀與工作陸續消失的問題，我仰賴這篇文章的出色研究：Alana Semuels, "Chicago's Awful Divide," *The Atlantic* (March 28, 2018)；關於芝加哥與維吉尼亞州首府里奇蒙的比較，我參考的是：Trevon Logan and John Parman, "The National Rise in Residential Segregation," National Bureau of Economic Research (February 2015)。我寫的報導的確很膚淺，以下這篇文章的批評讓我對芝加哥有更深入了解：Ben Joravsky in "Taking *The New Yorker* for a Ride," *Chicago Reader* (March 11, 2010)。

為了了解社會性與地域性的流動狀況，我參考的作品包括：Patrick Sharkey, *Stuck in Place: Urban Neighborhoods and the End of Progress Toward Racial Equality* (Chicago: University of Chicago Press, 2012)；Ben J. Wattenberg and Richard M. Scammon, "Black Progress and Liberal Rhetoric," *Commentary* (April 1973)；Julia B. Isaacs, "Economic Mobility of Black and White Families," Brookings Institution (November 13, 2007)；William H. Frey, "For the First Time on Record, Fewer Than 10% of Americans Moved in a Year," Brookings Institution (November 22, 2019)。在此特別向荻爾卓・科爾戴克、雷爾・科爾戴克（Laird Koldyke）、凱特琳・山蒙斯（Caitlin Sammons）與地球之心基金會（EarthHeart Foundation）致謝。

關於歐巴馬的崛起以及他於一九九九年進行的那場糟糕選戰，我很感激有以下這些作品可以參考：Ted Kleine, "Is Bobby Rush in Trouble?," *Chicago Reader* (March 16, 2000)；Hank De Zutter, "What Makes Obama Run?," *Chicago Reader* (December 8, 1995)；David Remnick, *The Bridge: The Life and Rise of Barack Obama* (New York: Knopf, 2010)。我也參考了歐巴馬寫的自傳：*The Audacity of Hope: Thoughts on Reclaiming the American Dream* (New York: Crown, 2006)。

第五章　所有人都這麼做（之一）

關於約瑟夫・史柯隆三世的官司（U.S. v. Joseph F. Skowron III）以及其他

關於新聞科技日趨進步但卻導致政治日漸敗壞的問題，我參考的是波茲曼頗有遠見的經典之作：Neil Postman, *Amusing Ourselves to Death: Public Discourse in the Age of Show Business* (New York: Viking Penguin, 1985)；我參考的其他作品包括：Ezra Klein, *Why We're Polarized* (New York: Avid Reader Press, 2020)；Daniel J. Hopkins, *The Increasingly United States: How and Why American Political Behavior Nationalized* (Chicago: University of Chicago Press, 2018)；Jennifer Mercieca, *Demagogue for President: The Rhetorical Genius of Donald Trump* (College Station: Texas A&M University Press, 2020)。關於克拉克斯堡新聞業走入網路時代的最早報導之一，請參閱：Bob Stealey, "Bob-n-Along: Since I Couldn't Get Online, I Got a Little Bit Outta' Line," *The Exponent Telegram* (February 3, 1999)。

第四章　泥城

關於我外曾祖父艾伯特・薛若遭槍擊的相關資料，包括當時槍擊案報導的剪報，目前收藏於芝加哥大學的特藏研究中心（Special Collections Research Center）。此外我也參考了《芝加哥週日論壇報》（*Chicago Sunday Tribune*）的數位檔案與其他新聞來源。我之所以能夠找出槍擊案凶手的背景、遭囚禁的狀況與他們的後代，都是得益於愛倫・德瑞斯可（Ellen Driscoll）與伊莉莎白・奈特（Elizabeth Knight）這對姐妹檔專家的襄助，她們的外號是「族譜姐妹花」（Ancestry Sisters）。她們從伊利諾州監獄、庫克郡檔案館（Cook County Archives）、庫克郡房地產登記處（Cook County Recorder of Deeds）、庫克郡巡迴法院書記官辦公室（Cook County Circuit Clerk）等單位取得相關資料。

關於芝加哥市的自然史與建築史，我參考的資料包括：William Cronon, *Nature's Metropolis: Chicago and the Great West* (New York: W. W. Norton, 1991)；Louis Sullivan, *The Autobiography of an Idea* (Washington, DC: Press of the American Institute of Architects, 1924)；Frederick Jackson Turner, *The Frontier in American History* (New York: Henry Holt, 1920)；Robert Herrick, *The Gospel of Freedom* (New York: Macmillan, 1898)。關於芝加哥與大自然爭地的情形，請參考這篇精采的新聞報導：Ron Grossman, "Raising Chicago out of the Mud," *Chicago Tribune* (November 19, 2015)；其他很有價值的資料可以參考芝加哥歷史學會（Chicago Historical Society）建置的網路百科全書：*The Encyclopedia of Chicago*。

大量文獻論及芝加哥市南區的種族、階級與地理，我參考的是：Isabel Wilkerson, *The Warmth of Other Suns: The Epic Story of America's Great Migration* (New York: Random House, 2010)；William Julius Wilson, *When Work Disappears: The World of the New Urban Poor* (New York: Knopf, 1996)。關於理查・戴利市長所

益良多；我也參考了一篇很有價值的報導，讓我更深入了解那個時代：Maggie Potapchuk, “Steps Toward an Inclusive Community: The Story of Clarksburg, West Virginia,” published by the Joint Center for Political and Economic Studies (2001)。

此外，我的資訊來源包括各種歷史著作、傳記、建築類書籍、遊記，包括：Henry Haymond, *History of Harrison County, West Virginia: From the Early Days of Northwestern Virginia to the Present* (Morgantown, WV: Acme Publishing Comapny, 1910)；William Henry Harbaugh, *Lawyer's Lawyer: The Life of John W. Davis* (New York: Oxford University Press, 1973)；“Clarksburg Downtown Historic District,” U.S. Department of the Interior: National Register of Historic Places；*The West Virginia Encyclopedia*（西維吉尼亞州人文委員會〔West Virginia Humanities Council〕建置的網路百科全書，是極其珍貴的資源）。針對一九六〇年的那一場總統大選，西維吉尼亞州檔案局（West Virginia Archives）、約翰．甘迺迪總統圖書館暨博物館（John F. Kennedy Presidential Library and Museum）都保留了非常有價值的展品。武裝團體「山地民兵」崛起以及遭起訴的資訊，我參考的是反誹謗聯盟（Anti-Defamation League）所蒐集到的資訊，還有以下多位作者與其他人士的報導：肯恩．渥德二世、艾瑞克．艾爾、霍普夫．凱切瓦爾（Hoppy Kercheval）、戴夫．米斯提許（Dave Mistich）。

關於克拉克斯堡玻璃產業的興衰史，最具代表性的參考著作是：Ken Fones-Wolf, *Glass Towns: Industry, Labor, and Political Economy in Central Appalachia, 1890–1930s* (Champaign: University of Illinois Press, 2007)；這篇深具洞見的文章也提供了另一些細節：Sam Quinones, “Physicians Get Addicted Too,” *The Atlantic* (May 2019)。

西維吉尼亞大學圖書館罕見書籍管理員史都華．沛藍（Stewart Plein）是該州報業史的專家，他在一篇部落格文章裡描述了多家以油田員工為讀者群的報紙與其競爭的情形：“Up in Smoke: The Fascinating Story of a West Virginia Newspaper, *The Volcano Lubricator*” (2016)。

關於地方新聞業瓦解與報社淪為夕陽產業的狀況，我參考的作品包括：Margaret Sullivan, *Ghosting the News: Local Journalism and the Crisis of American Democracy* (New York: Columbia Global Reporters, 2020)；美國筆會的深入報導：“Losing the News: The Decimation of Local Journalism and the Search for Solutions” (2019)；Pengjie Gao, Chang Lee, and Dermot Murphy, “Financing Dies in Darkness? The Impact of Newspaper Closures on Public Finance,” *Journal of Financial Economics* 135, no. 2 (February 2020)；Penelope Muse Abernathy, “News Deserts and Ghost Newspapers: Will Local News Survive?,” UNC Hussman School of Journalism and Media (September 15, 2020)。

關於威廉·克萊門特·史東捐款給尼克森的往事，我參考的新聞報導是：Dan Balz, "'Sheldon Primary' Is One Reason Americans Distrust the Political System," *The Washington Post* (March 28, 2014)。（轉引自：Jane Mayer, *Dark Money: The Hidden History of the Billionaires Behind the Rise of the Radical Right* [New York: Doubleday, 2016]）。

關於麥康奈的計策如何得逞，我所參考的是他的回憶錄與其他相關作品：Mitch McConnell, *The Long Game: A Memoir* (New York: Sentinel, 2016)；Alec MacGillis, *The Cynic: The Political Education of Mitch McConnell* (New York: Simon & Schuster, 2014)；Robert G. Kaiser, "The Closed Mind of Mitch," *The New York Review of Books* (November 2016)；Steve Coll, "Party Crashers," *The New Yorker* (October 28, 2013)。

第三章　山間珠玉

西維吉尼亞州哈里遜郡的文獻數量龐大，我有幸獲得兩位貴人相助：克拉克斯堡—哈里遜公共圖書館（Clarksburg-Harrison Public Library）特藏組館員大衛·侯欽，還有哈里遜郡歷史學會（Harrison County Historical Society）執行理事克莉絲塔·威默。在我寫書的那幾年內，要不是有他們的幫助，我早就錯過許多資料；而且，每次他們尋獲寶貴的相關材料也毫不藏私，大方與我分享。

關於西維吉尼亞州煤礦的政治、經濟史，我的參考資料囊括各種非虛構作品與小說：Steven Stoll, *Ramp Hollow: The Ordeal of Appalachia* (New York: Hill and Wang, 2017)；John Alexander Williams, *Appalachia: A History* (Chapel Hill: University of North Carolina Press, 2002)；Denise Giardina, *Storming Heaven* (New York: W. W. Norton, 1987)；Elizabeth Catte, *What You Are Getting Wrong About Appalachia* (Cleveland: Belt Publishing, 2018)；Gwynn Guilford, "The 100-Year Capitalist Experiment That Keeps Appalachia Poor, Sick, and Stuck on Coal," *Quartz* (December 30, 2017)；Ronald D. Eller, *Uneven Ground: Appalachia Since 1945* (Lexington: University of Kentucky Press, 2008)；John Gaventa, *Power and Powerlessness: Quiescence and Rebellion in an Appalachian Valley* (Springfield: University of Illinois Press, 1982)；Anthony Harkins and Meredith McCarroll, eds., *Appalachian Reckoning: A Region Responds to Hillbilly Elegy* (Morgantown: West Virginia University Press, 2019)。

關於西維吉尼亞州的種族史、黑人市長大衛·凱茨那次深具歷史意義的勝選，還有三K黨對他採取的反制行動，前市長吉姆·杭特（Jim Hunter）以及美國有色人種促進會克拉克斯堡分會前會長吉姆·葛里芬數度接受採訪，令我受

the Common Good? (New York: Farrar, Straus and Giroux, 2020)。

第二章 「我會好好思考，為此禱告」

關於競選活動財務問題在美國最早期的思考，請參閱：James Madison and Alexander Hamilton, in *Federalist* No. 52 (*The New York Packet*, 1788)；關於競選公職所需之花費，請參閱："Vital Statistics on Congress: The Cost of Winning an Election, 1986–2018," Brookings Institution (February 2021)；Bruce W. Hardy, Jeffrey A. Gottfried, Kenneth M. Winneg, and Kathleen Hall Jamieson, "Stephen Colbert's Civics Lesson: How Colbert Super PAC Taught Viewers About Campaign Finance," *Mass Communication and Society* 17, no. 3 (2014)；民主黨陣營的伊森・洛德曾在報上撰文，分享他的經驗："Want Your Campaign Funding to Be Effective? Diversify," *The Washington Post* (September 27, 2018)。

關於華府在文化、財富、自我感覺等方面的改變，我參考的資料包括：Joanne Freeman, *The Field of Blood: Violence in Congress and the Road to Civil War* (New York: Farrar, Straus and Giroux, 2018)；David Fontana, "Washington Is Now a Cool City. That's Terrible News for American Democracy," *The Washington Post* (May 7, 2018)；Robert Frank, "Washington Welcomes the Wealthiest," *The New York Times* (May 12, 2017)；Alec MacGillis, "The Billionaires' Loophole," *The New Yorker* (March 14, 2016)；Pete Buttigieg, *Trust: America's Best Chance* (New York: Liveright, 2020)。

關於社會分裂與仇恨情緒強烈的情況，我參考的資料包括：Nicholas Christakis, *Blueprint: The Evolutionary Origins of a Good Society* (New York: Little, Brown, 2019)；Katherine A. DeCelles and Michael I. Norton, "Physical and Situational Inequality on Airplanes Predicts Air Rage," *Proceedings of the National Academy of Sciences* (May 2016)；Keith Payne, *The Broken Ladder: How Inequality Affects the Way We Think, Live and Die* (New York: Viking, 2017)。

關於政治獻金金主的人口結構，我所仰賴的研究包括：Sean McElwee, Brian Schaffner, and Jesse Rhodes, "Whose Voice, Whose Choice? The Distorting Influence of the Political Donor Class in Our Big-Money Elections," *Demos* (December 8, 2016)；Joshua L. Kalla and David E. Broockman, "Campaign Contributions Facilitate Access to Congressional Officials: A Randomized Field Experiment," *American Journal of Political Science* 60, no. 3 (July 2016)。關於那一份外流的民主黨簡報內容，我參考的新聞報導是：Ryan Grim and Sabrina Siddiqui, "Call Time for Congress Shows How Fundraising Dominates Bleak Work Life," *Huffington Post*, January 8, 2013。

Colonial Greenwich (Charleston, SC: History Press, 2018)。

關於格林威治從鍍金時代到民權運動期間的現代史，令我受益良多的著作包括：Matt Bernard, *Victorian Summer: The Historic Houses of Belle Haven Park, Greenwich, Connecticut* (Novato, CA: ORO Editions, 2018)；Karen Jewell, *A History of the Greenwich Waterfront: Tod's Point, Great Captain Island and the Greenwich Shoreline* (Charleston, SC: History Press, 2011)；Timothy Dumas, *Greentown: Murder and Mystery in Greenwich, America's Wealthiest Community* (New York: Arcade Publishing, 1998)；Andrew Kahrl, *Free the Beaches: The Story of Ned Coll and the Battle for America's Most Exclusive Shoreline* (New Haven: Yale University Press, 2018)；Jane Condon and Bobbi Eggers, *Chardonnay Moms: Jane & Bobbi's Greatest Hits* (Pennsauken, NJ: BookBaby, 2017)。關於當地猶太人的生活史，我參考的是安・麥爾森（Ann Meyerson）幫格林威治歷史學會策展的「美國旅程：猶太人在格林威治的經驗」（An American Odyssey: The Jewish Experience in Greenwich）特展。

現代金融業的崛起（包括各種投資手法的發明），我參閱的資料包括：Sebastian Mallaby, *More Money Than God: Hedge Funds and the Making of a New Elite* (New York: Penguin Press, 2010)；Ralph Gomory and Richard Sylla, "The American Corporation," *Journal of the American Academy of Arts & Sciences: Daedalus* (Spring 2013)。奇普・史柯隆閱讀的入門之作是：Daniel A. Strachman, *Getting Started in Hedge Funds* (Hoboken, NJ: Wiley, 2000)。關於財富文化的改變，我參考的資料包括：Patricia Beard, *Blue Blood and Mutiny: The Fight for the Soul of Morgan Stanley* (New York: William Morrow, 2007)；Nina Munk, "Greenwich's Outrageous Fortune," *Vanity Fair* (2006)。至於美國的富豪是怎樣進行奢華消費的，某些為我提供情報的特定新聞來源包括以下兩個網站：SuperYachtFan；Bob's Watches。

關於金融危機與財富不平等問題的觀點與數據，我參考的資料來源為：Raj Chetty, Nathaniel Hendren, Patrick Kline, and Emmanuel Saez, "Where Is the Land of Opportunity: The Geography of Intergenerational Mobility in the United States," *Quarterly Journal of Economics* 129, no. 4 (2014)；Steven Pearlstein, *Can American Capitalism Survive?* (New York: St. Martin's Press, 2018)；Rana Foroohar, *Makers and Takers: The Rise of Finance and the Fall of American Business* (New York: Currency, 2016)；以及美國前財長桑默斯的演講："40 Years Later—The Relevance of Okun's Equality and Efficiency: The Big Tradeoff," Brookings Institution (Washington, DC, 2015)；另外兩本我參考的書籍是：Jacob S. Hacker and Paul Pierson, *Winner-Take-All Politics: How Washington Made the Rich Richer—and Turned Its Back on the Middle Class* (New York: Simon & Schuster, 2010)；Michael Sandel, *The Tyranny of Merit: What's Become of*

December 31, 2020, Department of Defense, Defense Manpower Data Center；犯罪問題的統計數據請參閱：John Gramlich, “What the Data Says (and Doesn’t Say) About Crime in the United States,” Pew Research Center, FactTank (November 20, 2020)；John R. Lott Jr., John E. Whitley, and Rebekah C. Riley, “Concealed Carry Permit Holders Across the United States,” Crime Prevention Research Center (July 16, 2015)。美國國鐵火車站播放的政府廣告影片（標題是〈逃走、找掩護、採取行動〉〔Take Flight, Take Cover, Take Action〕）可以透過以下連結觀看：www.youtube.com/watch?v=wot2FwYCkm8。有很多單位都調查了電視觀眾的收視模式，請參閱：Pew Research Center, “Cable News Prime Time Viewership” (March 13, 2006)；Rick Kissell, “Fox News Dominates Cable News Ratings in 2014；MSNBC Tumbles,” *Variety* (December 30, 2014)。

關於二〇一三年聯邦政府被迫關閉的每日新聞報導，以及這事件的政治遺緒，請參閱：David A. Fahrenthold and Katie Zezima, “For Ted Cruz, the 2013 Shutdown Was a Defining Moment,” *The Washington Post* (February 16, 2016)。眾議院議長約翰・貝納的評論，請參閱：*Face the Nation*, July 21, 2013。關於國會議員背景與民眾對政府信任度的調查，請參閱：Amy Roberts, “By the Numbers: 113th Congress,” CNN (January 5, 2013)；Russ Choma, “Millionaires’ Club: For First Time, Most Lawmakers Are Worth $1 Million-Plus,” Center for Responsive Politics (January 9, 2014)；“Public Trust in Government: 1958–2019,” Pew Research Center (April 11, 2019)；Sam Popkin, *Crackup: The Republican Implosion and the Future of Presidential Politics* (New York: Oxford University Press, May 2021)。

第一章　金三角

感謝奇普・史柯隆同意多次接受我採訪。此外，我的論述也仰賴那些親身了解其遭遇的人，無論是他們撰寫的官方文件或是我與他們的訪談內容。某些新聞報導也有故事背景與細節值得參考。

我能把格林威治的歷史寫得如此生動，要感謝克里斯多福・席爾茲（Christopher Shields）的幫助，他是格林威治歷史學會（Christopher Shields）的圖書館與檔案館管理員。我歷次造訪該學會都蒙受其熱情招待，他也為我引薦各種重要資料來源。我在這章所撰寫的格林威治簡史，主要是參考：Spencer Percival Mead, *Ye Historie of Ye Town of Greenwich, County of Fairfield and State of Connecticut* (New York: Knickerbocker Press, 1911)；Frederick A. Hubbard, *Other Days in Greenwich, Or, Tales and Reminiscences of an Old New England Town* (New York: J. F. Tapley, 1913)。這本近作也寫得非常生動：Missy Wolfe, *Hidden History of*

Ranch Incident," California Department of Forestry and Fire Protection (July 27, 2018)；《紐約時報》記者湯瑪斯．富勒（Thomas Fuller）為牧場牛仔葛倫．凱爾的遭遇寫了一篇獨家報導："He Tried to Plug a Wasp Nest. He Ended Up Sparking California's Biggest Wildfire," *The New York Times* (June 11, 2019)；關於氣候變遷對於火災造成的加乘效應，我參考的資料來源是：Alejandra Borunda, "See How a Warmer World Primed California for Large Fires," *National Geographic* (November 15, 2018)。

感謝我的朋友查理．艾德爾（Charlie Edel）把約翰．岡特寫的《美國內幕》（*Inside U.S.A.*, New York: Harper & Brothers, 1947）介紹給我，理由是他覺得那本書有助於我重新了解美國，這的確沒錯。關於岡特的生平，我非常感謝已經有人做過詳盡的介紹：Ken Cuthbertson, *Inside: The Biography of John Gunther* (Los Angeles: Bonus Books, 1992)；傳記作家史勒辛格的回顧式專文寫得也很精采：Arthur Schlesinger Jr., "A Man from Mars," *The Atlantic* (April 1997)。關於史蒂芬．史托爾針對阿帕拉契山地區歷史提出的精闢觀察，請參閱他的專書：Steven Stoll, *Ramp Hollow: The Ordeal of Appalachia* (New York: Hill and Wang, 2017)。

關於華盛頓市的種族與經濟問題，我參考的資料為：Kilolo Kijazaki et al., "The Color of Wealth in the Nation's Capital," *Urban Institute* (November 2016)；有關預期平均壽命（life-expectancy）的比較，我參考的是加州大學柏克萊分校架設的「美國死亡人口資料庫」（U.S. Mortality Database）以及《人民日報》所提供的官方資料。

有關九一一事件後美國人民觀感的改變，我參考了許多來源，首先是一些關於穆斯林的形象在美國如何遭到扭曲的調查："Perils of Perception 2016," Ipsos (December 13, 2016)；Scott Shane, "Homegrown Extremists Tied to Deadlier Toll Than Jihadists in U.S. Since 9/11," *The New York Times* (June 24, 2015)。關於西維吉尼亞州州民對於歐巴馬的宗教信仰有何看法，我的來源是西維吉尼亞媒體公司（West Virginia Media）與西維吉尼亞衛理公會學院（West Virginia Wesleyan College）委託公關公司Orion Strategies進行的調查。清真寺遭攻擊的報導請參閱：Omar Ghabra, "A Small Town in West Virginia Responds to Anti-Muslim Sentiment," Al Jazeera America, March 10, 2014。哈贊．艾許拉夫的評論引自西維吉尼亞公共廣播公司（Virginia Public Broadcasting）與Trey Kay Productions共同製播的Podcast節目*Us & Them*。

關於槍枝、政治與恐怖主義的遺緒，我的參考資料是：Amy P. Cohen, Deborah Azrael, and Matthew Miller, "Rate of Mass Shootings Has Tripled Since 2011, Harvard Research Shows," *Mother Jones* (October 15, 2014)。部隊人數的資料引自：

資料來源說明

我是在二〇一三年七月正式開始寫這本書，不久後我就返回美國定居了。定居北京期間，我和妻子貝莎娜結識了退休工廠辦事員金寶珠（Jin Baozhu，音譯），她是個住在我們家旁邊的寡婦。金寶珠不曾出國，但她很注意天下事，每天都看晚間新聞。我跟她說，我們夫妻倆要搬回美國了，她把手放在我的前臂上，用擔心的語氣對我說：「美國是很有錢沒錯，但是到處都有槍啊！」

那一幕在我腦海裡繚繞不去，倒不是因為她一語道破美國人的現實處境，不過嚴格來講她說的也沒錯。讓我難忘的是那種觀察美國的方式：難道我們能用這種刻板、簡化的方式來描繪一個國家嗎？但這不是金寶珠的錯，因為她的印象來自於各種零散的統計數據與新聞報導，既沒有意義也脫離了歷史脈絡。對於住在遠方的人，不少美國民眾也是用揣測之詞來描述他們的行為動機與生活經驗，而且那些人是他們住在芝加哥、克拉克斯堡與格林威治的同胞，並非中國人。回國後聽到這種論調，有時我會想起金寶珠。但是，對於近在咫尺的人，我們就能更詳盡與深入描述嗎？這種人與人之間彼此疏離的社會讓人想到十九世紀摩斯電碼所傳達的零碎化資訊，就像波茲曼所說的：一個「大家形同陌路」的世界已經誕生，我們「只知道關於彼此的一些膚淺事實」。

返國後我回到曾與我人生息息相關的三個地方，除了對它們進行深度描繪，也想要找出往往被大家忽略的各種關聯性，而我的觀察就是本書的主要內容。結果，這本書主要聚焦在我採訪不輟的十九位人物，其中有些人甚至受訪幾十次，與我分享他們截至二〇二一年四月為止的人生。為了寫這本書，我設法取得成千上萬頁的法院檔案與政府紀錄。上述三個地方各自有表現極為專業的新聞媒體，若非如此，這本書就無法問世：《典範電訊報》、《格林威治時報》、《芝加哥論壇報》等新聞刊物的作品令我受益良多，寫作過程中我也常與各家媒體的記者促膝長談。不少學者、史家、檔案管理人員、影片編導、政府研究人員也幫了我很大的忙，有些是直接與我對談，有些則是提供作品讓我參考。在下面的說明中，我把特別有價值的資料來源羅列出來。

序曲

波特谷自然史的珍貴參考資料：James R. Welch, “Sprouting Valley: Historical Ethnobotany of the Northern Pomo from Potter Valley, California,” *Society of Ethnobiology* (May 10, 2013)；門多西諾複合大火有一半的災情是由我在序曲中描繪的牧場大火（Ranch Fire）引發，詳情請參閱：“Cal Fire Investigation Report:

美國學 19

國之荒原：

金權政治、貧富差距、體制失能、族群對立，理解美國人憤怒的根源

Wildland: The Making of America's Fury

作　　者　歐逸文（Evan Osnos）
譯　　者　陳榮彬
責任編輯　邱建智
校　　對　魏秋綢
排　　版　宸遠彩藝
封面設計　莊謹銘

副總編輯　邱建智
行銷總監　蔡慧華
出　　版　八旗文化／遠足文化事業股份有限公司
發　　行　遠足文化事業股份有限公司（讀書共和國出版集團）
地　　址　新北市新店區民權路108-2號9樓
電　　話　02-22181417
傳　　真　02-22188057
客服專線　0800-221029
信　　箱　gusa0601@gmail.com
Facebook　facebook.com/gusapublishing
Blog　gusapublishing.blogspot.com
法律顧問　華洋法律事務所／蘇文生律師

印　　刷　前進彩藝有限公司
定　　價　800元
初版一刷　2024年11月
初版二刷　2025年1月
ISBN　978-626-7509-14-2（紙本）、978-626-7509-12-8（PDF）、978-626-7509-13-5（EPUB）

國家圖書館出版品預行編目(CIP)資料

國之荒原：金權政治、貧富差距、體制失能、族群對立，理解美國人憤怒的根源／歐逸文（Evan Osnos）著；陳榮彬譯. -- 初版. -- 新北市：八旗文化，遠足文化事業股份有限公司，2024.11
640面；14.8×21公分. --（美國學；19）
譯自：Wildland: the making of America's fury
ISBN 978-626-7509-14-2（平裝）

1. 歐逸文（Osnos, Evan, 1976- ）　2. 美國政府　3. 政治發展

574.52　　113013949